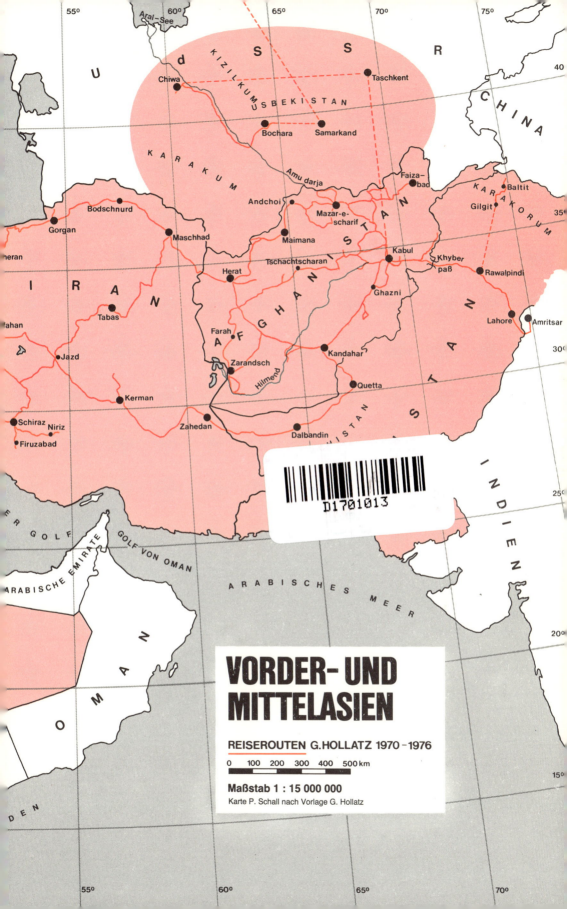

GÜNTER HOLLATZ

Auf den Spuren teppichknüpfender Nomaden

Abenteuerliche Karawanenwege
durch Vorder- und Mittelasien

BUSSESEEWALD

Alle Rechte vorbehalten
© Verlag Busse + Seewald GmbH, Herford 1985
Schutzumschlag: Roland Israel, Herford
Satz und Druck: Busse Druck, Herford
Bindearbeiten: Röck, Weinsberg

Printed in Germany
ISBN 3-87120-877-9

Hollatz · Auf den Spuren teppichknüpfender Nomaden

Für Edeltraud
die immer mit mir war
– *so wenig für so unendlich viel* –

Inhalt

Die Versuchung der Teppiche   13
    Asienreisen aus Teppichpassion   13
    Feldforschungen über Teppiche der Nomaden   14
    Organisieren geht vor Improvisieren   15
    Teppichpalaver im Orient   17
    Die Neuzeit überholt den alten Orient   18
    Anerkennungen   18

Auf den Kreuzwegen Alexanders des Großen   21
20 000 km mit dem Automobil nach Kabul und zurück
    (Reise Mai/Juni 1970: Türkei-Persien-Afghanistan-Belutschistan)

    Roß, Reiter und Bagage   21
    Die Strecke   23
    Durchs Wilde Kurdistan   24
    Ein melodramatischer Autotreck   26
    Orientalische Wunderlichkeiten   28
    Durch Persisch-Turkestan zum heiligen Maschhad   29
    Einzug im Königreich am Hindukusch   31
    Skizzen vom Kabulfluß   32
    Über den Hindukusch nach Norden   34
    Geschichten an Nomadenfeuern   35
    Unter dem Feuerball Belutschistans   37
    Oasen – Stätten des Labsals   38
    Zusammenbruch in der Großen Sandwüste   42
    Eine nicht einfache Bergung   43
    Im Huckepack aus der Wüste   44
    »Die halbe Welt«   45
    Poeten und Teppiche in Schiraz   47
    Abschied von den Achämeniden   49
    Ergötzliches auf dem Rückmarsch   50
    . . . und weniger Ergötzliches   50
    Bilder einer großen Reise   51

Die ewig wandern 52
Betrachtungen über das Nomadentum
im afghanisch-iranischen Raum

    Das Nomadentum als klimatisch und geographisch
    bedingte Lebensweise 52
    Das Nomadenwesen als umweltbestimmte Wirtschaftsform 55

Beiderseits des Khyber-Passes 59
Im Landrover und Jeep durch Hindukusch und Karakorum
(Reise September/Oktober 1971: Afghanistan und Pakistan)

    Auskundschaften eines Insch'allah-Wagens 59
    »Höher als der Adler fliegt« 60
    Entlang der Seidenstraße nach Westen 61
    Der Gouverneur lädt zum Teppichfest 63
    Wirtschaftsabläufe um den Turkmenenteppich 63
    Mit Kamelstärken durch die Mir alam 65
    Im Sandmeer der Karakum 67
    Durch die Lande der »wilden Kutschi« 68
    Hirtenvölker am Hindukusch 70
    In den Turkmenengründen 71
    Gedanken um den Turkmenenteppich 72
    Im Sandsturm an der russischen Grenze 75
    Zu den Bergstämmen Nuristans 77
    Schicksals-Paß – dein Name ist Khyber! 77
    Die verwegenste Flugroute der Welt 78
    Auf Maultierpfaden durch das Karakorum 79
    Silberner Löwe auf grüner Flur 80
    Traumstraße Asiens 81
    Die Götterspeise 82
    Der mongolische Reiterkampf 83
    Kabul 12 Uhr mittags! 84

Nomadentum und Umwelt 85

    Die moderne Fortschrittsentwicklung 85
    Störungen des nomadischen Umfeldes 86

Durch die Lande der schwarzen Zelte 89
Den Karawanen nach in Anatolien, Persien, Irak, Syrien und Libanon
(Reise April–Juni 1972: Naher und Mittlerer Osten)

    Vor dem großen Aufbruch 89
    Anmarsch auf das seldschukische Konya 90

Unter Gebirgskurden	91
Fehlunternehmen Kommagene	92
Eine ganz und gar dramatische Rettung	93
Begegnung mit den Jürük	94
Türkische Magen- und Teppichfreuden	95
Wieder durchs Wilde Kurdistan	95
Erlebnisse in persischen Kurdenbasars	97
Weiter auf historischen Teppichspuren zu den schiitischen Hazrats	98
Islamisch-persische Merkwürdigkeiten	100
Geniale Techniken der Wüste	103
Auf nach Tabas – Tor nach Chorasan!	105
Nachtlager in einer Karawanserei	107
Einzug in die historische Oasenfeste	109
Mußetage unter Palmen	111
Weiter im Gluthauch der Wüste durch Chorasan	112
In den Teppichknüpf-Oasen der Belutschen	113
Hinter uns die Wüste – Maschhad erreicht!	115
Die Teppichorgie von Schiraz	116
Begegnungen mit den Ghaschghai	117
Bei den Bachtiari zu Gast	119
Zwischen Pipelines und Lurenzelten	120
Erlebnisse an der persisch-irakischen Grenze	121
In Bagdad am Tigris	122
Durch die Syrische Wüste nach Westen	123
Und Mohammed ist ihr Prophet!	124

Das Nomadentum als Entwicklungsproblem 126

Anpassungsprobleme der Nomaden	126
Strukturwandlungen	127
Schwierigkeiten der Lösung	128

Die Straße der Kutschi 131
6000 km im Jeep durch Zentralafghanistan und die Dascht-e-margu
<small>(Reise Mai/Juni 1973: Afghanistan)</small>

Anreise mit Teppichfreuden	131
Nomadentrecks in Badachschan	134
Nächtliches Zwangslager	136
Geisterstädte der Wüste	137
Gefährliche Pannen	138
Unter der Glutsonne der Margu	139
Zu Gast beim Belutschen-Chan	144

Abenteuer Zentralroute	146
Der »Zeigefinger Allahs« am Harirud	148
SOS im Wildwasser	149
Letzte Herausforderungen	150
Manda nabaschi!	151
Post festum	152

Der Nomadenteppich   153

Anatomie eines Nomadenteppichs	153
Der Farbenzauber der Nomadenteppiche	156
Volkslieder aus geknüpfter Wolle	158

Zu den Steppenreitern Turkestans   161
Diesseits und jenseits des Amu darja
   (Reise September/Oktober 1974: Afghanistan und Usbekistan (UdSSR))

Verlorener Wachan	161
Teppichoffenbarungen im Ramadan	162
Die Reiternomaden	164
Gebetsteppiche im Turkmenen-Aul	166
In den Steppen Baktriens	169
Basars der Turkomanen	170
Zu den Oasenstädten der Usbeken	173
Chiwa in der Oase Choresm	174
Mit der »Transkaspischen« längs des Amu	175
Die Sande der Karakum	176
Im heiligen Bochara	176
Im Reiche Tamerlans	178
Letzte Hindernisse	179

Ist der Nomadenteppich noch nomadisch?   181

Nomadenschädliche Umweltfaktoren	181
Teppichspezifische Umweltfaktoren	181
»Musterinfektionen« im besonderen	183
Wirkungen und Wechselwirkungen	185
Der Nomadenteppich – ein »Endprodukt«	187

Am Rande der Weihrauchstraße   189
2500 km im Jeep durch Nord-Jemen
   (Reise Februar-April 1976: Jordanien/Saudi-Arabien/Nord-Jemen)

In der antiken Felsenstadt Petra	189
Im Lande des Propheten	190

Arabia felix	191
San'a – die Hochgepriesene	192
Kat – »The poor man's happiness«	193
Bilkis, Königin von Saba	193
Die Macht der Scheichs	194
Land des Krummdolchs	195
Al-Mokkah – Heimat des Kaffees	197
Orte der Gelehrsamkeit	197
Zu den versunkenen Königsstädten im Osten	198
The Empty Quarter	199
Bei Beduinen zu Gast	201
Teppichreminiszenzen in Arabien	202
Sandsturm in der Wüste	203
Wadi Dschauf – das verbotene Land	204
Ma'rib – Juwel in der Wüste	205
An den Fleischtöpfen Arabiens	207
Eine gar seltsame Herberge	208
Über Teufelsstiegen nach San'a zurück	209
Verirrung im Felsenlabyrinth	210
Die Nacht an der saudischen Grenze	211
Sa'dah – die Altehrwürdige	211
Die Welt des Islam	212

Nachlese 215

Glossar orientalischer Wörter und Schreibweisen 219

Literatur 224

Hinweis auf Teppichabbildungen 228

Register 229

Karten

Reiserouten des Verfassers Vorder- und Mittelasien (1970–1976)
Maßstab 1:15 000 000

Reisestrecken Iran (1970, 1972 und 1975)
Maßstab 1:7 400 000

Reisestrecken Afghanistan (1970, 1971, 1973, 1974 und 1976)
Maßstab 1:4 800 000

Völker und Sprachgruppen: Iran und Afghanistan
Maßstab 1:7 400 000

Völker und Sprachgruppen: Türkei
Maßstab 1:3 900 000

Die Versuchung der Teppiche

Reisen beginnen mit Träumen, Büchern und Karten. Hindukusch, Karakorum und Himalaja! Afghanistan, Khyber-Paß und Hunza! Welch erregende Dreiklänge aus unserer phantasiereichen Jugendzeit voller Dschingis Chans, Marco Polos und Karl Mays. Geistiger Pate unserer Reisen war die Literatur um Alexander den Großen, Hüan Tsang, Marco Polo, Ibn Battuta, Adam Olearius, Hermann Vámbéry, Sven Hedin u. a. So waren es der Reiz islamischer Kulturen, die Begeisterung für erlebte Geschichte des alten Orients und die Erwartung unberührter Natur, die uns zu den Reisen 1967–1976 durch die Lande der schwarzen Zelte erkühnten. Vor allem aber die Erkundung der Regionen teppichknüpfender Nomaden, der Schöpfer jener einzigartigen kunsthandwerklichen Erzeugnisse, die zu studieren und zu sammeln ich mich mit musischem Eifer neben meiner Jurisprudenz schon vor über 25 Jahren anschickte.

Asienreisen aus Teppichpassion

Antrieb unserer Reisen war also, jene »geknüpften Volkslieder« an ihren Geburtsstätten aufzusuchen und dabei bis zu den schwarzen Ziegenhaarzelten, bunt ornamentierten Jurten oder ockerfarbenen Lehmhäusern vorzudringen, um hier den Orientteppich als typisch orientalisches Phänomen aus der Lebensweise, Kultur, islamischen Religion und den Wirtschaftsformen seiner Schöpfer zu begreifen. Diese Welt der Nomaden bot uns in ihrem folkloristischen Kolorit noch weitgehend unverfälschte Eindrücke und originäres Anschauungsmaterial in den über die Wüsten, Steppen und das Hochland verstreuten Territorien der nomadisierenden und teilnomadisierenden Stämme Vorder- und Mittelasiens. Die in diesen ariden Zonen mit über 60° C (im Schatten) gemessenen Temperaturen, Überschwemmungen, Sandstürme, Mangel an Trinkwasser und Kulturland, Infektionen und subjektive Gefahren (wie wilde Tiere, räuberische Stämme, Stammesfehden, Blutrache und Frauenraub) gehörten zu unserem Tageskalkül; abgesehen davon, daß das Wort Infrastruktur in diesen Gegenden unbekannt ist (beispielsweise gibt es in Afghanistan weder Eisenbahnen noch Schiffe). Während der in diesen zehn Jahren in Nomadengebieten verbrachten strapazenreichen 452 Urlaubstage waren verdorrende Gluthitze, unendlicher Sandstaub und quälender Durst häufig unsere ungebetenen Begleiter. Und immer die Zeitfaust im Nacken! Rund 30 000 harte Pistenkilometer per Achse, im Sattel oder zu Fuß durch die

Lande ohne Schatten: zwischen dem ostanatolischen Hochland (Kurdistan) im Westen und dem pakistanischen Hunzatal (Karakorum) im Osten, den unendlichen Weiten der russischen Kizilkum-Steppe im Norden und der Wüste Belutschistans im Süden. Kernland wurde Afghanistan (damals noch Königreich am Hindukusch), das meine Frau und mich auf fünf schweren, aber großartigen Reisen »erobert« hatte. »Nebenkriegsschauplätze« waren die arabischen Staaten (Schwerpunkt Nord-Jemen) mit alter Nomadentradition.

Zuneigung und Verständnis für »die ewig Wandernden« sind vielleicht bei uns auch durch die eigenen Fegefeuerjahre nach dem Verlassen unserer Heimat im deutschen Osten motiviert; bei mir im besonderen durch das infanteristische Biwakleben in fünf bewegten Kriegsjahren. Ein abendländischer Nomadismus!

Auf diesen kräftezehrenden Reisen, die eine tägliche körperliche Hochform verlangten, blieben wir ständig in Tuchfühlung mit den »textilen Lustwiesen«, sei es auch nur mit den Produzenten ihres Rohmaterials Wolle beim Verzehr der täglichen orientalischen Schaffleischgerichte. Diese dornenvollen Teppichpfade waren dabei außer mit spannenden Szenen auch mit vielen aus der Situationskomik, sprachlichen Mißverständnissen oder aus der heiteren, göttlichen Laune geborenen amüsanten Teppichhistörchen gesäumt. Ergötzliche Anekdoten à la Nasreddin Hodscha, des türkischen »Eulenspiegel« im 13. Jahrhundert.

Zum wahren Erlebnis wurden dann die Bewältigung einer ungewohnten, extremen Natur und die Begegnungen mit den verschiedenen Stämmen und ihren Knüpfern. Hier interessierten insbesondere nomadische Lebensgewohnheiten und Einzelheiten des komplizierten technischen Fertigungsprozesses: vom Aussuchen und Sortieren der Wolle, ihrem Beizen und Färben, dem Spinnen des Fadens und Zwirnen des Garns, über den eigentlichen Knüpfvorgang bis zum Nachscheren, Waschen und Spannen des Teppichs; außerdem die begleitenden wirtschaftlichen Abläufe.

Feldforschungen über Teppiche der Nomaden

Die umweltbezogenen Untersuchungen über Entwicklung, Stand und Perspektiven des Nomadenteppichs (Tradition, Kultur und Technik sowie Wirtschaftsfaktoren) konfrontierten uns zwangsläufig mit den Entwicklungsproblemen des Nomadentums. Die Wanderhirten und die sie berührenden fortschreitenden Umweltveränderungen waren dabei für uns nur insoweit relevant, als sie den »Nomadenteppich als Produkt seiner Umwelt« betrafen. Mehrmonatige Aufenthalte 1968, 1970, 1972 und 1975 in den nomadischen Siedlungs- und Schwarmbereichen, insbesondere der persischen Ghaschghai, Afschari, Chamseh, Belutschen, Schahsawan und der Belutschen Nordwestpakistans, boten uns ausreichendes Material für einschlägige Feldergebnisse. Schwerpunkt dieser teppichorientierten Beobachtungen des Lebens und Wirtschaftens noch ziehender oder ehemals nomadisierender Knüpfer (von Florteppichen) und Weber (von Flachgeweben wie Kelims, Sumachs, etc.)

wurde die Teppichgeographie Südwest- bis Nord- und Zentralafghanistans. Die Stammesregionen der Turkmenen (insbesondere Ersari), Paschtunen, Belutschen und Brahui, Usbeken, Tadschiken, der Tschar aimak und Hazara, die meine Frau und ich in den Jahren 1970, 1971, 1973, 1974 und 1976 erkundeten. Die Ergebnisse dieser Forschungen habe ich auch im Fachschrifttum und in Vorträgen vertreten.

Organisieren geht vor Improvisieren

Die Imponderabilien und Risiken dieser Alleingänge unterschieden unsere Unternehmungen von den berufsbedingten Händlerreisen, Studienfahrten und programmierten Abenteuerreisen. Vor- und Nachteile derartiger »Zwei-Mann«-Unternehmungen (ohne Begleitung und ohne Konvoifahrzeug) liegen einerseits in der größeren Unabhängigkeit, Beweglichkeit und Gemeinschaftsdisziplin, andererseits aber in der erhöhten Gefahr fehlender personeller und materieller Hilfen in Not- und Konfliktsituationen (wie Naturkatastrophen, Wasser- und Benzinmangel, Erkrankungen, Unfälle, Überfälle o. ä.). Gerade aber die angestrebte intime Begegnung mit den fremdenscheuen bis -feindlichen Nomaden gebot eine möglichst unauffällige persönliche Annäherung. Zugegeben war es, neben teppichwissenschaftlicher Wißbegier und der Freude zu entdecken, auch der Reiz des Ungewissen und Abenteuerlichen, der meine Frau Edeltraud und mich in diese unwirtlichen Gebiete auf so unbequeme Weise trieb. Sie war es auch, die, unter Zurückstellung normaler Urlaubsvorstellungen und persönlicher Bedürfnisse, als ständiger Weggefährte den Rastlosen in seinen »absonderlichen Vorhaben« bestärkte und auch unter extremen Bedingungen stets ihre Heiterkeit, Gelassenheit und Ausdauer bewahrte. Dies galt auch für die langwierigen Vorbereitungen (die »Passionszeit« meiner Frau), die Durchführung (bei der ihr neben anderen Aufgaben, ihrem journalistischen Metier getreu, auch die minutiöse Führung des »Logbuches« oblag) und die spätere nicht minder arbeitsaufwendige Auswertung der privat inszenierten Expeditonen.

A propos organisatorische Vorbereitungen, die vom Schwierigkeitsgrad dieser Orientreisen her monatelange, generalstabsmäßige Planungen beanspruchten, um die »Versorgung der Truppe« sicherzustellen und Risiken erkennen, vorbeugend begrenzen und kalkulierbar machen zu können. Von ihrer Exaktheit hing letztlich die Frage des Durchkommens, überhaupt des Expeditionserfolges ab. Es war im Grunde ein Mosaik technischer Kleinarbeiten, denen ein Großteil unserer bemessenen Freizeit bei viel Lampenarbeit gewidmet war. Erschwert wurden sie oft durch fehlende Informationen über die Verhältnisse in den entlegenen, unwegsamen und wenig erschlossenen Nomadengründen oder durch spektakuläre und ungenaue Auskünfte orientalischer Informanten, deren Mentalität wir Rechnung zu tragen hatten. Dies galt sowohl für die kartographische und meteorologische Erkundung, für die vielen Formalitäten (Visa, Regierungspermits, Zusatzversicherungen bezüglich Krankheit, Unfall und Gepäck), als auch für die Zusammenstellung eiserner Lebensmittelrationen zur autarken Versorgung im Notfall (vom Milchpulver und Brühwürfel bis zur Konzentratnahrung und Vitaminpräparaten). Ein gleiches Gewicht hatten jeweils die medizinische Vorsorge (bis zu sechs Impfungen gegen Pocken, Cholera, Typhus, Amöbenruhr, infektiöse Gelbsucht und Malaria, ferner gründliche ärztliche Voruntersuchungen und Zahnsanierungen) und die medizinische Versorgung, der ein wohlsortierter Medikamentenkoffer (u. a. Kreislauf-, Schmerz-, Fieber- und Desinfektionsmittel, Insektizide und Erste-Hilfe-Depot für Verletzungen, Sonnenstich, Hitzschlag, Schlangen- und Spinnenbisse, Skorpionstiche etc.) diente. Hierzu gehörte auch ein besonderes Sortiment von Arzneimitteln für die Betreuung der Nomaden (Magen/Darm, Fieber, Schmerzen, Hautausschläge und äußere Augenkrankheiten). Weiterhin ein Sack gängiger Nomadengeschenke (wie Taschenlampen, Taschenmesser, Uhren, Feuerzeuge, Textilien, Kugelschreiber, Zigaretten, Bonbons etc.). Dann Wasserfiltriertabletten, 10-l-Wassersäcke, Feldspaten sowie Faschinengitter zum Flottmachen aus Sand und Schlick. Unter Diverses fielen u. a. Lampen, Schlafsäcke, Decken, Netze, Handfeuerwaffen (Leuchtspur- und scharfe Munition), Kompaß, Temperatur- und Höhenmesser, Feldstecher sowie zwei Fotoapparate mit reichlichem Filmmaterial.

Zu bewältigen war ebenso eine umfangreiche Fachliteratur über die zu bereisenden Gegenden, die oft lückenhaft oder nur fremdsprachlich erreichbar war. Eine wichtige Fundgrube boten uns die vor 1937 erschienenen »Hints for Travellers« der »Royal Geographic Society« in London und Ferdinand von Richthofens »Führer für Forschungsreisende« (1886) – Klassiker für Entdecker und Forscher. Ein heikles Kapitel war jedesmal die Beschaffung von Kartenmaterial und Berichten über Straßenzustände, Schiffsfähren, Unterkünfte, Trinkwasser, Tankstellen, Hochwasser, Schneelagen, passierbare Pisten, Pässe, Furten, Brücken, Versandungen u. a. Es blieb trotz intensiven Bemühens aber nur bei Halbheiten. Für Ostanatolien und Persien gab es damals noch kein zuverlässiges Informationsmaterial, von Afghanistan und Belutschistan ganz zu schweigen. Selbst Anfragen bei den Botschaften sowie in- und ausländischen Automobil-Clubs ergaben Fehlmeldungen: das wenige Material war teils veraltet oder unvollständig. Angesprochene große Mineralölgesellschaften paßten ebenfalls ostwärts der Türkei. Die intensive Kartenfahndung erbrachte oft kärgliche und unzuverlässige Ergebnisse: nicht vorhandene Wege waren angegeben, vorhandene dagegen nicht. Sogenannte gute Straßen erwiesen sich als schlecht und schlecht bezeichnete als gut befahrbar. Manche Karten konnten bestenfalls für den Blindflugverkehr geeignet sein. Sehr hilfreich waren später die uns vom Geographischen Institut in Tübingen zur Verfügung gestellten Karten für Afghanistan. Wertvolles Know-how schöpften wir aus Gesprächen mit landeskundigen Orientalisten, Orientalen, erfahrenen Reisenden und einschlägigen Institutionen (Nah- und Mittelost-Verein Hamburg, »Arbeitsgemeinschaft Afghanistan« etc.).

Schwierige kraftfahrzeugtechnische Vorbereitungen erforderten die mit eigenen, präparierten Kraftfahrzeugen durchgeführten Reisen 1969, 1970 und 1972.

Unterwegs im Orient hatte dann aber gewöhnlich das Improvisieren die Vorhand.

Spontane Wacht afghanischer Muslims an einem Zijarat (mit Gebetsfahnen und Handsymbol) bei Ghazni

Der traditionelle 12-Uhr-Kanonenschuß vom Felsplateau des »Tor des Löwen« oberhalb Kabuls

Belutschnomaden auf dem Frühjahrstreck aus der Wüstenzone in das kühlere Bergland

1. **Afschar** (Fars/Südpersien)
   300 x 205 cm (seltenes Großformat), Mitte 19. Jh. Ländliche Arbeit mit vielgestaltigen, naturalistischen Vasen-, Blüten- und Tiermotiven. Typisch afscharisch geformte und ausgemusterte Medaillons. Gestufte Eckzwickel in naturbelassener Kamelwolle. Glanzreiche, kräftige Wolle, die den Naturfarben auf surmeyblauem Fond eine vitale Leuchtkraft verleiht. Überzeugendes Werk textiler Volkskunst in nomadischer Tradition.

2. Karapinar (Zentralanatolien)
194 x 124 cm, Mitte 19. Jh. Rustikaler Tepp. m. kraftvoller, großflächiger, kasakähnlicher Musterung (abstrahiertes Gartenmotiv?). Beherrschend das zentrale hexagonale Medaillonkreuz m. angesetzten Hakenspiralen. Wohl Vogelhäuschen (Kuschkafesi) in oberen u. unteren Randpaneelen. Naturfarbener, dickfleischiger Flor in glanzreicher Wolle bei gröberer Knüpfung. Breite, dkl.br. Webstreifenabschlüsse.

Teppichpalaver im Orient

Der Erwerb interessanter Knüpfungen war – wie die Blumen am Wege – ständige Versuchung auf diesen Streifzügen durch die Nomadengründe. Dabei vermittelt ein mühsam »vor Ort« erlebtes und erhandeltes Sammlerstück eine enge, persönlich-emotionale Beziehung zu ihm, eine besondere Teppichsympathie. Unsere Unternehmungen waren keine Einkaufssafaris. Dazu kann man sich ganz ökonomisch auf die bekannten großen Teppichhandelsplätze beschränken. Teppiche erwirbt man im Orient erfahrungsgemäß besser und preisgünstiger in den Handelsbasars als bei den muselmanischen Knüpfern, die oft auftragsgebunden arbeiten oder – vornehmlich die Nomaden – für den Eigengebrauch fertigen. Zuweilen haben die Nomaden gar keine Wertvorstellungen oder kein Preisgefühl beziehungsweise sind oft wenig an einem schnellen Verkauf interessiert. Hierzu bedarf es des persönlichen Gesprächs, d. h. sprachlicher Verständigungsmöglichkeiten, und vor allem einer Menge Zeit. Wohlfeile und seltene Teppiche haben wir überwiegend in den Basars aufgestöbert, nicht bei den Stämmen, abgesehen von den als Gastgeschenke oder im Tauschwege erworbenen Stücken.

Der Teppicherwerb im orientalischen Basar ist übrigens ein hartes, aber doch unterhaltsames Geschäft, bei dem man nicht nur qualifizierte Fach- und Sprachkenntnisse ausspielen, sondern auch der islamisch-orientalischen Mentalität Rechnung tragen muß. Geduld, Hartnäckigkeit und die Künste eines Pokerspielers markieren den Erfolg. Nur die echte Teppichleidenschaft hilft den Teppicherwerb im Basar inmitten aller Wohlgerüche des Orients – Schaffett, Kamele, Gewürze, Knoblauch – und noch mehr Staubwolken und Ungeziefer erfolgreich durchzustehen. Von der oft stickigen Hitze und der ungewohnten orientalischen Geräusch- und umgebenden Menschenkulisse ganz zu schweigen.

Das endlose Preisfeilschen vollzieht sich zwischen Hoffen und Bangen. Man reizt wie ein Hasardeur in den Grenzen des Erreichbaren unter Beachtung aller Tricks und uralter Regeln des Teppichhandelns. Der orientalische Teppichverkäufer findet in diesem Spiel Genuß und Befriedigung. Eine sofortige Annahme des zuerst genannten Preises würde von ihm mißbilligt werden und dem Erwerber einen persönlichen Gesichtsverlust einbringen. Angebot und Gegenangebot sind zunächst nur irreale Wunschvorstellungen, bis man sich nach langem Palaver – oft erst nach Einnahme einiger Tassen Tschai, mehrfach gespielter Entrüstung und simulierten Rückzügen – endlich irgendwo in der Preismitte trifft und beglückt über dieses Spektakulum in Frieden und mit Allah scheidet. Am Ende solcher Teppichstrapazen beseelt den spürsinnigen Teppichjäger dann eine richtige Goldgräberstimmung, wenn er, nicht ohne Entdeckerstolz und einige Symptome süßer Ermattung, seine Teppichkenntnisse und -erfahrungen bereichert und wieder einen neuen exotischen Fremdling aus dem Morgenland eingebracht hat.

Die Neuzeit überholt den alten Orient

Das nach dem Zweiten Weltkrieg in den asiatischen Ländern angeworfene Schwungrad der Entwicklung läuft seit den letzten Jahrzehnten auf Touren. Regional unterschiedlich – beeinflußt durch verschiedenartige politische Systeme – stellt sich jeweils der Nachholbedarf an Investitionen und Konsumgütern, wirtschaftlichen Strukturverbesserungen, überhaupt die Anpassung an den erstrebten westlichen Standard. Schwachstellen sind durchweg die Nomadenregionen. An traditionelle Lebens- und Wirtschaftsformen gebunden, reicht hier das Mittelalter noch in die Gegenwart mit entsprechend retardierender Wirkung für den Entwicklungsprozeß. Die Uhren Afghanistans, Belutschistans, der ostanatolischen Kurdengebiete und des ostpersischen Chorasans gehen noch nach.

In den 70er Jahren wurde verstärkt am Straßennetz Persiens gearbeitet, und auch die Türkei und Afghanistan haben weite Strecken dem Verkehr erschlossen, so daß etliche der von uns überstandenen »Straßenschlachten« im Orient bald der Vergangenheit angehören werden. Die technische Entwicklung hat wieder ein Stück Abenteuer begraben. Ähnliches gilt für moderne Errungenschaften in anderen Lebensbereichen. Auch in den Teppichreservaten gehen die zunehmende Technisierung und die soziale Umstrukturierung auf Kosten der traditionellen und der künstlerischen Werte. Der Kollektivismus, der organisierte Tourismus und die zunehmende Kommerzialisierung naiv-ursprünglicher Zustände verdrängen die individuelle Lebensform immer mehr.

Gestalten wie Sven Hedin gehören bald der Legende an. Ein derartiger Pioniergeist findet kaum noch Beachtung, geschweige denn seinesgleichen. Trotzdem wären der heutige Zivilisationsstandard und die Infrastruktur dieser Länder nicht ohne die Forschungsreisen solcher profilierten und kühnen Persönlichkeiten denkbar.

Anerkennungen

Materiell gefördert wurden unsere Unternehmungen durch drei deutsche Großunternehmen (Agfa-Gevaert, Ford-Werke AG, Hoechst AG), die unseren besonderen Dank verdienen, ebenso wie die uns durch die UNESCO, das Auswärtige Amt in Bonn und die »Arbeitsgemeinschaft Afghanistan« (seinerzeit an der Universität Bochum) gewährten Unterstützungen. Nicht zu vergessen den uns persönlich sehr verbundenen ehemaligen Vize-Premier von Afghanistan, Dr. Abdul Samad Hamed, Jurist und früher Rektor der Universität Kabul. Wir lernten den Vize-Premier (der später unter Hausarrest stand und nach der Revolution 1978 inhaftiert wurde, aber 1980 mit Familie emigrieren konnte) damals nach einem echt orientalischen Mißverständnis kennen. 1971 hatten wir in Kabul auf Empfehlung seines alten Berner Kommilitonen, unseres in den USA lebenden Freundes Dr. Hans-Friedrich Holzapfel, nach einem »Dr. Samad« geforscht. Hinter vorgehaltener Hand bedeutete man uns, daß ein solcher Namensträger hinter »Schwedischen Gardinen« säße und jeder Bezug auf ihn uns einen gleichen Aufenthalt garantieren könne. Erst ein Jahr später klärte sich auf unsere entrüstete Rückfrage bei Hans-Friedrich, selbst ein erfahrener Globetrotter, die beinahe verhängnisvolle Verwechslung afghanischer Neben- und Hauptnamen auf.

Danken möchten wir gleichermaßen all denen, die uns in unseren Reiseunterfangen beraten und geholfen haben, und den vielen Unbekannten, die uns Einzelgängern unterwegs Gutes erwiesen haben, wobei die selbstverständliche orientalische Gastfreundschaft und Hilfsbereitschaft stets tief beeindruckte.

Meinen freudigen Dank sage ich schließlich meiner Frau Edeltraud, ohne deren Aufzeichnungen und schwungvollen Antrieb dieses Buch wohl nicht geschrieben worden wäre, wie auch meiner langjährigen Mitarbeiterin Ingrid Weiß, deren unermüdlicher Einsatz dieses Buch vollenden half.

Wir haben uns bemüht, die Begebenheiten und Beobachtungen so wahrhaftig wie möglich zu schildern, wobei manche unserer Erlebnisse einigen dieser Gegenden ungewohnten Lesern eher als Phantasiegebilde erscheinen könnten. Die über die Nomaden und die Nomadenteppiche gewonnenen Feldergebnisse auch dem Liebhaber und Kenner von Orientteppichen und dem fachkundigen Leser zum Verständnis dieser »Reisen auf Teppichspuren« in der Form von Exkursen zu den einzelnen Reisen nahezubringen, hielt ich für einen guten Einfall. Einzelne sich im Zusammenhang mit regionalen Reiseerlebnissen ergebende teppichrelevante Fragen habe ich vor dem jeweiligen Hintergrund von Natur, Land und Leuten behandelt, ohne ihnen eine teppichkundliche Systematik beizumessen, die einer überreichen Spezialliteratur für Orientteppiche vorbehalten ist. Mein lebhaftes Bemühen galt schließlich der Anfertigung von zwei neukonzipierten ethnographischen Karten über die Verbreitung von Völkern und Nomadenstämmen in den wichtigsten Teppichländern Türkei, Iran und Afghanistan.

Auf den Kreuzwegen Alexanders des Großen

20 000 km mit dem Automobil nach Kabul und zurück

Die Generalprobe für diese Asienreise im Mai/Juni 1970 lief schon im Frühjahr 1969: eine Marokko-Durchquerung bis in die nördliche Sahara. Anlaß war die Bewunderung für die maurische Kultur des andalusischen Spaniens. Was wäre Spanien ohne Andalusien und Córdoba, Granada oder Sevilla ohne die Sarazenen? Mehrfache Passage der drei Atlas-Gebirge. Begegnung mit Kabylen, Tuaregs, Beduinen, Berbern und Juden in Oasen und Militärstützpunkten der Wüste zwischen Kasbahs, Moscheen und Suks. Rund 10 000 km in unserem alten Ford über Stein- und Sandpisten. Staub, Hitze, grandiose Landschaften, rätselhafte Menschen, grüner Pfefferminztee, Kuskus, herrliches Kunsthandwerk: Waffen, Leder- und Metallarbeiten und – marokkanische Teppiche! Besonders die von den Bergstämmen gefertigten farbenfrohen Flachgewebe.

Wohl schwelte schon der Gedanke einer Asienreise, für die wir uns aber noch nicht reif fühlten. Es fehlten noch die Erfahrungen und die Lehrgelder für das größere Wagnis. Die leidenschaftliche Zuneigung zu den »Volksliedern aus geknüpfter Wolle« war es, die uns diesmal in die unwirtlichen Nomadengebiete Mittelasiens trieb. Ziel war eigentlich Persien, bis die Zauberworte Hindukusch und Khyber-Paß zur fixen Idee wurden.

Roß, Reiter und Bagage

Die organisatorischen Vorbereitungen begannen noch im Spätherbst 1969. Sechs Monate minutiöse Generalstabsarbeit für eine Autoreise von 43 Tagen. Der Teufel saß im Detail! Unser vorsorgendes Augenmerk galt insbesondere der technischen Bereitschaft des Wagens: Testen der Belastbarkeit unter extremen Verhältnissen (Höhenlagen, Hitze, Staub, Befrachtung), vorsorgliches Auswechseln betriebswichtiger Teile, Zusammenstellen dringlicher Ersatzteile und großen Reparaturwerkzeugs (drei metallene Benzin- und Ölkanister, Ersatz-Bremsflüssigkeit, destilliertes Wasser, hydraulischer Wagenheber, Manometerpumpe und Spezial-Abschleppseile). Weiter vier neue Spezialreifen (denen wir diese Strapazen zutrauten), grüne Folien rundherum an den Wagenfenstern, Autokompaß, eigengebaute Ablagebox für Kartenmaterial und Fotogeräte, Begrenzungsstäbe an den vorderen Kotflügeln für die Paßfahrten, selbstgefertigte Scheinwerfergitter, Spezial-Stoßdämpfer, 1,5 mm starkes Stahlblech unter dem Motorraum, Asbestplatte zwischen Auspuffanlage und Wagenboden und spezielle Signalhörner gegen orientalische Dickfelligkeit. Pannen- und technischer Know-how-Unterricht in der Ford-Werkstatt (z. B. bei fehlendem Super tut es auch ein Schuß Dieselöl ins Normalbenzin!).

Hauptdarsteller war ein sorgfältig präparierter und getesteter Ford-Taunus 20 M TS, Baujahr 1966, also genau vier Jahre alt, mit km-Stand 106 000. Er hatte uns im Vorjahr durch Marokko begleitet. Marokkanische Erfahrungen rieten uns die reichliche Mitnahme von Gastgeschenken, insbesondere für die nomadische Bevölkerung. Dieser Gefälligkeiten wegen nahmen wir sogar eine Überschreitung der Belastungsgrenze des Wagens in Kauf, was sich später auf den schwierigen Wegstrecken rächen sollte. Als »Schatzmeister« für neun verschiedene Währungen waltete Edeltraud, der später auch die Führung des so wichtigen Itinerars, das Quartiermachen, die Verpflegung und gesundheitliche Betreuung oblagen. Da ursprünglich eine Rückreise durch den Nahen Osten entlang der Pipeline durch die Syrische Wüste geplant war, beschafften wir uns vorsorglich auch die Visa für Irak, Syrien, Jordanien und Libanon neben denen für Bulgarien und Afghanistan. Wir benötigten schließlich nur die beiden letzteren, da man uns in Westpersien – wegen der damals verdammt eisenhaltigen Luft im Reiche der Haschemiten – eindringlich vor einer Passage des Nahen Ostens warnte.

Aus praktischen Gründen (Hilfen für Krisenfälle, Fahrerwechsel und sonstige Funktionsaufteilung) suchten wir damals für diese Reise noch einen dritten Teilnehmer oder besser einen Zweitwagen zum Konvoi-Fahren. Im Freundeskreis faszinierte viele die Idee dieser Orientreise nach Afghanistan, zentralasiatisches Königreich am Hindukusch, Land der alten Arianer und der stolzen und ungebärdigen Paschtunen. Vor allem aber ein Land mit alter Teppichtradition und einer vielfältigen Teppichgeographie. Ein Asylstaat für viele verdrängte mittelasiatische Völkerschaften (Turkmenen, Usbeken, Tadschiken, Belutschen, Kirgisen u. a.) nach den politischen Umwälzungen der letzten hundert Jahre in den Nachbarstaaten Rußland, China und Indien/Pakistan.

Je näher der Abreisetermin kam – den wir auf den 1. Mai festgesetzt hatten, um das ostanatolische Bergland schon schneefrei und andererseits die Wüstengegenden Belutschistans und Südpersiens noch vor der großen Hitze passieren zu können –, um so mehr Skrupel befielen meine Reiseaspiranten. Die zu erwartenden Strapazen, die vielen verbliebenen Fragezeichen und nicht zuletzt die Gefahren fremdenfeindlicher Nomadengebiete sowie mögliche asiatische Infektionskrankheiten und letztlich das technische Risiko des blechernen Reisegefährten erhöhten die Bedenken. Ganz abgesehen von den unverzichtbaren gesundheitlichen und charakterlichen Mindestanforderungen (für Konflikt- und Ausnahmesituationen) an den dritten Mann bzw. die zweite Wagenmannschaft.

Ausschlaggebend für die letzten Absagen potentieller Interessenten waren oft die mahnenden Worte des »Automobilclub von Deutschland« in seinem Schreiben an mich vom 31. 10. 1969: »... Die Strecke durch Belutschistan (Pakistan) über Quetta, Zahedan nach Kerman führt durch die Wüste Lut und ist zum größten Teil in schlechtem Zustand. Die schmale, schlechtbefestigte Piste hat zahlreiche

Löcher, und einige Furten müssen durchfahren werden. Die persische Etappe zwischen Zahedan und Bam gehört zu den schwierigsten zwischen Europa und Indien. Sandstürme sind häufig und so intensiv, daß sie zeitweise die Sicht von der Windschutzscheibe bis zum Pistenrand behindern, und man Gefahr läuft, vom Wege abzukommen. Auf der ganzen Strecke gibt es auf 300 km keine Ortschaft. Gelegentlich versperren Wanderdünen die Piste oder man bleibt im Sand stecken und muß sich mühsam wieder freischaufeln. Auch die Etappe Kerman – Shiraz ist für Fahrer und Fahrzeug sehr strapaziös. Sie besteht zum größten Teil aus einer Erdstraße, auf der ein Stundenmittel von höchstens 30 bis 40 km erreicht werden kann ... Im Straßenverkehr muß man außerordentlich vorsichtig sein. In den Ländern des Nahen und Mittleren Ostens gibt es kaum Straßenverkehrsgesetze. Größte Vorsicht auf den Landstraßen und bei Ortsdurchfahrten ist deshalb geboten. Oft wird willkürlich und gewagt überholt, Hupsignale werden von den Eingeborenen meist völlig überhört. Ausländischen Kraftfahrern, die einen Unfall verursacht haben, wird dringend empfohlen, sich umgehend unter polizeilichen Schutz zu stellen und notfalls den Unfallort zu verlassen, um die nächste Polizeistation aufzusuchen. Es ist sonst zu befürchten, daß sie gelyncht werden ...« Andere Reisebeschreibungen über die von uns projektierten persischen Reisestrecken taten ihr übriges, um unter uns zu bleiben.

Wir müssen bekennen, daß diese und andere Warnungen auch auf meine Frau und mich nicht ohne Eindruck blieben, je näher der Abreisetermin kam. Ich selbst überlegte, ob ich den Alleingang (mit einem Fahrzeug) und meine Verantwortung dafür nicht unterschätzt hatte. So wurde in den letzten Wochen noch einmal alles durchgespielt. Während wir die Perfektion und Vorsicht zunächst beinahe übertrieben hatten, plagten uns jetzt die Sorgen einer Überlastung des Fahrzeuges (das Lager in unserem Keller hätte einem Heeresfeldzeugmeister alle Ehre gemacht). Zeitweise spielten wir auch mit dem Gedanken an den Kauf eines Landrovers oder Jeeps. In den letzten Tagen galt dann nur noch die Kunst des Weglassens.

Zwischenzeitlich hatte unser alter Freund Hermann aus Madrid bei uns angefragt, wann es denn nun losginge. Der Inhalt seines letzten Schreibens wurde historisch: »Ich komme mit!«. Diese unerwartete personelle Verstärkung beschwingte uns. Hermann Schildt mußte allerdings wegen seiner auf vier Wochen bemessenen Zeit in Ankara zufliegen und auf dem Rückweg in Esfahan wieder ausscheren. Unsere Vorbereitung erreichte dadurch noch sensationelle Höhepunkte, daß ich mir kurz vor der Abreise das Nasenbein gebrochen hatte, was verständlicherweise Komplikationen mit sich brachte, und wir außerdem gerade einen großen Umzug im Zirkusstil überstanden hatten.

Die Strecke

Diese Reise durch die Türkei, Persien, Afghanistan und Belutschistan bot sechs herausragende Zwischenziele: das ostanatolische Kurdistan, die turkmenischen

Gebiete Nordostpersiens am Gorgan, der afghanische Hindukusch, Belutschistan, die persische Große Sandwüste Lut, schließlich die Region der südpersischen Königsstädte Esfahan, Schiraz und Persepolis. Unsere Fahrtroute verlief dann später trotz vieler Zwischenfälle so planmäßig, daß wir mit gewissen Zeitkompensationen alle vorgesehenen Stationen erreichen konnten.

Auf der gesamten Reise kreuzten wir immer wieder den Marschweg der Heere des Großen Makedoniers Alexander in Kappadokien (Türkei), in Hyrkanien (Turkestan), im antiken Baktrien (Nordafghanistan), in Ortospana (= Kabura, Kabul), Persepolis, Ekbatana (Hamadan) oder in Aspadana (Esfahan). So umwehte ein kleiner Hauch des klassischen Altertums auch unser Wagnis, das am 1. Mai 1970 mit der Abfahrt in Richtung des alten Konstantinopel begann.

Durchs Wilde Kurdistan

Nach Anfahrt über Österreich, Jugoslawien und Bulgarien am dritten Reisetag in Istanbul, altes Konstantinopel. Faszinierende Stadt am Goldenen Horn, prächtige Metropole des einstigen Osmanenreichs auf zwei Kontinenten. Hier konnten wir in den beiden großen Museen Topkapi Sarayi und dem Türk ve Islam Eserleri prächtige Zeugnisse der klassischen türkischen Teppichknüpfkunst, vorwiegend Gebetsteppiche, oft leider in desolatem Zustand, und Seldschukenteppich-Fragmente bewundern. 20 Minuten mit der Autofähre über den Bosporus. Nach etwa 500 km Fahrt beginnen hinter Ankara die abenteuerlichen Straßen des Orients. Teils ausgefahrene Erd-, Splitt- oder Schotterstraßen bis zu den alten, staubigen Karawanenwegen. Viele Schlaglöcher, Wasserfurten, Felsbrocken und zweifelhafte Knüppelbrücken.

In Ostanatolien, wie auch später in Persien und Belutschistan, die gefürchteten »Waschbrettpisten« (durch starke Temperaturunterschiede zwischen Tag und Nacht in kurzen, harten Wellen verlaufende Erdstraßen), zusammengerechnet etwa 2500 km. 25 km/h sind oft Höchstgeschwindigkeit, da die starken Erschütterungen den Wagen auseinanderzubrechen drohen und der gesamte Wageninhalt sich ständig in stoßartiger Bewegung befindet. Erträglich ist »Waschbrett« nur im Tempo zwischen 60–70 km/h, bei dem die Räder über die Wellen gleiten, aber um den Preis eines Verlustes der Bodenhaftung und der Stabilität mit der Gefahr des Schleuderns. Diese optimale Geschwindigkeit erreicht der normale, beladene Pkw meistens nur mit (vorhandenem?) Anlauf. Anders die breitbereiften Last- und Geländewagen. Hinzu kamen die außergewöhnliche Hitze und viel, viel Sandstaub. Wir selbst waren häufig bis zur Atembeklemmung mit Sandmehl eingepudert, vom sonstigen Wageninhalt ganz zu schweigen.

Die Kfz-Schäden wurden oft nur provisorisch durch clevere orientalische Dorfhandwerker, die »aus einer Leberwurst eine Kardanwelle machen«, versorgt. Viel Geduld, Zeit- und Sprachschwierigkeiten. Bakschisch wurde groß geschrieben – wobei die Nomaden naturgemäß zurückhaltender waren.

Im modernen Ankara (»der einzige Irrtum Kemal Atatürks«) interessierten insbesondere die türkischen Teppichsammlungen im Ethnographischen Museum und im Türkischen Staatsmuseum. Auch diese Bestände waren teilweise stark restaurierungsbedürftig. Wir passierten jetzt auf Staub- und Sandstraßen die Gebirgslandschaft Kappadokiens mit phantastischen Erosionsformen. Einst Mittelpunkt des Hethiterreiches (2. Jh. v. Chr.), liegt hier heute ein bedeutendes Knüpfzentrum um Kayseri. Über den bekannten Knüpfort Kirschehir (Seldschukenstadt) erreichten wir dann, vorbei an großartigen Landschaftsbildern im mittelanatolischen Hochland, den kleinen Teppichort Nevschehir (osmanische Gründung). Hier wurde die erste Reifenpanne, umringt von vielen Neugierigen, behoben, und zwei gebrochene (!) Felgen mußten geschweißt werden. Nachtsüber viel Hundegekläff, gemischt mit morgendlichen Muezzingesängen, die uns fortan von allen Minaretts begleiteten. Im Nachtquartier erste Sprachschwierigkeiten, als man uns auf unsere Frage nach Handtüchern nacheinander ein Brettspiel, eine Kleiderbürste und dann einen Kamm brachte.

Station zwischen Ürgüp, Göreme, Keschimuslu und Avanos (Teppichknüpfungen in Konya-Manier) bei den bizarren Felspyramiden und -höhlen der Tuffsteinformationen mit häufig eingebauten Kapellen, Festungen und Wohnräumen. Sie waren im 11. bis 13. Jh. Zufluchtsstätte der vor den Arabern aus Kayseri geflüchteten Christen. In dem Seldschukenort Kayseri trafen wir schöne und damals noch sehr preiswerte alte Gebetskelims an.

Nach Überschreiten des Euphrats östlich der alten Kurdenstadt Malatya und des Tigris im ebenfalls kurdischen Diyarbakir (mit interessanten Bauten aus der Seldschuken- und Osmanenperiode) erste tastende Begegnungen mit mißtrauischen bis fremdenfeindlichen Kurdennomaden in ihren Lagern aus schwarzem Ziegenhaar gewirkter Zelte. Diese mittel- und ostanatolischen Kurdengebiete – bis 1965 für den Fremdenverkehr gesperrt – galten damals noch als äußerst unsicher.

Aus der Nähe des Van-Sees (etwa siebenfache Größe des Bodensees mit stark alkalischem Wasser) vor der Silhouette eines Fünftausenders berichtet Edeltraud: »10 km vor Patnos Lehmhütten eines Kurdendorfes, etwas abseits der Straße. Sämtliche Männer und Kinder kamen zum Wagen gerannt. Großverteilung von Zigaretten und Bonbons. Ließen sich mit Freude fotografieren. Frauen lugten von weitem durch Felsspalten. Sobald Günter den Fotoapparat erhob, stoben sie davon. Ich winkte einige Male, bald winkte eine Frau zurück. Sie führte mich am Arm zur Dorfältesten, welche mich durch sanfte Brust- und Rückenschläge willkommen hieß, die ich ebenso erwiderte. Wir bestaunten einander (etwa 30 Frauen), lachten uns freundlich an. Alle waren sehr farbenprächtig gekleidet, mit geschminkten Gesichtern und viel Schmuck behangen. Nun, dachte ich, genug des Vergnügens und holte den Fotoapparat von Günter. Aber als ich zurückkam, waren alle in ihren Lehmhütten verschwunden. Am Eingang zwei, drei Frauen, die mich bedrohlich und böse ansahen und durch Handbewegungen und Geschrei andeuteten, daß ich schleunigst verschwinden solle. Beim Wagen zurück, zeigten die uns umringenden Männer gen Himmel, d. h. Allah verbietet es! Weiterfahrt unter großem Hallo. Glücklicherweise hatte Günter unbeobachtet einige Teleaufnahmen von dem bunten Damenflor machen können.«

Von Gevas aus ließen wir uns mit einem Fischkutter zur kleinen paradiesischen Insel Achtamar mit der berühmten armenischen Kirche Vom heiligen Kreuz (921) und einigen Klosterruinen übersetzen. Seltenes Beispiel christlich-islamischer Kunstsynthese. In der am gleichnamigen See gelegenen Kurdenstadt Van mit hochinteressanten Ruinen aus der Zeit der Urartäer (1000 v. Chr.) ereignete sich folgende Teppichanekdote: Inmitten eines dunklen Basarladens mit der Ordnung eines umgekippten Zigeunerwagens stöberten wir zwischen Salzblöcken, Mehlkisten und Handwerkszeug unter alten Säcken einen völlig verschmutzten und beschädigten, aber sehr schönen, antiken Konya-Kenareh auf. Mit dem Besitzer begann ein zermürbendes Feilschen, das sich zum Volksspektakel ausweitete. Der Alte, ein hagerer, weißhaariger, stolzer Kurde, gefiel sich vor dem zusammengeströmten Kurdenvolk breitbeinig in Napoleon-Pose. Minutenlang fixierte er uns schweigend, ob wir es wohl menschlich wert wären, diesen vom Zahn der Zeit angenagten, völlig verstaubten, ehedem als Bodenbelag dienenden und bei ihm Obdach gefundenen Teppich uns gegen schnöden Mammon zu überantworten. Lange wogte das beiderseits mit beschwörenden und ablehnenden Gesten sowie einander unverständlichen Worten geführte Rededuell hin und her. Die Lautstärke wechselte zwischen piano und fortissimo. Dazwischen Zurufe und Vorspringen aus der umgebenden Kurdenkulisse, die bis weit auf die Straße hinausreichte. Mehrfach verließ ich den Ring, um mich scheinbar beleidigt oder entsagend zurückzuziehen. Meine stillschweigend Regie führende Frau zog den vermeintlich Widerstrebenden, unterstützt von einspringenden Statisten, wieder in den Ring zurück. Es ging von vorne los. Endlich legte ein Kurde meine und des Alten Hände ineinander. Zu einem Entrümpelungspreis wechselte das herrliche antike Stück den Besitzer. Im Triumph führte uns das Kurdenvolk zu unserem Fahrzeug zurück.

Eindrucksvoll im Ländereck Türkei-Rußland-Persien der Anblick des Ararat, eines ehemaligen Stratovulkans, mit der majestätischen Höhe von 5156 m, auf dem der biblischen Legende nach die Arche Noah gelandet sein soll (neueren Forschungen zufolge wird dieses geschichtliche Ereignis aber westlich des Van-Sees lokalisiert). Wir erinnerten uns, daß in diesem Hochland Türkisch-Armeniens in den Jahren 1895/96 und 1915/16 unter dem jungtürkischen Nationalismus weit über 1 Million Armenier umkamen. Ein Völkermord, dem etwa ein Drittel der armenischen Bevölkerung (Christen) zum Opfer fiel.

Ein melodramatischer Autotreck

In dieser einsamen, steppenartigen Gegend im türkisch-persischen Grenzgebiet hatten wir die erste ernste Havarie, als zuerst der Benzintank, der auf einer Felskante aufgesetzt hatte, leckte, und fast zur gleichen Zeit die Kardanwelle an dem infolge der Überladung durchgesackten Wagenboden mit lautem Rumpeln zu mahlen begann. Unsere stundenlangen Bemühungen unter dem Wagen blieben erfolglos. Der Wagen war nicht mehr fahrtüchtig. Aus dem benachbarten Dogubayazit konnten wir schließlich einen Lkw-Fahrer bewegen, uns mit Ketten, die den Wagen weiter demolierten, abzuschleppen. Als er mit uns im Schlepp losfährt, setzt wieder das laute Gurgeln des sich drehenden Kardans ein, das sich mit zunehmendem Tempo zu einem ohrenbetäubenden Krach verdichtet. Der Wagen droht zu bersten. Unser lautes Schreien und anhaltendes Hupen wird vom Lkw-Motor und dem Kettengerassel übertönt. Als er endlich stoppt, glüht unser Wagenboden. Der Wagen humpelt jetzt im Schrittempo hinter dem Lkw her bis Dogubayazit (mit der bemerkenswerten rotbraunen Palastruine des Ischak pasa). Dort wird dem Ford erste Hilfe zuteil, indem unter die Karosserie gebundene Gummiklötze den Wagen etwas liften und den Kardan freigeben. Als eine Probefahrt noch keine wesentliche Besserung ergibt, wird ein Kompott aus Schmierfett und Gummischlauchstücken in den Kardanmittelblock gestopft. Es reicht 60 km im Schrittempo zwischen zwei begleitenden Lkw bis zur persischen Grenze. Unterwegs noch Anlasserdefekt und auslaufendes Getriebeöl. Bis zum Einrollen in Maku, dem ersten persischen Ort, befinden wir uns öfter unter als im Wagen.

Hier vollzog sich nach Einbruch der Dunkelheit ein bühnenreifer Einakter in der einzigen Werkstatt (Schmiede), den Edeltrauds »Logbuch« schildert: »Zunächst großes Preispalaver mit einem schlitzohrigen, englisch sprechenden Bengel. Von 60 Dollar auf 40 Dollar herabgehandelt. Langes technisches Beraten unter Teilnahme der halben Ortschaft. Drei Arbeiter und zwanzig Zuschauer, dazu dreiundzwanzig Meinungen. Wagen soll um 21 Uhr fertig sein. Stundenlanges Probieren mit primitivsten Hilfsmitteln. Plötzlich explosionsartiger Kurzschluß in der Werkstatt. Alles geht zu Boden. Große Ratlosigkeit. Im Mondlicht wird mit einer flackernden Kerze weitergearbeitet. Kardanwelle inzwischen völlig zerlegt, Mittelblock auseinandergesägt. Durch die Explosion im Sand verteiltes Kugellager nicht zusammenfindbar. Es fehlten einige Stahlkugeln, die durch Fett ersetzt wurden. Völliger Fehlschlag nach Probefahrt trotz großen »Garantieversprechens«. Noch einige gescheiterte Versuche, wobei das halbe Dorf die Nacht mit in der Werkstatt verbrachte. Wegen der zersägten und verkürzten Kardanwelle vibrierte der Wagen wie ein Motorboot. Endlich kam der angesäuselte Meister singend in die Werkstatt, ohrfeigte gleichzeitig die drei Gesellen und riß wieder alles Reparierte auseinander. Dann machte er mit zusammengeschmiedetem Konservenblech eine Eigenkonstruktion.

Zwischendurch Hotelreservierung. 100-DM-Mißverständnis klärte sich später als 10-DM-Zimmer auf. Ein kleines, gemeinsames Waschbecken für alle ›Hotelgäste‹ auf dem Flur. Günter stand Schmiere, während ich mich wusch.

1.40 Uhr letzte Probefahrt. Wieder Motorbootgefühl, aber Reparatur behelfsmäßig abgeschlossen. Todmüde ins Bett nach kurzem Rühreieressen. Fladenbrot schmeckte wie feines Fensterleder.«

Mit diesem behelfsmäßig geflickten Wagen wackelten wir dann rund 160 km über das Hochland Aserbeidschan nach Tabriz, in dessen Teppichbasars voller Herisarten, Meschkins, Karadschas und Lamberans wir eine der seltenen alten Herisbrücken erstanden. In einer großen Knüpfwerkstätte Verarbeitung von Tabachi. Diese, vielfach von Australien importierte, Wolle von toten Schafen ist wegen ihrer geringen Elastizität (Sprungkraft) bei niedrigem Fettgehalt (Lanolin) und Stumpfheit nur von mäßiger Qualität.

Weiter 650 km über Zandschan (bekannter Knüpfort kurdischer Teppiche wie Goltogh und Bidgene) und Ghazwin (ehemalige Hauptstadt der Safawiden im 16. Jh. mit eindrucksvollen islamischen Monumenten) bis Teheran. Die letzten 50 km humpelte der arg geschundene Ford buchstäblich mit letzter Kraft – bei wieder gurgelnden Kardangeräuschen – in Teheran ein, wo er in einer Fordwerkstatt voll verarztet wurde. Wir schöpften inzwischen neuen Mut und Kraft in den großen Teppichbasars, -knüpfereien und -wäschereien dieser hektischen, sich damals schon amerikanisierenden Stadt (Verkehr, Hochhäuser). Beim »Anfasser« (einem persischen Teppichhändler, der mit den weiblichen Kunden gern auf »enge Tuchfühlung mit Anfassen« ging) erwarben wir einige schöne alte Mafrasch-Sumachs, darunter eine wohlerhaltene Kinderwiege der Schahsawan.

Orientalische Wunderlichkeiten

Die Herbergen, mit denen wir in den kleinen Ansiedlungen vorlieb nehmen mußten, waren alles andere als einladend. Oft rettete uns nur der Insektenspray, auch vor den Kakerlakengeschwadern. Toilettenpapier ist im Orient ein Fremdwort. Stattdessen benutzen die Orientalen die linke Hand – die nur dem ärgsten Feind zum Gruß geboten wird – unter Zuhilfenahme von Wasser. Aborte und Herbergszimmer waren oft nicht verschließbar. Als Familienname wurde einmal aus dem Paß die Gesichtsform »oval« notiert und in einem anderen Nachtasyl als Vorname »geb.«.

Das abendliche Entladen (Diebstahlgefahr!) und morgendliche rutschfeste Verstauen des gesamten Reisegepäcks waren Schwerarbeit und vollzogen sich meistens im Gedränge von zwei Dutzend neugieriger Orientalen, von denen es jeder besser wußte. Bekömmlich waren der im ganzen Orient erhältliche schwarze Tschai und das in frischem Zustand wohlschmeckende Nan. Ebenso Schafskäse, Zwiebellauch, Eier, Schisch kebab, Schafhirn und Joghurt.

Unfaßbar die auf einsamen Orientstrecken häufig angetroffenen Autounfälle: ineinander verkeilte oder über Brücken abgestürzte Wagen. Ursachen waren sicherlich die in der Eintönigkeit und Hitze eingeschlafenen Fahrer, überladene Wagen, gewöhnlich defekte Bremsen oder geplatzte Reifen. Im Straßenverkehr des Orients gilt noch das Faustrecht. Der Stärkere hat Vorfahrt. Man hatte uns häufig vor Tätlichkeiten der Bevölkerung bei Unfällen gewarnt. Fahrerflucht sei Notwehr.

Nachts wird nur mit aufgeblendeten Scheinwerfern gefahren und erst kurz vor der Vorbeifahrt ein Scheinwerfer-An-Aus-Spiel (normales Abblendlicht gibt es nicht) eröffnet. Geblendet, erwarteten wir Entgegenkommende häufig lieber am Pistenrand oder im Straßengraben. Viele Fahrzeuge fahren auch einäugig, so daß Verwechslungen mit einem Motorrad naheliegen. Unbeleuchtete Wagen werden nachts einfach auf der Straßenmitte stehen gelassen. Menschen oder Tiere benutzen die Straße als Nachtquartier. Nächtliche Fahrten sind daher im Orient lebensgefährlich – abgesehen von Überfallgefahren in unsicheren Gebieten. In Afghanistan hatten wir erlebt, daß nur mit kleinen, bunten Lämpchen dekorierte Lkw, die wir überholen wollten, uns plötzlich entgegenkamen, und wir nur in letzter Sekunde unseren Wagen herumreißen konnten.

Je östlicher, desto prekärer wurde die Benzinfrage: 68 Oktan, teils verschmutzt, defekte Benzinzapfstellen oder schlitzohrige Betrügereien. Super wurde in vielen Gegenden, insbesondere in Afghanistan, offenbar für eine Seifenmarke gehalten. Der Wagen schaffte die Gewaltstrecken größtenteils mit Normalbenzin, ohne zu klingeln oder zu kochen. Eine Leistungsverminderung zeigte sich allerdings in extremen Situationen, wie z. B. auf den starken Steigungen im Hindukusch und im Anzugsvermögen des schwer beladenen und überhitzten Wagens.

Durch Persisch-Turkestan zum heiligen Maschhad

Von Teheran aus besuchten wir das 10 km südöstlich gelegene Schahr Rey, bekannt durch seine stark mineralhaltige Tscheschmeh-Ali-Quelle, in der Tag für Tag Hunderte von Teppichen gewaschen und auf dem anliegenden Berghang zum Trocknen der heißen Sonne ausgesetzt werden. Dieser gesprenkelte Berg leuchtet schon von weither wie eine bunte Fahne über die Ebene, so daß uns beim Näherkommen ganz warm ums Herz wurde. Über den benachbarten Teppichknüpfort Waramin (Veramin) rollten wir mit unserem Redivivus weiter auf glatter Straße, vorbei am 5671 m hohen Vulkankegel des Demavend, durch das Elbursgebirge. Station in Babolsar am Kaspischen Meer, wo wir uns abends am wohlfeilen Schmuggel-Kaviar ergötzten. Der Wildreichtum dieser dichten Wälder und Berge des Mazanderan (das alte Hyrkanien) mit Tigern, Panthern und Königshirschen wurde von jeher gerühmt. Damals weitgehend Schutzreservat und kaiserliche Jagdgründe.

Abseits der Hauptstraße nach Pahlawi desch, wo wir – unweit der russischen Grenze – den jeweils donnerstags abgehaltenen Jomud-Turkmenenbasar antrafen und uns bald in ein anhaltendes Kaufpalaver um Turkmenenschmuck verstrickten. Diese erste Begegnung mit Trägern der imposanten Karakulfellmützen und bunt gewandeten Frauen vor den jurtenförmigen Lehmhäusern wurde zu einem folkloristischen Erlebnis. Einige Kilometer nördlich stießen wir auf die grasüberwachsenen Reste der »Roten Schlange«, jener berühmten Wehrmauer aus roten Ziegeln (Kizil alan), die in sassanidischer Zeit (3. – 5. Jh.) als Schutzwall mit mächtigen

Bastionen gegen die kriegerischen Reiternomaden aus den gelben Steppen des Nordens errichtet wurde. Fälschlicherweise wird dieser sog. »Alexander-Wall« (Sad-e-Iskander) – 170 km lang, vom Kaspischen Meer bis in die Ausläufer des Chorasangebirges, zwischen Gorgan und Atrek – dem Großen Makedonier zugeschrieben.

Mit gemischten Gefühlen durchfuhren wir immer parallel zur russischen Grenze zwischen Gorgan und Gonbad-e-kawus die Gebiete der großen Erdbebenzerstörungen von 1928 (6 Wochen nach unserer Übernachtung in Bodschnurd wurde der Ort erneut durch ein verheerendes Erdbeben verwüstet). Hinter Bodschnurd passierten wir dann in etwa 50 km Entfernung Aschchabad (Akshabad), die Hauptstadt Russisch-Turkmenistans, in der heute organisierte Knüpfereien neue »Bochara« fertigen. In der Nähe dieser Stadt wurden die Achal-Tekke 1881 bei Gök Tepe durch den russischen General Skobelew vernichtend geschlagen. Eine Stunde weiter Ghutschan, ein bekannter Teppichort ostpersischer Kurden bzw. turkstämmiger Knüpfer.

Auf sehr schlechten Erdstraßen (mit viel »Waschbrett«) erreichten wir dann in unmittelbarer Nähe der afghanischen Grenze die heilige, ehemalige (18. Jh.) persische Hauptstadt Maschhad (»Stätte der Märtyrer«) mit den Grabmoscheen des 817 ermordeten 8. Imam Ali Reza und des berühmten Abbasidenkalifen Harun al-Raschid. Hier ist auch Nadir Schah (1747) begraben. Neben Rey und Ghom eine der großen persischen Wallfahrtsstätten des Islam. Es wimmelte von Pilgern, insbesondere auch aus den arabischen Golfstaaten. Fanatisierte Stimmung. Fotografieren teilweise verboten oder aber gefährlich. Der »Heilige Bezirk« war für Ungläubige sakrosankt. Weithin leuchtete die goldene Kuppel der 1602 errichteten Grabstätte Imam Rezas. Einer aufgrund eines neuen Schah-Dekrets möglichen Besuchserlaubnis dieser Heiligtümer entzog sich der zuständige Direktor durch stete Abwesenheit.

Wir besuchten im benachbarten Tus das Mausoleum des großen Epikers und persischen Homers Firdausi (= Firdusi oder Ferdowsi, 10. Jh., Nationalepos »Schah-name« = Buch der Könige mit rund 50 000 Doppelversen), später eine der bekannten Türkis-Schleifereien, in der wir den ersten Afghanen, mit langen, schwarzen Bärten und malerisch geschlungenen Turbanen, begegneten. Nachts lauschten wir wieder den melodisch-psalmodierenden Muezzinrufen, die abwechselnd – im wohlklingenden Tenor oder tiefen Bass – von den Minaretts der vielen heiligen Moscheen ertönten. Ein Weiterschlafen war dann schon ab 4 Uhr morgens nicht mehr möglich, zumal in die Stimmen der Muezzins noch unzähliges Hundebellen, Eselsgeschrei und Hahnengekräh einfielen. Wir genossen diese schlaflosen Stunden als einige jener unvergänglichen 1001 Nächte.

Im Basar stöberten wir im reichen Angebot zwischen Maschhadteppichen, Mudis, Belutschen und anderen Chorasanknüpfungen. Dabei vollzog sich wieder ein burlesker Einakter. Ich hatte mein wachsames Auge bedingungslos auf eine herrliche, etwa 70 Jahre alte Belutschen-Gebetsbrücke mit schön besticktem Kelimabschluß und der dreimaligen Inschrift »Allah« geworfen, die hinter dem

Stuhl des Teppichhändlers an der abgebröckelten Lehmwand als angeblich unverkäufliches Privatstück hing. Mein vorsichtiges Kaufanerbieten, das sich geschickt hinter einem nur oberflächlichen Interesse verbarg, wurde mit der Nennung eines enorm hohen Schutzpreises praktisch abgelehnt. Als ich zum Schein retirierte, fragte der Händler meine Frau im Hinausgehen nach unserem Gegenangebot. Immer noch rückwärtsgehend, rief ich etwa ein Viertel des verlangten Rial-Preises zurück. Der Händler winkte mich wieder zu sich und nannte als »last price« einen neuen, aber kaum attraktiveren Betrag, den er mit dem geknüpften Namen Allahs rechtfertigte. Während wir – gut inszeniert – andere nicht interessierende Stücke besahen, servierte er Tschai und ein süßes Gebäck. Den dazugehörigen Zucker zerschlug er mit dem Hammer auf dem Boden. Dieser Tschai wurde zünftig von der Untertasse über die in den Mund genommenen Zuckerstücke geschlürft. Dann begann die zweite Runde, die zunächst mit unserem diesmal ernstgemeinten Auszug endete.

Nach einer Stunde geglätteter Wogen fand ich begierig in den Basar zurück. Der Händler begrüßte mich hocherfreut mit erhobenen Armen wie einen alten Freund. Der Preis machte diesmal etwa zwei Drittel des ursprünglichen aus, bei dem es auch noch nach einer weiteren Tschai-Zeremonie blieb. Als wir, resigniert zum Fahrzeug zurückgekehrt, gerade angefahren waren, holte uns ein laut gestikulierender Radfahrer ein. Der Händler! Warum wir denn schon abfahren wollten? Wir witterten Morgenluft. Zurück zum Basar. Nach kurzem Geplänkel und seinem seufzenden Hinweis, daß wir die fromme Gebetsbrücke zu einem geschenkten Preis erworben hätten (jetzt die Hälfte des Anfangspreises), hatte ich die prächtige Beute in Gewahrsam. Zuvor mußte ich jedoch geloben, das Allah gewidmete Stück keinesfalls mit meinen »ungläubigen Füßen« zu betreten.

Einzug im Königreich am Hindukusch

Orientalischen Fatalismus brauchten wir am afghanischen Grenzübertritt bei Islam Kala, als der Zollbeamte Siesta machen wollte, nachdem wir drei Stunden unter brennender Sonne gewartet hatten. Erst als Edeltraud temperamentvoll und energisch das Wort »Presse« fallen ließ, erhielten wir sofort die begehrten Stempel.

Erwartungsvoll fuhren wir am 14. Tag unserer Reise in Herat ein, der damals wohl noch orientalischsten Stadt, mit einer uralten Zitadelle auf den Grundfesten aus der Zeit Alexanders d. Gr. Imposant die mächtige, mit leuchtend blau/türkis/gelb/weißen Fayencen dekorierte Masdsched-e-dschomeh, die schönste und größte Moschee Afghanistans. Auf den damals noch welligen Erdstraßen viele Paschtunen, Turkmenen und Belutschen hoch zu Roß oder Esel zwischen Dromedarkarawanen.

Die Dukane des Basars waren oft nur gebückt durch finstere Eingänge zu erreichen. Hier wurden uns unter zweifelhaften Decken auch Maschinenpistolen angeboten, für die wir jedoch keine Verwendung hatten. (Hermann meinte allerdings, daß diese Schnellfeuerwaffen vielleicht zur Normalausstattung in Afghanistan gehören könnten.) Eher galt unser Augenmerk den damals hier noch reichlich angebotenen textilen Kostbarkeiten, wie alte Chordschins, Tschowals und Schabracken, noch naturfarbene Brücken (persische Chorasan mit Herati-Muster, Belutschen und Beschiri). Prächtig ausschauende, mit bunten Troddeln behangene Pferde vor zweirädrigen Ghaddis. Daneben Karatschis als Lastkarren.

Am dritten Tag Start zur Weiterreise 1000 km auf der von Amerikanern und Russen erbauten Autostraße durch Wüsten- und Steppengebiete mit Felsgebirgen über Kandahar nach Kabul. Bei Farahrud fuhren wir bei Dunkelheit unversehens in eine unbeleuchtete Straßenbarriere. Nur leichter Blechschaden. Während dieses ungewollten Halts bemerkten wir ein hier von den Russen erbautes neues »Staatshotel«, das uns ein willkommenes Nachtasyl bot. Plötzlich blieb der Strom weg, dann das Wasser. Da ich mich unter der Dusche gerade voll eingeseift hatte, mußte ich den Seifenschaum schließlich mit Handtüchern abreiben. In dem sonnendurchglühten Gebäude hatten die Matratzen die Temperatur eines Heizkissens, d. h. der Schlaf fiel flach.

Im folgenden Kandahar, der wohl heißesten Stadt Afghanistans, verstießen wir gegen das ungeschriebene Verdikt, ungekochtes Wasser zu trinken. Bei etwa 50° C im Schatten war im Basar nichts Trinkbares aufzutreiben, außer leuchtend farbigen Limonaden in verschlossenen Flaschen. Abends in Kabul eröffnete man uns entsetzt, daß diese Limonaden möglicherweise aus Abwässern abgefüllt seien. Als »Gegengift« nahmen wir ausgiebig Whisky zu uns. Trotzdem packte mich drei Tage lang die Kabulitis (afghanische »Laufkrankheit«). Kandahar, Ableitung von Iskander (vermutlich das Alexandria in Arachosia), ist eine der Städtegründungen des Großen Makedoniers. Heute zweitgrößte Provinzhauptstadt Afghanistans, 1841/42 und 1878/79 Mittelpunkt blutiger Kämpfe gegen die britische Invasionsarmee. Obwohl unser Schweiß in Strömen rann, besuchten wir noch das Mausoleum des Schah Durrani (Gründer des afghanischen Königreichs 1747) und das Cherka scharif-Zijarat mit der berühmten Reliquie des Propheten-Mantels (Eintritt für Ungläubige verboten).

Skizzen vom Kabulfluß

Der Kabuler Basar Tschar chatta (= vier Arkaden) ist Treffpunkt, Handels- und Produktionsstätte, Nachrichtenzentrale, Börse, Gerichtsplatz, Rathaus und Vergnügungsort. Karakulfelle, Lapislazulisteine, Waffen, Nomadenschmuck und – natürlich Teppiche. Damals – noch vor dem weltweiten Teppichboom und der ihn begleitenden Preisexplosion – war der Kabuler Basar der Altar der Teppichgläubigen. Sei es im Chaman-Basar oder in Schahr-e-nau, überall gab es noch wohlfeile Knüpfungen, besonders turkmenischer, belutschistanischer und auch ostturkestanischer Provenienz (Chotan, Kaschgar und Jarkand). Vereinzelt persische Stücke. Zwischendurch lebensfrohe Webarbeiten der Ghilzai-Paschtunen, Hazara, Tschar

3. Waziri (Raum Mazar-e-scharif/Nordafghanistan)
162 x 105 cm, Ende 19. Jh. Archaisch anmutende, ausdrucksstarke (ikatähnliche) Zeichn. m. 6 mächtigen, gülartigen Oktogonen (eine der beiden klass. Ausgangsformen dieses späten, noch offenen Turkmenengenres). Anklänge an das ostturkest. gemusterte Scheibenmedaillon (bzw. Ai-[Mond-]Gül) od. kirgis. Alma-Gül. Hakenförmige turkm. Dongusburun-Elemente in den Rotflächen. Alternierend 6 ebenfalls expressionistisch kraftvolle »W«-Formen (hochabstrahiertes Floralmuster od. Drachenmotiv?), besetzt m. Pfeilzeichen (Blütenstiele od. Strahlenkonturen). Weitere symbolhafte Streumotive. Ersari-turkm. Bordüren. Vorwiegend Naturfarben. Seltenes Exponat.

◄ **4. Ersari** (Nordwestafghanistan)
168 x 122 cm, Jahrhundertwende. Der Fond dieses Turkmenen zeigt durch gemusterte Bortenstreifen gefelderte Segme-Güls (Aina) in 4 Reihen m. zentr. weißen u. blauen Rauten. Hauptbordüre m. Aschyk-Motiven in strenger linearer Wellenranke. Partiell synth. Farben. Breite, quergestreifte Kelimabschlüsse.

5. Schortepah-Beschir (Nordafghanistan)
138 x 109 cm, Anfang 20. Jh. Turkm. Gebetstepp. m. Doppelhandsymbol (Doga, Chamsa) im ob. Teil einer m. 8 Chamtos-Streifen eingefaßten Doppelraute. 2 Hauptbordüren m. Kotschak- u. 3 weitere Borten m. Doppelspiralen-(Algam-, S-)Motiv. Naturfarben. Die um das solitäre Handsymbol gruppierten gelbfarb. Elemente erhöhen den mystischmagischen Reiz dieses sakralen Stückes.

6. Kizil ajak (Raum Mazar-e-scharif/Nordafghanistan)
127 x 92 cm, 1. Viertel 20. Jh. Turkm. Gebetstepp. m. 2teil. architekt. Moschee-Zeichn. Hauptbordüre m. schematisierten Blüten u. Zweigen. Natur- u. synth. Farben. Abschlüsse aus rot-blaulinierten Webstreifen. Die harmonischen Proportionen v. Innenfeld u. Bordüren u. die verhaltene Farbigkeit – bei suggestiv strahlendem Rotlüster des Hintergrundes – verleihen dem bildhaften Tepp. eine andachtsvolle Feierlichkeit.

7. Ersari (Karakum od. Nordwestafghanistan) 160 x 111 cm, 3. Viertel 19. Jh. Kassettenförmig unterteilter Fond m. 12 schachbrettartig gemusterten, getreppten Rauten, die sich ähnl. in den Borten fortsetzen (vgl. Chamtos-Ornament). Die auffallende Vielfarbigkeit beruht überwiegend auf Naturfarben. Breite, rote Kelimabschlüsse.

8. Beschir (Amu darja/russ.-afghan. Grenzgebiet) 127 x 80 cm, Ende 19. Jh. Nomadenarbeit seßhaft gewordener Turkmenen. Im cremefarb. Fond 4 gegenläufige Reihen von je 10 gülartigen Motiven in 2 Varianten m. angesetzten hand-(Doga) od. kamm-(Darak)artigen Doppelmustern. Innere Bordüre m. ersarischen Dschudur-Ornamenten (auch Gul-e-badam, Boteh-Dreiergruppen), an die sich, nach S-Borte, eine Gyjak-Bordüre anschließt. Naturfarben.

9. Kizil Ajak (Raum Andchoi/Nordwestafghanistan)
203 x 128 cm, datiert »1313« (Schamsi = Sonnenjahre: 1935 A.D.). Die 3fache Datierung hat hier, anhand von Vergleichsstükken, aber wohl nur dekorativen Charakter. Turkm. Gebetstepp. m. schematisierter Moschee-Zeichn.: 15 Minaretts, 4 Iwane und Moscheehof mit Ka'ba (?). Hauptbordüre m. Widderstern-Kotschak, in 2 weiteren Bordüren Dschudur- bzw. reziprokes zinnenförmiges Chamtos-Muster. Naturfarben.

10. Dschengal ardschuk (Raum Aktscha/Nordafghanistan)
152 x 107 cm, Jahrhundertwende. In feiner ornamentaler Manier (für Eigengebrauch od. hervorragendes Gastgeschenk – evtl. im Harem) gefertigter turkm. Gebetstepp. Der von einem Kotschanak gekrönte, getreppte Mihrab ist zwischen 2 Moschee-Säulen m. Ampel und anhängendem Blumenbouquet geziert. Hauptbordüre m. arttypischer, hier aber unterbrochener vegetabiler Wellenranke. Naturfarben. 4farb. gestreifte Webabschlüsse. Fransen 3fach abgeknotet.

11.
Beschir (Amu darja/Nordafghanistan)
134 x 92 cm, 1. Viertel 20. Jh. Turkm. Gebetstepp., dessen strenger Musterrapport (Dreiekke, als mögl. Muskas-Symbole, auf braunfarbener Kamelwolle) durch einen Mittelstreifen m. Soldat-Motiven, 2 schematisierte Lebensbäume (belutschartige Blattmuster) u. Blütenpaneele oberhalb des Mihrab farbig aufgelockert wird. Partiell synth. Farben. Mehrfach gestreifter Kelimabschluß. Geknotete Fransen. Grundgewebe und Schirazeh Wolle m. Ziegenhaar.

12.
Dschengal ardschuk (Raum Aktscha/Nordafghanistan)
160 x 91 cm, 1. Drittel 20. Jh. Turkm. Gebetstepp. m. magischer Ausstrahlung. Im Mihrab dominierend dekorative Blütenkrone (Moschee-Ampel?) über mittlerer Säule. Flankierend ein Doppelhand- u. ein -fußsymbol. Hauptbordüre m. stilisierter Palmettenranke. Wohl ausschließl. Naturfarben. Abschließende breite Webstreifen m. 5farb. Gyjak-Formen.

13.
Ersari-Chordschin (Nordafghanistan)
123 x 55 cm, 2. Viertel 20. Jh. Geknüpfte, doppelteil. Satteltasche. Klare Zeichn. fast heraldischer Strenge: Auf weißem Grund je 5 hakenbesetzte Blütendolden (Variante traditionellen Beschir- u. späteren Waziri-Motivs). Zentral vielfarb. Standartenstange m. 2 Kotschaks, die Oktogon m. rotem Aschyk-Motiv einschließen. Hauptbordüre m. Dschudur-Musterung, weißgezeichn. Barmak-Außenborten. 6farb., in der Frühform der Wellenranke gewirkter Mittelteil (m. Ziegenhaar; wie Seitenkanten). Rückseite partiell geknüpft, m. Streumustern (Blüten, Sterne) geziert. Natur- u. synth. Farben.

14. Nordwestpersien (Aserbeidschan)
300 x 130 cm, datiert »1329« (1911 A.D.). Diese künstlerisch phantasievolle Nomadenarbeit entstammt wohl der Landschaft der Schahsawan nördl. Meschghin im Dreieck Moghansteppe/Gebirge des Karadagh- u. Talisch-Gebietes (textiltechn. Merkmale schließen auch südöstlichere Herkunft aus Taleghan-Gebiet/Elburs nicht aus). Vitale folkloristische u. mythologische Szenen (z. B. Scheitan mit geraubter Frau) wahrscheinlich der türkstämm. Ghadschari (= Kadscharen). Für Nähe Kaukasus spricht auch sog. »Krabben«-Muster der Hauptbordüre. Naturfarben. Glanzreiche Bergschafwolle.

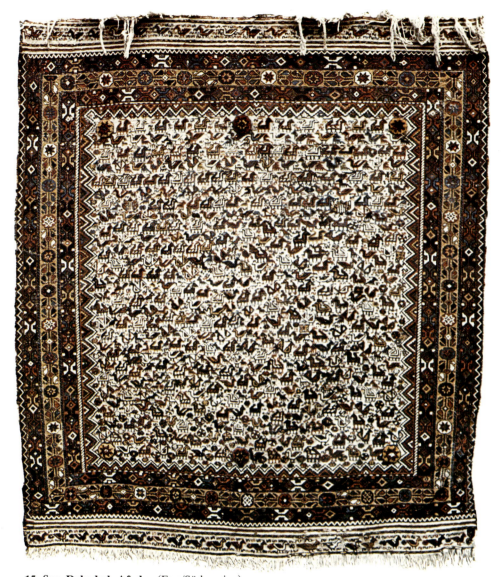

15. Sog. Dehadsch-Afschar (Fars/Südpersien)
192 x 172 cm, 3. Viertel 19. Jh. Nomad. Flachgewebe m. großartiger, heterogener Tierszene u. div. Symbolzeichen. Ikonographisch hat Tierreichtum (fast 600 Tiere in 6 Arten; durchweg mit frühen Kopf- u. Schwanzfähnchen) wohl Talisman-Bedeutung beständigen Wohlstands (Herden!). Darüber hinaus ist zoomorpher Symbol-Charakter der vorherrschenden Vogelgestalten als turkvölk. Totem-Tiere (Schutzgeister, Ahnenkult, vgl. hochabstrahierte, rudimentäre Turkmenen-Muster früher Oneghun-Vögel) naheliegend. Mittelbordüre m. Boteh-Quartett u. sog. Meder-(auch Salomon-)Stern. Beide geometrische Nebenbordüren m. vielfarb. Rautenstangen-Muster (ähnl. turkm. Tegbent-Ornament). Naturfarben. Gemischte Technik: baumwollenes Grundgewebe, m. Wolle figural broschiert (Weißtöne auch BW), 6 geknüpfte Wollpompons. Arttyp. 5farb. Schirazeh. Kunstvoll geflocht. Fransen. Eindringlich esoterische Ausstrahlung.

16. Schekarlu-Lure (Zagros-Gebirge/Südpersien)
179 x 125 cm. Armenische Dedikation: »Dieser Teppich ist geschenkt an Valumen + Sarkis Darektari in 1900 Mai 2«. Das m. heterogenen Füllmotiven (Blüten, Tiere, Rauten u. a.) belegte Innenfeld wird durch 2 m. tier-(vogel-?)köpfigen Haken besetzte Rauten m. Medaillonkreuz beherrscht. Flankierend unten 2 gesternte Stufenpolygone. Hellgrundige Innenbordüre m. wechselseitig konfrontierten Vogelpaaren. Weitere Bordüren m. S- und floralen Motiven. Naturfarben auf glanzreicher, fester Wolle. Grün-rot eingefaßte Seitenkanten, oberer Webstreifen grün-rot broschiert. Anklänge an Ghaschghai, Chamseh.

17. Scheibani-Chamseh (Bolwardi-Ghaschghai? Fars/Südpersien)
180 x 130 cm, Ende 19. Jh. Mächtige, gefüllte Botehs auf hellem, m. Klein-Botehs überzogenem Fond (dieses Badam-Muster ist wahrscheinlich hochabstrahierte Frühform des Vogelprofils, sog. »Vogel-Boteh«. Boteh-Spitze = Vogelschnabel, der hier ein Blatt hält). Blütenranken-Hauptbordüre. Naturfarben. Schirazeh braunmelierte Wolle.

19. Bidjar (Westpersien)
215 x 132 cm, letztes Drittel 19. Jh. Großzügige, florale Zeichn. m. Schmelz alter Naturfarben auf glänzender, elastischer Wolle. Arttyp. Herati-Muster der Hauptbordüre. Kurdische Arbeit m. farb- und formstarker Ausdruckskraft.

◀ **18. Kordi** (Ghutschan-Region/Nordostpersien)
180 x 130 cm, Jahrhundertwende. Ländlicher Knüpftepp. in nomad. Manier kurdischer o. a. turkstämm. Gruppen. Heraldisch gemustertes, kamelfarb. Innenfeld: in wechselndem Farbrhythmus diagonal gereihte Aschyk-Motive m. integrierten Tatzenkreuzen. Rote Blütengirlande-Bordüre. Außenborten m. 2 verschied. reziproken »Laufender Hund«-Musterungen (Spiralranken, vgl. Mäander). Naturfarben. 5farb. gestreifte Kelimabschlüsse, blau-rot eingefaßte Seitenkanten. Abgeknotete Fransen.

20. Kalardascht (Elburs-Gebirge/Nordpersien)
198 x 120 cm, datiert »1323« (1905 A.D.). Knüpfwerk in Nomadentradition m. durch seidig glänzende Berglandschafwolle leuchtenden Naturfarben. In geometrischer Zeichn. (m. charakteristischen Steinbock-Motiven in Eckzwickeln u. zwischen linearen Gabelranken in Hauptbordüre) u. im Kolorit authentischer Vertreter dieser seltenen Teppichspezies.

21. Siirt-Kürd (südl. Van-See/Ostanatolien)
152 x 88 cm, Jahrhundertwende. Gebetstepp. der Jürük in strengem, geometrischen Stil. Seidig glänzende Florwolle m. Mohair in Naturfarben. Kette und Schirazeh aus Mohairwolle (= Angoraziegenhaar), eine für diese Provenienz eigentümliche Besonderheit.

22. Kurde (sog. Jürük/Ostanatolien)
118 x 75 cm, letztes Drittel 19. Jh. Für diesen Typus repräsentativer Gebetstepp. m. stundenglasähnlichen Symbolen im prophetengrünen Mihrabfeld. In dem von reziproker Innenborte umrahmten Fond vielfältige Ornamente (Blumen, Rauten, S-Motive und Hakenpolygone). Kleine Kreuzblumen verschiedener Farbsequenzen in der als Kassettenleiste gestalteten Hauptbordüre. Naturfarben. Rotgelb eingefaßte Seitenkanten.

23. Sog. Konya-Jürük (Mittelanatolien)
127 x 106 cm. Ende 19. Jh. Nomad. Namazlik in großzüg., harmonischen Duktus. Der 7farb. getreppte Mihrab wird durch das arttyp. klare, warme Rot dominant hervorgehoben. 4 sauber dekorierte Bordüren m. Kutschkorak-Muster auf blauem Grund, weißgrundiger Blütenranke, Rosettenreihung u. gezackter sog. »Barbierstange« (Form des Gyjak-Ornaments) vollenden den Ausdruck kraftvoller Originalität u. erhabener Ruhe. Naturfarben auf bester, glänzender Florwolle.

24. Sog. Kurden-Kasak (auch Jürük/Ostanatolien)
180 x 97 cm, Ausgang 19. Jh. Durch Rautenstange getrennte Doppelreihe von 10 mächtigen, hakenbesetzten Stufenpolygonen verschiedener Farbigkeit m. zentralen frühen turkvölk. Kasa-Kalkan-Motiven. Kaukasische Anklänge. Naturfarben. Blau-rot eingebundene Schirazeh. Kunstvoll abgeflochtene Kettfäden.

25. Belutsch (Chorasan/Nordostpersien)
196 x 100 cm, datiert »13(0)6« = 1888 A.D. In bester, samtartiger Wolle fein geknüpft, m. stilist. Besonderheit: im Mittelfeld geschlossene Abb. eines, von artspezifischer weißgrund. Palmettenranke bordürten westpers. Mazlaghan-Tepp. In beiden Paneelen je 2 gr. saryk-turkm. Güls. Haschieh anguri-(Weinreben-)Hauptbordüre u. weißgezeichn., farbalternierende Barmak-Borte außen. Verschiedenartige faunale Streumotive. Teilweise nicht lesbare Inschrift m. Hinweisen auf Knüpfarbeit der Meister Ailar u. Tal Chani. Vertikale Symmetrie u. gebetsteppichähnlicher Aufbau deuten auf Begräbnistepp. (Verstorbene stammte lt. Familie in Maschhad angeblich aus Mazlaghan-Distrikt). Naturfarben. Flache, breite Schirazeh aus Ziegenhaar. Quergestreifte 3farb. Kelimabschlüsse. BW-Kette. Bemerkenswertes Unikat eines »Bastard«-Tepp.

◀ **26. Belutsch** (Mahdad chani. Seistan, südl. Grenzgebiet Afghanistan/Persien)
181 x 105 cm, Anfang 20. Jh. Sehr fein und akurat gearbeitetes Knüpfwerk m. adoptierter turkm. Ornamentik: 15 Hauptgüls u. 8 sekundäre Gurbaghe-(Frosch-)Güls der Tekke, Aina-Kotschanak-Hauptbordüre. Soldat-Muster in ob. u. unt. Innenborte. In beiden unt. Sekundärgüls 2 liebevoll hinzugesetzte Kamelfiguren. Seidiger, sehr kurzer Wollflor. Starke Leuchtkraft der Naturfarben. Wollkette.

27. Jakub chani (Timuri. Nördl. afghan.-pers. Grenzgebiet)
165 x 92 cm, letztes Drittel 19. Jh. Nomadisch. Alternierende Felder mit reziproken weiß-roten Vogelrudimenten bzw. stilisierten Lebensbäumen. Im Zentrum 3 aufsteigende Kassetten mit anhängenden Schlingenornamenten (Kufi-Flechtband). Turkm. beeinflußt (Stern-Güls, Doppelkotschak). Naturfarben. Schirazeh m. Ziegenhaar. Wollkette.

28. Belutsch (Taimani? Raum Farah/Südwestafghanistan)
101 x 78 cm, 1. Drittel 20. Jh. Gebetstepp. m. 3, von Kotschaks gekrönten, Moscheekuppeln. Im Mihrabfeld 3 buntfarb. Rauten u. Tiermotive. Seitenpaneele mit aufsteigenden Blütensequenzen. Naturfarben. Schirazeh blau-rot gewickelt. Vielfarb. Kelimabschlüsse in Sumach-Technik, bestickt, m. bunten Wollnoppen besetzt. Wollkette m. Ziegenhaar.

aimak, Tadschiken und Ersari-Turkmenen sowie Filzarbeiten von Hazara (= Hesoreh) und im afghanischen Nordosten lebenden Kara-Kirgisen. Es fehlte noch an der Nachfrage europäischer Händler, ganz zu schweigen von den iranischen Händlern, die sich damals nicht in die »wilden und schmutzigen Regionen der kriegerischen Afghanen« trauten. Abgesehen davon, daß das Land wirklich noch unsicher war, und seine Begehung wegen häufiger Stammesfehden, Blutrache, Frauenraub und räuberischer Stämme erhöhte Gefahren barg.

Zu diesem Etikett trugen nicht wenig in Kabul kolportierte Berichte bei: über eine verschwundene und angeblich im Harem eines Paschtunenfürsten gefangen gehaltene schwedische Studentin oder über den tödlichen Überfall auf zwei amerikanische Alleinreisende oder über die rituelle Schächtung von vier jungen Franzosen durch einen fanatischen Mollah in Kandahar. Unser Behagen wurde durch solche Moritaten nicht gerade gefördert. Derartige Einzelfälle werden aber häufig durch Unerfahrenheit, mangelnde Vorsicht und Ungeschicklichkeiten provoziert. So haben wir auf unseren Asienreisen stets eherne Grundregeln beherzigt: kein provozierendes Verhalten (insbesondere in unsicheren und unklaren Situationen), Anpassung an die Bräuche und Sitten, gerade der Nomaden (Gesetze der Gastfreundschaft, Rücksicht auf orientalische Empfindlichkeiten, Wahrung der Ehrenkodizes, Respektierung der Sonderstellung der Frau u. a.), zurückhaltendes und im wahren Sinne »zugeknöpftes« Auftreten von Frauen (hier meiner eigenen), Vermeidung nächtlichen Reisens, keine Übernachtung im Freien u. a. m. Unserem westlichen Ansehen abträglich waren die in Kabul anzutreffenden Hippies oder ähnliche ausgeflippte Typen (auch im Delirium, erkrankt oder bettelnd).

Oft begaben wir uns – morgens noch nicht wissend, wo wir abends unser Haupt hinlegen konnten – auf unseren afghanischen Wanderungen bei einbrechender Dunkelheit unter den Schutz des Stammesältesten eines gerade erreichten Nomadencamps, eines Auls oder einer Oasensiedlung. Selbst ein räuberischer Stamm hätte hier dem Obdach- und Schutzsuchenden ein Asyl gewährt. Zweimal haben wir bei zweifelhaften Stämmen Nordwestafghanistans und im zentralen Hazaradschat in dem von den Frauen für uns geräumten Gemach eine unnötig durchwachte Nacht verbracht und am nächsten Morgen noch durch unseren Gastgeber ein Schutzgeleit aus der Stammesmeile heraus erhalten. Unter Beachtung dieser ungeschriebenen Gebote hatten wir auf unseren fünf Afghanistanreisen mit rund 13 000 km auf unwegsamen Pfaden durch größtenteils Nomadengebiete niemals ein selbstverschuldetes »hartes Treffen«. Natürlich gab es auch riskante bis gefährliche Begegnungen mit Nomaden und Tieren, stets aber aus einer unvermeidbaren, oft mißverständlichen Situation heraus.

Außerhalb des lärmenden Volkslebens im Kabuler Basar blühte im internationalen Café »Khyber« der Haschhandel, wobei die Connaisseurs den »schwarzen Afghan« dem »roten« vorzogen. Der Kabulfluß war um diese Jahreszeit fast ausgetrocknet, so daß wir ihn mehr riechen als sehen konnten. In seinem Flußbett spielte sich ein reges Volksleben ab: Körperreinigung, Wäschewaschen, große und kleine Toiletten. Alles brüderlich nebeneinander nach dem islamischen Prinzip: Fließendes Wasser ist rein!

Besonders erfrischend waren für uns drei »Greenhorns« die sehr gastlichen Stunden im Hause von Ernst Röhrig, Repräsentant eines deutschen Großunternehmens in Afghanistan, die uns auch erste intime Eindrücke der Kabuler Atmosphäre vermittelten.

Den letzten Abend verbrachten wir in Gesellschaft von Einheimischen im Spinzar-Hotel mit folkloristischer Musik und Gesängen (die an die Vorliebe der Afghanen für indische Musik erinnern). Spontan und vorwiegend heiter, mit besonderem Bezug auf die Liebe und den Kampf. Neben den beliebten Zupfinstrumenten (Lauten wie Dambura, Tambur, Rubab und Dotar) und dem Streichinstrument Ghichak (eine zweisaitige Kniegeige auf einer Blechbüchse) erfreuten besonders die Schlaginstrumente, wie die Zerbaghali, die Dacra-Trommel und das Doppelmessingbecken Zang.

Über den Hindukusch nach Norden

Von Kabul aus starteten wir zu einer dreitägigen Exkursion etwa 700 km mit entladenem Wagen durch den Hindukusch (in dem der Sage nach Prometheus mit den Keilen des Hephästos an den Felsen geschmiedet wurde). Teilweise auf Kamelpfaden, durch wilde Schluchten, in Haarnadelkurven über die 4000 m übersteigenden, unbefestigten Pässe Unai und Hadschigak mit herrlichen Fernblicken auf Sechstausender. Häufige Begegnung mit den Hazara (mongolische Rasse), die – arbeitsam, fleißig und bescheiden – in Kabul meistens niedere Dienste, zum Beispiel als Lastenträger, verrichten, oder stolzen, berittenen Paschtunen und einigen größeren Kamelkarawanen.

Ziel war das 3000 m hoch gelegene Bamiyan – einst bedeutende Karawanen- und buddhistische Pilgerstadt (1.–7. Jh.) mit den beiden größten stehenden Buddhafiguren der Welt (55 u. 36 m), um die herum früher Tausende von Mönchen in Höhlenwohnungen lebten. Der berühmte chinesische Mönch und Pilger Hüan Tsang hatte schon im 7. Jh. das »Tal der Götter«, die Schönheit des Ortes und die Glaubenskraft seiner Einwohner gepriesen. Der Niedergang begann mit der teilweisen Zerstörung durch die bildnisfeindlichen Muselmanen und die Horden Dschingis Chans im 8. bzw. 13. Jh. Hier verlief einst die Große Seidenstraße (deren Bezeichnung übrigens nicht historisch ist, sondern von dem bekannten Geographen Ferdinand v. Richthofen stammen soll). Diese berühmte Karawanenstraße des Altertums (ab 3. Jh. v. Chr.) führte über ein Netz von Handelsstraßen Waren des Ostens (u. a. Gold und Seide) von China über Zentralasien bis zum Mittelmeer (Antiochia). Gegenläufig wurden westliche Güter (Glas, Edelmetalle, Luxuswaren) wieder über Palmyra, Samarkand, Ostturkestan befördert. Ein Zweig der Seidenstraße lief nach Indien. Eine Karawanenreise über die gesamte Ost-Weststrecke (rund 10 000 km) dauerte etwa sechs Jahre. Erst mit der Entdeckung des Seeweges nach Indien (1498) verlor die Seidenstraße ihre wirtschaftliche Bedeutung (endgültig nach dem Bau der Transsibirischen Bahn 1904).

Weiter rund 90 km nach Westen auf schlechter Piste und über drei Pässe (um 3700 m), bis wir eine ausgedehnte Hochebene erreichen, die von mehreren Sechstausendern mit ewigen Schneemützen umrahmt ist. Eingebettet in eine farbenprächtige, durch Erosionen zerklüftete Bergwelt liegen unter uns die fünf herrlich bunten (schwarzblau, rosa bis türkis) Band-e-amir-Seen. Eines der großen Naturwunder Afghanistans, um die sich unzählige Mythen und Dichtungen weben. Unterwegs werden wir von einem heftigen Sandsturm überfallen. Innerhalb von fünf Minuten umgibt uns ein ockerfarbener, dichter Sandvorhang, der auf einer Bergkuppe zu einem zweistündigen Stopp zwingt.

Wir verkriechen uns regelrecht im Wagen, der von der Sturmfaust hin und her geworfen wird. Erst jetzt bemerken wir einen starken Benzingeruch, so daß ich mich fluchend unter den Wagen quetsche und im donnernden Naturgetöse wieder einmal ein Leck im verbeulten Benzintank notdürftig mit Kaugummi abdichte. Bei dieser Gelegenheit entdecke ich auch einen Knick im rechten Querlenker. Ich krieche hustend wieder in das Wageninnere. Zurück behalte ich stark gequollene, juckende Augen. Eine außerdem durch den feinen Sandstaub verursachte fiebrige Bronchitis wird mich auf den späteren Expeditionsreisen – bei anhaltendem Sand- oder auch bei Teppichstaub im Basar – oft rezidivierend begleiten.

Geschichten an Nomadenfeuern

In einer Mulde zwischen den bizarren Kalk- und Sandsteinformationen nahe dem Foladi-Tal stoßen wir auf einige Läger dort biwakierender Hazara aus Kala dschafar. Die leuchtend rot gewandeten Frauen sitzen neben den schwarzen Ziegenhaarzelten vor Felshöhlen an horizontalen Webstühlen mit halbfertigen Kelimarbeiten in vertikal verlaufender Schlitztechnik (stufenförmige Rauten- und auch Streifenmuster). Nachdem wir uns ausgiebig gegenseitig begafft haben, hocken wir uns zu ihnen nieder. Die Nomadenweiber schnattern auf Edeltraud ein, befühlen neugierig ihre Haut und kichern untereinander. Als wir den Fotoapparat zücken, strecken sie abwehrend (gegen den »bösen Blick«) die gespreizten Finger gegen uns. Als eine ältere, zahnlose Muhme sogar vor uns ausspuckt, greift der Familienälteste ein und scheucht die Weiber herrisch zurück.

Die freundliche Stimmung kehrt wieder, als wir einige Fiebertabletten verteilen. Wie wir erfahren, müssen kranke Nomaden hier im Hindukusch oft bis zu zwei Jahren auf einen vorbeikommenden Arzt warten. Eine unbarmherzige natürliche Auslese, die nur der Starke überlebt. Ein Nomade will die Tagesration auf einmal schlucken, so daß ich sie mit dem Finger wieder dem Gehege seiner Zähne entreißen muß. Da ich keine Schmerztabletten mehr habe, verabreiche ich einem Alten Zäpfchen gegen starke Kopfschmerzen, finde aber für die rektale Anwendung kein Verständnis (später lernten wir von orientalischen Ärzten, daß rektal anwendbare Medikamente, insbesondere bei den Nomaden, absolut verpönt sind). Nach einem am Feuer gemeinsam genossenen Tschai darf Edeltraud (nicht ich!) das Lagerleben sogar fotografieren. Unser Lagerältester findet gar keinen Geschmack an einem Kaugummi, das er mit dem Papier kaut.

Wegen der hereinbrechenden Dunkelheit beschließen wir, in einer der Höhlen zu übernachten. Unsere abwechselnde Nachtwache erwies sich als entbehrlich. Störend wirken nur die uns ständig beschnuppernden riesigen Nomadenhunde mit ihren – wegen der Wölfe – abgeschnittenen Ohren und Schwänzen sowie das lästige Flohbeißen von den ungebetenen Satelliten unserer Gastgeber. Edeltraud tröstet uns mit dem Hinweis, daß die Parasiten nur die Gesunden bevorzugen. In der fast geisterhaften Stimmung des nebeligen Morgens inmitten der Nomadenkulisse mit den wie Attrappen wirkenden Höhlen zitiert Edeltraud am wärmenden Feuer die dichterische Ausmalung dieser Gegend, die viele namenlose Gräber der Wanderhirten versteckt: »*Bleigrau war der Hügel der Gräber, eisengrau waren die Grabsteine, aschgrau brandete, wie um eine geweihte Insel, die Steppe um den Hügel. Und nur der Wind der Hochebene sang für die Schatten derer, die rastlos vom ersten Augenblick ihres Lebens an gewandert waren, um endlich, am Ende der Reise, in der unbarmherzigen Steppe von Band-e-amir den Hafen der Einsamkeit zu erreichen. Wir waren hier am Ende menschlichen Daseins. Wir waren am Ende der Welt!*« (Joseph Kessel, vgl. Literatur, dort S. 33).

Über den Schibar-Paß nach Kabul zurück, belagerten wir die dortige Kraftfahrzeug-Lehrwerkstätte, um unseren Ford für den Rückweg fit zu machen. Am frühen Morgen unserer Abfahrt ereignete sich folgende Episode: Wir hielten kurz im Basarviertel in unheilvoller Erwartung einer 10 000-km-Rückfahrt durch die ungastlichen und heißen Steppen- und Wüstengebiete Belutschistans und Südpersiens. Plötzlich war Edeltraud verschwunden. Hermann und ich riefen in alle Himmelsrichtungen ihren Namen und suchten sie mit zunehmender Unruhe. Frauenraub? Wir drangen in mehrere Behausungen des dunklen Basars ein und ließen überall erstaunte Gesichter und offene Münder zurück. Eine verschwundene Chanum? Das war einmal etwas anderes! Sicherlich hatte der Ferangi sie nicht gut behandelt. Wir waren ratlos.

In meiner Sorge und Zerknirschung ob des unterbliebenen männlichen Schutzes fiel mein Blick auf eine kleine Beschir-Brücke mit gelb markiertem Mihrab. Nach kurzem Handeln erwarb ich das gefällige Stück zu einem billigen Preis. Aus dieser vorübergehenden Ablenkung schreckte mich wieder der Gedanke an die Verlorene auf. Inzwischen war auch Hermann weg, kehrte aber bald mit abwinkender Geste aus einem Basargäßchen zurück. Keine Spur von der treuen Gefährtin. Nach etwa 30 Minuten riß uns plötzlich ihre helle Stimme aus unserer dumpfen Resignation. Begeistert und unschuldsvoll zeigte sie uns ein feingelocktes Kula, das sie »im Vorübergehen« entdeckt hätte. Allahu akbar! Allah ist der Größte!

Unter dem Feuerball Belutschistans

Am Freitag (27. 5. 1970), dem islamischen Sonntag, erreichten wir – nachdem wir an den Straßensperren zweimal eine Toll entrichtet hatten – unter sengender Sonne gegen 13 Uhr das etwa 500 km entfernte Kandahar. In einem halbwegs annehmbaren kleinen Hotel tranken wir literweise Dugh. Wegen starken Durchfalls (Kabulitis) mußte ich mich auf einige Kannen warmen Tschai mit Nan beschränken. Es war so schwül, daß uns der Schweiß aus den Haaren auf das Essen tropfte. Mitleidig steckte uns ein Afghane unter die Küchendusche, die wir vergnüglich genossen. Anschließend füllten wir unsere Wassersäcke mit abgekochtem Wasser auf.

Von Kandahar weiter auf einer immer noch mittelprächtigen Asphaltstraße mit vielen Löchern und Querrinnen nach Süden. Teilweises Schrittfahren zwischen großen Schafherden hielt uns in diesem Erdbebengebiet mit riesigen Bodenrissen neben der Straße, eruptiven Erdhügeln und rötlichen Lavamassen planwidrig auf. Um 18 Uhr erreichten wir, schon in der Dämmerung, nach 110 km die afghanische Grenzstation Spinboldak. Den Zollgewaltigen mußte ich aber aus einem benachbarten Dorf holen, wo ich ihn endlich durch mehrere finstere Gänge in einer höhlenartigen Behausung vor einem überlauten Kofferradio aufspürte. Erst nach einem ausgiebigen Tee konnte ich mich, mit den ersehnten Stempeln versehen, wieder von ihm lösen. Noch länger dauerte der Aufenthalt am pakistanischen Grenzposten mit endlosen Zollformalitäten (sogar der elektrische Feueranzünder im Wagen wurde in pakistanisch und englisch registriert). Der Zolloffizier riet, über den nahen Paß 250 km noch bis Quetta im Konvoi zu fahren und vor entgegenkommenden Lkw, deren Fahrer zumeist Hasch intus hätten, in den Straßengraben auszuweichen.

Noch vor Mitternacht erreichten wir über die serpentinenreiche, auch im Mondschein nur schlecht befahrbare schmale Paßstraße Quetta (durch Erdbeben 1935 großteils zerstörte Hauptstadt Belutschistans). Einstündiges Herumsuchen in der Dunkelheit nach einem »Hotel«, in dessen Schwüle wir schweißtriefend den Morgen erwarteten (ich konsumierte derweil 20 Tassen Tee!). Auch hier wieder uns feindlich gesinntes Ungeziefer (diesmal possierliche Bettwanzen).

Von dort in sieben Tagen Durchquerung Westbelutschistans und der südpersischen Sandwüste Dascht-e-lut, die neben der Dascht-e-margu (der südafghanischen Todeswüste) zu den heißesten Gebieten der Erde zählen. 1350 km staubige und steinige Waschbrettpiste bei 52–58° C im Schatten. Auf der Piste oft Wanderdünen. Alles im Wagen ist brennend heiß, da bei geringem Tempo (30–40 km/h) kein Fahrtwind aufkommt. Hitzestau auch im Motorraum aufgrund des darunter zusätzlich montierten Schutzbleches. Mehrfach zwingt uns der überhitzte Vergaser zum Halten. Der Temperaturanzeiger steht ständig in der roten Warnmarkierung. Draußen stickiger Backofen, der das Atmen schwer macht. Überall in dem Wagen nur Sandmehl. Das gechlorte Wasser aus dem Sack muß rationiert werden. Wir lutschen mitgenommene Kieselsteine, nachdem der letzte Kaugummi hart und bröcklig ist. Der Schweiß rinnt wieder in Bächen an uns herunter. Gegen einen Sonnenstich hatten wir trotz der angebrachten grünen Fensterfolien die Sonnenseite mit Handtüchern verhängt. Auch das kaum anfaßbare Lenkrad wurde mit Tüchern umwickelt. – Nackte Wüste, zwischendurch wie Inseln schwarze Basaltgebirge. Dunkle, grusige Steinwüste wechselt mit stundenlangen Staubsanden. Bloß in den seltenen Oasen noch Pflanzen (Tamarisken, Saxaulsträucher und Palmen). Sonst kein Fluß, kein Baum, kein Mensch, kein Tier. Nur glühend heißer Wüstensand. Ab und zu tanzende Sandhosen. In diesen Gegenden verlor Alexander 325 v. Chr. einen Großteil seiner Soldaten auf dem langen unheilvollen Rückzug vom Indus durch die Steinwüsten des antiken Gedrosiens (etwa das heutige Belutschistan). Hier soll auch der verlustreiche Fluchtweg der sagenhaften assyrischen Königin Semiramis (Babylon) aus Indien verlaufen sein und später der Durchzug des persischen Großkönigs Cyrus (530 v. Chr.).

Ab und zu eine Fata morgana von Bäumen oder Wasserflächen, einmal von einem großen Turm, dem wir eilends als trügerischem Schattenspender zustreben. Nach zwanzig Minuten Fahrt schmilzt er zu einem zwei Meter hohen, zerfallenen Sandkegel zusammen. In Sichtweite zuweilen Dromedarskelette als bedenkliche Wegmarkierungen. Dschombas, die Renndromedare der räuberischen Belutschen, bekommen wir ebensowenig zu Gesicht wie die in diesen Gegenden wohl ausgestorbenen wilden Kamele oder Wildesel. Wir beobachten vereinzelt Geier, eine etwa 60 cm lange Sandrasselotter (deren Biß tödlich sein kann), Skorpione und Taranteln. Daß letztere als Rächer des getöteten Weibchens mit Metersätzen ihr Opfer kilometerweit verfolgen, ist wohl eher ein Wüstenlatein. Sichelförmige Sanddünen überlagern jetzt immer häufiger die Piste, so daß wir mehrfach ausbooten müssen, um den Wagen zu entlasten, zu schieben oder freizuschaufeln. Wir Ahnungslose wollten, wir wären schon wieder in Persien!

Oasen – Stätten des Labsals

Plötzlich die Oase Dalbandin. Von den Erschütterungen durch die Waschbrettpiste zermürbt (Kopf- und Gelenkschmerzen), durch lähmende Gluthitze (das Thermometer im Wagen zeigte zuletzt 80° C an) und Durst entkräftet, schwanken wir durch tiefen Sand auf die flachen Lehmbauten zu. Ohne zu trinken, werfen wir uns auf den kühlen Erdboden in einem tonnenförmigen Raum. Nach einer Stunde nehmen wir klares Wasser zu uns und essen infolge der Wagenhitze durchgartes Büchsenfleisch, das ich aus dem auf der Piste stehenden, dampfenden »Blechhaufen« herbeiholen muß. Ich kann diesen Samariterdienst gleich mit einem der häufigen Diarrhöeanfälle verbinden, die mich stark mitgenommen haben, da ich trotz Medifex, Mexaform und Kohlekompretten nichts mehr bei mir behalte. Beunruhigt durch aufkommende Sandwinde besteigen wir endlich – moralisch wieder aufgerüstet – unser eisernes Roß, das innen wie außen gleichermaßen ockerfarben ausschaut.

Den persischen Grenzposten Zahedan erreichen wir nach einem weiteren mörderischen Parcours – immer frontal gegen die tiefstehende Sonne, die oft Piste und Wüste ineinander verschwimmen läßt – spät abends völlig ausgepumpt nach einer bravourösen Tagesleistung von 762 km in 17 Stunden. Beim Anblick der Lichter Zahedans erfaßt uns wohl das gleiche Gefühl wie die griechischen Söldner Xenophons (401 v. Chr.), als sie nach langem, unheilvollem Rückmarsch, endlich das Meer erblickend, ihr berühmtes »Thalatta, Thalatta« ausriefen (aus »Anabasis«).

150 km beziehungsweise 84 km vorher hatten wir noch langweilige Grenzkontrollen der Pakistani in Nok Kundi und der Perser bei Mirdschaweh zu bestehen. Wegen der schlaftrunkenen persischen Zöllner unterblieb die Einfuhrbestätigung des Wagens, was später beim Grenzübergang zur Türkei zu unangenehmen Komplikationen und Zeitverlusten führen sollte. Nach Überholung von Roß und Reitern genießen wir in einem kleinen Hotel Zahedans übermütig mit letzten Kräften die Kühle der Nacht mit Trinken, Duschen und wieder Trinken. Hermann steht in voller Montur unter der Brause und quietscht und lacht über das sich in seinen Stiefeln glucksend ansammelnde Wasser. Das frühere Etikett Zahedans in diesem verrufenen Dreiländereck wird durch seinen ehemaligen Namen »Dasdan« (= Stadt der Räuber) belegt. Seine spätere Bedeutung erlangte es im Zweiten Weltkrieg als US-Basisflugplatz für die Versorgung der Sowjets.

Erst um 8 Uhr, von den Strapazen des Vortages noch benommen, geht es weiter durch die persische Sandwüste nach Westen, nachdem wir zuvor noch zwei Stunden lang 10 l Trinkwasser in dem uns zur Verfügung stehenden kleinen Behälter abkochen und chloren mußten. An diesem glutheißen dritten Tag legen wir auf extremer Waschbrettstrecke (Sand und Schotter) 336 km zurück. Das Schweißwasser sammelt sich in Bächen auf unseren Sitzflächen. Im Sonnenglast des Mittags erreichen wir endlich ermattet einen kleinen, kuppelförmigen Lehmbau, einen einsamen Gendarmerieposten (Schmuggelverkehr) in der schier endlosen Wüste. Wir verlassen fluchtartig das höllischheiße Gefährt. Ungläubige, erstaunte Gesichter der anwesenden drei Soldaten ob dieser unerwarteten Begegnung.

Statt einer Tür nur eine Filzdecke vor dem Eingang. Filzdecken auch am Boden, auf die wir uns ausstrecken. Das warme, gechlorte Wasser aus dem eigenen Wassersack schmeckt miserabel. Wir lassen das Wasser über Kopf und Hals in das Hemd laufen, der Durst bleibt ungelöscht. Die mit feuchten Lappen (Verdunstungskälte!) umwickelten Wasserkrüge der Soldaten lassen wir vorsichtshalber unberührt.

Der penetrant stinkende feuchte Lehmboden und der in dieses Haus ohne Türen blasende glutheiße Wüstenwind erleichtern unser Abschiednehmen nach einer knappen halben Stunde. Weiter Stunde um Stunde über die teils stark versandete Waschbrettpiste, die oft nur noch zu ahnen ist. Die erhabene Einförmigkeit der persischen Großen Sandwüste ist wie die düstere Stille des Todes. Von Norden her bläst schon der Bad-e-samum, ein heißer Sandwind aus der Gegend der russischen

Karakum. Im Dunst der schier unerträglichen Sonnenglut verschwimmen die Geländekonturen links und rechts der Piste. Die Hitze schluckt alles.

Gegen 18 Uhr wächst am Horizont die Silhouette einer von Palmen umgürteten Oase auf. Wir versuchen, auf 50 km/h zu beschleunigen, müssen aber gleich wieder wegen der harten Bodenstöße (Waschbrett) verlangsamen. Alles klappert und scheppert im und am Wagen. Edeltraud ist ständig schweißtriefend bemüht, die durcheinandergeworfene Bagage wieder zu verstauen. Langsam durchrollen wir das Eingangstor von Bam, der »Geisterstadt der Wüste«. Hohe Zinnenmauern (gegen Überfälle der räuberischen Belutschen) schließen die gespenstigen Altstadtruinen mit dem mittelalterlichen Kastell ein. Große Überraschung: ein modernes staatliches »Bam-Inn« in dem neben der verlassenen und zerfallenen alten Trutzstadt (bis zur Erstürmung 1794 durch den grausamen Kadscharen Agha Mohammed) neu erbauten Bam.

Nachdem wir unseren Metallesel wieder auf Vordermann gebracht, viele lose Schrauben angezogen haben, duschen und trinken wir Zitrus-Saft in wechselnder Folge. Schlaraffenland! Eine zauberhafte Sternennacht. Die Sterne hängen unwirklich nahe und plastisch wie Weihnachtsbaumkugeln am Firmament. In diesen Gegenden der Wüste Lut soll, atmosphärisch bedingt, der schönste Sternenhimmel des Orients sein. Gegen Morgen löst der melodische Muezzinruf von den Minaretts der Moscheen den Gesang Hunderter von Nachtigallen in den umliegenden Zitrushainen ab. In Bam wachsen auch die besten Datteln Persiens. Es ist doch eine Lust zu leben!

Die Sande dieser Gegend bilden die hier von Nordwest nach Südost verlaufende gefährliche Dascht-e-kerman. Mit ausgedehnten Salzpfannen, wasserlosen Sandmeeren und von glutheißen, verdorrenden Sandwinden zusammengetragenen und bizarr gefrästen, hohen Sandfelsbarrieren – dazwischen ausgeblasene, zerfurchte Cañons und gewaltige Sandstaubhalden – gehört sie zu dem lebensfeindlichen südöstlichen Teil der großen Lut-Wüste.

Zusammenbruch in der Großen Sandwüste

Ahnungsvoll beginnen wir um 3.30 Uhr den vierten Wüstentag, nachdem der holde Unverstand einem oberschlauen Diener des »Bam Inn« eingegeben hatte, unsere vier in Kabul und Zahedan abgefüllten Wasserflaschen in den Gefrierschrank zu verfrachten. Erfolg: Eis plus geplatzte Flaschen. Wir stecken uns viele Eisbrocken in den Mund, um wenigstens noch etwas von unserer Wasserreserve zu retten. Gleichzeitig dichte ich meine etwas nachlassende Diarrhöe mit Kaffeekohle und den wieder leckenden Benzintank mit Kaugummi und Leukoplast ab. Beim ersten Büchsenlicht rollt der schwer angeschlagene Ford mit zwei ausgefallenen und zwei defekten Stoßdämpfern aus dieser elysischen Stätte wieder in die Wüste Richtung Kerman. Über den weiteren dramatischen Verlauf dieses »Tags des Zornes« berichtet Edeltraud in ihrem Logbuch:

»Der Wagen rumpelt auf sehr schlechter Schotter-Piste mit ›Waschbrett‹. Um 7 Uhr krächzt Günter heiser: ›Verflucht, der Kardan!‹ Gott sei Dank aber nur ein infolge der starken Reibungshitze geplatzter Hinterreifen. Qualvoller Radwechsel nach Entladung des gesamten Kofferraums. Drei Stunden später (90 km), etwa auf der Mitte der Strecke nach Kerman, laute Gurgelgeräusche unter dem Wagen. Wir erstarren! Diesmal der alte Kardanschaden! Differential fast ohne Öl. Infolge Stoßdämpferausfalls und zwei gebrochener Blattfedern sitzt der Wagenboden auf der Kardanwelle auf, die schon einen Kanal ausgefräst hat. Nach einstündigem Reparaturbemühen bricht Günter noch das Überlaufventil der Bremsleitung ab. Seine entmutigende Diagnose: ›Rien ne va plus! Es geht nicht mehr mit eigener Kraft weiter‹ klingt wie eine Erlösung! Nach unendlichen fünf Stunden Abwartens im unerträglichen Feueratem der Lut bei 58° C kommt ein Lkw; der Fahrer kann aber nicht helfen. Irgendwann naht wieder einer. Die Retter! Die beiden – gleich allen Orientalen – sehr hilfsbereiten Perser arbeiten eine Stunde. Öl eingefüllt und den Kardan mit Holzkeilen entlastet. Wie die meisten orientalischen Lkw-Fahrer sind sie zugleich Monteure kraft Naturtalents. Unser schweres Gepäck auf den Lkw umgeladen. Hermann und ich klettern dazu, um unseren Wagen zu entlasten. Im Mäuseschrittempo folgt Günter mit gurgelnder Kardanwelle, deren Mittellager wieder am Wagenboden mahlt. Nach drei Kilometern, welche Wonne Allahs, ein Gendarmerieposten in der winzigen Oase Naybit! Die Lkw-Fahrer schenken uns zum Abschied noch eine große Melone.

Gastliche Aufnahme durch den Sergeanten. Mit dessen kopfreicher Familie abends Tschai aus dem siedenden Samowar, während wir Würfelbouillon und Corned beef servieren. Gestenreiche Verständigung. Der strahlende Sternenhimmel versöhnt uns wieder mit unserem Schicksal. Ein zauberhaftes Lichtwunder. In der Ferne heulen Schakale. Myriaden von winzigsten Sandkörnchen der umgebenden Wüste erzeugen bei der nächtlichen Abkühlung einen eigenartigen singenden Laut. Die Äolsharfen der Wüste! Unter dem Schutz der persischen Wächter schlafen wir auf dem harten Boden im Innenhof des Lehmbaues fest in unseren Schlafsäcken.

Am Morgen erschreckt uns eine faustgroße, zottig behaarte rote Spinne, die neugierig um unser Lager herumspaziert und von dem Sergeanten als äußerst giftig sofort getötet wird. Er spricht einzelne englische Worte, die aber zu einem sprachlichen Mißverständnis ausreichen, als er auf unsere Bemerkung ›much work‹ (viel Arbeit) mit einem match (Streichholz) zurückkommt. Nach seiner stereotypen Redewendung nennen wir ihn einfach ›Mister Thank you‹.

Eine nicht einfache Bergung

Während Hermann Hilfe in dem 100 km entfernten Kerman holt, begutachten wir die umliegenden Sandhügel auf ihre Eignung als Verladerampe für einen zunächst erdichteten Rettungs-Lkw. Mit Hilfe in der Nähe campierender Belutschnomaden verkürzen wir eine Hügelseite in fünf Stunden zu einer Steilwand, an die sich ein Lkw rückwärts heranschieben kann. Abends kehrt Hermann mit zwei Helfern und einem zwölfjährigen Monteur aus Kerman zurück. Zweistündige Reparatur durch den flinken Gesellen mit Kerzenlicht unter dem Wagen. Eine Blattfeder und ein Stoßdämpfer werden ersetzt. Der Kardanschaden bleibt. Er kann nicht in Kerman, sondern nur in dem 900 km entfernten Esfahan repariert werden. Am nächsten Tag rollt ein Kamiyun an. Mit Hilfe der drei Gendarmen und einiger Bretter gelangt unser Invalide über die Wüstenrampe auf den Lkw. Im Schrittempo über ›Waschbrett‹ nach Kerman.

Unterwegs besichtigen wir noch die kleine Oase Mahan mit dem herrlichen Mausoleum Schah Nimat Allah (15. Jh.) und dem vielleicht schönsten Garten Persiens sowie einer erlesenen Kollektion antiker Teppiche.

In Kerman verhandeln wir anschließend mit orientalischer Zähigkeit eine halbe Nacht um einen anderen Kamiyun für den Weitertransport nach Esfahan. Einigung (270,– DM) im Morgengrauen des nächsten Tages. Verladung mit einem Kran, der unseren vollbeladenen Invaliden an einer durch beide Vorderfenster gesteckten Bohle auf den gecharterten Lkw liftet, ungeachtet, daß sich dabei die Fensterrahmen verziehen. Unser Wagen ruht jetzt auf großen Teppich-Wollsäkken wie in Abrahams Schoß. Sein einen halben Meter über den Kamiyun herausragendes Heck wird mit Stricken vertäut.

Vor dem Abmarsch besuchen wir eine der bekannten Teppichknüpfereien Kermans und machen noch einen 100-km-Abstecher in die Wüste nach Norden über Sari asiab und Kalat-e-deh zanum bis zur Teppichoase Rawar, deren Name für die hier gefertigten begehrten ›Lawer‹-Teppiche steht. Einige halbfertige Spitzenqualitäten mit feingezeichnetem Millefleurs-Dekor auf den Knüpfstühlen erregen unsere Bewunderung.

Im Huckepack aus der Wüste

Von Kerman aus geht es dann im Bravourritt weiter nach Westen über rund 800 km unter dem Feuerball der Wüste. Zu viert zusammengepfercht, jeder auf einer Po-Backe, im Fahrerhaus. Als Marschverpflegung haben wir eine große Melone mitgenommen. Nach zweistündiger Fahrt Reifenpanne. Kein Ersatzreifen. Eine Stunde lang Flickarbeit. In der Nähe ein bestialischer Gestank von einem mit Tierhäuten beladenen Kamiyun. Weiter bei brütender Hitze (75° C) im Fahrerhaus. Unterwegs Station in einem Tschaichaneh. Die Stricke um unseren Ford müssen nachgespannt werden. Bei Abfahrt springt unser Lkw nicht an. Anlasserdefekt. Gemeinsames Anschieben. Der Motor darf künftig nicht mehr abgestellt werden. Straße gleichbleibend schlechtes Waschbrett. Günter hat krampfartige Magenschmerzen mit antiperistaltischen Bewegungen. Hitze und Staub setzen uns stark zu. Vor Sonnenuntergang passieren wir Jazd, geographischer Mittelpunkt Persiens. Von Wüsten umgeben, ist das Klima hier besonders trocken und heiß.

Die Straße wird jetzt etwas besser, ab Nain (bekannt für seine feinen Knüpfungen) sogar leidliche Asphaltstraße. Die Befestigung unseres Blechinvaliden muß ständig nachgezogen werden. Abenteuerliche Nachtfahrt mit ermüdenden Lichtspielen (An- und Ausschalten der Scheinwerfer) entgegenkommender Fahrzeuge. Nach 13 Stunden Wüstenfahrt gefährliche Situationen, als unser total schweigsamer Fahrer mehrmals am Steuer einnickt. Einmal rast der Kamiyun auf den Straßenrand zu. Hermann greift sofort ins Steuer. Wir erheben lautes Geschrei und halten den Fahrer ständig durch sinnloses Reden und Fragen wach. So frage ich bei jedem Licht in der Ferne ›Esfahan?‹ oder ›Hotel?‹, worauf jedesmal ein verneinendes Nicken kommt, was uns überzeugt, daß der Fahrer noch wach ist.

Plötzlich hält er in der Dunkelheit mitten auf der finsteren Wüstenstraße und hängt seinen Kopf bei laufendem Motor aus dem Fenster. Wir glauben, ihm sei schlecht geworden. Er schläft aber bereits. Wir sind stark beunruhigt, weil der Wagen schlecht beleuchtet ist, wecken den braven Muslim und setzen uns zusammen in die Wüste, um nicht Gefahr zu laufen, von vorbeifahrenden ›Wüstenschiffen‹ gerammt zu werden. Später, 20 km vor Esfahan, eine unbeleuchtete Fahrzeuggruppe. Mit Argusaugen durchdringe ich angstzitternd die Dunkelheit, sehe eine Polizeikontrolle und schreie den völlig übermüdeten Fahrer zu einer Vollbremsung an. Weiter geht's.

Endlich! Nach 17 Stunden erreichen wir erschöpft, aber beglückt gegen 2 Uhr morgens Esfahan. Unser persischer Fahrer bringt uns zu einem drittklassigen Kraftfahrerhotel. Nichts mehr frei. In einem anderen finsteren Loch Gott sei Dank noch eine Unterkunft. Schiefe Betten, schwarze Bettwäsche, schmierige Handtücher und eine Bruthitze im nicht abschließbaren Zimmer. Der brave Fahrer will im Lkw schlafen, obwohl wir ihm ein Bett anbieten. Er muß aber unseren Blechinvaliden bewachen.« – Soweit der Bericht Edeltrauds.

»Die halbe Welt«

Am Morgen luden wir schon um 7 Uhr unseren Wagen in einer Fordwerkstätte ab, die eher einer Dorfschmiede glich. Die Eile ist vom Scheitan, so daß Ersatzteile erst von Teheran beschafft oder selbst geschmiedet werden müßten. Wir vertrauten erfahrungsgemäß letzterem. So waren zwei Blattfedern zu ersetzen, ebenso zwei Stoßdämpfer. Der Benzintank wurde ausgebaut und geschweißt (später faßte er unerklärlicherweise 10 l mehr als zuvor), Reifen geflickt und das Kardanmittellager erneuert. Auch sonst turnten viele Orientalen, die möglicherweise zur Werkstatt gehörten, im und unter dem Wagen herum, der seine Renaissance feierte.

Wir ließen uns aufgedreht im Taxi zum Hotel »Schah Abbas« chauffieren, Kennern zufolge das schönste Hotel der Welt. Ich kannte es schon von einer früheren Persienreise her und hatte es uns sadistisch in den heißen Wüstenstrichen wie eine Fata morgana vorgegaukelt.

Vor dem Hotel löschten wir später aus der eigenen invaliden Maschine mit großem Aufzug unsere stark demolierte und verdreckte Ladung. Unser lädiertes Aussehen war so wenig vertrauenerweckend, daß die livrierten, goldbordürten Portiers uns zuerst ratlos betrachteten. Nach unserer Identifizierung wurden wir mit großer Höflichkeit und Bedauern willkommen geheißen. Das luxuriöse Interieur des Hotels (Zedernholzarbeiten, Spiegelfacetten, Stuckdekorationen, bizarre Lampen, bunte Glasfenster, Miniaturbildnisse, überhaupt viel dekoratives Kunsthandwerk, vor allem Prunkstücke von auserlesenen Esfahan-, Bachtiari- und Ghaschghai-Teppichen) machte uns befangen nach dem fünfwöchigen Husarenritt über Stock und Stein. Reine Betten, gutes Wasser, erlesene Speisen in einem phantastischen Milieu. Auch architektonisch war das Hotel – eine ausgebaute alte Karawanserei, von der herrlich türkis-blau-gelb fayencierten Kuppel der Tschaharbagh-Moschee überragt – eine Pracht, die wir abends im Seraihof mit vielen Rosenrabatten, Springbrünnlein und ambrosischen Düften genossen. Kurzum, wir wurden verdorben und waren froh, den härtesten Reiseteil hinter uns zu haben. So erholten wir uns langsam von den Strapazen und lustwandelten über die Hauptstraße Chiaban, Tschaharbagh und den großen Meidan-e-schah-Platz, einst der größte der Welt. Im Angesicht der Scheich-Lutfullah-Moschee (mit den wohl kostbarsten Keramikfliesen Persiens) und der reizvollen Holzpaläste Ali Kapu und Tschehel Sutun (mit prächtigen Wandmalereien) ließen wir im abendlichen Schatten seiner prachtvollen Schah-Moschee die umgebende Kulisse verblichener Größe und unvorstellbarer Macht auf uns wirken: *»Isfahan, oh wie gerne hätte ich Deine Anmut gekannt, Sultanin der Wüste! Deine runden Kuppeln aus blauer Fayence leuchten wie die Wellen der Südsee. Deine bescheidenen Straßen, erbaut auf unzähligen, während der Jahrhunderte zertretener Rosen ...«* (A. de Noailles: Vorwort zum »Gulistan« des Saadi). Vorbei an vielen alten Moscheen, Medresen, Palästen und Brunnen begriffen wir später unter dem im timuridischen Stil mit prachtvollen glasierten Mosaikfliesen und stalaktitartig gekehlten Wölbungen gehaltenen südlichen Liwan (14. Jh.) der altehrwürdigen Masdsched-e-dschomeh (11. Jh.) das Epitheton Esfahans: »Nesf-e-dschahan«, die halbe Welt!

Dank des kunstsinnigen Schah Abbas des Großen ist Esfahan (weiland Mittelpunkt persisch-islamischer Kultur und um 1600 persische Hauptstadt) die schönste Stadt Persiens, vielleicht des Orients überhaupt. Wir verlebten hier drei paradiesische Tage, während derer wir häufig und erfolgreich nach schönen alten Knüpfungen fahndeten, die unser Rückreisegepäck und damit den unglücklichen Wagen, der sich motorisch prächtig geschlagen hatte, noch mehr belasteten.

Von jetzt an ging es wieder zu zweit, da unser treuer Freund und bewährter »Dritter Mann«, Hermann Schildt, unsere Gesellschaft hier mit der von Fluggästen auf dem Rückweg nach Madrid vertauschen mußte – allerdings erst nach einem üppigen orientalischen Abschiedsfest.

Poeten und Teppiche in Schiraz

Am vierten und fünften Tag 1000-km-Abstecher auf guter Straße über Abadeh nach Südost bis Schiraz, Hauptstadt der Provinz Fars. Stadt der Dichter, der Rosen, des Weines und der Nachtigallen. Das persische Weimar. Unter der Zand-Dynastie (18. Jh.) Hauptstadt Persiens, von vielen Erdbeben, Überschwemmungen und Kriegen heimgesucht und im Mittelalter auch von Dschingis Chan, später von Tamerlan und Nadir Schah erobert.

Ein großartiges Erlebnis waren die beiden Mausoleen der berühmten persischen Poeten Saadi (13. Jh., Mystiker, Philosoph u. Lyriker, Hauptwerke: »Gulistan« = Rosengarten, »Diwan« = Gedichtsammlung und »Bostan« = Duftgarten) und Hafis (14. Jh., Lyriker und Koranlehrer, Hauptwerke: »Diwan« = Gedichte, »Sakiname« = Buch des Schenkens), die inmitten romantischer Rosengärten mit bunt glasierten Fayencekacheln dekoriert, Wallfahrtsstätten der Nation sind. Jener Hafis, dessen dem heiteren Lebensgenuß zugewandte Poesie der Kongenius Goethe als »erhabenes Vorbild« in seinem »Westöstlichen Diwan« feierte. Unvergleichbar auch die anderen berühmten Gartenanlagen der Stadt. An den Hängen der umliegenden Berge der bekannte Chollarwein, dem wir trotz anhaltender Hitze kräftig zusprachen (insbesondere dem Hochgewächs »Nr. 11«). In der langen Durchgangsstraße des Vakil-Basars – neben der gleichnamigen bekannten Moschee (18. Jh.) mit 48 mosaik-geschmückten monolithischen Steinsäulen und einer prächtigen Fassade mit buntem Fliesendekor – blühte das Kunsthandwerk. Bunte Folklore von Angehörigen der umliegenden Stämme. Auch hier wieder herrliche islamische Monumente und quirlende, prallvolle Basars. Ein Eldorado der Teppiche: Ghaschghai, Afschari, Niriz, Kasch Kuli, Kohi, Gabbeh, Turki und Chamseh, deren Verlockungen wir nicht zu widerstehen wagten. Damals noch zu günstigen Preisen nach stundenlangen Handelsorgien.

Gegenüber meiner Vorliebe für alte Knüpfungen – in vermutlich besserer handwerklicher Qualität, mit noch reinrassigerer Ornamentik und vermeintlichen Naturfarben – wandte Edeltraud mit weiblicher Logik ein, daß doch erstklassige zeitgenössische Teppiche von heute die antiken von übermorgen seien. Zu allen Zeiten hätte es gute und schlechte Arbeiten gegeben. Daher käme es auf das individuelle Stück an. Letztlich sei die Ästhetik, das Vergnügen und die Lust, einen Teppich zu betrachten, d. h. die rein persönlich-emotionale Beziehung zu diesem Kunstwerk, einfach seine Schönheit, maßgebend, nicht aber die Knotenzahl oder die S-Gruppierung. Man solle schönen Dingen ins Gesicht schauen und nicht die Kehrseite auseinandernehmen! Dieser lebensnahen und direkten Betrachtung habe ich mich auch fürderhin nicht ganz entziehen können, ohne damit allerdings meine Wißbegierde um die methodisch-systematische Erforschung von Gesetzlichkeiten und Ordnungsstrukturen (Edeltraud nennt es Perfektionismus) aufgegeben zu haben. Letztlich ist diese oder jene Betrachtung eine Frage der Prioritäten. So haben wir auf unseren späteren Asienreisen viele Knüpfungen erworben, die uns des Betrachtens und des Besitzens wert schienen, ohne dabei einer musealen oder wissenschaftlichen Wertschätzung Vorrang zu geben. Es waren die Blumen am Rande unserer orientalischen Wanderwege, die wir nicht nur zu riechen (die von uns an ihren Geburtsorten erworbenen Stücke rochen sowieso nach Kamelmist, Hammelfett, Urin oder Knoblauch), sondern auch zu pflücken trachteten.

Wir waren uns bewußt, daß die seit dem letzten Jahrhundert beschleunigte Entwicklung der Umweltverhältnisse in den »entdeckten«, erforschten und erschlossenen Nomadenregionen nicht ohne Wirkung auf die kunsthandwerklichen Fertigkeiten der nomadischen Knüpfer bleiben konnte; auch auf die Ornamentierung, die – zwar traditionsgebunden – letztlich aber dem Zeitgeist, dem zeitgenössischen Stil und dem von der Umwelt geprägten Geschmack unterliegt. So sind auch viele, heute als klassisch-antik empfundene Standardtypen von Knüpfungen (auch Turkmenenteppiche) bereits das Produkt einer späteren Entwicklungs- und (?) Degenerationsstufe.

Sicherlich ist es eine schlechte Angewohnheit von Teppichinteressenten, Knüpfstücke im Zweifel älter zu datieren, zumal nicht alles Alte gut und nicht alles Neue schlecht ist. Starke Voreingenommenheit besteht insoweit auch in Teppichsammlerkreisen gegen Stücke des laufenden Jahrhunderts. Man datiert also lieber »1890« als »1910«. Vielleicht grassierte dieser Unsinn auch schon entsprechend im letzten Jahrhundert. Hierzu läßt sich beunruhigend, aber realiter feststellen, daß auch antiken Stücken noch ältere vorausgegangen sind, die selbst schon Fremdelemente oder einen Traditionsverfall zeigen. Abgesehen von dieser tendenziösen chronologischen Zuordnung sind ähnliche Vorurteile vielfach auch bei der lokalen Klassifizierung (Provenienz) zu beobachten. So neigt der oft interessengebundene oder sonst befangene Teppichkenner dazu, zum Beispiel einen ihm werten turkestanischen Teppich eher russischen Ursprungs zu verdächtigen, als ihm eine solide afghanische Herkunft (etwa von in Nordafghanistan domizilierten Turkmenenstämmen) beizumessen, obwohl nicht alles Russische gut und nicht alles Afghanische weniger gut ist.

Noch ein Wort zu jenen auserwählten Teppichästheten, die sich verzückt auf ein altes, abgetretenes, oft nur noch einen Flor andeutendes Knüpfgewebe stürzen, bei denen also die Wertschätzung eines Teppichs durch den Grad seiner Abnutzung beeinflußt ist. Vielleicht noch mit Rissen und Löchern. Reparaturen empfinden sie als barbarisch, als Entweihung. Ein milderer Typ dieser Teppichpuristen legt zwar auf den Flor als essentielles Merkmal einer Knüpfung Wert, scheut sich aber, ein defektes Stück fachgerecht (mit gleicher Wolle, Farbe und Technik) reparieren oder restaurieren zu lassen. Sie empfinden dies beim Teppich als Denaturierung, obwohl sie andererseits ein altes Gemälde jederzeit bedenkenlos restaurieren lassen würden. Nun, dies wäre sicherlich Ansichtssache, vielleicht sogar eine Frage der Weltanschauung, wenn diese gestrengen Puristen dies auch so tolerant sehen würden. Ausgenommen von diesen ketzerischen Bemerkungen sind allerdings Unikate, Stücke von einmaliger, hervorragender Bedeutung. Es gibt aber auch Gemeinsamkeiten unter den Teppichfanatikern, nämlich die beinahe

Günter und Edeltraud Hollatz im Sattel durch Kurdistan im ostanatolischen Bergland

Ziegenhaarzelte der Kurden im Raum Diyarbakir (Ostanatolien)

Sprößlinge der Jürük vor ihrem Zeltlager südlich Malatya

Die bunte Bergwelt des anatolischen Hochlandes

Einsamer Reiter der Jürük im anatolisch-persischen Grenzgebiet

Antike Ruinen vor einer Moschee nahe dem Van-See

Einem Adlerhorst gleich: Die Seldschukenfeste Güselzu (anatolisch Kurdistan)

Im Teppichbasar von Mazar-e-scharif (Nordafghanistan)

Edeltraud Hollatz mit Teppichtrophäe vor der Grabmoschee Abdur Rahmans (Kabul) ▶

Großes Ausruhen nach der Teppichwäsche am Kabul

Offener Teppichhandel in Kabul

In Erwartung eines leckeren Mahles

Usbekische Straßenhändler in Schahr-e-nau (Kabul)
Wuchtige Kala eines Stammesältesten der Paschtunen

Mittagsrast bei Hazara in den Paghman-Bergen

Auf der nächsten Seite:

»Handgesteuerte« Waage beim Granatapfelkauf

Kutschi-Familie vor Höhlenwohnungen um Band-e-amir

Dromedare vor der Kulisse der Band-e-amir-Seen

Bergung unseres invaliden Ford-Wagens (zwischen Teppichwollsäcken) im Raume Bam-Kerman (Reise 1970)

naturgesetzliche Vorsichtshaltung gegenüber Versicherungen, Behörden, Unterwelt und Motten!

Unser besonderes Augenmerk galt naturgemäß den Nomadenteppichen, den Unvollkommenen, die mit ihrer Farbenpracht und mit dem Zauber ihrer Motive das entbehrungsreiche, harte und einsame Leben der Wüsten- und Steppennomaden erheitern, ebenso wie uns spätere Betrachter.

Abschied von den Achämeniden

Auf dem Rückweg erwiesen wir den weltbekannten Ruinenstädten des Altertums, Persepolis und Pasargade, unsere Referenz. Persepolis, ehemalige Hauptstadt der Achämeniden, wurde von Darius I. (500 v.Chr.) gegründet. Die von den Nachfolgern vollendete Festungsanlage fiel 331 v. Chr. unter Alexander d. Gr. einem Großfeuer zum Opfer (nach wohl herrschender Meinung auf Befehl des Makedoniers als Vergeltung für die persische Zerstörung Athens oder aber, um den Niedergang des Großpersischen Reiches zu besiegeln). Auch heute noch ist die Pracht der nach Zerstörung, Brand und Erdbeben verbliebenen Monumente überwältigend.

Wir schlichen stundenlang in glühender Hitze zwischen den Palästen, Portalen, Säulen und Reliefs umher. Anschließend zu den benachbarten Ruinen von Pasargade, erste achämenidische Metropole unter Cyrus (550 v. Chr.) und nach Naksch-e-rustam, der Nekropolis der Achämenidenkönige (Darius, Xerxes und Artaxerxes), mit einem Abstecher zu dem in seiner Schlichtheit ergreifenden pyramidenförmigen Grabmal des Großen Cyrus.

Der Aufbruch von diesen wahrhaft heiligen Stätten war zugleich der Startschuß zum Rückmarsch. Edeltraud und ich verließen am frühen Morgen des 6. Juni mit unserem leidlich verarzteten Ford die Stadttore Esfahans. Nach 5 km bemerkten wir, daß der stark beladene »alte Herr« kein Federungsvolumen hatte, also aufsaß. Bei noch geschlossenen Werkstätten begaben wir uns im Hotel gestiefelt und gespornt wieder in die Horizontale. Anschließend stundenlange Suche im Basar nach zwei zusätzlichen, verstärkten Blattfedern, um den Wagen hinten zu liften. Nach erfolgreicher Werkstattarbeit mußte das entladene »Zirkusgepäck« wieder verstaut werden.

In brütender Hitze verließen wir mittags mit neunstündiger Verspätung zum zweiten Mal diese prächtige Hochburg der Künste mit Fahrt über das wüstenartige persische Hochland Richtung Teheran. Der Wagen hielt sich trefflich, hatte allerdings durch die klotzigen Blattfedern an Stabilität verloren (trotzdem behielten wir das liebgewonnene Fahrzeug in gleichem Aggregatzustand noch sechs Jahre bis zum km-Stand 250 000! (Er wurde sogar Hauptdarsteller einer 1973 über diese Reise ausgestrahlten Sendung des »Zweiten Deutschen Fernsehen«). Um die durch die Havarien verlorene Zeit in der Gesamtplanung auszugleichen, mußten wir den Rückweg von Esfahan – Teheran – Ghazwin – Tabriz – Dogubayazit –

Erzurum durch die Nordtürkei am Schwarzen Meer entlang über Istanbul nach Frankfurt am Main in einem scharfen Husarenritt von fünfeinhalb Tagen absolvieren.

Ergötzliches auf dem Rückmarsch

Eine höchst amüsante Teppichstory ereignete sich kurz nach der persisch-türkischen Grenze bei Gürbulak. Wir wollten noch vor Einbruch der Dunkelheit die nächste türkische Stadt erreichen. Ein türkischer Wachposten stoppte und führte uns auf unseren Protest hin nach einer Stunde Wartens auf der menschenleeren Zollstation endlich zum Zollgewaltigen. Dieser bestand auf eingehender Wagenkontrolle, was unseren »Offenbarungseid« für alle erworbenen Teppichstücke bedeutete. Wir versuchten abzulenken, sprachen über die deutsch-türkische Freundschaft, über Kemal Atatürk (den Vater der Türken) und über die auch in der Türkei wohlbekannten Goltz-Pascha und Helmuth Moltke. Der ständig »Feuerwasser« trinkende »Zollwesir« schien beeindruckt und schenkte uns ebenfalls fleißig ein.

Plötzlich erinnerte er sich seiner obrigkeitlichen Funktion und verlangte, die fest verstauten Teppiche zu sehen. Kein Palaver bewahrte uns vor dem Unvermeidlichen. Bei jedem präsentierten Stück lachte er lauthals und stärkte sich mit einem Gläschen. Inzwischen stellte ein anderer »Unterwesir« ständig meiner Frau nach und riet zum Übernachten. Das fehlte uns noch an diesem gottverlassenen Fleck im Dreiländereck Rußland/Persien/Türkei. Schließlich erreichten wir das große Einsehen des Zollgewaltigen, der den Transit ohne Kaution freigab. Die Teppiche mußten langwierig versiegelt und im Paß registriert werden. Wir bekamen außerdem zur Auflage, seinen Neffen bis Dogubayazit mitzunehmen. Mit dem unerbetenen Reiter auf unseren verschnürten Teppichballen setzten wir die Fahrt bei Dunkelheit im ächzenden, völlig überladenen und fuselgeschwängerten Wagen fort.

...und weniger Ergötzliches

Ein unfreundlicher Schlußakt ereignete sich nach dem Transit Bulgariens auf jugoslawischem Boden, als wir kurz nach dem Grenzübertritt im serbischen Nis wegen angeblicher Tempoüberschreitung von einer dreiköpfigen Polizeistreife gestoppt wurden. Da wir, entgegen dem Befehl, den Motor wegen eines Anlasserdefektes nicht abstellen konnten, wurden wir zuerst mit Faustschlägen traktiert und mit Stiefeln getreten, ehe man uns unter vorgehaltenen Pistolen die gesamten Papiere abnahm. Nach Behandlung durch einen Arzt und einer, trotz hochkarätiger Schmerzmittel, schlaflosen Nacht, wurden wir am nächsten Tag durch einen Schnellrichter in einer uns unverständlichen, serbisch geführten Verhandlung zu einer Geldstrafe von 200,- DM verurteilt. Eine freudlose Behandlung, die uns niemals im Orient widerfuhr, und die später noch zu mehreren erfolglosen Demarchen des deutschen Auswärtigen Amtes bei der Belgrader Regierung führte.

Damals setzten wir jedenfalls mit gemischten Gefühlen ob dieser überraschenden Begrüßung im alten Okzident unseren Rückweg beschleunigt fort, gewannen aber schon nach dem jugoslawischen Schlagbaum unser lädiertes Selbstvertrauen zurück.

Bilder einer großen Reise

Noch duften die herrlichen Gärten von Schiraz, leuchtet die türkisfarbene Pracht der Moscheen Esfahans, bauen Turkmenen am Gorgan ihre Kibitkas, ziehen mit Wolle oder Salz beladene Karawanen an den lehmfarbenen Ruinen verblichener Herrlichkeiten entlang. Noch knüpfen Nomadenhände Teppiche in den weiten asiatischen Steppen. Bewegt und erfüllt von Erlebnissen unvergleichlicher Schönheit und faszinierenden Eindrücken nahmen wir Abschied von diesen lebenden Bildern des alten Orients mit dem Schlußvers aus einem Hafis-Gedicht:

»Wenn Du in die Wüste ziehst
mit dem Glauben des Pilgers,
und die Dornen Deine Füße stechen
Sei nicht traurig!
Selbst wenn Dein nächtliches Lager gefahrvoll
und Dein Ziel noch weit entfernt,
wisse, daß es keinen Weg gibt, der endlos wäre.
Sei nicht traurig!«

So waren wir alles andere als traurig, als wir am strahlenden Morgen des 13. Juni 1970 hart mitgenommen, aber in prächtiger Stimmung, wieder über die heimatliche Mainbrücke in Frankfurt einzogen.

Die ewig wandern

Betrachtungen über das Nomadentum im afghanisch-iranischen Raum

Der Geruch verbrannten Holzes und der Rauch offenen Feuers haben bei mir immer zwei Erinnerungen geweckt: eine weniger romantische an schwelende Trümmer von brennenden Dörfern während des letzten Krieges und eine romantische an die Lagerfeuer der Pfadfinder und des Jungvolks in meiner Jugendzeit und später der Nomaden auf unseren Asienreisen.

Nomaden! Das Wort ist wie eine Fanfare! Voll Freiheit, Unabhängigkeit und Romantik, aber auch voll Sehnsucht, Kampf und Schwermut. Es weckt Vorstellungen von einsamen Karawanen in schier grenzenlosen Steppen und Wüsten und von lodernden Feuern vor schwarzen Zelten inmitten riesiger Herden. Stolze und wehrhafte Reiter zu Pferd, Kamel oder Esel und blitzende Frauenaugen hinter bunter Folklore. In Wirklichkeit ist das Nomadenleben eine der härtesten Daseinsformen auf unserer Erde. Ständig auf der Suche nach Weideplätzen, oft nur von Wasserstelle zu Wasserstelle und in steter Anpassung oder Auseinandersetzung mit einer wechselnd freund-/feindlichen Umwelt. Entbehrungsreich, ohne Milde und Bequemlichkeit, in täglichem Kampf, um der Natur das Anrecht zum Weiterleben abzuringen. So ist das Nomadentum eine radikale Anpassungsform an extreme Umweltverhältnisse.

Das Nomadentum als klimatisch und geographisch bedingte Lebensweise

Die nomadischen Schwarm- und Siedlungsgebiete ziehen sich quer durch die orientalische Teppichgeographie. Es sind zumeist die großen Dürrezonen mit extremen Temperaturen, häufigen Naturkatastrophen (Hochwasser, Sandstürme, Erdbeben) und kargem Weideland. So verliefen die traditionellen Nomadenschneisen, zum Beispiel der Belutschen und Paschtunen, früher ungeachtet staatlicher Grenzen. Heute ist diese internationale Freizügigkeit weitgehend durch staatliche Restriktionen und Reglementierungen (Gesundheitskontrollen, Passierausweise etc.) eingeschränkt (zum Beispiel Pakistan und Iran) beziehungsweise blockiert (zum Beispiel UdSSR und China).

Der Begriff des »Nomaden« bedeutet griechisch (Nemos = Weide, Nomos = Regel, Gesetz) den auf der Weide Herumziehenden. Läßt sich das Hirten-Nomadentum (= Wanderviehwirtschaft als Hauptform des Nomadismus) als »die meist klimazyklische Bewegung von viehhaltenden Stämmen, ohne nennenswer-

ten Grundbesitz, zum Zwecke der Weidegewinnung in Trockengebieten« definieren, so sind seine besonderen Merkmale
- ständige oder periodische Weidewanderungen ohne feste, dauerhafte Siedlungen und ohne oder ggf. mit nur marginaler Landwirtschaft,
- bewegliche Habe und transportable Behausungen,
- Wandertrecks ganzer Stämme (in unterschiedlichen Einheiten),
- eigene Viehherden (Haltung und Zucht) als existentielle Lebensgrundlage; keine Aufstallung des Viehs,
- Verwendung eigener Textilrohstoffe (Wolle, Baumwolle, Haare) für die Bekleidung, Behausung und Teppichfertigung.

Damit ist zugleich eine Abgrenzung zu den verwandten Betriebsformen der Viehwirtschaft, wie Transhumanz und Almwirtschaft, getroffen. Je nach dem Grad der Seßhaftigkeit und ackerbaulichen Tätigkeit unterscheidet man üblicherweise die »Vollnomaden« von den »Halbnomaden« mit entsprechenden Misch- und Übergangsformen. Hauptkriterien bleiben jedoch die Wanderbewegung und die Abhängigkeit von der Herde.

Dieses vom Urnomadischen her stete Gemeinschaftswandern führt zu typischen nomadischen Lebens-, Gesellschafts-, Kultur- und Wirtschaftsformen. Die wissenschaftliche Streitfrage, ob das Nomadentum oder auch spätere Wanderhirten entwicklungsgeschichtlich eine Folge des frühen Jägertums oder – in Anpassung an extreme Umweltverhältnisse – eine Spezialform des nachfolgenden Bauerntums seien, wird heute überwiegend im letzteren Sinne beantwortet. Auch bezüglich der »Halbnomaden« ist umstritten, ob es sich hierbei grundsätzlich nur um eine temporäre Übergangsform zur Seßhaftigkeit (mit teilweisem Bodenanbau), um eine Variante des Bauerntums oder etwa um eine originäre Mischstufe teilnomadischen Lebens handelt. Neuere Erkenntnisse sprechen für die ersten beiden Entstehungsgründe.

Je nach den durch die Umweltverhältnisse gebotenen Weidenutzflächen kann man nach dem Aktionsradius der Nomadeneinheiten weitere Unterscheidungen treffen. So bewegen sich die »groß(fern)-wandernden Nomaden« mit ihren Zaumtieren (vorwiegend Kamele, Pferde und Esel) im Jahresrhythmus bis zu etwa 900 km. Die »klein(nah)-wandernden Nomaden« (mit vornehmlich Eseln und Kühen als Lasttieren) legen jährlich bis zu etwa 200 km zurück. Eine Differenzierung nach der Art der mobilen Behausungen (Hütten, Jurten, Zelte) ist zwar für die Form der materiellen Kultur aufschlußreich, zeigt aber weder den Grad der Mobilität an, noch ist sie wegen der heute gemischten Verwendung aussagekräftig. Grundsätzlich geht die gebräuchliche Scherengitterjurte auf die mongolischen und turkvölkischen Vollnomaden zurück und wird wesentlich in den zentralasiatischen Gebieten verwandt. Demgegenüber ist das normale Ziegenhaarspitzzelt wohl arabisch-beduinischen Ursprungs.

Traditionsbewußt, auf eine gefestigte Stammeshierarchie gestützt und sich ihrer naturbedingten Unabhängigkeiten und Freizügigkeiten bewußt, sind die Nomaden allgemein freiheitsliebend, selbstbewußt, wehrhaft und tapfer, aber häufig auch ungebärdig und herrschsüchtig. Größeres Vermögen (Herden und Grundbesitz) und der Rückhalt einer Stammeskonföderation verleihen ihnen oft eine bedeutende faktische Machtposition.

Die Organisationsformen einzelner Nomadeneinheiten – von der Zelt-(Jurten)-Gemeinschaft über Familie, Clan, Sippe und Stamm bis zur Völkerschaft –, ihr Macht- und Einflußpotential, ihre Funktionen und Bedeutung für Staat, Gesellschaft und Wirtschaft sind regional und tribal unterschiedlich. Dies zeigen schon vergleichende Gegenüberstellungen der bekanntesten teppichfertigenden Nomadenvölker der Türkei, Persiens und Afghanistans, wie die Kurden und Arabi, die Ghaschghai, Afschari, Chamseh, Bachtiari, Luren und Schahsawan, die Ghilzai-Paschtunen, Turkmenen, Belutschen und Tschar aimak. Generell, aber mit unterschiedlichen Abstufungen, werden die Stämme noch patriarchalisch, teils von Großfamilien, regiert (vom charismatischen Führertum bis zur konstitutionellen Ratsverfassung). Die Sippenstruktur und die unterschiedliche Stammesverfassung zeigen meist noch streng feudalistische Züge, oft verbunden mit einer ausgeprägten archaischen Sozialordnung. Je nach der stammesinternen Homogenität und Solidarität bilden einzelne Nomadeneinheiten bedeutsame politische und paramilitärische Machtblöcke, die eine wirksame Vertretung ihrer Stammesbelange gegenüber dem Staat und anderen Gesellschaftsgruppen gewährleisten.

Dies hängt wesentlich auch von dem Grad der staatlich zugestandenen Freizügigkeiten und Tribalrechte, die die Stämme in den einzelnen Ländern genießen, ab. Während Afghanistan wohl das einzige Land ist, in dem sich das Nomadentum bisher noch im Wachstum befindet und größere, traditionell gewachsene Privilegien bei noch ursprünglicheren Lebensgewohnheiten beansprucht, besteht in persischen Nomadenregionen aufgrund der fortgeschrittenen staatlichen Gesamtentwicklung ein größerer Trend zum Halbnomadentum mit gemischt modernen Wirtschaftsfunktionen und damit auch zur Seßhaftigkeit.

Ein Nomadenzeltlager zählt drei bis zehn (durchschnittlich fünf) Zelte, wobei eine Zelteinheit im Schnitt vier Erwachsene und bis zu sechs Kinder umfaßt. Die Frühjahrs- (April) und Herbstwanderungen (Oktober) in die kühleren Bergzonen bzw. wärmeren Steppenbereiche dauern – unterschiedlich für nah- und fernwandernde Nomaden – je etwa drei bis zu zehn Wochen. Der stationäre Aufenthalt in Lägern verteilt sich auf die restliche Jahreszeit. So verbleiben zum Beispiel die (vom pakistanischen Indus-Tiefland bis zum afghanischen Zentral) fernwandernden Paschtunen 1 bis 1½ Monate in den Herbst- und Frühjahrslägern, etwa 2½ bis 3 Monate in den Sommer- und bis zu 5 Monate in den Winterlägern.

Bei einer täglichen Wanderleistung zwischen Sonnenaufgang und Dämmerung von sieben bis acht Stunden und einer Rast in der heißen Mittagszeit von etwa drei bis fünf Stunden, ergibt sich unter Berücksichtigung der für den Weidegang selbst noch einzulegenden mehrtägigen Rast ein Tagespensum von im Schnitt nur 7 bis 12 km. Hierbei kommt es allerdings wesentlich auf die Größe der Herden, auf sonstige Begleittiere (Kamele, Pferde, Esel und Kühe) und darauf an, ob die Herde getrennt von dem übrigen Treck (Menschen, Reit- und Lasttiere) marschiert, was bei größeren Gruppen wegen des geringeren Marschtempos ersterer häufig bevorzugt wird. Berücksichtigt man weiterhin die geländeabhängig unterschiedliche Belastbarkeit der Saumtiere auf den Wanderungen (Kamele bis circa 300 kg, Rinder bis circa 140 kg und Esel bis circa 100 kg), so bedeutet der zunehmende Einsatz von eigenen oder gemieteten Kamiyuns für das schwere Nomadengepäck (auch für Herdenvieh) auf befahrbaren Pisten einen erheblichen Vorteil für die Mobilität einer Herde.

Die Umweltbezogenheit nomadischen Lebens und Wirkens ist evident. Die Behausungen (Zelte, Jurten), deren Einrichtungen, Transportmittel, Bekleidung, überhaupt die ganze bewegliche Habe sind der mobilen Lebensweise der Wanderhirten angepaßt. Sie müssen daher zweckmäßig, leicht und transportabel sowie aus von den Nomaden meist selbst gefertigten und in ihrer Umgebung einfach erreichbaren Materialien sein. Bestes Beispiel ist die eine fünf- bis zehnköpfige Familie beherbergende Jurte, die (bei circa 20 qm Bodenfläche und 3 m lichter Höhe) nur etwa 480 kg wiegt, von drei bis vier Frauen in etwa 100 Minuten errichtet und auf zwei Kamelen transportiert wird. Das Jurtengerüst (Holz), Filze, Bambusmatten, Trennwände, Bänder, Seile werden von den Wanderhirten meistens aus eigenproduzierten Stoffen hergestellt, wie auch der den Eingang abdeckende Teppich, der Hauptteppich und die geknüpften oder gewebten Decken und Taschen (Behältnisse).

Das Nomadenwesen als umweltbestimmte Wirtschaftsform

Die Nomaden (»Organisiertes Wanderhirtentum«) betreiben in erster Linie Viehwirtschaft (Erzeugung von Zuchtvieh – vornehmlich Schafe, Ziegen, Rinder und Kamele –, Fleisch und tierischen Produkten), teilweise mit Bodenbesitz (Verpachtung) und vereinzelt auch mit dessen agrarischer Eigennutzung (meistens bei Halbnomaden).

Die optimale Wirtschaftlichkeit eines nomadischen Haushalts hängt im wesentlichen von ökologischen Gegebenheiten ab und ist daher regional unterschiedlich. So richtet sich die Größenordnung einer Herde vorrangig nach dem Aktionsradius der Stämme (zum Beispiel fernwandernde und nahwandernde). Andererseits wird die Zusammensetzung einer Herde durch den Eigenbedarf einer Familie (Familienverband) an Wolle, Milch, Fett, Fleisch etc. bestimmt. Der durchschnittliche Nomadenbetrieb (-haushalt) in Mittelasien benötigt 100 bis 200 Fettschwanzschafe (davon etwa $\frac{4}{5}$ weibliche Tiere), ergänzt durch einen Ziegenbestand von etwa 10 bis 20 Prozent der Schafe. Unter Berücksichtigung der natürlichen Ausfälle liegt die minimale Rentierlichkeit bei etwa der Hälfte und die maximale bei etwa dem Doppelten (wegen eines dann zusätzlichen Bedarfs an Hirten, Futter, Transportmitteln etc.). Hinzu kommen bei den fernwandernden Hirten neben Pferden oder Eseln noch fünf bis zehn Kamele (auch als Wollerzeuger) und bei den nahwandernden noch eine entsprechende Anzahl von Kühen als Tragtiere, Milch-

und Fetterzeuger. Diese Erfahrungswerte – hier von den afghanischen Kutschi (insbesondere Paschtunen) und den persischen Schahsawan und Ghaschghai – variieren nach Gegenden und Stämmen.

In Anpassung an veränderte Umweltverhältnisse haben die Nomaden in den letzten Jahrzehnten außer der Weidenutzung brachliegender Steppen-/Hochlandschaften zunehmend auch weitere Tätigkeiten übernommen, wie Transporte (neben dem Karawanenverkehr und Schutzgeleiten) und Handel (einschließlich Tauschhandel und Zeltbasars) sowie Dienstleistungen (zum Beispiel als Handwerker, Lohnhirten oder Erntehelfer). Insoweit sind die Bezeichnungen Transport-, Handels- und Arbeitsnomaden geläufig. Hinzu kommt die Kreditvergabe. In weiten Gebieten sind Transport und Karawanenhandel – in eigener Regie oder im Lohnauftrag – notwendige nomadische Komplementärgewerbe. Der Transport wird vorzugsweise per Kamel und Esel, zunehmend aber auch durch eigene oder gemietete Lkw bewirkt. (Interessant hierzu, daß die Transportleistung in t/km eines Lkw der von 1000 Kamelen überlegen sein soll.) Weiterhin der Karawanenhandel, der – oft in monopolistischer Form und auch mit billigen Konsumartikeln – die Bauern häufig in finanzielle Abhängigkeit drängt.

Diese zusätzlichen Leistungsgewerbe machen die nomadische Tierhaltung – neben der Tierzüchtung – oft überhaupt noch rentabel. Dies gilt gerade für die teuren Kamele (neben Eseln, da Kühe und Kamele sich schlecht vertragen) großwandernder Nomaden (Fütterung der Kamele im bis zu fünf Monate dauernden Winterlager und während der Wanderungszeit in Dürregebieten aus eigenem mitgeführtem Futter). Der hierbei oft gleichzeitig vermittelte Tauschhandel bringt ihnen zum Beispiel gegen Holz, Trockensteppenpflanzen, Wolle, Tuche, Teppiche, Melonen, Rosinen und Jungtiere die notwendigen Dinge wie Weizen, Mais, Feldfrüchte, Butterschmalz, Tee, Zucker, Baumwolle, Garne, Bekleidung und Hausartikel ein. Damit erfüllen die Nomaden auch wichtige Aufgaben des Marktausgleichs (Tragtierkarawanen, Vermarktung lebensnotwendiger Güter, Tauschhandel), der Kommunikation (Nomadenbasars und -versammlungen) sowie im Investitionsbereich (Kapital und Kredit).

Die gemischte Nomadenwirtschaft zeigt zunehmend aber auch kommerzielle und kapitalistische Züge. Die dabei zu beobachtenden Auswüchse eines wucherischen Geldverleihs und spekulative Warenkredite an Nichtnomaden mit Landokkupationen führen gerade in diesen der Staatsexekutive ermangelnden Gebieten zu volkswirtschaftlich unerwünschten Folgen wie Verschuldung, Ausbeutung und Abhängigmachung der seßhaften bäuerlichen Bevölkerung. Dieser exzessive Nomadismus, der über die mobile Viehwirtschaft und Weidegewinnung des klassischen Wanderhirtentums hinaus auch den stationären Feldbau, Handelsfunktionen und Transportaufgaben (in motorisch noch unterentwickelten, abgelegenen Gebieten) betreibt, ist eine Progression jener gemischten Nomadenwirtschaft, die schon von altersher auch partielle oder saisonale Dienstleistungen erbrachte.

Auch in Anbetracht solcher komplementären Tätigkeiten ist der Nomadenbetrieb keinesfalls autark. Er ist wesentlich auf den Güter-/Leistungsaustausch mit der ansässigen Bevölkerung angewiesen, um sich mit lebensnotwendigen Produkten zu versehen. Andererseits gilt die empirische Feststellung, daß – angesichts der wachsenden Kommerzialisierung des Nomadentums – die Wanderhirten durchweg ökonomisch besser gestellt sind als die Mehrheit der Ansässigen. Das temporäre Zusammenleben (wirtschaftliche Symbiose) führt aber auch zu harten Auseinandersetzungen, zum Beispiel bei Weideexzessen der sich auf Gewohnheitsrechte berufenden Nomaden, bei denen diese, kraft ihrer Solidarität, häufig die Oberhand behalten.

Diese Untersuchungen festigen die wohl herrschende wissenschaftliche Erkenntnis, daß der Nomadismus in seinen vielfältigen Funktionen und Erscheinungsformen auch heute noch eine in weiten Bereichen arider oder semiarider Offenlandschaften (altweltliche Trockengürtel) sinnvolle und nicht substituierbare Wirtschaftsform ist, seine Bedeutung für Staat, Gesellschaft und Wirtschaft also anzuerkennen ist. Echte und in absehbarer Zeit nicht ersetzbare produktive Aufgaben erfüllen die Wanderhirten insbesondere für jene abgelegenen und unwirtlichen Zonen, die verkehrsmäßig kaum erschlossen sind, in denen die Nomaden mit ihren Tragtierkarawanen den Transport und Handel aufrechterhalten und zugleich marktausgleichende Funktionen wahrnehmen. Zudem kann die Versorgung der Bevölkerung mit Jungtieren, Fleisch (tierisches Eiweiß) und Wolle oft nur durch die viehhaltenden und -züchtenden Nomadenstämme gesichert werden, deren große Herden das sonst wirtschaftlich nicht nutzbare karge Trockenland beweiden (Weidewechselwirtschaft). Von untergeordneter Bedeutung sind demgegenüber die vorbeschriebenen Auswüchse und Mißstände nomadischen Wirtschaftens, einschließlich der in manchen Gegenden zu beklagenden Vegetationsschäden durch Überweidung, Trittschäden und Pflanzenverbiß häufig frequentierten Weidelandes (Flurschadenfälle).

Beiderseits des Khyber-Passes
Im Landrover und Jeep durch Hindukusch und Karakorum

September/Oktober 1971. Fasziniert von unserer letztjährigen Durchquerung Afghanistans, hatten wir uns dieses im Herzen von Asien gelegene Land wieder als Ziel gesteckt. Die wegen der hohen Anforderungen der Strecke äußerst sorgfältigen Ausrüstungen schlossen Regierungsgenehmigungen von Kabul und Karatschi für das Befahren einiger unzugänglicher Gebiete Afghanistans und des ebenfalls noch kaum erschlossenen Hunzatals im Karakorum ein.

Der Anflug erfolgte über Moskau–Taschkent. Dann über das steinerne Rückgrat des Hindukusch. Wild zerklüftet, vereinzelt durchsetzt von kleinen, grünen Oasenstrichen mit festungsartig angelegten Bauernburgen aus Lehm. In der Ferne verschwammen Felslandschaft und Wüste zu einem gelb-rötlichen Brei – ohne Anfang, ohne Ende. Edeltraud und ich schauten uns bedenklich an. Das ist unsere Strecke! Die scheinbare Leblosigkeit und Weite beunruhigten uns.

Auskundschaften eines Insch'allah-Wagens

Wir bevorzugten wieder das Zweier-Team, hatten also weder einen zweiten Expeditionswagen noch Begleitpersonen dabei, abgesehen von dem einheimischen Fahrer, von dessen fahrerischen Qualitäten wir ebensowenig überzeugt waren wie von der Fahrtüchtigkeit des gecharterten Geländefahrzeuges, zu dessen wesentlichen Bestandteilen er gehörte. Es war ein richtiger Insch'allah-Wagen. Abgesehen davon, daß man einen Geländewagen ohne Fahrer damals gar nicht bekam (letzterer war in der Tagesmiete von seinerzeit rund 1000 Afghani = circa 50 DM inbegriffen), erweist sich ein einheimischer Fahrer auch bei Unfällen mit Personen- und Tierschäden – bei denen stets das »Teufelsfahrzeug« als schuldig gilt und Lynchjustiz droht – als psychologisch wichtiger Puffer. Die Auswahl eines geländegängigen Wagens in Kabul vollzog sich echt orientalisch. Entweder war der Pauschalpreis zu hoch oder der Wagen nicht vertrauenerweckend. Meist scheiterte es an der Absage der Fahrer, die die unbekannte und gefährliche Strecke scheuten. Von einem russischen Fahrzeug riet man uns wegen der Schwere der Strecke ab. Erst am zweiten Tag konnten wir nach längerer Suche im staubigen Basarviertel einen großen, relativ neuen, gut bereiften Landrover mit afghanischem Fahrer zu vernünftigen Bedingungen chartern. Golam sprach nur Dari und kaum Paschtu sowie fünf Worte Englisch, wobei wir uns mit ihm schwer, und er sich in den Zielgebieten mit vorwiegend turkmenischen und usbekischen Dialekten kaum verständigen konnte. Sicherheitshalber wurde ein Vertrag mit Fahrtstrecke in Dari verfaßt, um ein »Ausbrechen« des Fahrers zu verhindern. Wie Golam – den wir später als äußerst zuverlässigen, sauberen und angenehmen Fahrer und Reisegenossen empfanden – nachher bekannte, flößte ihm die Begleitung der Memsahib, meiner Frau, Zuversicht ein: Dann konnte es nicht so schlimm werden! Als er vier Wochen später entkräftet wieder den Stadtrand von Kabul erreichte, wußte er es besser.

Zuvor noch eine heitere Begebenheit. Den Berichten zufolge sollen die frommen Schneidezähne des Propheten vorne eine Lücke gehabt haben, so daß entsprechend stigmatisierten Gläubigen der Ruf eines »Auserwählten« anhing. Nun, ich hatte auf dieser Reise erstmalig und unerfindlich einen derartigen Zahnspalt eben an der vorgeschriebenen Stelle. Grund genug für Edeltraud und Golam, mich ständig als »Auserwählten« zu persiflieren. Als sich ebenso plötzlich wie unerklärlich die Zahnlücke etwa ein Vierteljahr später wieder schloß, war es leider auch mit meinem frommen Aus- und Ansehen vorbei. Meine Frau meinte fatalistisch, ein Auserwählter müsse eben völlig antialkoholisch leben. Bei den Zähnen des Propheten!

»Höher als der Adler fliegt«

Das in der Frühzeit im afghanischen Raum von arischen Steppennomaden aus Innerasien gegründete Ariana (daher Eran = Iran) entsprach etwa der späteren griechischen Satrapie Baktrien. Der Hindukusch (»Hindutöter«: nach einem Paß, den indische Arbeitssklaven überschreiten mußten) war der Parapanisus in der Welt der alten Griechen und geographisch etwa gleichbedeutend mit dem heutigen Afghanistan. »Höher als der Adler fliegt« – eine phantasievolle, geflügelte Ableitung aus dem Altgriechischen und stolze Bezeichnung für Afghanistan, dessen Name (persisch) erstmals im 10. Jh. auftaucht. Heute trägt nur noch eine in Westafghanistan gelegene Gebirgskette, die – zum System des Hindukusch gehörend – sich als Puscht-e-koh im persischen Chorasan fortsetzt, den Namen Paropamisos.

Auch diesmal ging es um Teppiche, jene textilen kunsthandwerklichen Erzeugnisse, die sowohl die Paläste der Notabeln als auch die Zelte der Nomaden schmücken. Unser zweiter größerer Streifzug durch die wirtschaftlich und zivilisatorisch sehr rückständigen alten Karawanenlande war wieder eine Reise in die Vergangenheit. Zunächst nach Afghanistan, Land zwischen Khyber und Oxus inmitten ausgedehnter Wüsten-, Steppen und Hochlandzonen. Vom folkloristischen Gepräge her noch eine exotische Zauberwelt mit prallgefüllten Basars – den Gefilden der Teppichseligen. Beeindruckend auch die hier mit Stolz und Würde getragene Armut, die nicht den bedrückenden Anstrich wie in anderen asiatischen Ländern hat. Ein hartes, trutziges Land, dessen Geschichte mit dem Schwert des Islam geschrieben wurde, mit einer archaischen Gesellschaft zwischen unerbittlicher Blutrache und verschwenderischer Gastfreundschaft. Symbolisch – trotz des 1959 offiziell aufgehobenen Schleierzwangs – die Frauen im Gefängnis ihrer bodenlangen Tschadri zwischen den reaktionären, orthodoxen Mollahs und den linksextremistischen jungen Kräften der Armee und der Universität. Ein sich schon damals abzeichnendes Spannungsfeld zwischen Allah, Marx und der Moderne, dessen Balance nur noch die Monarchie hielt, die im Juli 1973 nach über 200 Jahren (seit 1919 ist Afghanistan ein absolut unabhängiger Staat, seit 1931 bestand die konstitutionelle Monarchie) durch einen Staatsstreich des Prinzen und Königsvetters Mohammed Daud zur Republik wurde.

Freundschaftliche Hilfen und weiteres wertvolles Landes-Know-how erfuhren wir diesmal durch Rolf Kirschbaum, Manager eines deutschen Industrieunternehmens in Kabul, in dessen Familie wir manch' beschwingte Tage verbrachten.

Entlang der Seidenstraße nach Westen

Von Kabul ging es zunächst auf der von den Russen erbauten Autostraße zu dem romantischen Bergnest Istalif. Im reichhaltigen Basar erster Handel um eine Wolfsfelltasche und eine kleine Belutschen-Gebetsbrücke. Hier erlebten wir Golam zum ersten Mal – später wiederholt – im (!) Motorraum hockend: Defekt am Zündsystem. Weiter nach Norden bis an den Amu darja (der Oxus der Alten), dem russisch-afghanischen Grenzfluß. Dann die Strecke über das usbekische Kunduz nach Westen durch die verlassene Mir alam-Wüste bis zum Hauptort des früheren Usbeken-Chanats Taschkurghan (jetzt: Chulm).

Im folgenden großen Turkmenenort Mazar-e-scharif (= Grab des Erhabenen), berühmter Wallfahrtsort, verstrickten wir uns in einen heftigen Teppichhandel. Weiter nach Balch (heute auch Wazirabad), als Baktra einst Hauptstadt des hellenistischen Königreichs Baktrien und eine der ältesten Städte der Welt. Im Altertum bekannter Handelsplatz an der Großen Seidenstraße von Indien und China nach dem Westen. Mit damals rund 200 000 Einwohnern »Amol-e-balad« (= Mutter der Städte) genannt, angeblicher Geburtsort Zarathustras, Residenz des persischen Großkönigs Cyrus, 1220 von Dschingis Chan zerstört. Hier soll der Große Alexander 328 v. Chr. seine Frau Roxane kennengelernt haben. Heute ein kleines Dorf, längs dessen kilometerlangen, zerfallenden Lehmmauern noch immer Kamelkarawanen ihren gewohnten Weg ziehen, während Esel unter den Ruinenbogen antiker Koranschulen grasen, deren letzte türkisfarbene Kacheln unvermindert die alte Farbenpracht bewahrt haben.

Hier, wie auch später, trafen wir auf einen Malang, einen jener zerlumpten Bettler, die – ähnlich den organisierten Derwischen – ihrer religiösen Betätigung wegen allgemeine Verehrung genießen. Zwischendurch immer wieder ein durch aufgesteckte Gebetsfahnen weithin erkennbares Zijarat. In Sichtnähe schickte sich unser braver Fahrer Golam – selbst ein inbrünstiger Gläubiger – an, emsig und ausgiebig seinen nicht vorhandenen Kinnbart zu streichen. Dieses Streichen wurde immer schneller, je näher wir den Gebetsfahnen kamen. Nachdem wir dies staunend eine Zeitlang verfolgt hatten, strichen auch wir solidarisch jedesmal unsere imaginären Kinnbärte mit. Ja, wir überboten unser leuchtendes Vorbild dabei noch durch besonders drehende und zwirbelnde Bewegungen um unser unbebartetes Kinn. Irritiert war Golam, wenn wir alleine ein verstecktes und von ihm übersehenes Zijarat sichteten und dies sofort mit intensivem, wollüstigem Bartstreichen quittierten.

»Beim Barte des Propheten« verlief unsere Route dann entlang der Nordhänge des Hindukusch weiter durch die vornehmlich turkmenisch, usbekisch und tadschikisch besiedelten Teile des nördlichen bis westlichen Afghanistans. Eine damals noch schwere, von Abendländern kaum berührte Strecke des Orients, die dem Expeditionsteam viel Kraft und Schweiß abforderte. Seit 1974 haben die Sowjets in diesem Bereich Afghanisch-Turkestans verkehrstechnisch (strategisch!) vieles verbessert.

Nachts auf Tscharpais in kleinen Tschaichanehs, Kibitkas oder in den schwarzen Zelten der Stämme. Aus der umliegenden Steppe Schakal- oder Wolfsgeheul. Die Tage im nomadischen Zeltlager fließen träge dahin. Während die Frauen arbeiten und unter sich bleiben, vergeht der Männertag mit Teetrinken, gegenseitigen Besuchen, Faulenzen und endlosen, in westlicher Vorstellung inhaltlosen Gesprächen. So haben wir erlebt, daß sich die stundenlangen Schwätzereien ermüdend um die Frage drehten, warum die umstehenden Grashalme heute in eine andere Richtung zeigen als gestern. Hier und dort schlief einer, um sich kurz darauf wieder in das Palaver einzufädeln. Sich als eingeladener Fremdling der Runde zu entziehen, gliche einer Zechprellerei. Müdigkeit zählt nicht. Nur vorgeschützte Magenkoliken bieten uns eine honorige Ausrede. Golam bramarbasierte oft am abendlichen Lagerfeuer gestenreich vor seinen Landsleuten. Sicherlich ging es um unsere abenteuerliche Strecke und um die zähen Ferangi, deren Neugierde und Ausdauer der Karabasti holen möge!

Tagsüber in sengender Sonne und Wüstenstaub zwischen Zelten und Jurten durch die Steppen- und Berglande der ethnisch so vielgestaltigen afghanischen Stämme. Riesige Hirtenhunde, die mit ihren abgeschnittenen Ohren wie Höllenhunde aussehen. Sobald wir uns zu Fuß – mit kleinen Gastgeschenken oder Medikamenten – einem Nomaden-Ailak näherten, stürzten sie zähnefletschend auf uns zu. Dann half nur, eine Unterwerfungshaltung einzunehmen, d. h. uns auf den Boden zu hocken, bis das langgezogene »Ohooo, Ohooo!« eines Nomaden den breitbeinig vor uns stehenden zottigen Köter zurückrief. Zünftig und geraten ist es, von weitem abzuwarten und mit einem heraustretenden Nomaden als »Bürgen« das Lager zu betreten.

Der Gouverneur lädt zum Teppichfest

Bereits am sechsten Reisetag gerieten meine Frau und ich unversehens in das größte afghanische Teppichfest in Aktscha. Ein pompöses und farbenprächtiges Schauspiel mit vielen teppichgeschmückten Kamelen als Statisten, inmitten unzähliger Teppichmenschen paschtunischer, turkmenischer, usbekischer, persischer oder mongolischer Abstammung. Es war eine Demonstration repräsentativer Stücke der einzelnen Völkerschaften, Nomadenstämme und Landesteile. Endlich Prämierung der schönsten Stücke durch den Gouverneur. Dem uns zuteil gewordenen Empfang nach in der großen, mit auserlesenen neuen Teppichen ausgeschmückten Karawanserei hielt man uns offenbar für offizielle Abgesandte des Abendlandes. Wir glaubten zunächst an eine polizeiliche Festnahme, als wir von zwei Gendarmen plötzlich eskortiert wurden. Ein durch sprachliche Verständigungsschwierigkeiten abgeschwächtes Dementi und heftiges Widerstreben halfen nicht. Wir wurden einfach in einer für uns durch die Menge der beturbanten Afghanen gebahnten Gasse, teils unsanft, nach vorn zur Tribüne geschoben, die ich erklettern mußte. Für die gutgemeinten, uns aber wenig verständlichen Willkommensworte in Paschtu bedankte ich mich in Englisch, wobei meiner in die Turbanträger eingekeilten Frau noch ein zeitgeschichtliches Foto von meinem lärmenden Tribünenaufzug gelang. Unser anschließender »Fluchtversuch« mißlang, und statt der geplanten Weiterfahrt wurden wir Gäste wider Willen bei leckerem Tandori (Schaffleischwürfel im eigenen Fett gebraten) und hier vortrefflichen Arbus beim gastfreundlichen Gouverneur. Seit diesem Tage bezeugte unser Fahrer Golam erhöhten Stolz und Respekt vor den »berühmten Ferangi«.

Wirtschaftsabläufe um den Turkmenenteppich

Die Ethnienkarte Afghanistans ist im Nordwesten am buntesten, wo südlich des Amu darja sich die weiten Steppen der Baktrischen Ebene erstrecken, die westlich in die Wüste Karakum nach Russisch-Turkmenistan übergehen. Hier verlaufen die Wanderschneisen der afghanischen Nomaden, die in einer Art wirtschaftlicher Symbiose mit den in diesen Grenzbereichen angesiedelten Stämmen leben: neben den Usbeken, Tadschiken, Hazara, Paschtunen und Tschar aimak vornehmlich die Turkmenen. Zu den bedeutendsten teppichknüpfenden afghanischen Turkmenenstämmen zählen die Ersari (mit den Unterstämmen wie Dali, Kizil ajak, Tschartschanguh, Dschengal ardschuk, Karaboin, Saltuk, Taghan, Labidschar, Karkin und Soleimani), die Beschiri, Tekke und Tschub basch. Südlich davon schließen sich auf der Linie Daulatabad–Maimana–Kaisar–Marutschagh–Bala Murghab––Kala-e-nau bis Herat noch Turkmenenklaven der Saryk und vereinzelt der Saloren und Jomuden (letztere in Herat) an. Diese Turkmenengründe von Nord bis West decken sich im wesentlichen mit der Teppichkarte Afghanistans.

Im Raum Scheberghan – Sitz eines Wali und Hauptort des Welajat Jozdschan –

und südlich davon hatten wir während eines mehrtägigen Aufenthaltes bei den hier ansässigen Ersari-Turkmenen Gelegenheit, die wirtschaftlichen Abläufe um den Turkmenenteppich zu beobachten. Eine Exportquote von damals (1976) etwa 10 Prozent für den Teppich als zweitwichtigstem Devisenbringer nach Karakulfellen zeigt seinen volkswirtschaftlichen Stellenwert. Unsere Ergebnisse wurden im wesentlichen bestätigt und ergänzt durch wirtschafts- und sozial-geographische Untersuchungen 1977 von wissenschaftlichen Mitarbeitern der Universität Tübingen (Wolfram Fischer und Albrecht Jebens) im nahe gelegenen Kischlak Kizil ajak kalan. Grundsätzlich wurden die Teppiche – aus mit guten chemischen Farbstoffen gefärbten, hervorragenden Wollen von Fettschwanz-, turkmenischen Chortschi- und vereinzelt von Karakulschafen – von den einzelnen Familien im Heimgewerbe geknüpft. Insbesondere seit den extremen Dürrejahren 1970/71 und deren ruinöse Auswirkungen auf die Knüpfer werden neue Gemeinschaftssysteme praktiziert, die Notsituationen (bei steigenden Produktions-, Finanzierungs- und Lebenshaltungskosten) Rechnung tragen. Diese besonderen Organisationsformen regeln die Risikoverteilung und Vorfinanzierung, Beschaffung und Fertigungsstufung. Bei zunehmenden wirtschaftlichen Abhängigkeitsverhältnissen sind dabei zu unterscheiden:

- das Knüpfen in eigener Regie,
- Gemeinschaftsknüpfungen (Knüpfer-Kooperationen),
- verschiedene Verlagssysteme (unter maßgebender Beteiligung eines Großexporteurs und eines örtlichen Verlegers),
- Auftragsknüpfungen (mit totaler Abhängigkeit des Lohnknüpfers).

In allen diesen Systemen konnten bei ärmeren Familien auch befristete Verdingungen von Knüpferinnen – geknüpft wird zu etwa 95 Prozent von Frauen und Kindern an den traditionellen liegenden Knüpfstühlen – als »Leiharbeiter« festgestellt werden. Alte Knüpfarbeiten werden in diesem Lokalbereich nicht vermarktet, abgesehen von Gelegenheitsverkäufen aus Familienbesitz. Hochwertige Stücke werden nur im Auftrag oder für den Eigengebrauch (im Hausfleiß) gefertigt.

Den Transport der Fertigware zu den Verkaufsbasars/-märkten größerer Orte (so geht der Großteil der Ware zum Export nach Kabul) übernehmen überregional Wagenbesitzer (auch Nomaden) mit den typischen afghanischen Lorries, auf nähere Entfernung auch Saumtiere (Esel, Kamele, seltener Rinder). Tragtierkarawanen verkehren zwischen motorisiert nicht oder nur schwierig zu erreichenden Oasen oder Dorfschaften.

Auf dieser »Turkmenenroute« war das Stichwort für unseren Golam »ghali gadim« (alte Teppiche). Das Durchfahren schwieriger Geländestrecken versuchte er dann immer mit dem Hinweis »nix ghali gadim« zu vereiteln. Vergebens! Im turkmenischen Scheberghan eingerollt, suchten wir im Basar nach älteren Kelims. Die bei der Vorführung einiger Stücke aufgewirbelten dicken Staub- und Sandwolken wurden als »very old« bezeichnet. Es blieb aber das einzig Altertümliche an

Hoch auf der buntbemalten afghanischen Lorry

Die herrliche türkisfarbene Wallfahrtsmoschee in Mazar-e-scharif (angebliches Grabmal des Kalifen Ali)

Das als Ruine noch prachtvolle Mausoleum (timuridisch) des Chwaja Abu Nasr Parsa (»Grüne Moschee«) in Balch

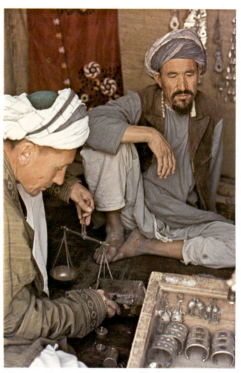

Turkmenische Silberschmiede in Aktscha

Günter Hollatz zu Gast auf dem größten afghanischen Teppichfest in Aktscha

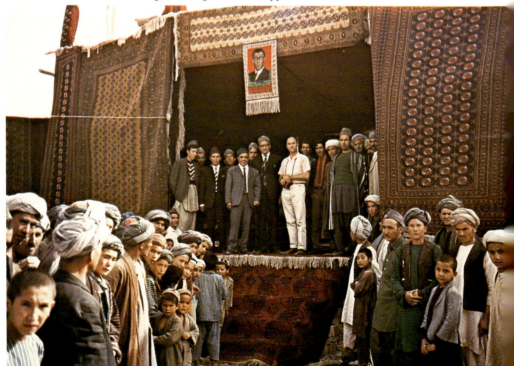

In Erwartung des Gouverneurs: Teppichprämierung in der Karawanserei von Aktscha (Nordafghanistan)

Auf einem afghanischen Melonenmarkt

Die Schuhmachergilde in der Basargasse von Aktscha

Die Memsab unterliegt, wieder einmal, der Verführung (hier durch prächtigen Turkmenenschmuck)

Begegnung mit Kamelkarawane in der baktrischen Steppe

Verhandlungen mit Paschtunen über ein Nachtlager

Vor Sonnenuntergang im Kischlak Daulatabad, bekannter Teppichknüpfort der Ersari-Turkmenen

Abendfrieden über einem Kischlak der Turkmenen in Nordwestafghanistan

Mittagsrast in einem turkmenischen Tschaichaneh südlich Andchoi

Abschied von unserem Karawanbaschi im Band-e-turkestan (Nähe Murghab)

Turkmenin beim Einfärben der Woll-»Spaghetti«

Fleißige Turkmenenbuben am liegenden Knüpfstuhl unter Aufsicht eines psalmodierenden Salim

Mit ehemännlicher Fotoerlaubnis:
Reich geschmückte Kutschifrau

Scheue, aber neugierige und kokette Turkmeninnen der Beschiri

Früher Aufbruch in einem Turkmenen-Aul der Saloren vor Marutschagh

Buzkaschi vor den Toren Kabuls: Wilder Reiterkampf um ein geköpftes Kalb in Bagrami

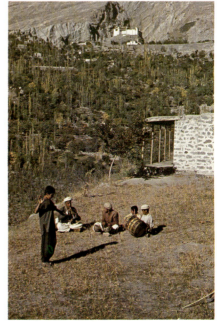

Musik und Tanz als traditionelles Vergnügen der Hunzakuts in Baltit (oberhalb die Burg des Mir)

den im übrigen brandneuen Kelims. Als meine Frau sich auf einen Teppichstoß setzte, quietschte es. Aus dem Stoß sprangen zwei Mäuse – und aus der Tür meine Frau. Letztere konnte ich wieder einfangen. Ein anderer Händler beschwor uns in englischem Stakkato: »My friend, I am Moslem, I see and buy, you know!« Mit letzterem auf meine offenbarten Teppichkenntnisse anspielend, versuchte er sich verblümt außer Obligo (gekauft wie besehen!) zu bringen für die später entdeckten vielen Mottenstellen des bei ihm erworbenen Kelims.

Mit Kamelstärken durch die Mir alam

Mit den störrischen »Wüstenschiffen« – hier meistens die starken baktrischen Kamele – hatten wir übrigens Tage zuvor auf der Piste von Kunduz durch die Dascht-e-mir alam (etwa 100 km) nach Chulm Erfahrungen gesammelt. Die Afghanen benutzen lieber die doppelt lange, ausgebaute Umgehungsstrecke über Pol-e-chumri, als die Passage durch diese Wüste, die – vorwiegend steinig-sandiger Boden mit geringer Kameldornbewachsung – unbewohnt und fast unbelebt ist, abgesehen von wenigen verstreuten Nomadenlägern. Wir hatten uns in Kunduz gegen ein gutes Bakschisch an den Karawanbaschi einer Kamelkarawane (hier Trampeltiere, also mit zwei Höckern) angeschlossen, die 82 Tiere zum Verkauf in die westliche Provinz Samangan mit sich führte und der Spalthufer wegen die lange und harte Umgehungsstraße mied. Unser Fahrer Golam sollte uns mit dem Landrover und Gepäck am übernächsten Tag im letzten Drittel der Wüste an einem bezeichneten Wasserbrunnen erwarten. Wir benutzten aufmontierte Holzsättel, die mit Decken für uns sitzbar gemacht wurden. Nicht nur der wiegende und schaukelnde Paßgang der Kamele, bei dem man kräftig hin und her geworfen wird, sondern auch das Niederknien und später das Erheben des Kamels (zum Auf- und Absitzen) – wozu es zuerst vorne ruckartig zusammenknickt bzw. sich zuerst hinten erhebt – fordert einige Lehrgelder. Die angenehmste Gangart ist der Trab, den Reitkamele – die Edeltraud und ich ritten – lange durchhalten können. Am schlimmsten ist, wenn ein – von Natur aus oft störrisches – Kamel in Galopp verfällt. Dies passierte mir schon am ersten Reisetag, als mein sonst friedlicher Hengst eine Kamelstute einzuholen trachtete. Nur mit äußerster Kraft konnte ich mich, sonst in Pferdesätteln nicht ungeübt, auf dem Tier halten, bis einer der drei Karawanenbegleiter es beruhigen konnte. Wir legten an beiden – brennendheißen, aber durch einen gleichmäßigen Nordwestwind erträglichen – Tagen insgesamt 12 Farsach, das sind rund 72 km, zurück, wobei der Kamelreisetag (Robat) in diesen Wüstengegenden mit 5 Farsach à 6 km gemessen wird. Als Schotorwan marschierte ein Esel voran. Edeltraud und ich hielten uns in respektvoller Distanz zu jenen zehn Tieren, die mit Hammelfett gefüllten Tierhäuten beladen waren, deren Nähte das stinkende, ranzige Fett durchsickern ließen.

Um 4 Uhr früh war Aufbruch, und in der Mittagsglut (etwa 45° C im Schatten) wurde der Kamele wegen eine vierstündige Rast in den Mauern eines uralten zerfallenen Robat (in Entfernung je eines Kamelreisetages von 30 bis 40 km angelegt) gehalten. Bei dieser Gelegenheit tauschte ich auch meinen nach wie vor unruhigen Kamelhengst, dessen Brunstdrüsen am Hinterkopf zeitweise einen penetranten Gestank ausströmten. Zu allem Überfluß stieß der Bursche auf dem abendlichen Lagerplatz stoßartig gewaltige knörende Laute zu den einhöckrigen Dromedaren einer in der Nachbarschaft nomadisierenden Hazara-Sippe aus dem Hazaradschat (Zentralafghanistan) herüber. Mit großen rollenden Augen, schaumtriefendem Maul, beißend und schlagend und mit dem ausgestülpten Brüllsack (in der Brunstzeit beim Schreien aus dem Halse hängende Hautblase des Gaumensegels) kam er einem urigen Fabeltier gleich.

Die Winterwolle des Kamels wird sehr geschätzt und auch naturfarbig (hellgelb bis schwarz) zum Teppichknüpfen verwendet. Bei späterer Gelegenheit haben wir bei Belutschstämmen verschiedentlich Kamelfleisch, das – abgesehen vom Jungkamel – äußerst hart und zäh ist, gegessen. Die dicke und fette Stutenmilch wird dagegen gerne getrunken. Wir haben sie – gegoren und mit Wasser versetzt – als erfrischend gesäuerten Airan oft neben dem obligaten Tschai getrunken. Der Kamelmist ist übrigens ein begehrter Brennstoff und wurde regelmäßig von unseren Kameltreibern eingesammelt – oft schon beim kotenden Tier. Der frische Harn der Kamelstuten soll von den Nomadenfrauen zuweilen zum Haarwaschen benutzt werden. Ein gleichsam organisch filtriertes Wasser mit Zusätzen aus dem tierischen Stoffwechsel, das dem Haar einen rötlichen Stich und einen herbbitteren Kräuterduft verleiht.

Zuweilen stießen wir auf zerfallende Zisternen, die in der Regenzeit von Kanaten – ein in orientalischen Dürregebieten kunstvoll angelegtes Bewässerungssystem – gespeist werden, oft aber versalzenes Wasser enthielten. Abends saßen wir mit der vierköpfigen Karawanenmannschaft (Usbeken) am Feuer zusammen und kauten an den gummiartigen Nanfladen mit rohen Zwiebeln und Zwiebellauch. Trotz etlicher Druckstellen und blauer Flecken trennten wir uns bei aufgehender Sonne des dritten Tages ungern von unseren weiterziehenden Reisegefährten, mit denen wir 48 Stunden lang zusammen nomadisiert hatten. Der Abschied bestand dann aus vielen »Taschakors« (Danke, danke!) für die geschenkten Taschenlampen und »Salams«. Wir waren um einige Erfahrungen reicher: Kamele sind keine »Kamele«, sondern im Gegenteil tierisch intelligenter als viele andere Saum- und Herdentiere. Ihr Gesichtsausdruck – von Tier zu Tier unterschiedlich – erinnerte uns an menschliche Physiognomien: arrogant, philosophisch, nachdenklich, gelassen oder demütig. So schauten uns auch unsere beiden Schotors – die sich offenbar an unsere Gerüche gewöhnt hatten – eher erstaunt und stolz nach, als unser getreuer Golam mit dem Landrover heranwackelte, mit dem wir noch am selben Tag die Mir alam-Wüste hinter uns lassen konnten.

Im Sandmeer der Karakum

Von Scheberghan folgte ein Abstecher über eine von vielen Spalten und Löchern zerfurchte wellige Piste 170 km über Steppengelände nach der abgelegenen Dorfschaft Sar-e-pol, wo wir als Opfer einer Verwechslung eine zweistündige Festnahme durch die Gendarmerie wegen eines Unfallverdachts hinnehmen mußten.

Am Freitag, dem mohammedanischen Sonntag, 14 Stunden mörderische Fahrt: 160 km schwere Wüstenstrecke durch die Dascht-e-laily (Teil der hier auslaufenden russischen Karakum-Wüste) über Andchoi nach Daulatabad; großteils mit Vierradantrieb. Viermal kocht der große Landrover. Sechsmal müssen wir »praktische Erdkunde« treiben und ihn schwitzend und fluchend freischaufeln. Aber schließlich ist der Landrover kein Kamel! Mit abgelassener Reifenluft und 5 m lang gegrabenen Startschneisen gelingt jeweils der Anlauf aus dem Sandmeer. Alles im Wagen knirscht vom Sand. Da die Piste sich oft verliert, verfahren wir uns, nachdem auch der Kompaß bei dem schlechten Kartenmaterial keine Hilfe bietet. Als wir später noch Kühlwasser verlieren – das sich auch nicht mit zerkauten Feigen stoppen läßt, die wir in die durch das ständige Rütteln des alten Landrovers entstandenen Kühlerrisse hineinpressen – werden wir uns unseres riskanten Alleinganges bewußt. Zum Ausgleich des durch das übermäßige Schwitzen reduzierten Salzhaushalts lecken wir immer wieder an den mitgeführten Salzsteinen.

Unterwegs ein Bild von fast biblischem Zuschnitt: ein in endloser Wüste einsam stehender Esel, in dessen kurzem Schatten ein Afghane bewegungslos kauernd die verzehrende Mittagshitze abwartet.

In einem Samawat der Oase Andchoi warmes Essen (Reis mit Rosinen und Hammelfleisch, Melonen, Fladenbrot, Tschai), wobei wir uns zünftig der Finger bedienen, im orientalischen Sitz zwischen Ersari-Turkmenen. Dazu eine kräftige Abe-guscht (Schaffleischsuppe). Alles Ungekochte und Ungebratene müssen wir wegen unserer mitteleuropäischen Darmflora und möglicher Magen- und Darmmalaisen meiden. An diesem Abend fallen wir todmüde und erschöpft auf das harte Bastmattenlager einer kühlen Lehmhütte im Kischlak Daulatabad. Dieser Name steht für eine vorwiegend von Ersari hier geknüpfte sehr gute Teppichqualität, die – mit eigenem Daulatabad-Gül, das u. a. bei den Taghan, Dali und Soleiman verwendet wird – teilweise in Manufakturarbeit entsteht. Hier erleben wir einen psalmodierenden Salim, begleitet von den klingenden Glöckchen an den Fingerringen der flinken Knüpferinnen. Beim Essen streike ich erstmals: Knödel aus eingeweichtem Fladenbrot und gegorenen Datteln, von schmutziger Frauenhand geknetet und in nassen, grauweißen Lappen aufbewahrt.

Auf dieser Reise führte ich die fotografische Abbildung einer bestimmten Beschir-Brücke mit, die ich am nächsten Morgen hier vorzeigte, um diese Spezies Teppiche aufzuspüren. Ein cleverer junger Turkmene hatte anscheinend schnell kapiert und führte uns inmitten einer sich ständig vergrößernden Menschentraube durch den ganzen Ort bis zu einem alten bebarteten Turbanträger. Nach einem kurzen Palaver der beiden ging ein Leuchten des Begreifens über das verwitterte Gesicht des Alten. Er verschwand und kehrte mit einem riesigen Holzkasten zurück. Einem vorsintflutlichen Fotoapparat, einer richtigen Camera obscura. Unter großem Gelächter des halben Dorfes klärte sich das Mißverständnis auf. Aus dem gezeigten Foto hatte man irrig auf unsere Absicht geschlossen, uns fotografieren lassen zu wollen.

Durch die Lande der »wilden Kutschi«

Die Hitze der Wüste ist wie der versengende Atem des Teufels. Deswegen stehen wir morgens meistens vor 4 Uhr auf. Oft fand ich Golam dann schon auf seinem Kelim im Gebet. Wie er uns gestand, rief er Allah zum Beistand für unsere Fahrt an. Andererseits hatte man uns immer wieder gewarnt, nicht während der Dunkelheit zu fahren, um Zusammenstöße mit räuberischen Nomadenstämmen oder mit den nachts ziehenden Karawanen der Kutschi (persisch: kotsch = wandern) zu vermeiden. Kutschi ist die afghanische Sammelbezeichnung für die voll- oder teilnomadisierenden Stämme. Von den rund 2 Millionen Nomaden (etwa 14 Prozent der rund 15 Millionen afghanischen Gesamtbevölkerung) stellen die Paschtunen (deren pakistanischer Teil sich Pathanen nennt) rund 90 Prozent. Die restlichen 10 Prozent verteilen sich im wesentlichen auf Turkmenen, Belutschen, Kirgisen und einige Fraktionen der Tschar aimak. Vereinzelte Wanderbewegungen sind auch bei den ethnisch und kulturell sehr heterogenen Tadschiken, den Arabern und bei den Hazara (in der besonderen Form der Alm- bzw. Sommerweidewirtschaft) zu beobachten.

Die Nomaden betreiben in erster Linie Viehhaltung (Schafe, Ziegen, Rinder und Kamele), wobei rund 90 Prozent des in Afghanistan nicht für den Ackerbau nutzbaren Bodens nur durch die nomadische Form der Weidewechselwirtschaft (wenn überhaupt) nutzbar gemacht werden kann. Insoweit erfüllt das Wanderhirtentum echte produktive Aufgaben.

Die Paschtunen (Pathanen) bilden mit über 50 Prozent (rund 8 Millionen) den Hauptteil der afghanischen Bevölkerung. Ein Kriegervolk iranisch-arischer Herkunft (Hauptstämme: Durrani, Ghilzai, Waziri und Afridi), sind sie die eigentlichen »Afghanen« (obwohl dies heute ein staatsrechtlicher Begriff ist). Häufige Stammesfehden und Blutrache. Ihre Herden zählen nach Zehntausenden; darüber hinaus haben sie heute zunehmend Grundbesitz. Stolz, ungebärdig und mächtig, aber oft auch herrschsüchtig und durchtrieben – seit Jahrhunderten stellten sie die Königsdynastie – sind sie die Herren der großen Nomadenstraßen und haben auf ihren langsam schreitenden großen Kamelen ganz Asien in ihrer Spur.

In Maimana regelte auf völlig leerer Staubpiste ein Polizist – alleine durch seine bewegungslose Anwesenheit – den nicht vorhandenen Verkehr. Unseren Landrover ließ er in strammer Haltung passieren. Die Frage nach der Apotheke konnte er nicht beantworten, ja, er wußte auch nicht, in welcher Straße er stand. Einen Spaß gab es noch beim Apotheker, der uns empfohlen worden war. Als wir ihn und seinen Freund in der Apotheke fotografierten, starrten beide so gebannt in meine Kamera, daß der Freund die heiße Kanne Tee, statt in die Tasse, dem Apotheker langsam über die Hand leerte, ohne daß dieser auch nur mit der Wimper zuckte. Der Apotheker Aziz Karim war ein Seïd, also einer der in der gesellschaftlichen islamischen Rangfolge Hochstehenden, die ihre Abstammung männlicher Linie angeblich auf den Propheten zurückführen und sich erkennbar mit einem prophetengrünen Kopftuch schmücken. Ein geschlungenes grünes Gürteltuch soll dagegen nicht unterlassen, wenigstens auf eine vermutete Abstammung hinzuweisen.

Hinter Maimana wurde es brenzlig. Wir befanden uns gerade gegen 5 Uhr früh bei Dämmerung in einer kleinen Schlucht. Ehe sich noch die Silhouetten der großen, zottigen Kamele abzeichneten, hörten wir den rhythmischen Klang ihrer Glocken. Vom ersten Tier ließ sich der Kutschi-Anführer vor unseren Wagen gleiten und drückte sein Gewehr quer gegen die Frontscheibe. Golam stoppte sofort, sackte in sich zusammen und murmelte: »No good, no good!«. Während die Karawane – der reiche Silberschmuck der aufgesessenen, tief verschleierten Frauen verriet einen wohlhabenden Familienclan der Paschtunen – passierte, starrte der turbangeschmückte Kutschi-Fürst ununterbrochen Edeltraud an: unergründlich, weder freundlich noch feindlich. Zu seinen Füßen kauerten zwei Tarzis, afghanische Windhunde, die heute auch in ihrem Heimatland eine Rarität sind. Mir fielen einige in Kabul kursierende Meldungen über Frauenentführungen ein. Edeltraud blickte unbewegt geradeaus, der Kutschi sah sie durchdringend von der Seite an. Den Gedanken, ihm eine Zigarette anzubieten, verwarf ich sofort: eine Fensteröffnung provozierte geradezu, die auf Armlänge entfernte weiße Memsahib zu berühren und bei Gefallen mit Nachdruck in seinen Harem einzuladen!

Nach dem letzten Tier zögerte der Nomadenführer etwa 30, eine Ewigkeit dauernde Sekunden, riß dann aber sein Gewehr zurück. Mit einem Satz saß er auf dem Rücken seines niedergeknieten Reitkamels, ließ es mit einem Schnalzen aufspringen und trieb es mit gellenden, kehligen Rufen der im Büchsenlicht verschwindenden Karawane nach. Der Spuk war vorbei! Vielleicht wollte uns der Kutschi nur zeigen: »Hier gilt das Gesetz der Steppe, hier endet Eure Macht!« Vielleicht hatte er auch handgreiflichere Gedanken! Uns fror – nicht nur der Morgenkühle wegen. Hinter den Bergketten erschien der erste rosa Sonnensaum über der Grenze Turkmenistans.

Bei senkrechtem Sonnenstand erreichten wir unter drückender Hitze auf der sich in unzähligen Windungen und Einschnitten mühsam durch das Bergland quälenden Hauptpiste Kaisar, ein bekannter Teppichknüpfort der Saryk und verschiedener Ersari-Clans.

Hirtenvölker am Hindukusch

In dieser Gegend, dem Welajat Fariab, dem ein Wali vorsteht, beginnt der Band-e-turkestan, ein Hochlandplateau, das südlich in den Gebirgszug des Paropamisos übergeht. Hier, wie auch später auf den Hochweiden im zentralen Ghorat und Hazaradschat, trafen wir vereinzelt auf die weißen Zelte von Nomadenbasars, die zwischen Juni und September an bestimmten abgelegenen Plätzen der Sommerweiden unterhalten und insbesondere durch Handelskarawanen der Paschtunen bestückt werden. Zu den bekanntesten Plätzen zählt Dascht-e-nawar (Hochgebirgskessel südlich Behsud im Hazaradschat) und der Abul-Basar südlich Tschachtscharan im Ghorat. Sie bilden einen Teil des nomadischen Volkslebens, dienen dem Handel (Ersatz für fehlende dörfliche oder städtische Basars) und der Kommunikation (Nomadenversammlungen). Nun, für uns war dieses bunte Lagerleben der zwar mißtrauischen und fremdenscheuen Wanderhirten inmitten der 20 bis zu 100 Zelte, von weidenden Tieren umgeben, ein folkloristisches Schauspiel, aber auch ein interessantes Beobachtungsfeld für die Nomadenprobleme.

Hier im westlichen Zentral begegneten wir ständig den Tschar aimak – ein Zusammenschluß verschiedener Volksgruppen iranischen und turk-mongolischen Ursprungs mit etwa 500 000 Köpfen. Obwohl die Zuordnung umstritten ist, werden gewöhnlich die Taimani, die Firuzkuhi, die Aimak-Hazara (von Kala-e-nau), die Dschamschidi, die Timuri und die Zuri hierzu gezählt. Im eigentlichen Sinne sind die Tschar aimak keine Nomaden, da sie sich meistens in der heißen Jahreszeit in nur geringer Entfernung von ihren festen Quartieren mit ihren Herden in den Ailaks aufhalten.

Die Taimani erkannten wir meistens an ihren großen, steilwandigen Viereckzelten. Häufig begegneten wir später – besonders im Raum ostwärts Herat – den Jurten (selbsttragend, mit Scherengittern aus Weidenruten) der Firuzkuhi, wobei sich die hellen, bunt ornamentierten Hausjurten (Kibitka, Chirga) von den schwarzen Vorratsjurten unterschieden. Die eigentlichen Hazara (rund 1 Million, angeblich von den Mongolen Dschingis Chans abstammend) im afghanischen Zentral haben jurtenähnliche Rundhütten (sog. Chapari), während die indo-iranischen Belutschen, die mit ihnen artverwandten Brahui, die Paschtunen u. a. auf ihren Nomadenzügen vorwiegend das normale schwarze Ziegenhaar-Spitzzelt (Chaima) bewohnen. Teilweise vollzieht sich in den letzten Jahrzehnten ein Wechsel von der Jurte auf das einfachere Schwarzzelt, wobei regional unterschiedlich heute noch beide Formen verwandt werden (zum Beispiel bei den Dschamschidi).

Die Tschar aimak fertigen vornehmlich Flachgewebe aus Wolle oder/und Ziegenhaar in verschiedenen Webtechniken, aber auch Knüpfarbeiten; meist geometrische Musterung. Den Belutschenarbeiten entsprechend, sind sie oft schwierig von diesen abzugrenzen. Allgemein lieben die afghanischen Nomaden – im Kontrast zu der Grelle und Monotonie der sie umgebenden Steppen und

Wüsten – verhaltene, ruhige Farben und vielfach symbolhaltige Musterung. Koloristische und motivische Verfeinerungen treten mit Aufgabe des reinen Nomadenlebens und zunehmender Seßhaftigkeit dann erst in neueren Knüpfungen, so zunehmend seit Ausgang des 19. Jh., auf. Die naturalistische Ornamentik der ansässigen Kulturen wird dabei oft in rein dekorativer Manier übernommen und stilisiert.

In den Turkmenengründen

In Bala Murghab schliefen wir, nur durch eine halbhohe Wand getrennt, neben einem sangesfreudigen Orientalen. Nun besteht orientalischer Gesang für normale europäische Ohren aus einigen mit einer Fistelstimme vorgetragenen Heullauten, die mit unglaublicher Monotonie immer wiederholt werden. Dieser Singsang wurde uns bald zu bunt, zumal durch Begleitung seines batscha ein irres Klanggebilde entstand. Erst nach einem donnernden Geklopfe von mir endete die nachbarliche Gesangsorgie.

In Begleitung eines Aksakals, der mit seinem Clan in einem Aul westlich am Murghab-Fluß, etwa zwanzig Kilometer vor der russischen Grenze ansässig ist, besuchten wir dann innerhalb von drei Tagen mehrere Familien der Saryk. Die Russifizierungswelle hatte sie ausgangs des letzten Jahrhunderts und Anfang der zwanziger Jahre, zusammen mit Saloren, aus dem unteren Murghab-Gebiet (50 km von Merv) und aus der Pendeh-Oase in diesen Raum Maimana – Marutschagh – Bala Murghab vertrieben. Neben Tekke, Saloren (und Jomuden?) fertigen die Saryk auf den in Afghanistan benutzten horizontalen Knüpfstühlen hier feine Knüpfungen (Knotendichte 2500 – 4000/qdm) mit extrem niedrigem Flor in alter »Bochara«-Manier, die unter dem Handelsnamen »Mauri« (russisch Merv = Mary) zu den hochwertigsten Afghanistans zählen. Die Musterung ist klassisch turkmenisch (wobei Primär- und Sekundärornamente verschiedener Provenienzen oft kombiniert werden) bis zu neueren, auch gelungenen Musterschöpfungen. Kräftigere (doppelfaserige) Mauri sind als Barmazid bekannt.

Allahs Fügung bescherte uns auch eigene Teppichfreuden: ältere kleinformatige Gebetsteppiche (Tscharpai) der Saryk, teilweise mit Seiden- und Baumwollensprengungen (weiß, gelb, grün und rot). Der Dekor dieser Gebetsteppiche zeigt den traditionellen sarykischen Gül-Rapport aber mit Mihrab, stilisierten Moscheen oder architektonischen Mekka/Medina-Moscheezeichnungen. Eine Augenweide waren noch zwei alte, schön gezeichnete sarykische Torbas, braun bis burgunderrot, mit »Flunder«-Motiven (Schemle-Güls), ebenfalls mit Seidenpartikeln und gewebte Seitentorbas mit vierfachem Kotschanak-Zeichen in Rauten und langen rot-schwarzen Wollfransen.

Die Turkmeninnen – im Widerstreit zwischen Scheu und Neugierde, zwischen tribaler Folgsamkeit und weiblicher Koketterie – waren nur flüchtig zu sehen. Sobald Edeltraud allein war, huschten sie zu ihr, um sofort wieder zu verschwinden, wenn ein Turkmene auftauchte. Die hochgetürmten, oft mit Gold bestickten und einem schleierartigen leichten Tuch sowie herabhängendem Silberschmuck dekorierten Kopfbedeckungen (Arakschin) geben ihnen ein malerisches Aussehen. Demgegenüber tragen die Turkmenen einen Tschapan, wattierte Hosen, hohe Stiefel und einen über eine Schweißkappe geschlungenen Longi, dessen eine Schalseite lose über die Schulter hängt und zum Schutz gegen Sandstaub vor das Gesicht gezogen werden kann. Selten sahen wir einen Kalpak und nur zweimal einen Baba mit dem traditionellen kegelförmigen Talbak. Turkmenische Kinder tragen meistens bunt mit Seide bestickte Takke, bei den Mädchen oft noch besetzt mit kleinen Silberanhängern.

Gedanken um den Turkmenenteppich

Die turkmenischen Knüpferzeugnisse wurden für Europa erst um die Jahrhundertwende, also relativ spät entdeckt. Dies beruhte zunächst auf der Abgelegenheit, Verschlossenheit und Unsicherheit der mittelasiatischen Nomadengründe, die bis zur gewaltsamen Russifizierung (Ende 19. Jh.) für den Händler kaum einladend waren. Hinzu kam, daß die Turkmenen als geborene Nomaden in erster Linie für den Eigenbedarf knüpften, und ihre Knüpferzeugnisse infolge ihrer unsteten und kriegerischen Lebensweise einem verstärkten Verschleiß und Verlust ausgesetzt waren. Eine zunehmende Vermarktung turkmenischer Stücke in den orientalischen Basars seit Ausgang des letzten Jahrhunderts ging einher mit der verstärkten politischen Anteilnahme für diese abgeschiedenen, jetzt aber nach und nach pazifizierten mittelalterlichen Oasenstaaten.

Worauf beruhen nun die seit der zweiten Hälfte dieses Jahrhunderts verstärkte Popularität des Teppichs der Turkmenen und das ihm von Sammlern und Wissenschaftlern zuteil gewordene vielfältige Interesse?

– Die vornehmlich für den persönlichen Gebrauch geknüpften alten Stücke sind in der Regel von überdurchschnittlicher Qualität. Entsprechendes gilt für die verwendeten Naturfarben.
– Die reiche Verwendungsvielfalt der noch relativ »reinrassigen« turkmenischen Knüpfarbeiten (vom Hauptteppich bis zum Kamelbehang und Jurtenvorhang) gewährt völkerkundlich, teppich- und nomadenwissenschaftlich weitreichende Aufschlüsse.
– Die Turkmenen und ihre Arbeiten sind entwicklungsgeschichtlich noch eine Terra incognita. Der dadurch geweckte Forschungseifer erhält weitere Impulse durch die Tatsache, daß infolge geringer Fremdeinflüsse die Knüpftraditionen und originären Musterungen der »Turkmenen« noch lange authentisch blieben. Das durch diese Bewahrung islamischer Kunstfertigkeiten gebotene reiche und repräsentative Dokumentationsmaterial wird durch ein besonderes Engagement von Wissenschaftlern und Sammlern honoriert.

- Die linear-geometrische bis abstrakte Musterung der Turkmenenteppiche und ihre heraldisch-amulettartigen Gül-Motive von archaischer Strenge entsprechen unserer heutigen nüchtern-realen Geisteshaltung. Hinzu kommt, daß die von den klaren, gleichförmigen Musterrapporten ausstrahlende Gelassenheit und suggestiv-beschwörende Ausdruckskraft auf den Betrachter (aus einer hektischen westlichen Welt) ausgleichend und beruhigend wirken.
- Andererseits – und dies ist kein Widerspruch zum Vorgesagten – begegnet der Nimbus des Geheimnisvollen und Unbekannten um die gefürchteten Reiternomaden aus den »verbotenen« Steppen Innerasiens (Tiefland von Turan) dem zeitgenössischen Hang zum Mystisch-Magischen und Esoterischen.
- Die turkmenische Ornamentik trifft das Stilempfinden des mittleren 20. Jh. Sie ist genauso eine modische Komponente des Zeitgeschmacks wie Anfang dieses Jahrhunderts die »Sarough-Welle« und später die »Heris-Sympathie«. Hinzu kommt der Reiz alles Neuen. So erinnere ich mich an die »Entdeckung« der persischen Kalardascht-Knüpfungen (Elburs-Gebirge) Mitte der 50er Jahre, als unter Sammlern eine wahre Kalardascht-Jagd ausbrach, die das vorhandene alte Material bald absorbierte. Mitte der siebziger Jahre wurde der Kelim »entdeckt«, parallel dazu feiert der Anatolische Teppich seine Renaissance, und etwa seit einem Jahrzehnt läuft eine Allround-Hausse der Nachahmerländer, wie China, Indien und Pakistan. Derzeit geht die Popularität der »Turkmenen« in einem Allgemeininteresse für nomadische Knüpfungen auf.

Die Ursachen der späten Entdeckung und Vermarktung turkmenischer Knüpfarbeiten und das ihnen zuteil gewordene aktuelle Interesse verführen nun leicht dazu, den Turkmenenteppich als das Maß aller Teppichdinge, als den Nabel der Teppichwelt zu verehren und die Wiege der Knüpfkunst schlechthin in die Jurten und Zelte der Turkmenen bzw. ihrer turkvölkischen Vorfahren zu verlegen. Auch gibt es temperamentvolle Autoren, die die Turkmenenornamente (zum Beispiel die Göls) schon in dem 1949 in einem skythischen Fürstengrab des Altai-Gebirges entdeckten, etwa 2500 Jahre alten Pazyrik-Teppich zu erkennen vermeinen (wenn man diese oder jene Musteransätze gedanklich ergänzen würde), womit sie eine entwicklungsgeschichtliche Prävalenz der Turkmenenteppiche andeuten, die ihnen sicherlich nicht zukommt. Das sind phantasievolle Hypothesen in unserer an sich schon spektakulären Teppichwelt, zumal das Oktogon – auf das das Göl aufbaut – eine motivische Urform aus unvordenklichen Zeiten ist, die ebenso auch in anderen Teppichmustern wie der der Kaukasier, Perser, oder Ostturkestanen vorkommt.

Ebensowenig ist die Annahme gesichert, daß die vornehmlich linear-geometrische Musterung der Teppiche Westturkestans originären Charakter hätte, und die turkmenischen Primär- und Sekundärornamente in der Skala der Musterentwicklung den archaischen Stammbaum darstellten, von dem aus sich etwa alle weiteren Teppichmuster fortentwickelt hätten. Diese Hypothese würde bedeuten, daß die klassische Ornamentik des Turkmenenteppichs auf einer früheren Entwicklungsstufe des kultur- und zeitbedingten Musterentfaltungsprozesses erstarrt ist, die von der kreativen Musterfortbildung anderer Teppichspezies (Perser, Türken, Kaukasier etc.) längst überholt ist. Dementgegen halte ich den stilistisch-ornamentalen Musterbestand der Turkmenen etwa für eine Parallelentwicklung, für eine alternierende Spielart, einen Dialekt unter vielen in der so reichen, kausalgesetzlich aber noch ungenügend erforschten Mustersprache des Orientteppichs.

Derartigen schwierigen Abgrenzungsproblemen (hier der Stil- und Musterforschung) sieht sich der Tapitologe ständig gegenübergestellt. So auch bei der Zuordnung/Klassifizierung eines bestimmten Teppichs, wobei umstritten ist, ob sich die Herkunftsbezeichnung (Provenienz) nach textiltechnischen oder nach ornamentalen und farblichen Merkmalen richtet, wenn diese herkunftsmäßig auseinanderfallen. So ergeben sich Problemstücke bei der Integrierung von Stämmen in andere Stämme oder bei Einheirat einer Knüpferin in einen anderen Stamm oder einfach bei Entlehnung von Techniken oder Mustern von anderen Stämmen. Ergebnis: eine in Material, Farbgestaltung, Technik oder Ornamentik oft neue Provenienz, ein »Bastard-Teppich« (z. B. »Afschar-Bidjar«, »Turko-Belutsch«, »Kasak-Kurde« u. a.).

Auch in der Farbstellung des klassischen Turkmenenteppichs – vom Ursprung her ein echtes Nomadenerzeugnis – stellen sich ähnliche Fragen, zum Beispiel, ob seine auf maximal acht Farben (allerdings in nuancenreichen Rotabstufungen) beschränkte Farbskala gegenüber der Polychromie ältester Teppiche (s. Funde Pazyrik, Turfan, Konya etc.) nicht auf eine koloristische Verkümmerung und Rückbildung schließen läßt? Ist es nicht paradox, wenn Turkmenenfans die relative Farbmonotonie des Turkmenenteppichs positiv als »edle Selbstbeschränkung« loben – was wohl weniger eine Frage des gestörten Farbgefühls als eine gesunde Bejahung des Unabänderlichen ist –, gleichzeitig aber die Mehrfarbigkeit früherer Turkmenenexemplare entsagend beseufzen?

Sicherlich ist dieser Bereich zentralasiatischer Nomadenteppiche von seiner rapportierenden, relativ stereotypen Musterung und einer gewissen Monochromie her nicht vergleichbar mit der sublimierten Muster- und Farbenvielfalt persischer, türkischer oder kaukasischer Teppiche. Diese Teppichkategorien entziehen sich aber untereinander genauso einer vergleichenden Bewertung, als wenn man zum Beispiel den Romanischen Stil am Barock oder Rokkoko messen wollte. So bleibt dieser oder jener Spezies zu huldigen, für Käufer, Sammler oder Forscher, letztlich gleichermaßen eine Frage des individuellen Interesses und des persönlichen Geschmacks. Vive la différence!

Fragen über Fragen, die meine Frau und mich oft am wärmenden Feuer zwischen Jurten und Zelten oder auf schier endlosen Wüstenwanderungen bewegten, deren Beantwortung uns aber die mangelnde Zeit schuldig blieb. Nun, in jenen Tagen hatten wir andere Sorgen; mit unseren durch Hitze, Durst und Anstrengung angeschlagenen Kräften zu haushalten, Gefährt und Bagage täglich wieder marschfertig zu haben und die orientalische Geographie zu durchmessen, die lokaler Ursprung dieser textilen Streitobjekte ist. In eigener Sache bekennen wir eine tiefe Sympathie für viele jener textilen Köstlichkeiten, die in den von uns bereisten Turkmenengründen beheimatet sind, und die wir nebst anderen schönen Dingen gerne besessen hätten.

Diese Betrachtungen über die Teppiche der Turkmenen – die m.m. auch für andere Teppichgattungen gelten – verdeutlichen rationale, psychologische und emotionale Zusammenhänge und Kausalitäten, die die Erforschung des Orientteppichs für den ernsthaften Interessenten so reizvoll machen. Leider besteht unter Teppichexperten die unselige Manie, in der differenzierten und komplexen, erst gut 100 Jahre jungen Teppichwissenschaft, trotz ungesicherter Erkenntnisse und unzureichender Beweise, alles und jedes systematisieren und definieren zu wollen. In dieser allzuständigen und noch sehr offenen Disziplin wird heute mit beneidenswerter Courage so ziemlich alles behauptet und akzeptiert, wobei die Hypothese zum Dogma erhoben wird, das oft schon morgen durch ein neues Dogma ersetzt oder Makulatur wird. Allgemein müßte bei der systematischen Erforschung (Beschreibung, Beurteilung und Bewertung) des Teppichs die Ganzheitsbetrachtung nach Stil und Zeichnung, Farben, Material und Struktur selbstverständliches Anliegen sein, bei der neben der bisher favorisierten technischen Strukturanalyse vorrangig die Muster- und Formensprache unter Berücksichtigung völkerkundlicher, kultur- und kunsthistorischer Komponenten zu Wort kommt. Ungeachtet dieser rationalen Erkennungs- und Klassifizierungsmethoden sollten für den Teppichliebhaber aber in erster Linie der ästhetisch-künstlerische Gesamteindruck, d.h. die harmonische Wirkung von Flächenproportionen, Farbkombinationen und Mustergestaltung, maßgebend sein; kurzum: die Schönheit des Orientteppichs. Die emotionale Begegnung mit ihm sollte allzeit Herz und Sinne beschwingen!

Im Sandsturm an der russischen Grenze

4. Oktober, etwa 20 km nordnordöstlich von Kala-e-nau nahe der russischen Grenze. Die Sonne zeigt einen unheilvollen schwefelgelb-roten Schleier, während ein tausendfältiges Harfenspiel die Luft erfüllt. Langsam wächst ein unheimliches Dämmerlicht auf. Riesige Sandstaubtromben ziehen mit einem backofenheißen, stickigen Glutwind auf. Wir sehen nur noch fünf Meter weit. Fünf Meter reicht unsere Sicherheit! Der erste Zyklon erreicht unseren Wagen, schaukelt ihn wie eine Faust. Das Toben der Natur zwingt zum Halten. Ein schwerer Sandsturm verfinstert die Sonne. Wir können nicht über die Kühlerhaube hinwegsehen. Ein irrsinniges Geheul wie aus den Schlünden des Zerberus. Der feine Sandstaub verklebt Mund und Nasenlöcher und macht das Atmen schwer. Wir werfen uns Decken über und legen uns neben den Wagen mit dem Kopf in Sturmrichtung (gleich den Kamelen, die aber noch etwas mehr können, nämlich ihre Nasenöffnungen mit Hautfalten verschließen). Nach drei Stunden ist alles vorbei. Wir kriechen unter Sandhügeln hervor. Berge von feinsten Sandkörnchen im Wagen. Unsere roten Augen und ein unangenehmes Jucken am Körper erinnern an das

gefährliche Abenteuer. Diese Wirbelstürme entstehen meistens im Bauch (Tiefdruckgebiet) der nordwestlich gelegenen Karakum Russisch-Turkmenistans.

Durch dieses unprogrammierte Naturereignis haben wir so viel Zeit verloren, daß wir uns zu einem Notcamp entschließen. Das Ausbuddeln des Allradkastens, der wie ein Strandkorb aus einer Sandmulde guckt, verschieben wir auf morgen. Wir sind einfach fertig. Zu müde zum Sprechen, selbst zum Essen. Die Stille und Grenzenlosigkeit der Sanddünenlandschaft legen sich beklemmend auf unsere Seele.

Als der Feuerball der Sonne am Horizont untertaucht, sehen wir uns in die tiefliegenden Augen. Das Problem war, am nächsten Morgen unseren Wüstendampfer wieder flottzumachen. Wir sind irgendwo weitab der Karawanenroute und sicher auch menschlicher Ansiedlungen. Insch'allah farda! Erst als der Wassersack, der schon eine verdächtige Abmagerung zeigt, mehrfach glucksend die Runde macht, und die Nachtkühle eintritt, fällt alle Körperlichkeit von uns ab. Ruhe und Frieden erfüllen unser Herz und wir beginnen, unsere prekäre Lage beinahe zu genießen. Wir reden von gestern und vorgestern, nicht aber von morgen.

Nachdem wir ob unserer verstauchten Verdauungsorgane noch einige Schlucke eines alkoholischen Magenelixiers genommen hatten – außer Golam, der sich als orthodoxer Sunnit auch in der Finsternis von Allah beobachtet fühlt – verbringen wir die 18. Nacht seit dem Aufbruch aus Kabul beinahe ausgelassen, aber unbequem in unserem »Strandkorb«.

Um 2 Uhr früh wurde die eiserne Ration (gepreßte Trockenfrüchte, Nüsse und Traubenzucker) geplündert. Noch in der Finsternis bei angenehmer Temperatur versetzten wir im Akkord dann Berge von Sand. Eine harte Sache, die in die Knochen ging und Kapitulationsgedanken aufkommen ließ. Endlich gegen 6 Uhr stampfte unser treues Gefährt nach mehrmaligem Aufsetzen weiter durch das Sandmeer. Sonne und Kompaß nach erreichten wir im Zick-Zack-Kurs vier Stunden später eine Piste und gegen 17 Uhr Herat. Unterwegs hielt uns eine mit bepackten Eseln wandernde Gruppe Dschats an, die – ähnlich den wohl aus dem Panjab stammenden Gudschurs – als Gaukler mit Affen und Himalaja-Bären im Lande herumzigeunern. Wir überließen ihnen einige Fiebersenkungstabletten für den schwerkranken Großvater, rieten aber dringend, einen Arzt in Herat aufzusuchen (unser Anerbieten, den Opa mitzunehmen, lehnten sie vorsichtshalber ab).

Die alte Timuriden-Metropole mit vielen antiken Monumenten, einst eine der orientalischsten Städte, wurde eine herbe Enttäuschung. Wo wir noch im Vorjahr in Herat über gewellte und zerfurchte Lehmstraßen und durch dunkle Basargewölbe wanderten, herrschte jetzt, 15 Monate später, ein lebhaftes Treiben auf gepflasterten Wegen zwischen modernisierten Läden und zwei neuen Hotels. Die galoppierende Neuzeit hatte wieder ein Stück alten Orients überholt! Wie wacklig dieser Fortschritt war, erwies sich gleich, als ich beim unachtsamen Zurückstoßen mit dem großen Landrover die Vordachsäule eines neuen Hotels eindrückte, ohne auch nur einen Kratzer am Fahrzeug zu hinterlassen. In den Teppichgefilden konnten wir aber beim Anblick schöner Belutscharbeiten und turkmenischer Tschowals, Torbas und Tscherliks der Ersari und Beschiri unser seelisches Gleichgewicht wiederfinden.

Zu den Bergstämmen Nuristans

Nach 3000 km schwerem Parcours ging es dann per Landrover über Kandahar, Kabul und Dschalalabad nach Nordost zu den europäiden Bergstämmen Nuristans (Land des Lichts), in jene wilden Schluchten, die als berüchtigte afghanisch-pakistanische Grenzgebiete in Kiplings Romanen beschrieben sind. Angeblich Nachkommen von Soldaten Alexanders des Großen, der von den Orientalen als der »doppelhörnige Iskander« verehrt wird, die noch vor 90 Jahren als Kafiren (Ungläubige) holzgeschnitzten Götzenstatuen huldigten, mit einer für Afghanistan völlig atypischen Kultur (Holzhäuser mit Schnitzereien, Tische und Stühle). Stolz, aggressiv und verwegen, hellhäutig, teils mit blauen Augen und rötlichen Haaren. Schöne Frauengestalten. Ehe auf Zeit. Die Männer als Schreckgespenst für die Kinder der nicht gerade zahmen Afghanen: »Paß' nur auf, daß Dich nicht der Nuristani holt!«. Alles lief mit einem Schießprügel herum; selbst schon junge Burschen. Erst um die Jahrhundertwende wurde Nuristan gewaltsam vom »Eisernen Emir« Abdur Rahman islamisiert unter schändlicher Zerstörung seiner heidnisch-schamanistischen Kultur. Plötzlich Endstation hinter Tschaghaserei an einem Militärposten, der uns (unberechtigt!) einen amtlichen Passierschein abverlangte, dessen Erfordernis später selbst den Kabuler Behörden rätselhaft war. Nach Rückkehr mußten wir uns leider von unserem treuen Golam trennen. Der brave Chalifa wollte uns noch bis in den Himalaja fahren. Wir hinterließen ihm einen Teil unserer so begehrten Medikamente und schickten ihm später auch Fotos. »Chosche bechalet!« Bleibe glücklich!

Schicksals-Paß – dein Name ist Khyber!

Fortsetzung der Reise mit geschultertem Budschi von Kabul in einheimischen Bussen – zusammen mit verschleierten Frauen und Ziegenböcken – zunächst durch die zerklüftete Tang-e-gharu (Teufelsschlucht), dann über den historischen Khyber-Paß (53 km), Grenzpaß zwischen Afghanistan und Pakistan. Völkerpforte der Eroberer, die seit 3500 Jahren nach Indien ziehen. Schicksals-Paß der Briten, deren Gedenktafeln an die dort im Januar 1842 vernichteten Regimenter (über 20 000 Mann) erinnern. Auch heute noch stark befestigt. Nachts gesperrt! Fotografieren verboten! Grenze der Schmuggler: Während unsere Paßabfertigung oben an der Straße zwei Stunden dauert, bleiben weiter unten beladene Kamele und Esel unkontrolliert. Der Paß liegt im Stammesgebiet der kämpferischen Afridi (Paschtunen), denen zur Befriedung eine gewisse Autonomie eingeräumt ist. Sie kopieren in eigenen Dorfschmieden meisterhaft Waffen fast aller Provenienzen. Auch heute noch nennt sich das Land beiderseits des Khybers »Jaghistan« (Land der Unabhängigen). »Oh ihr Götter«, lautet ein altes Hindugebet, »erlöset uns von dem Gift der Kobra, von den Zähnen des Tigers und von der Rache der Afghanen!« Solange die 1893 von den Briten oktroyierte unheilvolle Durand-Linie (2500 km) eine willkürliche Demarkationsgrenze mitten durch die Lande der Paschtunen (auf pakistanischer Seite die »Pathanen«) zieht, wird der Khyber ein politischer Unruheherd zwischen Pakistan und Afghanistan bleiben, die sich nur darin einig sind, kein selbständiges, freies Paschtunistan entstehen zu lassen.

Wir passieren nach dem Grenzort Torkham das Sperrfort Ali Masdsched, die Türklinke zum Khyber, dann Landi-Kotal, lebhafter Basarort der Khyber-Stämme, und erreichen auf pakistanischer Seite das berühmte Fort Jamrud (einst vom Sikh-Herrscher von Lahore, Ranschit Singh, erbaut).

Die verwegenste Flugroute der Welt

Weiter mit Verspätungen und Pannen (die Eile ist vom Scheitan!), Hitze, Knoblauch- und Schaffettgeruch nach Peschawar, später nach Rawalpindi. Von dort mit einer Fokker-Friendship »die riskanteste und verwegenste, aber auch grandioseste Flugroute der Welt« (plötzliche Wetterstürze, gefährliche Windböen, Pilotenwechsel während der 5/4 Flugstunden) durch den West-Himalaja. Riesige Schneefelder, ab und zu von gewaltigen Gletschern unterbrochen. Diese Strecke von Rawalpindi bis Gilgit kann nur von den wendigen »DC 3« unter Ausnutzung warmer Aufwinde beflogen werden, und auch nur dann, wenn kein Wölkchen am Himmel steht. In Sekundenschnelle ist in dieser unberechenbaren Wetterzone der Himmel dicht. Jeder Nebelstreif kann hier zum Verhängnis werden. Von drei geplanten Flügen fällt regelmäßig einer aus. Es kann sein, daß man tagelang auf eine Rückfluggelegenheit warten muß. Nur die erfahrensten Piloten werden auf dieser Strecke eingesetzt. Zwischen den stummen Berggiganten muß genauer Kurs gehalten werden. Zuerst den Indus entlang, dann zwischen den Felswänden auf 4500 m Höhe – höher können die leichten Maschinen nicht fliegen –, wobei wir noch von fast 4000 m überragt werden. Das grundsätzliche Fotografierverbot wird unterwegs ebenso grundsätzlich übertreten, aber wegen der kolorierten Scheiben nur mit gemischten Gefühlen. Schließlich passieren wir den deutschen Schicksalsberg Nanga Parbat (»nackter Felsen«, 8200 m) an seiner Südwest-Flanke (Aufstiegsroute der deutschen Expedition 1953). Der Flug endet in einem 1400 m hoch gelegenen, von steilen Felsen umrahmten Kessel: Gilgit, ehemals Sitz des britischen »Political Agent« (einst auch des bekannten Colonel Durand).

Auf Maultierpfaden durch das Karakorum

Hier im Nordwestzipfel Kaschmirs, der an den afghanischen Wachan-Korridor (Kleiner Pamir) stößt, beginnt das Abenteuer Hunzaland. Auf uralten Karawanenwegen mit einem Jeep 110 km in 9 Stunden nördlich durch die Schluchten des Karakorums (»schwarzes Geröll«) Richtung chinesische Grenze von Sinkiang. Auf früheren Maultierpfaden, die primitiv auf die Spur eines Jeeps verbreitert worden sind und deren Saumränder abbröckeln, wenn das Wagenrad sie streift. Schwindelfreiheit vorausgesetzt. Nur vom Mir von Hunza lizenzierte Fahrer auf speziellen Jeeps dürfen diese allgemein als gefährlichste und lediglich »jeepable« bezeichnete Strecke der Welt befahren. Unzählige Windungen, mörderische Steigungen und Gefälle (über 70 Prozent!). Die unvorstellbar steilen Kehren über den Schlünden sind oft so spitz, daß der Wagen zurücksetzen muß. Die Piste klebt am Fels, 900 m senkrecht über dem Hunza-Fluß. Wehe, wenn das Dach des Jeeps an einen herunterhängenden Felsüberhang stößt. Ein großartiges, gefährliches Erlebnis.

Auf einer etwa 200 m langen Terrasse müssen wir im Schrittempo eine Felsstufe nach der anderen erklimmen. Wahre Teufelsstiegen! Mit dem für diese gottverlassene Gegend erteilten Permit ist uns lästigerweise auch ein pakistanischer Bewachungsoffizier attachiert worden. Obwohl fotografieren in diesem grenznahen Gebiet an vielen Stellen verboten ist, kann ich unbemerkt doch viele faszinierende Bilder durch die Frontscheibe schießen. So insbesondere bei den primitiven Seilbrücken über die reißenden Flüsse und Abgründe, seitlich pendelnd und beim schrittweisen Überfahren beunruhigend nachgebend. Wir heben uns – wie im Sattel – leicht an, als ob wir das Wagengewicht damit beeinflussen könnten. Die ganze Strecke begleitet uns das mächtige Massiv des Rakaposchi (7800 m), auf dem gerade die Expeditionsgruppe Dr. Herrligkoffers operiert, der wir in Gilgit begegneten. Die Dimensionen sind hier erdrückend. Auf der Einwegstrecke von Gilgit über die Bergoasen Chalt, Maiun, Kanabad, Hindi, Aliabad bis Baltit gibt es nur drei Ausweichen, wo wir eine kurze Rast einlegen.

Es geht weiter über tückische, abfallende Geröllhalden, auf denen wir nur mit dem (Vierrad) Getriebe bremsen können, durch tiefe und unbeschreiblich enge Schluchten. Eine gewaltige, wilde Welt! Steile Abhänge hinauf und wieder herunter. Ein großartiges Gebirgschaos, in dem Hangpiste und Spur identisch sind. Im Winter ist hier kein Durchkommen; wer von einem Schneesturm überrascht wird, ist verloren. Ab und zu rutscht der Wagen. Durch schnelles Gegensteuern verhindert unser drahtiger, ruhiger Fahrer ein Querstellen auf dem knapp 1½ m breiten Felssaum. Zwischendurch wieder ein kurzer Halt auf einem Plateau. Die letzten 10 km in totaler Finsternis, die von den geisternden Scheinwerferkegeln unseres Jeeps aufgerissen wird. Der Jeep schleicht nur noch an den Felswänden entlang. Endlich erreichen wir, klamm vor Kälte, Baltit (2500 m), Sitz des Mirs von Hunza. 80 km südlich des Mintaka-Passes (5400 m) nach China.

Uns fröstelt noch heute in der Rückschau auf den Morgen unserer Abfahrt aus Hunza, als wir erfuhren, daß der Leibfahrer des Mirs in der Nacht tödlich verunglückte. Beim Hochziehen des Jeeps an einer schmalen Steilkehre prallte sein linkes Vorderrad gegen eine Felskante und katapultierte den Wagen in den Abgrund.

Silberner Löwe auf grüner Flur

In Baltit, wo das Polospiel Nationalsport ist, und aus dem die berühmte militärische Elitetruppe der »Gilgit-Scouts« sich rekrutierte, übernachteten wir in einem primitiven Resthouse auf schmuddeligen Feldbetten. Ein Eimer als Toilette und ein großer Blechkanister als Waschbecken. Nachts unter null Grad. Zum Schlafengehen zogen wir uns an, statt aus. Das undurchsichtige Wasser hielt uns vom Waschen ab, bis wir am dritten Tag merkten, daß der »Schmutz« nur schwebende Sandschlieren waren. Das Wasser, hier »Gletschermilch« genannt, ist wegen seiner Mineralien und Salze sehr gesund. So sollen die Hunza-Leute auch das gesundeste Volk der Welt sein. Durchaus glaubhaft, wenn man von den Überlebenden spricht, denn die harten Lebensbedingungen fordern eine Auslese der Natur. Viele Hundertjährige. Die einfache Kost (meist Rohkost) war Vorbild für Dr. Ralph Bircher (Müsli). Reformhaus der Welt! Im Winter ausgeprägte Hungerzeiten. Es gibt keine Lebensmitteleinfuhren.

Das Hunza-Tal ist sehr fruchtbar, und auf seinen Terrassenfeldern wachsen Gerste, Hirse, Mais, Maulbeeren und insbesondere Aprikosen. Überall treffen wir hier – wie auch im Pamirgebiet des afghanischen Wachan – auf den schwarzen Jak, den tibetanischen Grunzochsen, das in diesen extrem Bergzonen allein zuverlässige Reit- und Tragtier. Ein phantastischer Anblick: Silberne Firne über grünen Terrassen, umgeben von Eismeeren, Gletscherströmen und vielen Siebentausendern. Dieses rätselhafte, offenherzige Volk, dessen Herkunft genauso unbekannt ist wie seine Sprache, gehört der Ismaeli-Religion, einer liberalen Islamsekte, an. Vom Nachbarvolk des Mirs von Nagir – mißtrauischer, fremdenfeindlicher, fauler und schmutziger, Angehörige der fanatischen Schia-Religion – ist es durch einen tiefen Cañon getrennt.

Der europäide Phänotypus läßt das Metapher vom »Griechenvolk am Himalaja« zu, obwohl eine Abstammung von den Soldaten des Großen Makedoniers wohl Erzählung und eine indogermanische Herkunft mit ostasiatischem Einschlag begreiflicher ist. Auch sonst gibt es europäische Ähnlichkeiten, wie zum Beispiel die atriumähnliche Innengestaltung ihrer Häuser, die ohne Fenster sind und mit einer Leiter von außen bestiegen werden. Die Sprache dieses kulturell bemerkenswerten, materiell aber primitiven Volkes ist schwierig, bildhaft, völlig atypisch zu vergleichbaren Sprachgruppen. Komplizierte Betonung, erklärende Ausdrücke.

Mir Muhammad Jamal Chan entstammt einer persischen Familie, die dieses Hochgebirgsland seit 700 Jahren regiert. Er bewohnt »Karimabad«, das als Schloß hoch zwischen den Felsen dem Potala von Lhasa gleicht. Nicht von ungefähr wird Hunza auch »Klein Tibet« genannt, zumal seine Bevölkerung im Norden stark tibetanisch versippt ist. In ethnischer Vielfalt leben hier auch die persisch sprechenden Metöken (Fremdlinge) der afghanischen Wachi-Stämme und südlicher die Stämme der einst raublustigen Schin. Unter dem Mir besteht eine streng soziale Hierarchie mit einem Wasir an der Spitze. Obwohl noch mittelalterliches Feudalregime, ist der Mir populär und ob seiner leichten Regierungshand bei diesem kleinen Gebirgsvolk im einsamen Hochtal des gewaltigen Karakorummassivs beliebt. Hunzaland gehört staatsrechtlich zu Pakistan, dessen Urdusprache aber kaum verstanden wird. 30 000 Menschen leben hier in etwa 140 Dorfschaften weitverstreut auf vielen kleinen Bergbalkonen in einem wilden Schluchtensystem, das sich im Pamir zusammenschließt.

Hunza, im Gegensatz zu Nepal noch wenig erforscht und wohl mit das rückständigste Land Asiens, war damals innenpolitisch weitgehend autonom. Seine Interessen im übrigen wurden von der pakistanischen Regierung wahrgenommen. Hervorzuheben ist die strategisch außerordentlich wichtige Lage von Hunza, die auch ständig die Aufmerksamkeit und das Werben Chinas wachhält. Hier verläuft der schwierige Teil der historischen Seidenstraße zwischen Indien (Seide) und dem Tarimbecken Chinas (Gewürze), genauer zwischen Rawalpindi und Kaschgar (Ostturkestan), die – nicht zuletzt wegen der noch vor fünfzig Jahren sehr räuberischen Hunzastämme, die jeder durchziehenden Kamelkarawane ihren Tribut abforderten – seit jeher in den Reiseschilderungen als eine verwegene und gefährliche Strecke bezeichnet wird. 1969 soll erstmals eine chinesische Warenkarawane die Tradition auf dieser legendären Seidenstraße wieder aufgenommen haben.

Traumstraße Asiens

Es waren aufregend schöne Tage bei diesem gastfreundlichen Völkchen, das noch mit Schalen hinter dem wenigen Vieh herläuft, um den seltenen Mist (Brennstoff) aufzufangen. Hier in dieser unendlichen Einsamkeit, wo der Jak, das Marco Polo-Schaf, Adler und Steinbock das Revier beherrschen, erlebten wir noch ein modernes Märchen, als wir Zeugen einer echt orientalischen Pracht wurden. Der zweite Sohn des Mirs hatte gerade seine Frau, eine bildhübsche Prinzessin aus Lahore, heimgeholt. Mit natürlicher Anmut bewegten sich die Hochzeitsgäste in kostbarsten Gewändern unter den bunten Hunzaleuten. Entzaubert wurden wir erst, als wir erfuhren, daß der Bräutigam gerade sein Oxfordstudium beendet hatte. Auf einen Hinweis des Wasirs: »These are Germans«, konnten wir den ganzen charmanten Hofstaat ausgiebig fotografieren.

Unser besonderes Interesse fanden noch die vom Mir gezüchteten wuchtigen, zottigen Jak-Stiere mit langen Roßschweifen, die sehr behende und angriffslustig waren.

Beim Aufbruch am 7. Oktober versperrt uns ein großer Erdrutsch den Rückmarsch. Es blieb nur der Weg jenseits des Hunza-Flusses durch das fremdenfeindliche Nagir. So müssen wir in Begleitung des pakistanischen Offiziers zunächst weiter nach Norden, um über die winzigen Bergnester Altit, Atabad und Sarat die nächste passierbare Schwebebrücke zu erreichen. An Genickbrecherpässen und schwankenden Seilbrücken nicht minder abwechslungsreich. Im Schleichtempo wieder in einer schmalen Spur der an die zerklüfteten Felswände gepreßten Saumpfade und Felssteigen entlang, die der Jeep regelrecht erklimmen muß. Um uns gigantische Gletscher, schillernde Bergterrassen und rauschende Wildwasser über gähnenden Schlünden. Zwischendurch einmal die abgehackten Hornstöße eines »amtlichen« Wasserverteilers. Unsere nervöse Spannung wird von den überwältigenden Eindrücken dieser urweltlichen Bergöde verdrängt. Ein gewaltiger Wurf der Natur voll bedrückender Einsamkeit, in der uns die selbstverständliche Gastfreundschaft und Hilfsbereitschaft seiner verstreut angesiedelten Hunzakuts erwärmt. In dieser Welt ist kein Raum für kleinliches Hadern. Wir fühlen uns wieder als Einzelgänger bestärkt, denn eine organisierte Gruppe stört, wo es sich zu verweilen lohnt. Sie behindert Eindrücke und verhindert Kontakte.

Dieses Königreich unter dem Dach der Welt (Pamir) ist heute verklungen, nachdem der letzte Mir 1975 abdanken mußte. Passé ist auch diese Traumstraße Asiens, nachdem der von Chinesen erbaute sichere und schnelle »Karakorum-Highway« – der, unten im Flußtal verlaufend, Pakistan mit China verbindet – 1978 dem Verkehr übergeben wurde. Das gigantische Projekt dieser strategischen Rollbahn von rund 500 Meilen, an dem zwanzig Jahre über 10 000 chinesische Pioniere arbeiteten (mit dem hohen Tribut: je Meile ein Toter), hat eine hohe politische Bedeutung, da es China mit dem Indischen Ozean verbindet – ein schon vom zaristischen Rußland geträumter Traum –, Pakistan zum Teilhaber eines bedeutenden Transitverkehrs macht und die Achse Pakistan-China stärkt. Verloren ist die Chance, auf uralten Maultierpfaden durch die gigantischen Schluchten des Karakorum zum Mir von Hunza zu reisen. Geblieben ist das große Erlebnis von Volk und Natur auf diesem abgeschiedenen Hinterhof der Welt, eingeklemmt zwischen Indien, China, Afghanistan und Rußland.

Die Götterspeise

Von Rawalpindi dann zum tempelreichen alten Lahore und weiter mit unterschiedlichen Transportmitteln über die wegen der politischen Spannungen nur im Süden geöffnete pakistanisch-indische Grenze nach Amritsar, dem Heiligtum der Sikhs in dem von jeher unruhigen Pandschab. Auch hier nicht ohne Eklat. Schon sehr früh an der Grenze, mußten wir bis 8 Uhr auf den Zolloffizier warten. Als er endlich mit Rasierschaum im Gesicht erschien, genügte ihm unser »Road-Permit« nicht. Erst nachdem wir versprochen hatten, für ihn »silk material« und einen »umbrella« in Indien einzukaufen, klappte der Grenzübergang mit vielen Formalitäten, wobei ich oft den Eindruck hatte, der Paß würde vollinhaltlich abgeschrieben. Beiderseits der Grenze standen zwischen tiefgestaffelten, gefechtsbereiten

Panzereinheiten jeweils etwa 80 Lkw, von denen nur die Ladung die Grenze passieren durfte. Ein köstliches Bild: Etwa 100 rotbehemdete, hintereinander laufende Pakistani trugen auf den Köpfen Kisten zur Grenzbarriere, wo sie je auf den Kopf eines Inders im blauen Hemd überwechselten – ohne den Grenzboden berührt zu haben. Auch hier war aus der politischen Nervosität heraus das Fotografieren verboten, nachdem stündlich der Kriegsausbruch erwartet wurde (und einige Wochen später auch erfolgte).

In Amritsar waren wir ebenfalls als »Alemani« willkommen. Zweistündiger Besuch der Tempelanlagen mit einem Sikh-Offizier. Der große Tempel aus massiven Goldplatten mitten im heiligen Teich der Unsterblichkeit, umgeben von prächtigen Sakralbauten, bot einen märchenhaften Anblick. Geschmückt mit zwei Blumenkränzen, einem umgebundenen Kopftuch und »unberührten« (neuen) Socken erwiesen wir der unbekannten Gottheit fünfzehn Mal mit der Stirn auf heiligem Boden unsere Referenz. Im Allerheiligsten große Rauchpfannen, Flöten- und Trommelklang. Aus goldenem Kessel empfingen wir durch den Guru (Priester) die geweihte Speise in die geöffneten Handflächen: Kochend heißer, süßer und fettiger Brei. Wir schauten uns an. Edeltraud spielte mir unauffällig ihren heißen Kloß zu. Ich steckte ihn respektlos in die Hosentasche. Er brannte höllisch am Schenkel. Ich schob die Hand dazwischen, bis es mir gelang, den heißen Breikloß in der Hosentasche mit dem Taschentuch zu umwickeln. Inzwischen glänzte auf der Oberhose ein faustgroßer dunkler Fettfleck, später auf dem Schenkel eine kräftige Brandblase. Erst nach weiteren zehn Minuten konnte ich mich der verhängnisvollen Götterspeise in einer Ecke entledigen.

Der mongolische Reiterkampf

Von Lahore Rückflug nach Kabul (nachdem wir unter vielen Querelen nachts wieder die Grenze zwischen den Heerscharen überschritten und dem pakistanischen Zolloffizier die begehrten Benefizien abgeliefert hatten). Über dem Khyber-Paß drehte die Maschine plötzlich wieder zurück. Alles war nervös und vermutete Kriegsausbruch mit Indien. Nach drei Wartestunden – während der wir uns der orientalischen Weisheit des »Insch' allah passfarda« hingaben – erfuhren wir: Sandsturm über Kabul. Ohne Radar keine Landemöglichkeit und Gefahr für die Jet-Düsen.

Am 14. Oktober – einen Tag vor dem Geburtstag des afghanischen Königs – nahmen wir in Bagrami am Rande Kabuls an dem barbarischen mongolischen (?) Reiterkampf Buzkaschi teil. Das wohl wildeste Kampfspiel auf unserer nicht gerade zimperlichen Erde. Die usbekischen und turkmenischen Kampfgruppen kommen aus den Steppen des afghanischen Nordens und Nordwestens, wo im Herbst die Vorentscheidungen fallen. Die Tschopendoz kämpften um ein geköpftes Kalb (oder eine Ziege; früher um einen Sklaven oder Gefangenen), das in den »Hallal«, einen mit Kalk gezogenen Kreidekreis, geworfen werden mußte. Unter

Hieben mit dem wuchtigen Kamtschin, Faustschlägen und Fußtritten gegen den Mann auf den besonders gezüchteten Kampfpferden wechselte der Balg fortwährend die Partei. Turbulente Kampfszenen mit dem Ergebnis: ein Toter, zwei Schwerverletzte und vier umgerissene Standarten vor dem durch Betonmauern geschützten Königszelt des mit seiner Familie, Regierungsmitgliedern und der Diplomatie anwesenden Zahir Schah.

Kabul 12 Uhr mittags!

Am Abschiedstag, bevor wir Kabul verließen, um wieder über Moskau und damals noch sehr umständlich über Ostberlin zu den heimatlichen Penaten zurückzukehren – ich mit einer ausgewachsenen »Kabulitis«, die mir in der darauffolgenden Nacht den laufenden Besuch der drittklassigen Toilette des Moskauer »Luxushotels« ermöglichte –, erstiegen wir die »Mittagskanone«. Dieses von Ayub Chan 1880 den Engländern unter General Burrows in der Schlacht bei Maiwand abgenommene Geschütz donnert jeden Mittag auf dem zerklüfteten Felsplateau des »Tor des Löwen« den Top-e-schast, dessen Schall die Felswände um Kabul vielfältig zurückwerfen. Jeder, der in Kabul eine Uhr besitzt, stellt sie auf 12. Es ist genau 12 Uhr, auch wenn es nicht 12 ist! Beim Barte des Propheten! Das bestätigte uns – mit der Lunte in der Hand – der wettergegerbte, beturbante Kanonier, der dem Alter der Kanone sicher nicht nachstand.

Der 12 Uhr-Schuß, doppelsinniges Symbol: einerseits einer starren Tradition und andererseits des Anbruchs einer neuen Zeit in dem damaligen zentralasiatischen Königreich am Hindukusch. Während im Landesinnern Kranke noch vergeblich ärztlicher Hilfe harren, landen schon die ersten Jets auf den Pisten Kabuls. Während außerhalb Kabuls die Frau noch aus dem öffentlichen Leben verbannt ist, bei Volkszählungen nicht zählt und sich mit einem riesigen Schleier vermummt, sieht man in der Hauptstadt schon zaghaft den Minirock, auf dessen erste Trägerin noch 1970 ein fanatischer Mollah Gewehrschüsse abgab. Der Geschützdonner vom »Koh-e-scher darwasa« ist nur ein Wetterleuchten über dem fernen Horizont einer neuen Zeit. Den Straßen als Lebensadern des Landes folgen Verkehr, Maschinen, Hotels und Reisegesellschaften. Im übertragenen Sinne verdirbt auch hier Benzin den Charakter. Tourismus und Entwicklungshilfe erschließen das Land, kommerzialisieren es aber gleichzeitig und verfälschen das Volksleben. Die Zukunft zwischen Moscheen, Kasernen und Fabriken dämmert in Afghanistan langsam, aber unaufhaltsam. Die Welt ist dann um eine Lust ärmer geworden: im Herzen Asiens auf abseitigen, schweren Wegen mit Landrover und Kamelen unter Bergstämmen und Hirtenvölkern.

Nomadentum und Umwelt

Der Nomadismus ist somit in erster Linie eine umweltbestimmte Wirtschaftsform, die zwangsläufig eine nomadische Lebensweise, Gesellschaftsform, Sozialstruktur und eine eigenständige Nomadenkultur bedingt. Seine politische, soziale und wirtschaftliche Entwicklung wird zunehmend durch außertribale Faktoren beeinflußt.

Die moderne Fortschrittsentwicklung

Die tiefgreifenden Veränderungen menschlicher Lebensformen seit dem Ersten Weltkrieg haben auch die schon ab zweite Hälfte des letzten Jahrhunderts nicht mehr stabile Welt der Nomaden erschüttert.

Die zivilisatorische Entwicklung, der technisch-wirtschaftliche und soziale Fortschritt, überhaupt moderne Techniken und Ideologien hatten besonders nach dem Zweiten Weltkrieg einschneidende Umwälzungen in dem relativ noch freien und unabhängigen Nomadentum zur Folge. Sie führten gerade in Mittelasien zu einer bereits durch die Eroberungskriege und Kolonisierungen der Russen und Briten im 19. Jh. begonnenen Auflockerung nomadischer Rechte, Traditionen, Bräuche und Gewohnheiten bis zur Auflösung patriarchalisch-tribaler Lebens- und Wirtschaftsformen. Geradezu revolutionierend war dabei die unter Nachfragedruck stehende kommerziell-ökonomische und technologisch-rationalistische Umstrukturierung der Arbeitsmethoden. Weiterhin bindungslösend wirkten insoweit staatlich-obrigkeitliche Interventionen, vornehmlich wirtschafts- und sozialpolitische Maßnahmen neben anderen spezifisch nomadenpolitischen Zwängen (Pazifizierungen, Domizilierungen und Evakuierungen).

Geschichtliche Beispiele für oft gewaltsame und langwierige, auch erfolglose Befriedungs- und Eingliederungsaktionen aus neuerer Zeit sind die afghanischen Hazara (durch Abdur Rahman), die türkischen Kurden (durch Kemal Atatürk), die persischen Luren, Kurden, Schahsawan oder Gorgan-Turkmenen (durch Reza Schah und Reza Pahlawi), die nomadischen Völker Russisch-Turkestans (durch die Sowjets) oder die Irredenta der Paschtunen und Belutschen (Pakistan).

So sind zwischen einem vor der russischen Okkupation (1979) noch expandierenden Nomadismus in Afghanistan und einer stark repressiven Nomadenpolitik in der Türkei, bei einer eher rückläufigen Entwicklung in Persien, auch in den nomadischen Schwarmgebieten der Belutschen Nordwestpakistans in den letzten Jahrzehnten bedeutsame Wandlungen des traditionellen Nomadentums festzustellen.

Störungen des nomadischen Umfeldes

Welches sind nun im einzelnen die nomadenfeindlichen Umweltfaktoren, die auch den Nomadenteppich berühren? Eigene Beobachtungen in den afghanischen Knüpfregionen der Kutschi, aber auch der seßhaften bis teilseßhaften Turkmenen, Usbeken, Tschar aimak, Hazara und Tadschiken, werden durch unsere Felderegbnisse in den Stammesbereichen persischer Nomaden und der pakistanischen Belutschen bestätigt. Danach wird die nomadische Erscheinungsform im wesentlichen durch folgende Umwelteinflüsse gestört oder zerstört:

– Staatliche Landreformen mit Enteignungen, Nationalisierung von Weideflächen oder Verfügung (Freigabe, Übertragung) über Weidenutzungsrechte.
– Kultur- und wirtschafts-geographische Wandlungen, insbesondere durch die industrielle Entwicklung, die Urbanisierung und Infrastrukturmaßnahmen (wie die verkehrsmäßige Erschließung durch Bau von Straßen, Flugplätzen und Bahnstrecken oder die Motorisierung durch Einsatz von Lastwagen und Omnibussen).
Häufig sind anstelle der alten Pisten neu angelegte, gepflasterte Straßen für längere Wanderdistanzen der belasteten Tiere ungeeignet, zumal der Zusammenprall der nomadischen Saum-, Reit- und Herdentiere mit den modernen Verkehrsmitteln nicht ungefährlich ist.
Ferner die allgemeinen Auswirkungen der wachsenden Technisierung, Modernisierung, Kommerzialisierung und des Tourismus.
– Bewässerungs- oder sonstige staatliche Erschließungsprojekte zur Umwandlung von Trockenzonen in agrarisches Nutzland – auch in Verbindung mit Ansiedlungen (Kolonisation).
– Naturkatastrophen, wie anhaltend strenge oder feuchte Winter, Schnee- und Sandstürme, Überschwemmungen, Erdbeben, lange Dürreperioden oder ausfallende Wasserversorgung.
– Parasiten, Seuchen und Epidemien auf humanem und veterinärem Sektor.
– Menschliche Gewalthandlungen durch Kriege, Okkupationen, Raubzüge, Stammesfehden etc.
– Einführung von Grenzkontrollen oder -sperren, Registrierungspflichten, Impfpflichten für Tiere oder sonstige staatliche Vorschriften für die Beweidung, Wassernutzung, den Transit u.a.
– Wirtschafts- und sozialpolitische Maßnahmen, wie Importförderung, Exportrestriktionen, Einführung von Produktivitäts- und Qualitätsnor-

men, staatliche Preiskontrollen, Erhebung erhöhter Abgaben, Regelungen für Arbeitsschutz und Sozialversorgung.
Auch andere fortschrittliche Reformen greifen oft in herkömmliche Tribal- und Gewohnheitsrechte und Lebensauffassungen der Nomaden ein (z. B. bzgl. Stammesfehden, Blutrache, Bewaffnung, Kleiderordnung, gesellschaftliche Stellung der Frau, Freizügigkeit, Stellung zur Staatsautorität).

– Staatliche Zwänge zur Entnomadisierung. Ausgehend von der Pseudo-Philosophie, daß der Nomadismus in der modernen Gesellschaft eine fortschrittsfeindliche und reaktionäre Erscheinung sei, wird das Nomadentum schlechthin als barbarische Kulturform, als politisch-wirtschaftlicher Balast und Hort der Unruhe angesehen, der in seiner feudalistisch-patriachalischen Substanz den staatlichen Souveränitäts- und Totalitätsanspruch gefährde.
Diese Liquidierungspolitik kann im Extrem zu den in den sozialistischen Staatssystemen bekannten Zwangskollektivierungen und -konföderierungen (Bauernkolchosen, Hirtenbrigaden, Kooperativen etc.) führen, d. h. bis zum Aufgehen der einzelnen Ethnien in Staatsverbänden.

– Schließlich kommen subjektive Momente hinzu, die die Aufgabe nomadischen Lebens und Wirtschaftens und den Trend zum Seßhaftwerden beschleunigen, etwa die Aussicht auf bequemere und einträglichere Lebens- und Arbeitsverhältnisse durch Ackerbau, Dienstleistungen oder Einstieg in das moderne Transportgewerbe; weiterhin bei Unrentabilität nomadischer Tierhaltung sowie bei drückender Verschuldung.
Schon die Konfrontationen der Nomaden mit der modernen Technik und Zivilisation (Plastik-Zeitalter!) – auch trügerische Verlockungen des westlichen Lebensstandards und Konsumanreize (z. B. in den Basars) – bleiben nicht ohne nachhaltigen Einfluß auf ihren wirtschaftlichen und kulturellen Status.

Die Vielzahl der aufgezeigten ökologischen Fakten (hier über den eigentlichen biologisch-geographischen Begriff hinaus im weitesten Sinne) beweisen die absolute Abhängigkeit der wandernden Hirten von ihrer Umwelt. Die sich daraus ergebenden Folgen und Wechselwirkungen für die Umwelt, Nomaden und Teppiche werden des weiteren darzulegen sein.

Durch die Lande der schwarzen Zelte

Den Karawanen nach
in Anatolien, Persien, Irak, Syrien und Libanon

Die Teppichpassion trieb uns im April bis Juni 1972 wieder auf die Spuren der Nomadenteppiche. Schon im Frühjahr 1970, während der Rückfahrt vom afghanischen Hindukusch, planten wir bei der Durchquerung Belutschistans und Südpersiens, die seltsame Wüstenstadt Tabas aufzusuchen. So rüsteten wir zwei Jahre später einen VW-Transporter für diese zweite Orientreise mit »eigenem« Wagen. Das Fahrzeug wurde von Günter Sinn, einem sportlichen Gartenbauarchitekten, gestellt, der sich auf der langen Strecke nicht nur als cleverer »Steuermann«, sondern auch als sehr kameradschaftlicher und tatkräftiger Begleiter bewährte. Nach den unfreundlichen Erfahrungen 1970 beim Transit Serbiens hatten wir diesmal die Anreise über Österreich, Ungarn, Rumänien, Bulgarien verlegt. Weiter über Istanbul durch das »Wilde Kurdistan« Südostanatoliens nach Persisch-Kurdistan und Luristan. Dann rund 1000 km durch die Dascht-e-lut. Anschließend in die Steppen- und Gebirgsregionen der Ghaschghai- und Bachtiarenstämme. Von dort parallel zum Persischen Golf nach Bagdad und 870 km durch die Syrische Wüste nach Damaskus. Rückfahrt über Beirut, Istanbul und Bulgarien. Zu zweifelhaften Erlebnissen eigener Art wurden die zehnmaligen Grenz- und Zollkontrollen der vier Ostblockstaaten. So vermutete man in dem Combi-Transporter offenbar eine Spezialanfertigung zum Schmuggeln. Die komplizierten und sehr zeitraubenden Untersuchungen erfolgten teilweise (Ungarn und Rumänien) unter Hinzuziehung von Kfz-Ingenieuren mit Hunden, Höhrrohr, Holzhammer, Spiegeln und Zollstock.

Neue Erkenntnisse und Erfahrungen über das Nomadentum und seine textilen Künste haben die Strapazen dieser dritten motorisierten Erkundungsreise über insgesamt 17 000 schwere Kilometer gelohnt.

Vor dem großen Aufbruch

Die Auswertung der bisherigen Reisen erleichterte die Vorbereitungen. Trotzdem blieben wir Pedanten der Sicherheit. Zwei Monate lang wurde Freizeit klein geschrieben. Gründliche technische Überholung des Combi-Transporters: Spezialstoßdämpfer, frontale Schutzgitter, grüne Folien und Fenstervorhänge gegen Sonneneinstrahlung, Spezialaufbau auf der Pritsche für große Expeditionsbagage, zwei voll montierte Reserveräder und fünf 20-l-Reservebenzinkanister. Dazu Sandausrüstung (Spaten, Bretter, Sandleitern) und ein wohlsortiertes Arsenal an

Zubehör und Ersatzteilen. Abschließende Tauglichkeitsprüfung auf zwei Testständen.

Handfeuerwaffen sollten das Sicherheitsgefühl stärken, allerdings nicht ohne Komplikationen und Herzklopfen bei den insgesamt 26 Grenzübertritten, die acht Visa erforderten. Die Beschaffung von Kartenmaterial, Straßenzustandsberichten und sonstigem Informationsmaterial über Benzinversorgung, Reparaturmöglichkeiten und Unterkünfte mußte erfahrungsgemäß lückenhaft bleiben. Das gehörte zum »kalkulierten Risiko«. Schließlich eine komplette Fotoausrüstung in einer Kühlbox (spätere Ausbeute rund 1000 Farbdias).

Neben dem Gefährt war das in dieser Jahreszeit unbestimmbare Klima der zweite Unsicherheitsfaktor: Das anatolische Hochland mußten wir im östlichen bergigen Teil sofort nach Beendigung der Schneeschmelze und der Regenzeit sowie dem Sinken des Hochwassers hinter uns bringen, andererseits aber die persischen und arabischen Wüstengebiete noch vor Einsetzen der Gluthitze (Anfang Juni) passieren. Dieser Kompromiß sollte uns später viel Kraft und Zeit – unter Aufgabe einzelner Vorhaben – kosten.

Anmarsch auf das seldschukische Konya

Wir starteten Ende April bei miserablem Wetter mit Wolkenbrüchen und Hagelschauern. Einladende Zwischenziele – wie Wien, Budapest, Pußta-Gebiete und Karpaten, Bukarest und Sofia – blieben nur Stationen der Anreise. Dann zum dritten Mal Istanbul, das geschichtsträchtige Byzanz und spätere Konstantinopel, Brücke zwischen Okzident und Orient, zwischen Marmara Meer, Bosporus und Goldenem Horn. Im Stadtteil Galata abends die Spektakel der berühmten türkischen Keulenschwinger, füllige Bauchtänzerinnen und der Besuch eines Hamam. Abenteuerlicher wurden die Straßen und Lebensverhältnisse erst hinter Bursa (das alte Brussa der Osmanensultane) am Fuße des Ulu dâg (2500 m) mit den herrlichen Panoramen seiner Paläste und Moscheen, deren viele, noch benutzte antike Gebetsbrücken – leider oft in traurigem Zustand – wahre Teppicheuphorien bei uns auslösten. Die kleinen, krummen Gassen mit den typischen türkischen Holzerkern an den geduckten Häusern verleihen ihm noch den romantischen Reiz alter Türkenstädte. Weitere Aufenthalte in Kütahya mit seinen bekannten Fayence-Manufakturen und in der alten Seldschukenmetropole (13. Jh.) und Derwischstadt Konya. Sehenswert hier unter prophetengrünem Turm das Mevlana-Mausoleum des großen Dichters und Mystikers (Sufist) Dschelal ud Din Rumi (1250, Gründer der Mevlevi = »Tanzende Derwische«), gleichzeitig Museum (u. a. die berühmten Seldschukenteppich-Fragmente des 13. Jh. und herrliche, gut asservierte Ladik-Gebetsteppiche aus dem 17./18. Jh.). Darüber hinaus weist Konya viele hervorragende seldschukische Bauwerke auf.

Weitermarsch durch die märchenhafte Landschaft des Taurusgebirges. In unseren Quartieren wimmelte es oft von Kakerlaken und Geckos, was insoweit wenigstens andere possierliche Tierchen (Wanzen etc.) entbehrlich machte. Vor Silifke (griech. Seleukia) am Fluß Kalykadnos geschichtliche Erinnerung an den Tod Friedrich Barbarossas (1190) auf dem dritten Kreuzzug. Beim Baden vor Mersin erlagen wir beinahe den Verlockungen einer bukolischen Mittelmeeratmosphäre. Aber vorwärts über Tarsus (Geburtsort des Apostels Paulus), Adana und Maras in das weite, Wilde Kurdistan Anatoliens. Hier beginnt die asiatische Türkei, wo sich der europäische Lebensstil (auch in Kleidung, Behausungen) immer mehr verflüchtigt, und der orientalische Kulturkreis Gestalt gewinnt. Unterwegs begegneten wir noch häufig turmartigen Grabstätten, sog. Türben, und längs der historischen Handelswege zuweilen einem kunstvoll gestalteten Han (seldschukische Karawanserei).

Unter Gebirgskurden

Bei tiefhängenden Wolkenfetzen und aufgeweichten Erdstraßen hielten wir am Spätnachmittag des neunten Marschtages Einzug in Kahta, einem kleinen Kurdendorf südlich von Malatya in der Ebene vor dem Antitaurus-Gebirge. Unser Ziel waren die riesenhaften steinernen Kopftorsos, Götter- und Heldenstatuen auf der Höhe des Nemrud dâg (2150 m). Dieses Kommagene gehörte einst zum griechisch-persischen Königreich des Antiochos I. (50 v. Chr.). Davor hatte Allah aber noch eine abendliche 30-km-Geländefahrt bis zum Gebirgsort Eski Kahta, inmitten der Ruinen des antiken Arsameia, der kommagenischen Residenz am Nymphaios-Fluß, und einen vierstündigen Maultierritt am nächsten Morgen gesetzt.

Erst nachdem unser Gefährt eine 3-km-Probefahrt auf morastigem Gelände bestanden hatte, gab der von uns angeheuerte einheimische Führer Mustapha den Weg von Kahta in die Dämmerung frei. Gepfefferte Fahrt von zwei Stunden mit abwechselndem Festfahren, Flottmachen und Ausbooten mitten in einer Furt, in der wir bis übers Knie mit Schuhen und Strümpfen unter Wasser standen, und der Auspuff wie bei einem Motorboot unter Wasser brodelte. Endlich gelang es nach vielem Vor- und Zurückschaukeln den Wagen anzuschieben, und wir erreichten – naß und steifgefroren – über zwei kleine Pässe und einige Schluchten auf steiler Steinpiste endlich unser Ausgangslager in Eski Kahta. Wohl die gesamten 50 Einwohner erschienen mit Laternen, größtenteils finster dreinschauende, bärtige Kurdengestalten und buntgekleidete Frauen. Der Dorfälteste bot uns seine Lehmhütte als Nachtlager an, riet aber, auf den Wagen achtzugeben. Edeltraud sah mich bedenklich an.

Nach Verteilung kleiner Gastgeschenke und Übergabe eines Empfehlungsschreibens von Professor Dörner, dem Erforscher von Kommagene, der hier seine wissenschaftliche Station unterhalten hatte, wurden die Kurden aufgeschlossener. Wir hockten schließlich im großen Kreis bei Kerzenschein vor dem heißen Kanonenofen mit singendem Samowar. Die Männer rauchten Wasserpfeife, die Frauen selbstgedrehte stinkig-qualmende Zigaretten. Dann Fladenbrot mit Zwiebellauch und Ziegenkäse, Tschai und Airan. Der kurdischen Dialekte nicht mächtig, bedienten wir uns des braven Mustapha und palaverten über den kommenden schweren Aufstieg. Später unterhielten wir uns mit unserem Führer über Mustapha Kemal Pasa (Atatürk = »Vater der Türken«, gest. 1938), den großen Reformer und Schöpfer der modernen Türkei: Abschaffung des Sultanats, des Kalifats, des Gesichtsschleiers und des Fez, Schließung der Derwischklöster, Einführung der lateinischen Schrift, des Gregorianischen Kalenders, westlicher Gesetzgebung, der Familiennamen, des Frauenwahlrechts, der allgemeinen Schulpflicht und des ruhepflichtigen Sonntags. Ab Mitternacht alleine, sanken wir todmüde auf unser Deckenlager.

Plötzlich schrecke ich durch das vorsichtige Knarren der Türe auf und sehe bei blakendem Kerzenlicht einen Schatten hereinhuschen. Mechanischer Griff zur Pistole. Dann gewahre ich mit angehaltenem Atem eine buntgekleidete Kurdenfrau, deren vogelartiges, faltenreiches Gesicht antiken Zuschnitt hat. Die Spannung schlägt in innere Heiterkeit um, als sie sich bäuchlings in eine von uns übersehene etwa 40 x 40 cm große Wandöffnung hineinschiebt und mit vielen Strampelbewegungen verschwindet, nicht ohne unsere Kerze entführt zu haben. Offenbar erreicht sie nur auf diesem unbequemen Weg ihr Quartier im Nachbarraum.

Fehlunternehmen Kommagene

Schon 4 Uhr früh stehen unsere Kurdenführer mit gezäumten Mauleseln vor der Hütte. Mit glucksenden Geräuschen buttern Kurdinnen Milch in einem vernähten Ziegenbalg, der rhythmisch geschaukelt wird. Bei tiefhängenden Regenwolken geht es hoch zu Maultier, begleitet von Trageseln und riesigen Hirtenhunden, bergauf. Im ersten Morgenlicht sehen wir über uns an den zerrissenen Felswänden in großartiger Erhabenheit die mameluckischen Burganlagen von Yeni Kale und Eski Kale (etwa 1290). Über behelfsmäßige Brücken und durch reißende Wildbäche auf nicht erkennbaren Pfaden durch Gebirgsgeröll und Schluchten steil aufwärts. Beruhigend die Sicherheit der Maultiere, die oft aber am Steilhang erst festen Tritt suchen müssen. Eine wildromantische Bergwelt mitten im anatolischen Hochland. Zwischendurch die warnenden Leitrufe unserer Kurden.

Die Halte werden wegen der starken Beanspruchung von Reitern und Tieren häufiger. Es fängt an zu regnen. Durchrüttelt, durchgesessen und steifgefroren rutschen wir nach einem vierstündigen Teufelsritt im kleinen Gebirgsnest Horik von unseren Reitdecken. Wir beleben uns an der Feuerstelle einer Gebirgshütte mit heißem Tschai, Fladenbrot und einer Eierspeise. Währenddessen kauern die Kurden um uns herum und lassen ihre Gebetsketten durch die Finger gleiten. Später summen sie türkische Lieder in bewundernswerter Monotonie. Die Frauen mit vielfarbigen Kopftüchern und teils verhüllten Gesichtern haben sich scheu und sittsam in das Nebengemach verdrückt. Wolken versperren inzwischen jegliche

Sicht und laden einen dauerhaften Strichregen ab, der unseren weiteren zweistündigen Anstieg auf den Nemrud dâg endgültig vereitelt.

Deprimiert und in Gedanken an das verlorene Königreich Kommagene treten wir den Rückzug an, den wir – völlig durchnäßt – bei hereinbrechender Dunkelheit zunächst in Eski Kahta beenden.

Eine ganz und gar dramatische Rettung

Hier beginnt ein schier endloses, orientalisches Palaver über unseren Entschluß eines sofortigen Weitermarsches mit eigenem Wagen durch das aufgeweichte Morastgelände. Wolkenbrüche und Hagel hatten die Strecke inzwischen in eine einzige Schlammwüste mit vielen Wasserlöchern verwandelt. Morgen wird der Weg bei anhaltendem Unwetter aber gänzlich unpassierbar sein. Zusammen mit Mustapha brechen wir endlich trotz heftiger Proteste der Kurden auf, die insbesondere auch auf die nächtliche Unsicherheit dieses entlegenen Gebirgsgeländes hinweisen. Ein irgendwoher zu uns gestoßener, mit Türken besetzter klappriger »Dodge« begleitet uns etwa 3 km, fährt sich aber selbst einige Male fest und gleitet schließlich in der Dunkelheit davon. Lenkrad und Bremsen unseres 1-Tonners erfordern in diesem schweren Morastgelände Bärenkräfte. Eine mörderische Fahrt über zerklüftete, vom Schlamm der Berghänge überflutete Pisten mit vielen unsichtbaren, tückischen Felsgraten, auf die der Wagen immer wieder aufsetzt. Durch Furten, Hohlwege, Abhänge hinauf und herunter. Es ist mehr ein Gleiten und Schwimmen als ein Fahren. Immer wieder bricht das Fahrzeug in Löcher oder Querrinnen ein. Die sich ständig unter Lehm versteckenden Scheinwerfer machen die Finsternis vollkommen.

Der anhaltende Sturzregen erschwert die Orientierung zusätzlich. Wieder und wieder Abrutschen, Gegensteuern, Festmahlen. Jedesmal Steine und Knüppel unter die durchdrehenden Räder. Vom Anschieben und Hinstürzen sind wir völlig mit Lehm überkrustet. Anhalten bedeutet Festsitzen, so daß zwei von uns immer im kniehohen Schlamm dem in der rabenschwarzen Dunkelheit davonschwimmenden 1-Tonner hinterherstürzen. Das Innere des Wagens ist vom ständigen Rein und Raus mit Schlamm überflutet. Qualmende Bremsen, schleifende Kupplung, die Gänge rutschen heraus. Wir springen oft auf die hintere Stoßstange, um die Antriebsräder zu belasten, damit sie fassen. Bei glühendem Motor droht ein Kolbenfresser. Verkrusteter Dreck verteilt sich flockenartig durch die Heizungsschlitze im Wagen. Mehrfaches gefährliches Abrutschen auf den schmalen Hangpisten.

Nach vier Stunden kräfte- und nervenverschleißenden Ringens mit einem völlig überforderten Gefährt gegen tobende Naturgewalten bleiben wir schließlich im tiefen Lehmschlick eines aufgewühlten Sturzackers etwa 10 km vor Kahta stecken. Unter einem undurchdringlichen Wasservorhang in tiefer Finsternis mitten in diesem verdammten Kurdengebiet. Bei vergeblichen Befreiungsversuchen – die uns mit Hilfe von zwei plötzlich aus der Nacht auftauchenden Hirten nur meterweise voranbringen, wobei mein linker Stiefel unauffindbar im Schlick steckenbleibt – versagt die Batterie endgültig. Nach weiteren drei Stunden endlich Hilfe durch einen von Mustapha herbeigeholten Riesentraktor, der selbst mehr schwimmt als fährt, mit acht aufgesessenen Kurden. Zwei Stahlseile reißen. Die dritte bananendicke Stahltrosse des Traktors muß am Ziel mühsam mit Hammer und Meißel durchgeschlagen werden, um Retter und Gerettete zu trennen. Nach acht Stunden Kampf fallen wir gegen 3 Uhr morgens völlig erschöpft, vor Kälte erstarrt und ausgepumpt auf das harte Lager eines in jeder Hinsicht zweifelhaften Nachtasyls in Kahta, nachdem wir noch viele Liter heißen Tschai und einige Gläser Raki in uns hineingeschüttet haben. Diese dramatische Rettung fand nur noch in unserer Bergung aus der persischen Großen Sandwüste 1970 ihresgleichen. Für mich war es eine ungewollte Auffrischung der Erinnerungen an die 1941/1942 in der Ukraine geschlagenen dreckigen Schlammschlachten, für unseren zähen Günter Sinn die große Feuerprobe.

Begegnung mit den Jürük

Der kommende Tag verging mit Wiederbelebungsarbeiten an Roß und Reiter. Auf dem Weitermarsch begegneten wir immer häufiger den Kleinkarawanen ziehender Jürük oder ihren Camps aus schwarzen Ziegenhaarzelten. Die Jürük (türkische Bergnomaden) – Sammelname für rund 300 000 mittel- und ostanatolische Wanderhirten verschiedener, oft nicht definierbarer Herkunft (darunter auch Kurden und Armenier) mit halbnomadischer Lebensweise – werden von den eigentlichen Türken (Osmanen) gemieden. Begehrt sind ihre kraftvollen Nomaden-Teppiche in leuchtenden Farben, die unter ihresgleichen königlichen Rang haben und auch uns wieder in unvermeidliche orientalische Handelspalaver verstrickten. Mit meist hohem bis zottigem Flor aus kräftiger, glänzender Wolle von Bergschafen und einem sehr heterogenen Musterstil (zuweilen in Anlehnung an andere traditionelle Muster; vgl. Kagizman-Jürük oder Konya-Jürük), wurden sie bis in die jüngste Zeit überwiegend mit Naturfarben gefärbt. Die Abgrenzung zwischen den Nomaden- und Dorffertigungen ist bei den Jürük heute schwer zu treffen. In den letzten zwei Jahrzehnten arbeiten sie vornehmlich für den Basar.

Weiter entlang der türkisch-syrischen Grenze über den Euphrat bei Birecik nach Urfa, dem alten christlichen Edessa (11. Jh.), später arabisch, mameluckisch und seit 1637 osmanisch. Viele Kurden im Basargewühl. Als wir gegen Abend auf bisher fester Erdstraße nach Osten weiterrollten, überfiel uns unter schwefelgelb-rotem Himmel ein infernalisches Gewitter mit einem sintflutartigen Regen, der in Sekundenschnelle alles um uns herum in Wasser und Schlamm verwandelte. Zwei Stunden kämpften wir uns im Kielwasser eines mit Arabern besetzten Lkw nach Urfa zurück. Am nächsten Morgen starteten wir erneut auf noch dampfender Straße Richtung Mossul (am Tigris) nach Mardin, das uns mit seiner Grenzfestung hoch vom Berg grüßte. Von den Spitzen der Minaretts ihrer Sultan-Isa-Medrese blickten wir weit in die syrische Ebene hinunter. Abseits der Wege wieder Zelte der Jürük.

Türkische Magen- und Teppichfreuden

Überall konnten wir uns an der hervorragenden türkischen Küche – die sich durch raffinierte Gewürzzutaten auszeichnet – delektieren. Außer den bekannten »Schisch kebab« (am Spieß geröstete Schaffleischstücke) und »Döner kebab« (am rotierenden Senkrechtspieß geröstete, feingeschnittene Schaffleischscheiben) probierten wir »Kadun budu« (= Frauenschenkel: in Butter gebratenes Fleischhaschee mit Reis, Ei und Auberginen). Die süßen Speisen sind besonders beliebt, wie »Huhn tscherkessisch« (mit Walnüssen gefüllt) oder die vielen raffinierten Nachgerichte mit Honig, Sahne, Mandeln, Nüssen und Pistazien (z. B. »Mekkadayifi«, eine Honigteigtorte mit Sahneflöckchen, oder »Türkischer Honig«). Andere poetische Speisenamen wie »Imam bayildi« (= Der ohnmächtige Priester, ein kalter Salatteller mit Auberginen, Tomaten und Zwiebeln) oder »Hünkar begendi« (= Es gefiel dem Sultan) oder »Kadun göbedi« (= Frauennabel, eine süße Pastete) lassen wahre Freßorgien ahnen, zumal den Durchschnittstürken barocke Frauengestalten besonders inspirieren.

Der Wagen lief zeitweise nur noch auf zwei »Töpfen«, Bremsen ist Glückssache. Die geplante östliche Durchfahrt über Cizre parallel zur irakischen Grenze nach dem kurdischen Hakkari fiel wegen überfluteter Straßen und beschädigter Brücken buchstäblich ins Wasser. Also Umweg von etwa 200 km über aufgewühlte Straßen und durch viele Wasserfurten nach Diyarbakir und dann zum Van-See. Diese Kurdengebiete kannten wir schon von 1970 her. In der lebhaften Kurdenstadt Van endlich ambulante Behandlung des Wagens. Dabei begleitete uns Mr. »No-problem«, ein in den USA ausgebildeter ehemaliger türkischer Fliegeroffizier, der mit sonnigem Gemüt alle unsere technischen Einwände mit »no problem« oder »all under control« konterte. Anhaltend wechselhaftes, kaltes Wetter, das uns aber nicht von einem temperamentvollen Teppichpokern um zwei alte Kurdenstücke (mit hochfloriger, glänzender, naturfarbener Wolle) im Basar abhielt.

Wieder durchs Wilde Kurdistan

Das kriegerische, freiheitsdurstige Kurdenvolk lebt hier verstreut in den gebirgigen Hochlanden und Steppengebieten des Fünfländerecks: Zentral- und Ostanatolien (geschätzt etwa 2 Millionen), Persien (Kurdistan, Chuzistan und Chorasan rund 1 Million), Nordirak (rund 1 Million), Russisch-Armenien und Syrien (je etwa 0,1 Millionen). Ihre mächtigen, meist schiitischen Stämme werden häufig noch patriarchalisch von Großfamilien regiert. Territorial unterschiedlich, sind sie als Bauern seßhaft, sonst noch halb- bis vollnomadisierend. Im Rahmen der Türkifizierung wurden die Kurdenaufstände in Anatolien Anfang der zwanziger Jahre rücksichtslos von Kemal Atatürk niedergeschlagen. Aber auch heute werden die Kurden – die feurigsten unter den Türken und glühende Nationalisten – gerne von den Türken totgeschwiegen. »Es gibt für uns kein Kurdenproblem!« sagte man uns schon 1970 in Ankara und beschwor uns geradezu, von einer Passage des noch bis Mitte der sechziger Jahre für Fremde gesperrten, gefährlichen Kurdengebietes abzulassen.

So ist von der Freiheit der Kurden, die ihre Schafe auf den kargen Grasnarben dieser menschenleeren, großartigen Gebirgslandschaft mit gewaltigen, zerklüfteten Schluchten und wildrauschenden Bächen weiden, wenig übriggeblieben, von Autonomie oder einem erträumten Großkurdischen Reich ganz zu schweigen. Die Stiefsöhne Allahs!

Am elften Tag des Mai brachen wir von Van in das türkisch-persische Grenzgebiet auf. Eldorado der Schmuggler, d. h. Fremde werden hier lieber von hinten gesehen. Zunächst über Schotter- und Steinpisten vorbei an Güselzu (Schönwasser), wo auf hohem Steilfels ein wehrhaftes Seldschuken-Kastell (12. Jh.) die hier früher verlaufende Karawanenstraße überwachte. Im Ort umringten uns zwischen kleinen Lehmhütten mit Flachdächern, an deren Wänden Kuhfladen trockneten – Brennmaterial einer Landschaft, die keinen Wald kennt –, einige Kurden, die uns nur widerwillig und erst nach unserem energischen Auftreten die enge Dorfpassage freigaben. Die Alten am Wege übten Gelassenheit, die Weisheit des Orients! Ununterbrochen glitten farbige Gebetsketten durch ihre Finger. Weiter über eine verschneite Erdstraße, die alleine uns zu gehören schien, durch herabhängende Wolken einen flachen Paß hinauf. Stundenlange beunruhigende Stille des menschenleeren Grenzgebietes. Zweimal am Hang große Ziegenherden. Die zottigen Hirtenhunde in Hab-Acht-Stellung konnten nicht verhindern, daß wir den abseits stehenden Kindern Bonbons zusteckten, die sie verwundert und zögernd annahmen. An einem Gebirgsfluß ein Volk Pelikane. Stunden um Stunden kein Haus. Wir schoben uns in eine rabenschwarze Wolkenwand, die die verschneite Fährte kaum erkennen ließ. Zwischen aufgerissenen Wolken ab und zu ein Blick auf Bergketten im ewigen Schnee. Rutschen auf vereister Hangpiste. Die Temperatur betrug minus 5° C. Durch die Wolkenschwaden tasteten wir uns bis Nachtanbruch an die Abzweigung nach Hakkari vor, der heimlichen Hauptstadt des imaginären Kurdenreiches.

Plötzlich wächst eine Gruppe bärtiger Männer vor uns auf. Während Fackeln angezündet werden, verteilt man sich um den Wagen herum. Ein – uns oft von den Westtürken und auch von erfahrenen Orientreisenden prophezeiter – Kurdenüberfall?

Uns wird sofort bewußt, daß wir gegen die eherne Grundregel, nicht bei Dunkelheit im unbesiedelten Orient zu reisen, verstoßen hatten. Unsere Besorgnis schwindet erst, als der Anführer uns nach anfänglichen Verständigungsschwierig-

Begegnung mit Kurden im Gebiet des Rezaijeh-Sees (Westpersien)

Unser Eintonner durchpflügt schweres Morastgelände bei Eski-Kahta (Mittelanatolien)

Ehepaar der Ghaschghai vor dem Vakil-Basar in Schiraz (der Ghaschghai mit charakteristischer beigefarbener Filzkappe)

Aluminium und Plastik verdrängen die alten Holz- und Tongefäße: Luren im Basar von Choramabad

Turkmenen in einem Teppichbasar am Gorgan (Nordpersien)

Der Tscheschmeh-Ali-Quelle entstiegen: Teppichwäscher bei Schahr Rey

Abendliches Panorama der persischen Wüstenstadt Jazd

Oasen-Weiher Saghand auf dem Weg nach Tabas

Steinpyramide (Votivmal) am Pilgerweg durch die Lut nach Maschhad

Letzte Vegetation vor dem gleißenden Salzkristallmeer der Kewir (die sich hier noch als harmloser weißer Strich abzeichnet)

Schier endlos, lautlos und leblos: Günter Hollatz in der persischen Salzwüste (südwestlich Schurab)

Tabas erreicht! Badgire in der historischen Wüstenfeste

Die uralte Ark von Tabas (September 1978 durch Erdbeben zerstört)

Bachtiari-Familie auf dem Marsch durch den Zagros-Range

Stammesfürstin der Ghaschghai im Farsgebiet (Südpersien)

Konservativer Teppichtransport per Esel (Westpersien)

Moderne Teppichverladung per Lorry (Kunduz, Nordafghanistan)

Ein Malik der Paschtunen weist uns den Weg

Einladung durch den Lagerältesten der Tadschiken zur Mittagsrast

Ziehende Wanderhirten (Belutschen)

keiten klarmachen kann, daß der Weg wegen eines Brückeneinsturzes unpassierbar sei. Also valet Hakkari und einem frühen Nachtlager!

Nach Verteilung von Zigaretten biegen wir scharf nach Osten ab und stoßen in nächtlicher Fahrt über eine gut angelegte Schotterstraße bald auf einen einsamen Militärposten. Die Neugierde und Zeit der drei Soldaten scheinen unerschöpflich, so daß wir uns mit Zigarettenpäckchen lösen. Die Nacht ist lautlos und eisig kalt. Fast unheimlich, wie überall in menschenleerer Grenznähe. Hier beschwingt uns der Geist des »Dede Korkut«, jenes frühen Nomadenepos' aus Kurdistan, das noch von Freiheit, Helden ohne Zahl und goldverzierten Zelten, prachtvollen Pferden und glänzenden Jagden singt. Ist auch der Glanz dieser Zeit verblichen, so blieb doch die Sehnsucht in den Herzen der Kurden.

Hoch am Himmel von Kurdistan steigt jetzt der runde Mond über der persischen Grenze auf, die wir nach guten 80 km erreichen. Am einsamen türkischen Grenzposten bei Ezendere werden die Laternen angesteckt, während wir am gemütlichen Eisenofen auftauen. Es geht alles sehr zügig, und wir können uns mit einer Runde Raki revanchieren. Auf persischer Seite dauert es – ohne ersichtlichen Grund – über eine Stunde. Endlich nach zwölf Stunden (330 km) hinter dem Steuerrad sind wir todmüde am Ziel und begeben uns nach längerer Quartiersuche in dem 40 km entfernten warmen Städtchen Rezaijeh (Urmia) am Ufer des gleichnamigen großen Sees in die Horizontale.

Erlebnisse in persischen Kurdenbasars

Nicht ohne Spannung der Weitermarsch bei teilweise brennender Sonne (40° C), aber noch immer miserablem Wetter und überfluteten Straßen durch Persisch-Kurdistan. In Mahabad (früher Saudschbulagh), bedeutender Knüpf- und Handelsort kurdischer Nomadenteppiche (floral auf dunklem Fond), begegneten wir trotz des Freitags einem regen Kurdentreiben. Tiefer Orient zwischen Basars, Moscheen, Knoblauch-, Schaffett- und Kamelgerüchen. Malerische Kurdentrachten, besonders der martialisch ausschauenden Männer mit kreuzweise umgelegten Patronengurten und kunstvoll geschlungenen Turbanen. Gerade letzte Woche wurde hier ein Kurdenaufstand blutig niedergeschlagen. Im Zentrum noch ein Wasserwerfer in Stellung.

Nach weiteren 50 km trafen wir auf einer vom Regen aufgeweichten, zerfurchten Lehmstraße durch viele Wasserfurten auf den kleinen Kurdenort Miandow (Mianduab), wo wir den Ausfall des hinteren linken Stoßdämpfers feststellten. Dann vorbei an Bidjar (Elysium herrlicher Dorfteppiche) noch 250 km auf schlechter Erdstraße, zum Teil »Waschbrett«, nach Sanandadsch (Senneh). Einst gerühmte Knüpfstätte persischer Teppichkostbarkeiten (auch Kelims), wo wir nach einem ausgezeichneten aserbeidschanischen Abendmahl (panierte Fleischklößchen) in einem mittelprächtigen Mehmanchaneh, von den harten Wagenstößen zermürbt, auf ein nicht minder hartes Lager sanken.

Am nächsten Morgen erwarben wir in dem quirligen Basar ein buntbesticktes, goldbroschiertes Takke und einen vielfarbigen Schal mit Fransen, die – kunstvoll zu einem Kurdenturban geschlungen – mir gleich vom Basarhändler verpaßt wurden und meinem unrasierten, dunklen Gesicht ein zünftiges Kurdenaussehen verliehen, was noch zu einigen Komplikationen führen sollte. Mit neugierigen Orientalen im Gefolge durchstöberten wir anschließend die gewundenen Basargänge und erhandelten schließlich einen der schönen, alten, feingewebten Senneh-Kelims (Preis damals DM 110,–!). Der Händler verschwand spurlos, offenbar um Wechselgeld zu besorgen. Nach einer Viertelstunde nahmen wir an dem benachbarten Basarstand im Stehen ein Schisch kebab ein. Nach weiterem vergeblichen Warten auf unser restliches Geld wühlten wir uns schließlich mit dem Kelim über dem Arm zum Basarausgang durch, um uns der sich ständig vergrößernden Menschentraube zu entledigen. Statt dessen blieb die Kulisse der Neugierigen, und der Händler blieb aus.

Dafür kam ein persischer Gendarm, aus dessen Wortschwall wir entnahmen, daß er – von unbekannter Seite alarmiert – unsere Abfahrt verhindern wollte. Wir schnitten das Palaver ab, indem wir uns in das sonnendurchglühte Wageninnere zurückzogen. An den Wagenfenstern drückten sich die Sensationslüsternen, die angesichts meines zweifelhaften Kurdenhauptes schon einen saftigen Spionagefall witterten. Doch die Erwartungen wurden enttäuscht, als plötzlich nach 40 Minuten der Händler auftauchte. Unschuldig strahlend, noch mit Hammelfett um den Mund und nach Knoblauch riechend. Er hatte inzwischen ein Schwätzchen gemacht, sich sein Mittagsmahl einverleibt und auch noch zwei weitere der so selten gewordenen Senneh-Kelims für uns ergattert. Herrlich gezeichnete Stücke, allerdings mit reparaturbedürftigen Stellen. Das versöhnte uns, zumal auch der Preis erträglich war. Strahlend verabschiedete sich auch der Gendarm mit Handschlag und scheuchte die um einen dramatischen Schlußakt betrogene schaulustige Menge auseinander.

Weiter auf historischen Teppichspuren zu den schiitischen Hazrats

Nach 160 km motorisierter Bewegung Station in Kermanschah (bekannter Teppichknüpfort begehrter alter Stücke mit vegetabiler Musterung, auch Vasenmotive), in dessen Nähe wir die historischen Stätten von Bisotun (berühmtes Basrelief Darius I. und Felsinschriften des 6. Jh. v. Chr., Schlüssel zur altpersischen und babylonischen Handschrift) und Tak-e-bostan (bedeutende Grotten mit herrlichen Skulpturen und Basreliefs aus sassanidischer Zeit, 4. Jh.) aufsuchten. Dann auf guter Straße über den Assadabad-Paß (2045 m) etwa 200 km nach Hamadan, dem historischen Ekbatana, ehemalige Hauptstadt des Medererreiches (600 v. Chr.), am Fuße des Alvandgebirges.

In dieser vielgenannten Teppichknüpf- und Handelsstadt heterogener Provenienzen erlebten wir nach einem lukullischen persischen Abendessen (u. a.

gebratenes Schafhirn) und ungewohnt kommoden Quartier im erstklassigen »Bou Ali«-Hotel am nächsten Tag wieder ein buntes Basartreiben. Nach einem, schon vom Prestige her unumgänglichen Preisgefeilsche, erlagen wir erwartungsgemäß der Versuchung eines alten, schöngezeichneten Hamadan-Kenareh mit Kamelwolle (die oft auch in Gebetsstücken verwandt wird, da dem Kamel – Mohammed als früherer Kamelkarawanenführer – eine hervorragende kultische Bedeutung zukommt). Dazu gesellten sich noch ein gut erhaltener Goltogh mit der signifikanten Mittelraute und ein farbenprächtiger, älterer Koliyai in der typischen Mustermanier kaukasischer Strenge mit dem verbreiteten Tacht-e-dschamschid(Königsthron)-Dessin.

Bei dem Besuch einer Teppichmanufaktur trafen wir damals noch viele Kinder an den stehenden Knüpfstühlen an. Das bereits 1970 in Persien erlassene Kinderarbeitsverbot wurde mehr als Sollvorschrift gehandhabt, zumal der Schah weit und Allah gnädig ist! Anschließend widmeten wir uns dem berühmten Mausoleum von Esther und Mardochai (jüdische Königin und Gattin Xerxes I. und ihr Oheim, 480 v. Chr.) sowie dem prächtig verzierten Seldschukengrab Gundbad Alavian (12. Jahrhundert).

Nach einem Umweg zu den beiden bekannten Knüpforten Malayer und Arak (Sultanabad) im Feraghangebiet erreichten wir – trotz vieler Schlaglöcher – in flotter Fahrt durch bergisches Land bald Ghazwin mit sehenswerten klassischen Monumenten (Moscheen, Medresen und Mausoleen) aus der Zeit der Kalifendynastie der Omaijaden und Abbasiden (7.–13. Jh.) und der Safawiden (als persische Hauptstadt im 16. Jh.). Endlich Teheran (»Warmer Platz«), auf 1100 m, das wir neben Ghazwin schon 1970 erlebt hatten. Hektische Hauptstadt (unter den Kadscharen seit 1794) des modernen Iran. In den drei notwendigen Ruhetagen wurden Mensch und Material überholt und u. a. auch Teppichknüpfwerkstätten besucht. Außerdem erwarben wir wohlfeil noch einen durch sein charakteristisches Blau- und Rotkolorit unverkennbaren, perfekten alten Teheran mit partiellen Seideneinsprengungen. Eine auch vom Preis (damals DM 2000,–) her echte Trouvaille. Edeltraud verliebte sich noch in eine feine Suzandschird (Seiden)-Nadelarbeit und eine meisterliche Stickerei aus Rascht am Kaspischen Meer. Die von Teheran aus geplante Exkursion über das Elburs-Gebirge nach Pahlawi desch im turkmenisch-russischen Grenzgebiet (wie bereits 1970) mußte wegen Hochwasser des Gorgans und abgerissener Brücken aufgegeben werden. Die vierte Insch'allah-Routenänderung. Von jetzt ab ging es nach Plan.

Abstecher nach dem uns aus 1970 bekannten Schahr Rey (das alte Rhages der Parther), Geburtsstadt des aus 1001-Nacht berühmten Abbasidenkalifs Harun al Raschid (8. Jh.) und einstige Hauptstadt des Seldschukenreichs. Eine (neben Maschhad und Ghom) der drei noch fanatisch bewahrten Hazrats Persiens, mit dem Schiiten-Heiligtum des Schah Abdul Azim unter einer goldenen Grabkuppel. Strenges Tabu für Ungläubige. Daneben das Mausoleum Reza Schahs, Vater des letzten Schah in Schah. Besuch der berühmten Quelle Tscheschmeh Ali, von deren Felswand uns wieder eine buntfarbige Teppichlandschaft wie alte Bekannte grüßte. Die Gründe einer unverzichtbaren Teppichwäsche sind: Die Farben werden harmonischer, überschüssige Farben ausgespült, kurzstapelige Scherfasern beseitigt und die einzelnen Florschenkel und -spitzen geöffnet, um eine geschlossene Floroberfläche zu erhalten. Schließlich auch wegen der Reinigung, insbesondere von überschüssigem Wollfett. Neben der Quelle ein sehenswertes Felsrelief des thronenden Kadscharenherrschers Nesr Eddin Schah aus dem 19. Jahrhundert.

Auf dem Weiterzug erreichten wir, an der imposanten Ruine eines alten Chan vorbei, über Waramin nach etwa 200 km passabler Straße die heilige Stadt Ghom, deren prächtige Silhouette vieler mit blauen Kaschis oder Goldplattierungen geschmückter Moscheekuppeln und barocker Minaretts wir vom Dach einer Medrese aus genossen. Unweit die von Pilgern und unzähligen Mollahs – die ausdauernd ihre Tesbihs gleiten ließen – umschwärmte Wallfahrtsstätte des Grabes der heiligen Fatima al-Mazumeh (Schwester des Imam Reza, 9. Jh.) mit herrlichen Fialen und spiegelverkleideten Stalaktiten. Streng gehütet für die Rechtgläubigen. Pittoreskes Bild: beladene Kamelkarawanen im schaukelnden Paßgang durch den Liwan des Basar. Auffallend viele Seïden.

Ghom ist als Teppichknüpfstätte erst etwa Mitte dieses Jahrhunderts hervorgetreten. Die moderne Produktion hat sich mit in Knüpfung und Zeichnung fein gearbeiteten Stücken durchgesetzt. Hierbei dominieren fahle Farbtöne (oft total oder partiell in Seide) bei häufig proper adoptierten Fremdmustern, die harmonisch zu einem eigenen konsequenten Musterstil verschmolzen wurden. Außer mit schönen Tonwaren erfreute uns Ghom auch mit seinem wohlschmeckenden honigsüßen Sohan, einem Waffelgebäck.

Islamisch-persische Merkwürdigkeiten

Die verschiedene Schreibweise persischer Namen wie Kerman oder Kirman, Kaschan oder Keshan, Maschhad oder Meshed, Mohammed oder Muhammad erklärt sich u. a. durch die unterschiedliche Vokalisierung in der arabischen Schrift als Konsonantenschrift. Die Vokalzeichen werden grundsätzlich nur im Koran, in der Dichtung und bei wichtiger Aussprache geschrieben. Die achtundzwanzig Konsonanten sind nur alleinstehend voll ausgeschrieben, sonst aber bei zweiundzwanzig Buchstaben – je nach Anfang-, End- oder verbundener Mittelstellung – in drei verschiedenen Varianten. Bestimmte Buchstaben unterscheiden sich bei gleicher Form nur durch darüber oder darunter gesetzte diakritische Punkte. Hinzu kommt die Schwierigkeit des Fremdländers, für die arabischen Zeichen die richtige klanglich-phonetische Transkription mittels lateinischer Buchstaben zu finden. Aber auch in den vielen, die arabische Schrift verwendenden Ländern bestehen unterschiedliche Lautwerte für die einzelnen Zeichen, so daß eine sprachliche Verständigung zwischen z. B. Persern und Arabern genausowenig möglich ist, wie zwischen Angehörigen der die lateinische Schrift benutzenden westlichen Länder. Gelesen und geschrieben wird von rechts nach links, nur die Zahlen von links nach rechts. Unvergleichlich aber das – der musikalischen Notenschrift ähnliche – poetische Schriftbild sowie Flüssigkeit und Schreibgeschwindigkeit. Gerade die dekorative und ornamentale Eignung dieser musischen Schrift bot die Grundlage für die variationsreiche und subtile islamische Kalligraphie als besonders gepflegte Kunstform.

Von den beiden Grundschriftarten – das kantig-strenge und kämpferisch wirkende *Kufi* frühislamischer Korane und das *Naskhi* des Alltags mit seinem kursiv-runden Duktus – leiten sich eine Unzahl morgenländischer Schriftstile ab, z. B. das versponnene, feierlich-weihevolle *Thuluth* – das auch gebildete Araber nicht einfach entziffern können und »die Atmosphäre alter Moscheen beschwört« (Harald Vocke, Hamburg) – und das *Nastalik* mit wiederum kunstvoll-elegantem Duktus.

Wissenswert ist in diesem Zusammenhang auch die islamische Zeitrechnung, besonders bei geknüpften Teppichdatierungen. Sie zählt nach Mondjahren mit etwa 354 Tagen. Der islamische Kalender beginnt am 16. 7. 622 christlicher Zeitrechnung, also ungefähr mit dem historischen Auszug Mohammeds von Mekka nach Medina (Hedschra). Probate Umrechnungsformel für unseren gregorianischen Kalender: die islamische Jahreszahl minus 3 % plus 622. So ist das islamische Jahr 1400 H. gleich 1980 A. D. Ein hundertjähriger Christ ist daher drei Jahre älter als ein hundert Jahre alter Muslim. Kompliziert wird es durch die neuere offizielle Rechnung in Persien, Türkei und Afghanistan (1925 zusammen mit dem Dezimalsystem eingeführt) nach Sonnenjahren. Die Abweichung gegenüber dem volkstümlichen koranischen Mondjahr beträgt in etwa 33 Jahren ein Jahr, so daß das vorzitierte islamische Mondjahr 1400 H. dem islamischen Sonnenjahr (Schamsi = Sonne) 1359 H.S. entspricht.

Abgesehen davon, daß geknüpfte Zahlen (wie auch Inschriften) auf Teppichen schon wegen der textilstilistischen Technik der meist analphabetischen Knüpfer und der islamischen Kalligraphie oft scher verständlich sind, ist ihre Bedeutung oft zweifelhaft. Meistens bezieht sich die Zahl auf das Herstellungsjahr (zuweilen auch zurückdatiert, um ein höheres Teppichalter vorzutäuschen!), aber auch auf bestimmte, insbesondere historische Ereignisse oder auf ein Widmungsjahr. Zuweilen haben die Zahlen (der Formenspielerei der Orientalen entsprechend) auch nur dekorativen Zweck (Zierornament). Ihre Ausdeutung bedarf daher jeweils einer kritischen Überlegung unter Berücksichtigung anderer Bestimmungskriterien eines Teppichs und der vorbeschriebenen unterschiedlichen Zeitrechnungen, um fehlerhafte chronologische Zuordnungen auszuschließen.

Unsere Sprachkenntnisse des persischen Farsi (entspricht dem in Afghanistan gebräuchlichen Dari) reichten anfangs gerade für die Begrüßung und zu einer stichwortartigen Verständigung in den wesentlichsten Bedürfnisfragen. So vollzog sich unsere Unterhaltung unter vorrangigem Einsatz von Mimik und Gestik. Dies erschwerte uns zunächst auch ein tieferes Verständnis der orientalischen Mentalität. Aber selbst sprachbeflissene Westmenschen werden allzu oft zu Fehleinschätzungen orientalischer Geisteshaltung mit daraus resultierenden Mißverständnissen verleitet. So ist das intellektuelle Klima im Orient durchweg sublimierter, als man vereinfachend und unterschätzend anzunehmen geneigt ist. Die Weisheit der Orientalen heißt Gelassenheit. Hinzu kommt der Fatalismus als (religiöse) Ergebenheit in eine schicksalhafte Vorherbestimmung. Dann z. B. das persische Ketman als geschickter Gebrauch der Unwahrheit. Jenes komplizierte Frage-Antwortduell, bei dem die gut gespielte Intrige als Beweis besonderer Intelligenz, und die uns Ferangis eigene phantasielose Sachlichkeit nichts gilt, offenbart am ehesten das Vergnügen des Orientalen an doppelsinnigen, hintergründigen Formulierungen, die den anderen verwirren und seine Tarnung durchbrechen sollen. Charles Troeller bringt die Deduktion des Ketmanspiels zwischen zwei Persern auf folgende Formel: »*Wenn Du denkst, ich denke, daß Du denkst, was Du willst, daß ich denke, dann irrst Du, denn Du denkst, was ich denke, daß Du denkst*«. Oder anders: »*Wenn Du denkst, ich denke, was Du denkst, das ich denke, dann denke nur so weiter, denn ich denke weder das, was ich sage, noch das, was Du denkst, das ich denke*« (vgl. Literatur, dort S. 15).

Bezeichnend für islamische Wertvorstellungen ist auch ein Gespräch, das A. von Le Coq auf seiner vierten Turfan-Expedition (1913/14) mit seinem Diener hatte, der erklärte (vgl. Literatur, dort S. 162): »*Herr, ihr Franken besitzt viel mehr »hikmät« (Weisheit, Kenntnisse) als wir! Ihr fliegt in den Lüften, ihr schwimmt unter den Wassern, ihr habt Teufelsmaschinen, die von selber laufen, und eure Büchsen treffen in weite Ferne, und man kann immerzu damit schießen! – Das können wir nicht! Aber, Herr! Zwei Dinge haben wir, die ihr nicht habt! Du verzeihst, Herr! Aber: erstens unsere Musik! Eure ist scheußlich!*« (N.B. Er hatte im russischen Konsulat in Urumtschi den Phonographen und Gesänge der Kosaken gehört und mich damals befragt, ob die Musik der Franken und die der Uruß dieselbe sei, was ich bejaht hatte.) »*Ja*«, fuhr er fort, »*und dann – Herr, du verzeihst! – Die Schönheit! Ihr Franken habt alle so schmale Gesichter, und euere Nasen, ja, die sind wie bei den Pferden, und euere Augen, die liegen ganz hinten in den Höhlen, so daß man sich fürchten kann! Sieh mich an, Herr! Meine Augen sind nicht tief, meine Nase ist klein aber breit, mein Gesicht ist rund! Das ist schön!*«

Beschauliche Tage im alten Esfahan, der wohl herrlichsten Stadt des Orients. Wir nahmen wieder ein Nobelquartier in dem aus einer alten Karawanserei umgebauten großartigen Staatshotel »Schah Abbas«, dessen Erinnerung wir seit unserem letzten Besuch 1970 hochhielten. Abends orientalische Märchenerzähler im Liwan. Unsere Magenfreuden waren das persische Reisgericht Polo mit Choresch, einer aromatischen Kräutersoße oder das Schirpin polo mit Reis, Orangen, Mandeln, Pistazien und zartem, süßem Hühnerfleisch. Dazu eisgekühlter Scharbat. Im Basar erwarben wir noch zwei schön geschnitzte Tapes, die für die typischen Esfahaner Kalamkararbeiten verwandt werden: handbedruckte Baumwolldecken und -tücher mit floralen (Boteh) und figuralen Szenen. Außerdem reizten noch jene herrlich getriebenen Silberarbeiten (Rosenwasser-Kannen, Schalen, Becher, Vasen u. a.) und alte Kalamdan, für deren reiches Dekor der

Name Esfahan steht. (Andere berühmte metallene Kunstarbeiten, aber mit vorwiegend linear-geometrischen Dessins, stammen aus Tabriz). Inmitten vieler Familienangehöriger verbrachten wir im Hause des mir von einem früheren Aufenthalt 1967 her bekannten jungen Ahmad einen ausgelassenen Abend, an dem in Gesellschaft unzähliger Kakerlaken und Geckos auch eine Opiumpfeife kreiste. Der abschließende Besuch des aus der Kadscharenzeit (19. Jh.) stammenden berühmten Charrazi-Hauses, der kostbar mit herrlichen Miniaturen, Glasfacetten, Holzschnitzereien und Blattgold sowie einer bemalten Stalaktitendecke barockartig ausgestalteten Wohnstätte eines reichen Teppichhändlers, erschwerte uns den Abschied.

Weiter auf der schlecht asphaltierten und durch die umgebende Wüste oft versandeten Durchfahrtsstraße Europa-Indien bis Jazd, das wir schon zwei Jahre zuvor auf dem Rückweg von Afghanistan/Belutschistan angelaufen hatten. Stadt der Zoroaster (nach dem altiranischen Religionsgründer Zarathustra, 7. Jh. v. Chr.), die noch eine größere Gemeinde im persischen Kerman und in Bam unterhalten (Nachfahren sind die indischen Parsen). Jene Feueranbeter, deren dualistische Religion zwischen Ormuzd (Ahuramasda), dem Gott des Guten, und Ahriman, dem Gott der Finsternis, unterscheidet. Die Zoroaster beten das ewige Licht als Symbol des »reinigenden Feuers« an. In Begleitung eines Zardoschti besuchten wir einen noch benutzten Feuertempel und die außerhalb von Jazd gelegenen »Türme des Schweigens« (Dachma), auf denen bis vor kurzem die Toten – um die Erde nicht mit ihrem Fleisch zu verunreinigen – den Geiern ausgesetzt wurden. Unvergeßlicher Blick bei Sonnenuntergang von diesen verlassenen Felstürmen – inmitten der verstreuten Gebeine unzähliger Zardoschti – hinüber nach dem von der Wüste eingeschlossenen Jazd mit seiner Skyline aus Minaretts, Moscheen und Badgiren.

Geniale Techniken der Wüste

Diese Badgire – Windschornsteine, d. h. turmartige, rechteckige Aufsätze auf den Lehmhäusern – tragen einen Kranz von Schlitzen, die als Windfang den heißen Wüstenwind über Kanäle als kühle Brise in die unteren Wohnräume leiten. Ein genial einfaches Air-conditioning mit einem wirkungsvollen Ventilationseffekt. Ähnliche Konstruktionen haben wir auch in anderen persischen Wüstenoasen wohltuend ausprobiert.

Eine andere raffinierte Konstruktion sind die Jachtschals, eine Art altpersischer Eisbrunnen, die wir noch vereinzelt auf unserer Wüstenroute in kleinen Oasen antrafen. Ein bienenkorbähnlicher, abgestufter Bau aus mit Strohhäcksel armiertem, ungebranntem Lehm überwölbt ein flaches Becken, in dem sich Eis bildet, dessen abgestochene Platten zwischen Packungen aus Stroh und Erde schichtweise in einem darunter liegenden Magazin gelagert werden. Abfließendes Schmelzwasser wird in einem tiefer liegenden Schacht aufgefangen. Die Becken liegen tagsüber auf der Schattenseite mit Temperaturdifferenzen bis zu 20° gegenüber den besonnten Mauerpfeilern. Oft sind diese Jachtschals kommunale Eiskeller, die auch als Kühlhäuser für Nahrungsmittel genutzt werden. Das Eiswasser ist begehrtes Labsal für den Wüstenwanderer, die Anlage selbst ein genialer Vorläufer unserer heutigen elektrischen Kühlaggregate.

Auf unseren späteren Wüstenwanderungen – insbesondere in der südafghanischen Dascht-e-margu – behagte uns bei unseren orientalischen Gastgebern mehrfach auch eine andere Art von Kühlanlage. Eine große Öffnung an der Schattenseite des Lehmhauses war mit Kameldorngestrüpp ausgepolstert. Von einer Leiter wird dieser salinenartige Aufbau etwa stündlich von oben mit Wasser übergossen, dessen Verdunstungskälte den dahinter liegenden Wohnraum binnen kurzem stark abkühlt.

Thermischen Gesetzen folgt auch die in orientalischen Breitengraden häufig anzutreffende kuppelförmige Bedachung der Wohnbauten, oben oft mit einer kreisrunden Öffnung zum Abziehen des Rauches verbrannten Dungs. Der durch diese Dachöffnung einfallende Sonnenstrahl dient auch, z. B. in den Jurten der Nomaden, in seiner wandernden Bewegung als Sonnenuhr. Sonst sind die kleinen braunen Häuser aus gestampftem, mit Häcksel vermischtem Lehm und einem Flachdach auf dünnen Holz(Pappel)-Querbalken gebaut. Die Baumlosigkeit dieser Gegenden verbietet die Verwendung weiterer Holzteile. Ein kühlender Luftzug entsteht durch die unverglasten, offenen Fensteröffnungen und die meist nur durch einen Sack oder Flachgewebe zu schließenden Türöffnungen.

Von besonderer wirtschaftlicher Bedeutung ist das im altweltlichen Trockengürtel (zwischen dem 20. und 40. nördl. Breitengrad) seit über 2000 Jahren verbreitete Bewässerungssystem der Kanate (Kareze) anstelle der Schichtfluten- oder Brunnenbewässerung. Unterirdische Kanäle, die das Grundwasser der Basiszonen von Wüstengebirgen oder periodischen Flüssen sammeln und im Gefälle zu entfernten Ansiedlungen oder Anbaugebieten leiten. Die Kanate sind oberflächlich erkennbar an den Kratern der senkrechten Schächte (25 bis 80 m tief), die das unterirdische Graben der horizontalen wasserführenden, tunnelförmigen Stollen (etwa 1,5 x 1,5 m) mit einem Gefälle von 0,2 bis 0,5 Prozent ermöglichen. Trotz bestehender Vorteile des Systems (geringe Wasserverdunstung, keine Hebeenergie) ist der – wegen ständiger Einsturz- und Wassereinbruchunfälle – gefährliche Beruf der Kanatarbeiter heute stark rückläufig, zumal Bau und Unterhaltung der Kanate sehr arbeitsaufwendig sind. Gerade hier in der Wüste Lut kreuzten wir oft die Perlenschnüre der in Abständen von 20 bis 50 m (maximal 200 m) verlaufenden Kanatkrater, die eine durchschnittliche Länge von etwa 5 km (maximal 70 km!) haben, begegneten aber auch häufig mangels Wasserflusses verödeten Systemen.

Auf nach Tabas – Tor nach Chorasan!

Unser Ziel waren Tabas und darüber hinaus die Teppichknüpfoasen des Chorasan-Gebietes. Der von uns für die Durchquerung der Lut-Wüste in Jazd zunächst angepeilte »klassische« Pilgerbus, mit dem arme Pilger rund 1000 km quer durch die große Lut zum heiligen Maschhad reisen, war, außer freien Plätzen auf der Hinterbank, übervölkert. Der Busfahrer riet uns von dieser etwa 25stündigen Fahrt, inmitten der alle Wohlgerüche des Orients ausstrahlenden Wallfahrer und wegen der lähmenden Wüstenatmosphäre aus Staub und Hitze, ab. Uns würde auf der Bank über der Hinterachse sowieso schlecht werden, abgesehen davon, daß wir wegen der verhängten Fenster nichts sehen könnten. Wir entschlossen uns daher, die Strecke mit unserem Eintonner zu wagen, zumal Teile der Piste kürzlich planiert wurden (letzteres will in diesen Gegenden wenig heißen) und die Route in dieser günstigen Jahreszeit befahrbar sein soll.

Am 23. Mai erfolgt wegen der zu erwartenden sengenden Hitze schon früh um 4 Uhr der Aufbruch zur ersten Etappe rund 420 km nach Tabas im Herzen der Dascht-e-lut. Diese Oasenstadt (früher Tebbes oder Golschan) führt seit alters her die stolzen Namen »Königin der Wüste« oder »Tor nach Chorasan«. Chorasan (mit der früheren Hauptstadt Herat, jetzt Maschhad) ist die große persische Nordost-Provinz und bedeutet »Land des Sonnenaufgangs«. Land der Türkise und Schauplatz vieler Erdbeben. Unser Interesse war durch die glühenden Beschreibungen Sven Hedins geweckt worden, der diese Oase 1906 nach achtwöchigem Karawanenritt unter schwersten Strapazen durch die Große Salzwüste erreichte. Jeder Pilger macht lieber von Jazd einen Umweg von 2000 km über Teheran zum schiitischen Wallfahrtsort Maschhad, als die unfruchtbare, schreckliche Wüste, die, in der Größe der Bundesrepublik, das Herzstück Persiens bildet, über Tabas zu passieren. Dies ist den ärmeren Pilgern, Karawanen und einigen ahnungslosen Reisenden vorbehalten. Die große Mitte der iranischen Hochebene ist nur in den Randgebieten bewohnt. Sie teilt sich in die westliche leblose Große Salzwüste (Dascht-e-kewir) und die östliche Große Sandwüste (Dascht-e-lut). Etwa auf der Grenzlinie beider verläuft unsere Route bis Tabas, für die eine Karawane von Jazd aus etwa 18 Robats, die hier mit je rund 24 km gemessen werden, benötigt.

Die Kewir, eine große, absolut sterile Salztonebene, wirft in den heißen Jahreszeiten infolge der starken Verdunstung Salzkrusten, durchsetzt mit steinhartem und vom Wind scharfkantig geschliffenem Salzschaum, auf. Unter diesen Salzausblühungen hat sich durch die unberechenbaren winterlichen Niederschläge gebietsweise ein tückischer breiiger Salzsumpf gebildet, während sich an anderen Stellen die Salzschollen oft zu Höckern verdichtet haben, die eine reliefartige Oberfläche ergeben und als gefürchtete Kasehs besonders in Regenzeiten das Schicksal einer Karawane besiegeln.

Demgegenüber weist die Lut durch intensive Verwitterung, Winderosionen und Sandakkumulationen ganz andersartige Oberflächenformen auf. Weite Sandmeere, öde Steinfelder, aufgewehte, riesige Wanderdünen und wilde, kahle

Bergformationen, aus denen die heftigen Sommersandstürme – die sich als »Wind der 120 Tage« in der südafghanischen Dascht-e-margu fortsetzen – phantastische Formen aus den Lehm- und Tonmassen herausgefräst haben. Der extremste Teil der südlichen Lut im Raum nordöstlich bis südöstlich von Kerman ist ein lebloser nackter Wüstenraum (etwa 50 000 qkm), der sich durch minimale Niederschläge und Luftfeuchtigkeit bei absolutem Fehlen von Süßwasser, starke Bodenversalzung und enorme Hitzegrade auszeichnet. Kaum begehbar, ist er bisher in seinem Zentrum auch noch nicht erforscht worden.

26 km westlich Jazd müssen wir uns in der Dunkelheit vorsichtig in die Wüste einfädeln. Zunächst auf fester, teils geschotterter Erdstraße, abwechselnd leichtes »Waschbrett«, das wieder ständige, durch den welligen Untergrund bedingte starke Wagenstöße bedeutet. Nach etwa 20 km donnert uns – schon lange vorher in einem vor der aufgehenden Sonne glühend erleuchteten Staubball gesichtet – ein großer Tankwagen entgegen. Wie der »Fliegende Holländer«! Vor uns Bergkulissen, rechts und links schwarzgrusige Steinwüste. Die Gesamtstrecke ist in großen Abständen von winzigen Oasen, deren Kuppelbauten oft auf den Schutthügeln (Tepe) vieler alter Lehmhäuser errichtet sind, kleinen Forts und teils zerfallenen, uralten Chans gesäumt. In Charanak (90 km), einem befestigten Großdorf, schlürfen wir in dem kleinen Tschaichaneh einen miesen Tschai. Alles ist braun in braun. Braun ist das Teewasser, braun sind die Lehmwände der geduckten Häuser, braun die Jurten und braun der Wüstenstaub. Ockerbraun, die Farbe der Steppen und Wüsten!

Das Wetter ist günstig bei mäßiger Temperatur (bis 45° C im Schatten), leichten Luftbewegungen und Federwolken am Himmel. Wir durchfahren eine grandiose Berglandschaft mit skurrilen Felsformationen. Neben der in eine staubige Piste übergegangenen Sandfährte tiefe Erosionseinschnitte. Linker Hand zeichnet sich schon deutlich Kewir-Boden ab. Zur Rechten bleibt es Biaban. Etwa nach 150 km passieren wir Saghand und eine Stunde später die Oase Allahabad, vor deren Kutuks uns in große, dunkle Tschadri gehüllte Frauen wie schwarze Rabenvögel umflattern. (Überwiegend tragen die strenggläubigen Frauen in den größeren persischen Orten als Kopfbedeckung die Rusari, ein einfaches Kopftuch, oder die Hedschab, einen den ganzen Kopf verhüllenden Schleier). Wir verteilen an die erbarmungswürdigen Gestalten mit entstellten Gesichtern (Leprakranke?) einige kleine Geschenke. Auch diese Frauen haben – wie im Orient üblich – ihre Augen mit Kohol (= Collyrium, eine schwarze, aus Spießglanz hergestellte Salbe) umschminkt. Diese Augenschminke war schon zu Zeiten der Griechen und Römer modisch, wird auch bei Kindern angewandt und bietet praktischen Schutz gegen Fliegen und Augeninfektionen, soll aber auch magische Bedeutung (Abwehr des Bösen) haben.

Bald beiderseits große Barchane aus feinem hellem Sand. Verstreut einige Skelette von Kamelen als makabre Wegweiser. Die Piste wird schlechter und überquert öfter starke Salzeinschlierungen. Dann Gebirgszüge in herrlichen Farben. Einzelne kegel-, terrassen- und pilzförmige Berge, zerklüftet und verkratert. Verschiedentlich rasten wir, um die Wasserkanister anzuzapfen und zu fotografieren. Militärposten in zwei kleinen Forts haben Langeweile und unterlassen keinen Vorwand, uns aufzuhalten. Wir reichen Zigaretten. Und weiter in die Wüste hinein. In Robat-poscht-badam (etwa auf der halben Strecke, wo die von Westen kommende Fährte von Nain einmündet) laden wir an der einzigen »Tankstelle« der Gesamtstrecke einige Kanister Benzin auf. Hier, wie auch sonst im Orient, herrscht ein unkomplizierter Begriff der Sauberkeit und Hygiene: während der Wirt gerade unsere Teegläser im Abwasser eines Dschui säubert, und ein anderer braver Moslem bergaufwärts den Inhalt seiner Wasserpfeife in dasselbe Wasser schüttet, trinkt gleichzeitig bergabwärts ein Eseltreiber gierig davon.

Nachtlager in einer Karawanserei

Außerhalb dieser Oase umfängt uns wieder die grandiose Schönheit der Wüste in ihrer menschenfeindlichen Einsamkeit. Eine königliche Welt aus Sand und Licht – beides in unerträglichem Übermaß. Die Fährte wird übler, wellenförmiger, zerrissener. Geschwindigkeiten zwischen 20 und 30 km/h. An einzelnen Stellen Schlingern des Wagens. Flugsand! Blitzschnelles Herunterschalten und dann Vollgas, daß der Motor aufschreit. Nur nicht den Pedalfuß wegnehmen. Nicht in den 1. Gang kommen, dessen starke Übersetzungskraft die Räder in den Sand drückt, bis der Wagen mit der Wanne aufsitzt. Dann hilft nur Freischaufeln, erforderlichenfalls die Antriebsräder mit zwei Wagenhebern liften, Bretter oder Matten unterschieben und einen etwa 5 bis 10 m langen Startkanal vor den Rädern graben. Notfalls entladen und mit abgelassener Luft bis auf festen Sandboden fahren. Vielleicht wiederholen. Alles unter sengender Sonne!

Endlich Rast im Charabeh eines uralten Chan, mit persischen Spitzbogen, ein Punkt in der grusigen Steinwüste abseits der Piste. Eine Zisterne mit zweifelhaftem Wasser übersehen wir. Nachdem im Freien zu übernachten das Schicksal herauszufordern hieße, schlagen wir unser hartes Lager unter einem Tak auf. Im anderen Teil des großen Hofes hat sich schon eine kleine Kamelkarawane niedergelassen, deren neugierige Begleiter uns bald zum gemeinsamen Tschai am offenen Lagerfeuer einladen. Dazu gibt es saftige Melonen und Nan. Die Karawane will, mit Holz beladen, nördlich nach Aliabad. Es wird wenig gesprochen. Eine Wasserpfeife macht die Runde, bis es stiller und stiller wird. Bald wickeln auch wir uns auf dem kahlen Lehmboden in unsere Decken. Beklemmendes Schweigen aus der umgebenden Wüste hüllt uns ein, bis Ruhe und Frieden in uns einkehren. Der phantastische, fast kristallene Sternenhimmel läßt ein Gefühl tiefer Geborgenheit aufkommen, mit dem wir einem neuen, heißen Tag entgegenschlafen.

Früh um 4 Uhr rollen wir weiter. Vollständige Wüste umgibt uns wieder: schier grenzenlos, lautlos und leblos. Entgegen landläufiger Meinung stellen sich selbst vermeintlich eintönige Wüsten dem aufmerksamen Beobachter sehr abwechslungsreich dar. Flächenweise spärliche Vegetation, blühende Gräser, Kameldorn, Saxaulsträucher und in Oasennähe auch schon eine Tamariske oder vereinzelte Palmen.

Der leichte Wind aus Nordost, der bekannte Bad-e-chorasan, ist angenehm. Weiter im Südosten bläst im Hochsommer der Bad-e-samum, von den Wüstenbewohnern auch Bad-e-simum (der verpestete Wind) genannt, der, stickend heiß wie aus dem Backofen, gleich dem Atem des Teufels, jedes Leben und die Seele im Körper verdorrt. In jenen Wüstenregionen hatten wir im Mai 1970 – von Afghanistan zurückkehrend – Temperaturen bis 58° C im Schatten gemessen.

In Oasennähe begegnen uns ab und zu Kanattrichter, deren Ketten sich fast endlos in der Wüste verlieren. Einige Geier. Große Echsen huschen über den Sand. Einmal eine etwa eineinhalb Meter lange Schlange. Vereinzelt eine Fata morgana. Närrische Luftspiegelungen, die vorhandene Gegenstände verzerren oder nichtvorhandene simulieren. Optische Täuschungen, besonders an sehr heißen und windstillen Tagen. Die Lichtstrahlen reflektieren an Luftschichten verschiedener Dichte und Temperatur. So täuschen entfernte Muldenschatten ein Gewässer und das Luftflimmern die Wellen vor. Felsblöcke in den Mulden erscheinen als Inseln. Ein vermeintliches Haus schrumpft beim Näherfahren zu einem mannshohen Felsbrocken zusammen.

Die Gluthitze (47° C) ist schon um 10 Uhr voll da. Heute ohne kühlende Brisen. Einige Male begegnet uns am Pistenrand eine kleine Steinpyramide, eine Art Votivmal aus Opfersteinen von Pilgern auf ihrem Weg nach Maschhad. In Oasennähe begleiten uns zuweilen zwischen krummen Ästen fast bis zum Boden durchhängende Telefondrähte, die – wegen der Holzarmut – teilweise auch einfach über mannshohe Erdpfeiler laufen. Die Piste wird zwischen zerklüfteten Bergketten serpentinenreicher, teils extremes »Waschbrett«. Dann flache Steinwüste mit Erdspalten und einzelnen Wadis. Weiter vorne schwarze Grusflächen, dann braune Tonfelder. Die Wüste in verschwenderischer Schönheit – wenn der endlos scheinende Weg nur nicht so mühsam und Staub und Hitze nicht so lästig wären!

Zur Ablenkung memorieren wir über die verwegene deutsch-österreichische Militärexpedition Hauptmann v. Niedermayers und des Diplomaten v. Hentig, die unter ungeheuren Strapazen, bei ständiger Bedrohung durch russische Kosaken und persische Räuberbanden, auf der nahen Wüstenroute Nain-Tschardeh am 26. 7. 1915 das feindselige Tebbes erreichten, um sich dann durch die britischen Linien über die afghanische Zentralroute bis zum Emir Habibullah nach Kabul durchzuschlagen. Die Mission, den Emir als Verbündeten zu gewinnen, blieb erfolglos, und die Soldaten mußten sich später – nach anfänglicher Internierung – unter großen Verlusten einzeln nach Westen durchkämpfen.

Plötzlich, etwa 100 km vor Tabas, beginnt die reine Kewir, ein Ausläufer der Großen Salzwüste. Gleißend weiß bis zum Horizont, wie gefrorenes Meer, in der Nähe schollenartig wie ein aufgewühlter kristalliner Acker mit kopfgroßen Löchern. Nahe der teilweise nur noch eingebildeten Fährte neben den Salzkrusten tückischer Salzmorast mit grünlich-schwarzen Pfühlen. Gefährlich, wenn man vom rechten Wege läßt, nächtlich oder in der winterlichen Regen- und Schlammperiode. Überwältigende Eindrücke. Die Augen schmerzen von dem schrillen Glast, und die aufgerissenen Lippen brennen von der salzhaltigen, heißen Luft. Die Trinkpausen werden häufiger. In etwa einer Stunde tritt die Kewir mit ihrem schneeweißen »Wüstenlack« nach Westen zurück und wechselt wieder in steinige Sandwüste mit zunehmenden Grasbüscheln. Bei Robat-e-gur (Schurab) kreuzt eine Lastkarawane mit etwa 100 Kamelstärken unseren Weg. Wie vielfach auch in Afghanistan beobachtet, haben die Männer ihre Kopf- und Barthaare und die Schwänze der Kamele mit leuchtendem Henna gefärbt. Dieser rot-gelbe Farbstoff aus dem Weiderichstrauch wird als Schutzfarbe, auch am Pferdeschweif oder bei Opferschafen, zur Abwehr von Übeln, teilweise aber auch zu kosmetischen Zwecken und als Teppichfarbe, verwandt.

Ein aufkommender Wind treibt uns ab und zu eine Sandhose vor den Wagen, der innen stark versandet ist. Entfernt im Gelände die Ruine eines alleinstehenden kleinen Lehmkuppelbaus, eines Tschahar tak, dann eine Kala. Beim km-Stand 400 eine größere Oase (Kerdabad?) mit Palmen und angelegten Feldern, auf denen gerade mit Zebuochsen Weizen oder Gerste gedroschen wird. Auf einer angedeuteten Chiaban von Palmen geht es wieder in die Wüste. Später tauchen zuerst einzelne vom Wind gebogene Palmen, dann am östlichen Horizont ein größerer Palmengürtel auf. Die Dattelpalmen von Tabas-e-tamr – Königin der Wüste!

Ergriffen stehen wir nach zweitägigem Wüstenparcours vor dieser großartigen Oase und uralten Raststätte an der historischen Karawanen- und Pilgerstraße (»Straße der Könige«) vom Persischen Golf über Schiraz, Jazd durch das Chorasangebiet nach Maschhad, ein Zweig der großen Seidenstraße. Plötzlich werden wir wieder redselig und munter, kein gereizter Ton mehr. Wir sind durch!

Einzug in die historische Oasenfeste

Noch liegt dieses grüne Atoll im gelben Sandmeer verschlafen vor der malerischen Silhouette des Koh-e-schotori (Kamelgebirge) mit seinen perlmuttfarbenen Firnspitzen, die später in der scheidenden Sonne einen purpurnen Saum tragen. Märchenhafter Anblick dieser seltsamen Wüstenstadt, von der Sven Hedin sagte: »Nichts kann entzückender sein als eine Oase in der Wüste, und keine Oase ist schöner als die von Tebbes!« Der Eindruck von Tabas gewinnt schnell an Gestalt. Unser Blick erfaßt schon Teile der riesigen Befestigungsmauer mit einem großen, runden Eckturm, dann Minaretts und Badgire. Kurz vor der Oase zur rechten Hand – wie zwei Wächter – die beiden farbigen Fayencekuppeln des Imamzadeh von Sultan Hussein Reza (Bruder des heiligen 8. Imam Reza von Maschhad). Als Quartier überrascht uns das kleine, aber saubere »Tabas Inn«.

Vor Sven Hedin (1906) hatte auch Marco Polo etwa 1273, von Hormuz (Harmozia) über Cobinan die Wüste Lut durchquerend, diese Oase besucht (mit der vermutlich weiteren Reiseroute über Maschhad, Herat, Kaschgar nach China).

Auch der Große Makedonier durchzog 325 v. Chr. die südliche Lut auf dem schrecklichen 60-Tage-Rückzug durch die Wüsten Makran und Karmaniens (etwa die heutige Provinz Kerman). Im 11. Jh. war die Stadt Hochburg der fanatischen Ismaelitensekte Nizari, der Haschaschun (Haschesser), die in religiöser Ekstase unbeschreibliche Blutbäder anrichteten. Dieser extrem-schiitische Geheimbund, dessen Sektierer unter dem Namen »Assassinen« (Mörderbund) Persien und Syrien mit Gift und Dolch in Schrecken hielten und dem Kalifat von Bagdad sowie den Kreuzrittern blutige Fehden lieferten, wurde im 13. Jh. durch den Mongoleneinfall hinweggefegt. Berüchtigtes Oberhaupt dieser ersten straff geführten Terrororganisation der Geschichte war der Mystiker Raschid ed din Sinan (Scheich al-dschebel), der von den Bergen des Libanon (»Der Alte vom Berge«) aus herrschte. Später war Tabas bis Anfang dieses Jahrhunderts Festung gegen die räuberischen Belutschen, die auf schnellen Dschombas im Schutze der Sandstürme, wenn sich die Einwohner unter der Erde aufhielten, in die Oasen einbrachen, plünderten, töteten und verschleppten. An jene Trutzzeit erinnert noch heute die zerfallende prächtige Ark aus der Seldschukenzeit, deren Anlage man am besten vom Dach der Masdsched-e-dschomeh überblickt. Viele dekorierte Badgire. Während der unerträglich heißen Sommermonate suchen die Bewohner tagsüber Zuflucht in den Sardabs, nachts auf den Dächern.

Das noch von Sven Hedin als »Leuchtturm der Wüste« beschriebene eindrucksvolle rund 40 m hohe Minareh Manar-e-kabir (um 1000) war schon zusammengefallen. Dafür erlebten wir andere großartige Baudenkmäler aus seldschukischer Zeit, darunter auch die alte Medrese-e-do minar mit ihren zwei bedeutenden Minaretts (12. Jh.), teilweise noch mit türkisfarbenen Fayence-Kacheln und kufischen Inschriften dekoriert. Echtes, unverfälschtes Volksleben spätabends auf dem Meidan im Mittelpunkt der Stadt. Im Lichtschein einer Kerosinlampe einige Mirzas zu Diensten der Analphabeten. Obwohl todmüde, probierten wir nach Sonnenuntergang die berühmten saftig-süßen Datteln von Tabas, auch in Form von Dattelpalmkäse aus Palmenmark, eine ausgezeichnete lokale Spezialität. Dazu Dugh und später Kok-tschai, den wir zünftig aus der Untertasse über zerkaute Zuckerstückchen schlürften. Nicht zu bewegen waren wir allerdings zum Betelkauen, ein uraltes, orientalisches Stimulanzmittel, das auch appetitanregend, verdauend, desinfizierend wirkt, das Zahnfleisch festigt und einen angenehmen Atem verleiht. Andererseits färbt es Lippen und Zähne abstoßend braunrot bis schwarz. Es besteht aus einem grünen Blatt des Betelpfeffers, das mit gebranntem Kalk eingepinselt und mit einer zerstoßenen Arekanuß (gerbsäurereich) der Betelpalme – zuweilen mit etwas Tabak – gefüllt ist. Es kann auch euphorisierend wirken und macht in einer normalerweise nicht gesundheitsschädlichen Weise süchtig (ähnlich dem arabischen oder abessinischen Kat, der afrikanischen Kola-Nuß und dem europäischen Kautabak). Es wurde überall auf den Straßen feilgeboten und oft in kostbaren Metallgefäßen, sog. Pan (= Betelblatt)-Büchsen aufbewahrt.

Als Teppichrevier ist Tabas von geringem Interesse. Vereinzelt fertigten arabstämmige Knüpfer kleinformatige gröbere Teppiche in Belutschtradition.

Sonst fand nur ein unbedeutender Basarhandel mit »Belutschen« aus der weiteren Umgebung statt. Sie zeigten – wie auch in Ferdows – eine farblich schwermütige, steif rapportierende lineare Ornamentik oder auch Musteranklänge an den Afschari-Typ, bzw. in hellem Kolorit an den aus dem Fars-Gebiet bekannten Gabbeh-Typ. Schöne, seidig-glänzende Florwolle bei noch reinwollenem Grundgewebe, aber mäßiger Farbqualität (überwiegend synthetische Farbstoffe).

Mußetage unter Palmen

Als wir am nächsten Tag den Kindern für ihre Lotsendienste Rial-Münzen geben wollten, traten sie verlegen zurück. Welch Wunder in dem von Bakschischrufen erfüllten Orient. Vorbei am Gouverneurspalast, standen wir am Ende der schnurgeraden, etwa 1000 m langen Chiaban vor dem kunstvoll gearbeiteten Portal (Zand-Dynastie, etwa 1760) zum großen Garten Bagh-e-melli mit Maulbeer, Oleander und Trauerweiden, einem Teich und munteren Springbrunnen. Zu unserer nächsten Überraschung spazierte ein quicklebendiger Pelikan hier umher. Rätselhaft seine Herkunft. Offenbar mußte er auf dem Wüstenflug zu den einzigen uns bekannten Pelikanreservaten am westpersischen Rezaijeh-See hier notlanden, ohne später aus diesem bewachsenen Garten wieder aufsteigen zu können. Die frischen Quellen von Tabas erübrigen Kanatanlagen in der umgebenden Wüste. Dank dieses Wasserreichtums ist Tabas voll guter Früchte, u. a. Feigen, Melonen, Aprikosen, Orangen, Granatäpfel sowie Gemüse, Weizen, Gerste, Hirse und Tabak. Waren auch Ruhm und Herrlichkeit – mit strahlenden Moscheen, labenden Bädern und stattlichen Basars – vergilbt, so hatte dieses erhabene Wüstenrefugium doch seinen lebensvollen Charme und sein geschichtliches Fluidum bewahrt.

Abends genossen wir – nach einem ausgezeichneten Tschelo Kebab und Mast – bei den Zügen einer Tschilim mit großem Vergnügen die märchenhafte Nacht im Garten des kleinen Hotels. Über uns das pergamentene Knistern der großen Dattelpalmenblätter. Der vielstimmige Gesang der Bulbuls, des persischen Singvogels, wurde zeitweise kontrastiert von Schakalgeheul, den Klageliedern der Wüste. Eine unheimliche Serenade. Der süßliche Duft der uns umgebenden Zitrushaine vollendete die unerwartete Wüstenromantik (die noch nicht ahnen ließ, daß diese blühende Oase am 19. September 1978 zum Friedhof wurde: »60 lange Sekunden hob und senkte sich die Erde – dann war die iranische Oasenstadt Tabas ein staubiger Trümmerhaufen. Nahezu 15 000 Tote, keine einzige Unterkunft überstand die verheerende Erdbebenkatastrophe.«).

Edeltraud sinnierte, daß es keine unbedingte Liebe zwischen den schiitischen Persern und den sunnitischen Afghanen gäbe. Während jene auf ihre uralte Kultur, auf das geistige Vermächtnis ihrer großen Dichter und Philosophen und auf ihren westlichen Fortschritt pochen, sind diese stolz im Bewußtsein ihrer Unabhängigkeit und Freiheit, die sie ihrer Tapferkeit, ihrem Mut und ihren Stammesaristokratien verdanken. Ähnliches gilt auch für das Verhältnis der

Perser, als »Griechen des Orients«, zu den sunnitischen Türken, den »Römern des Orients«. Später erzählte uns der deutschsprechende Hotelmanager (mit dem Titel eines Hadschi) vom Aschura, jenem höchsten schiitischen Fest, das jeweils im Moharram (dem ersten [Trauer] Monat des islamischen Mondjahres) im Gedenken an den Märtyrertod Husseins gefeiert wird. 680 verlor Hussein, zweiter Sohn (neben Hassan) des vierten Kalifen Ali, Schlacht und Leben bei Kerbela (Irak) gegen die Omaijaden-Kalifen. Zu seinen Ehren werden alljährlich mit großer Begeisterung und Fanatismus Prozessionen abgehalten, deren Mittelpunkt das Nakl, eine Art Katafalk in Form eines großen Holzbauers, ist. Dazu realistische Schauspiele und Erzählungen über das grauenvolle Geschehen um Hussein, an denen die gegen die Mörder-Schauspieler aufgebrachte und oft ekstatische Volksmenge bewegten Anteil (blutige Selbstgeißelungen) nimmt. Den Kafiren scheint es dabei – besonders in kleineren Orten – geraten, sich entfernter zu halten. Ein derartiges hölzernes, mit Gebetsteppichen behängtes Nakl hatten wir vor der Freitags-Moschee beobachtet.

Weiter im Gluthauch der Wüste durch Chorasan

Aus der weitläufig öden, geschichtlich aber sehr bedeutsamen Grenzprovinz Chorasan ragen die Oasensiedlungen wie Inseln heraus. Ihren Kulturen entstammt eine berühmte persische Teppichtradition mit hervorragenden Spitzenqualitäten, der sogenannten »Chorasan«-, »Herat«- oder »Maschhad«-Teppiche. Oft aus feiner, glänzender, aber nicht immer strapazierfähiger Wolle (sogenannte »Peschm-e-maschhad«, die auch bei hochwertigen Heris-Teppichen verwandt wurde, vielfach aber von aserbeidschanischen Schafen stammte) mit häufig dunklen, blau-weinroten Farbtönen, Herati-Mustern oder später auch Medaillon-Zeichnungen.

In der bunten Bevölkerungskarte des Chorasan heben sich neben Persern, Arabern, Turkmenen und anderen turkstämmigen Gruppen sowie Fraktionen der Timuri, Firuzkuhi und Dschamschidi vornehmlich Belutschstämme ab. In ihren Revieren werden Teppiche mit einer breiten Mustervielfalt (oft Namazliks), geknüpft, in grober, lockerer Manier (z. B. die von den ziehenden Arabi – deren südpersischen Teppichen wir im Großraum Schiraz begegneten – gefertigten sogenannten »Arab-Belutschen«), aber auch in sehr feiner.

Beim unchristlichen Aufbruch um 3 Uhr am 1. Juni stehen uns 590 km auf der beschwerlichen Strecke gen Norden durch großteils sandige und bergige Wüstenstriche nach Maschhad bevor. Dabei bleibt jener rätselhafte Pelikaneinsiedler lange noch unser gedanklicher Begleiter.

Richtung Ostsüdost stampfen und schlingern wir zunächst auf einer durch sehr unwegsame Sandfelder in langen Wellen verlaufenden weichen Fährte. Beim Kilometerstand 60 hinter der winzigen Oase Aspak Ausfall der Zündung, den wir nach einigem Suchen aber erleichtert als loses Zündkabel orten können. Weiter!

Nach vier Stunden schwerer Geländefahrt – großteils im ersten und zweiten, mitunter aber auch im Rückwärtsgang (!) – stehen wir bei 80 km vor Deihuk (Duhak) irritiert an einer nicht markierten Kreuzung mehrerer Fährten. (Von Deihuk stieß die Militärexpedition v. Niedermayer/v. Hentig an Doroksch vorbei ostwärts in die Naomid, die »Wüste der Verzweiflung«, vor.) Nachdem wir uns zunächst verfahren, drehen wir dann doch scharf nach Norden und lassen dabei die nach Süden über Naiband bis Kerman (450 km) führende Piste liegen. Neben uns hetzt der dunkle Schatten des Wagens. Unsere Spannung ist, nachdem wir den ersten Teil mit dem Hauptziel Tabas hinter uns haben, gewichen. Edeltraud erheitert uns mit einem sprachlichen Mißverständnis. Das schnell gesprochene »choda hafes« (»Auf Wiedersehen«) hatte sie zuerst immer als »good office« (»Gutes Geschäftsgelingen!«) verstanden und erwidert. Ich kann mich revanchieren. Hatte ich doch anfangs das von einem kleinen Schnalzlaut begleitete Rückwärtsnicken der Orientalen immer als Zustimmung (statt richtig Verneinung) verstanden und mich dann gewundert, daß sie mein Preisgebot trotzdem ablehnten.

Nach 100 km klappert es mörderisch. Der Wagen stößt hinten links auf. »Sohn eines Misthaufens!« Edeltraud will einen unter dem Wagen herausragenden Gewehrlauf bemerkt haben. Unmöglich! Wir halten. »Zum Scheitan!« Ein herausgesprungener Stoßdämpfer gefährdet ernstlich die Weiterfahrt. Nach zweistündigem vergeblichen Bemühen in zunehmender Hitze erscheint als Retter ein persischer Kamiyun. »As-salamu 'alaikum!« Antwort: »Wa'-alaikumu s-salam!« Mit beiden Fahrern gelingen uns in einstündiger harter Arbeit unter sengender Sonne einige Notbandagen. Die Annahme eines kleinen Salärs für die selbstlose Hilfsbereitschaft der Orientalen wird strikt abgelehnt, so daß wir ihnen einige Toman (1 T = 10 Rials = 0,50 DM) zustecken müssen. »Chosche bechalet!« Bleibe glücklich!

Jene uneigennützige Hilfe, praktizierte Humanität, ist uns Abendländern leider nicht mehr selbstverständlich. Derartige Notsituationen – ohne Begleiter und ohne Konvoi – müssen wir angesichts der überwiegenden Vorteile des Alleinreisens jedoch in Kauf nehmen.

Bald machen wir erste Rast im Schatten einer inselförmigen Felsgruppe, nur das scheinbar grenzenlose Sandmeer zum Nachbarn. Eine unwirtliche Gegend, in der man ungern verweilt, als ob Gefahr drohen könnte. Beim Verzehr der mitgenommenen Datteln erschreckt uns plötzlich ein gewehrschußartiger Knall in unmittelbarer Nähe. Wir springen sofort auf. Gefehlt! Nur ein in Wüstenzonen nicht seltener akustischer Vorgang beim Lösen einer Felsplatte an einem Steilhang.

In den Teppichknüpf-Oasen der Belutschen

Wir quälen uns jetzt wegen des stark überhitzten Wagens (dessen Motor wir nach dem Abstellen nur noch mit einer Handkurbel anwerfen können) mit halber Kraft durch eine schwach wellenförmige Steinwüste mit zunehmenden Bergzügen weiter. Gelegentlich einige Dünengürtel. Einmal Reste einer zerfallenen Zisterne, dann ein Kamelskelett. An einer kleinen steinernen Pilgerpyramide stoppen wir, um den dampfenden Motor im Leerlauf abkühlen zu lassen, nachdem der Fahrtwind bei 30–40 Stundenkilometern in niedrigen Gängen keine Kühlung bringt.

Etwa nach 200 km stehen wir inmitten eines gebirgigen Wüstenteils vor der von Palmen umsäumten größeren Oase Ferdows (Firdus = Paradies, ehedem arab. Tun) mit etwa 11 000 Einwohnern auf 1250 m Höhe. Eine Knüpfstätte früher guter Chorasan-Teppiche, auch Arab-Belutschen. Die hier heute vorwiegend kommerziell gefertigten gröberen und hochflorigen Arabs sind damit nicht mehr vergleichbar. In der Dorfschmiede wird der kranke Stoßdämpfer provisorisch gerichtet. Nach einer knappen Mittagsrast in einem Tschaichaneh rollen wir mit dem angeschlagenen Wagen weiter. Um uns herum wieder ahnungsvolle Leere und Stille. Eine Landschaft ohne Anfang und Ende. Wie abgeräumt – heiß und erbarmunglos.

Bei 50° C brütender Backofenhitze (unsere Kleidung klebt schweißnaß am Körper) wird die bisher erträgliche Waschbrett-Piste immer sandiger, ohne daß wir die zügige Fahrt drosseln. Um uns herum ist wieder reine Biaban. Plötzlich stecken wir beim Umfahren einer kurzen Bodenwelle unversehens mit Schräglage in einer kniehohen Sandverwehung. Nur mit schaukelartigen Bewegungen – 'mal zeigt die Nase des Wagens, 'mal das Heck in die Luft – quälen wir uns zentimeterweise wieder auf die Piste zurück. Drei Stunden später fegt ein heftiger Glutwind große, stickige Sandstaubwolken auf. Von nachziehenden Staubschleiern, die uns und das Gefährt wie böse Dämonen überfallen, werden wir mit einer dicken Schicht eingepudert, unter der mich meine treue Gefährtin mit rotgeränderten, tränenden Augen anblickt. Wir verharren etwa eine Stunde neben der Piste im Fahrzeug. Auf geht's! Unsere um Mund und Nase gebundenen Schals können wir jedoch bald ablegen, nachdem das Sandmeer einer steinigen Einöde gewichen ist.

Beim nächsten Wagenhalt – der Bursche läuft schon wieder unruhig auf drei oder vier Töpfen – erleichtern wir unseren leicht ausrieselnden Wassersack. Als wir uns anschauen, verfallen wir in ein befreiendes Gelächter: mit wulstigen Lippen, tiefliegenden, entzündeten Augen und vom Sandstaub verfilzten Haaren sehen wir genau so ramponiert aus wie der Wagen. Die ganze Wüste wird sich über unseren Anblick gewundert haben!

Die Sande zeigen schon tiefblau-violette Schatten, als wir endlich nach 320 km Tagesleistung die Teppichknüpf-Oase Gonabad (1100 m) erreichen. Von hier verläuft nach Süden längs der afghanischen Grenze über Birdschend und Mud an Zabol vorbei die 730 km lange Fährte nach Zahedan, wo wir 1970, vom pakistanischen Belutschistan kommend, unser Nachtlager aufgeschlagen hatten. In Birdschend – früher beste Chorasan-Teppiche mit dem klassischen Herati-Muster – werden heute nur noch grobere Qualitäten hergestellt. Auch in Mud und im benachbarten Doroksch finden wir nicht mehr die feinen Heratis alter Manier, während Zabol noch Handels- und Knüpfstätte der perfekt unperfekten, aber wunderschönen Seistan-Belutschen ist.

In Gonabad bringt uns der Dorfälteste in einer überraschend modernen Herberge unter, in der auch einheimische Chorasanreisende absteigen. Erschöpft und müde, freuen wir uns über das erreichte Tagespensum (nicht ahnend, daß in diesem berüchtigten Erdbebenzentrum im November 1979 zwei schwere Beben mehrere hundert Todesopfer fordern würden).

Hinter uns die Wüste – Maschhad erreicht!

Am nächsten Morgen sind wir schon um fünf Uhr auf der Strecke. In sechsstündiger Fahrt durch zunehmend bergiges Gebiet stehen wir nach 130 km vor Torbat-e-Haidari (1370 m). Hier, wie auch in anderen abseits bleibenden Knüpforten (z. B. Mirzai, Mahawallat, Kaschmar (früher Turschis, berüchtigt durch den vereinfachten, um vier Kettfäden geschlungenen Dschufti-Knoten) und später Torbat-e-scheich dscham mit dem für besonders feine Knüpfungen bekannten Ortsteil Ghasemabad) werden hochwertige »Maschhad-Belutschen« gefertigt, die zu den besten ihres Genre zählen. Ein Inbegriff für alle Freunde der rustikalen und farbenfrohen Belutscharbeiten, deren seidig glänzende, weiche Wolle besticht. Feingeknüpfte, kurzflorige Teppiche mit heraldisch durchgemustertem Fond und breitem, vielfarbigem und besticktem Kelimansatz, teils mit gewirkten Sumach-Einträgen. Liebenswerte Stücke, deren Anblick beschwingt! Trotz Erschöpfung kurzer Besuch bei zwei Knüpferfamilien, die wir an den hier horizontalen Knüpfstühlen beobachten können. Die Mittagsrast verwenden wir nur noch zur Versorgung und zum Auftanken des schon stark klappernden Vehikels.

Die zermürbende Hitze und der ewige Wüstenstaub, die Patina Asiens, der lästige Durst und Schweiß wirken beklemmend. Wir streben jetzt auf der gebirgigen Strecke, die uns noch über einige Höhenzüge quält, nur noch dem Ende entgegen. Seit Tabas sind wir einzig einer kleinen Kamelkarawane und drei Kamiyuns begegnet. In Schah taghi haben wir es geschafft, als wir auf die Hauptstrecke Teheran – Semnan – Schabzewar – Herat stoßen. 40 km weiter endlich die Lichter des schon in tiefe Schatten gehüllten heiligen Maschhad, die uns nach 1010 Pistenkilometern wie Rettungsbojen erscheinen. Wir stoppen spontan, taumeln aus dem Fahrzeug, springen und lachen und halten uns überglücklich in den Armen: nach sechs Tagen extremer Strecke liegt die sonnendurchglühte Große Sandwüste hinter uns!

Technisches Resultat dieses motorisierten Wüstenritts: drei ausgefallene Stoßdämpfer, eine defekte Kupplung sowie eine Menge gebrochener Schrauben und verbogener Teile am Fahrgestell des stark geschundenen Eintonners. Den ursprünglich geplanten Rückweg nach Süden längs der afghanischen Grenze bis Zahedan mußten wir daher aufgeben. Statt dessen erreichten wir – nach Überholung des blechernen Gefährten in Maschhad, das wir schon 1970 eingehend durchpilgert hatten – auf der inzwischen ausgebauten nördlichen Ost-West-Strecke über Bodschnurd, Teheran in zwei Tagen Kaschan. Diese Hochburg nobler Teppichknüpfkunst (16./17. Jh.) des großen Schah Abbas I. hielt uns zwei musische Tage fest, voll lauter Bewunderung für die Knüpfstühle der hier einst gefeierten Werkstätten berühmter Teppichkünstler, wie z.B. Maghsud, Mohtaschem und Gülhaneh, die das Talent hervorragender Musterkompositeure mit dem brillanter technischer Knüpfmeister vereinten.

Die Teppichorgie von Schiraz

Weiterfahrt auf der altpersischen Königstraße von Jazd nach Schiraz. Zuerst befestigte, später planierte Schotterstraße. Nach 400 km standen wir wieder vor den historisch bedeutenden Ruinen von Pasargade und von Naksch-e-rustam. Dann erneut Persepolis. Später Einzug durch das prächtige Korantor in Schiraz, dessen Herrlichkeiten ich schon anläßlich der Reise 1970 gepriesen hatte. Neu allerdings der Verlust eines Fotoapparates, den ich aber eher verschmerzte als den von 30 belichteten Bildern. In den umliegenden Dörfern werden die bekannten »Schiraz-Teppiche«, in bester glänzender Wolle auf einem Woll-Grundgewebe, geknüpft mit weichem bis lappigem Griff. Im weiteren Sinne gehören auch von den Chamseh, Ghaschghai und Afschari geknüpfte Teppiche hierzu, die ebenfalls in Schiraz vermarktet werden, wo heute noch geringe Knüpfkapazitäten (im Lohnauftrag) bestehen.

Hier erlebten wir eine treffliche Teppichepisode. Zum drittenmal (nach 1968 und 1970) an diesem romantischen, aber heißen Ort, labten wir uns gerade im Basar an Zitrussäften. Ich spürte inzwischen in einem Seitengäßchen auf einem Basarhinterhof zwischen Kisten und Gerümpel eine Teppichflickerwerkstatt auf. Wenig später befand ich mich schon im geübten Preisfeilschen um drei alte Ghaschghai-Stücke in bestechend frohen Naturfarben mit eingestreuten stilisierten Tiermotiven. Paradestücke wie im Teppichbuch! Die dringend notwendigen Reparaturen (darunter ein faustgroßes Loch in einem quadratischen blau/goldfarbigen Stück) sollten schon bis zum nächsten Tag beendet sein. Schlechten Gewissens fand ich nach einer Stunde zu meiner Frau zurück, die schon stark beunruhigt war. Am nächsten Tag bedankten wir uns für die hervorragend, schnell und unauffällig restaurierten – nicht nur reparierten! – Stücke (in alter, gleichfarbiger Wolle in präziser Nachknüpfung) mit einem Reisewecker für den Meister und Manschettenknöpfen für seine Gehilfen. Jetzt revanchierte sich der Meister wiederum mit drei kleinen, feingeknüpften Kis-Täschchen, die er Edeltraud um den Hals hängte.

Die teppichselige Stimmung erreichte ihren Höhepunkt beim gemeinsam genossenen Chollarwein, einem feurigen Schirazgewächs, dem auch die gemäßigten Schiiten nicht abhold sind. Wein, Weib und Teppiche! Daß dabei im Überschwang der Kanonenofen umfiel, und sich das Dschudscheh kebab gleichmäßig auf dem

Lehmboden verteilte, fiel nicht unangenehm auf. Der Kuß der Teppichmuse war nachhaltig!

Mit diesem beim Basarbesuch in Schiraz aufgestöberten Teppichflicker hatten wir unsere Adressen ausgetauscht. Etwa ein Dreivierteljahr später bot er mir in unbeholfenem Schriftenglisch »einige« von ihm über den Winter bei den Nomaden selbst gesammelte Schiraz- und Ghaschghai-Teppiche, Esel-, Pferde- und Kameltaschen an. Nach einem umständlichen Hin- und Hergeschreibe (wegen des persischen Ausfuhrzolles, Fracht und Versicherung) erhielt ich plötzlich die alarmierende Nachricht, die Teppiche seien schon »unterwegs«! Es wären auch »nicht wenige, aber viele Stücke« und gut repariert. Dies versetzte uns in den Mobilmachungszustand. Beruhigend wirkte allerdings wiederum seine Bemerkung, wir sollten »nachher« zahlen und uns die Stücke erst ansehen. Mein Versuch, zwecks Risikoverteilung Teppichhändler für ein Meta-Geschäft zu gewinnen, mißlang. Es folgten einige unruhige Nächte für uns.

Eines Tages kamen sie, die Unbestellten, an. Sage und schreibe 98 Stück in fünf großen Kollis! Unsere Besorgnis ob dieser Großinvasion zerstreute sich sofort nach Inaugenscheinnahme. Es war durchweg gute alte Ware, darunter viele interessante »Nomaden«. Ihre Ursprünglichkeit bezeugten sie durch einen bestialischen Schafbockgestank und eine enorme Menge von Wüstenstaub, der dem Verzollungsraum eine »natürliche« Patina verlieh, so daß der Beamte erst nach vielem Zureden von Edeltraud seine Weigerung aufgab, dieses »alte Zeug« abzufertigen. Ein vom Zoll zugezogener Sachverständiger war durch die von »hilfreicher Hand« obenauf sortierten Fehlstücke beeindruckt, und so verlief die Verzollung glimpflich. Einen Teil dieser kraftvollen, herrlich gezeichneten und farbintensiven »Nomaden« behielten wir selbst. Um die anderen »geknüpften Volkslieder« rissen sich Freunde und Bekannte. Gemeinsam priesen die Teppichgesegneten die Weitsicht des Propheten und seiner teppichbeflissenen persischen Diener, die uns diese Teppichorgie bescherten. So hatte ich diesmal zwar nicht die Katze, wohl aber die Teppiche im Sack gekauft, die als künstlerischer Gegenstand der Wohnkultur uns heute so viel Schönheit schenken. Wie heißt es doch in der Bordüreninschrift eines persischen Hofteppichs des 16. Jahrhunderts: »Immerfort herrscht lieblicher Frühling in diesem duftenden Garten und nicht kommt ihm Schaden vom Herbst noch Unbill vom Winter«. Nimmt es dann Wunder, wenn ein anderer nobler Teppich vergangener Zeit sich in seiner Signatur als »Bagh-dschan-e-man«, als »Garten meiner Seele«, feiert?

Begegnungen mit den Ghaschghai

Nach einigen Ruhetagen arbeiteten wir uns auf felsiger Fährte noch etwa 120 km nach Südost durch das Bergland der Provinz Fars bis Firuzabad (das alte Gur der Sassaniden), Zentrum der Ghaschghai-Stämme, vor. Einige Monate zuvor Schwerpunkt verheerender Erdbeben, deren Apokalypse uns überall anstarrte.

Am Wegrand Nomadentrecks mit herrlich pastellfarbig gewandeten Ghaschghai-Frauen und den markanten Männergestalten mit ihren runden, sandbraunen Filzkappen. Unterwegs schöne Felsreliefs und wieder Ruinen alter Feuertempel.

Eine Weiterfahrt Richtung Bender Abbas am Persischen Golf scheiterte hinter Rudbar an der schweren Felspiste, die nur noch von einem hochbeinigen Geländefahrzeug zu meistern wäre. Nordöstlich von hier beginnt der Siedlungsbereich der Afschari, Schöpfer sehr heterogener, prächtiger Nomadenknüpfungen. Aus der Gegend des Niriz (Neyris)-Sees stammen hervorragende, den Ghaschghai ähnliche Teppiche. Die Afschari – wie die Turkmenen und Ghaschghai turkvölkischer Abstammung und ebenso türkische Dialekte sprechend – leben als Bauern, vereinzelt noch halbnomadisch. Unterwegs trafen wir auf ziehende Familien hier südöstlich von Schiraz ansässiger Arabi, die auch »Schiraz-Teppiche« herstellen.

Ab hier begann der große Rückmarsch. Gleich am Anfang platzte ein Reifen (Überhitzung); der Wagen kam – mit zerfetzter Decke – aber gut zum Stehen. Wir folgten zunächst befestigten Straßen zwischen dem Persischen Golf und den Ausläufern des Zagros-Gebirges durch das landschaftlich überwältigende Steppen- und Bergland der Ghaschghai und Chamseh, deren Knüpferzeugnisse der Prototyp der Nomadenteppiche sind. Ihren schwarzen Ziegenhaarzelten und Karawanentrecks, die verspätet noch dem kühleren nördlichen Hochland zustrebten, begegneten wir überall. Vorsichtig näherten wir uns ihren Lagerplätzen. Fotografieren ist riskant. Kleine Gastgeschenke schafften eine Verständigungsbasis mit freundlicher Atmosphäre inmitten von Kamelen, Pferden, Schafen und Ziegen. Bunteste Folklore um die liegenden Knüpfstühle eines Schuli-Clans mit halbfertigen Teppichen des Gabbeh-Typs, die Anklänge an die uns aus 1969 bekannten hellfarbigen, offen gemusterten Berberteppiche aus den marokkanischen Atlasgebirgen zeigen. Markant und liebenswert eine asymmetrische, unbeholfene Löwendarstellung, deren symbolische Bedeutung auf den sogenannten »Löwenteppichen« des Fars-Gebietes noch unzureichend erforscht ist.

Die Ghaschghai, ein aus Zentralasien (Kaukasus?) stammendes Turkvolk, zählen rund 300 000 Angehörige vieler Stämme, zum Beispiel Amaleh, Dare schuli, Kasch kuli, Turki. Ihre tribalen Ansprüche haben sie des öfteren mit Waffengewalt durchgesetzt (im Ersten Weltkrieg hatte der bekannte Konsul Wilhelm Wassmuss, der »deutsche Lawrence«, die Ghaschghai und Bachtiari gegen die Entente mobilisieren können).

Gerade am Beispiel der Sippenstruktur und des Feudalsystems der Ghaschghai zeigt sich, daß der Nomadismus als Lebensform eng mit einer archaischen Sozialordnung verknüpft ist. Hieraus ergibt sich zwangsläufig der vielfach abgestufte hierarchische Aufbau einer machtvollen Stammesorganisation, die eine starke Vertretung der Stammesinteressen ermöglicht. Ein Gegengewicht zu diesem vielgliedrigen Ghaschghai-Block zu erreichen, war auch der Anlaß für andere Stammeskonföderationen, insbesondere im südpersischen Raum (z.B. der Chamseh mit ihren ethnisch heterogenen Stämmen wie die Basari, Baharlu, Ainalu, Nafari und Arab-Scheibani). Ein entsprechendes faktisches Machtpotential bildet auch der vielstämmige afghanische Paschtunenblock. Die völkische und geschichtliche Kraft des Nomadentums wird am ehesten durch die Hunnen- und Mongolenzüge im 4./5. Jh. und später die militanten arabischen Nomaden des 7./8. Jh. – die den Islam ausbreiteten, das Großarabische Reich schufen und mit der Zertrümmerung des Römischen Reiches das Ende der Antike besiegelten – verdeutlicht.

Entgegen der sonst überwiegend klaren, einfachen und in geometrisch-linearen Formen großflächigen Musterung der Nomadenteppiche mit abstrakten bis stilisierten Motiven, zeigen die »Ghaschghai« häufig eine naturalistische Ornamentierung. Auf ihre aus vielen variablen Blüten (mille fleurs), Tieren (oft eine ganze Arche Noah) und Botehs bestehenden, meistens um große Mittelrauten verteilten Streumuster läßt sich trefflich das Wort vom »Horror vacui orientalis«, die Abneigung des Orientalen gegen musterfreie Flächen, anwenden. Seltener als diese All-over-Ausmusterung (unendlicher Rapport) sind die mit Blüten- oder Boteh-Zeichen gefüllten längsgestreiften Teppiche oder figuralen Bildteppiche dieser Wanderhirten, deren glanzreiche Knüpfungen schon 1972 nur noch partiell mit naturgefärbter Wolle gefertigt wurden. Das Grundgewebe bestand aus handversponnener Schafwolle mit Ziegenhaar.

Bei den Bachtiari zu Gast

Ein unbarmherziger Feuerball (48° C) war wieder unser ungeliebter Teilnehmer. In der Gegend von Behbehan stießen wir auf die ersten Bachtiari-Clans. Die Männer erkenntlich an ihren runden, schwarzen Filzkappen, weiten, schwarzen Hosen und einem kurzärmeligen Umhang. Auf einem nördlichen Abstecher in die Ausläufer des Bachtiari-Ranges begegneten wir häufig ihren von Bergziegenherden umweideten schwarzen Zelten. Die Bachtiari, ein tapferes und stolzes Bergvolk, leben hier auf den Hochflächen des schwer zugänglichen Zagros-Gebirges der südpersischen Provinzen Luristan und Chuzistan. Rassisch mit den Luren verwandt, heißen sie auch die Großen Luren. Sie sprechen kurdische Dialekte (persisch) und haben eine feudal-patriarchalische Stammesverfassung. Nicht immer staatsfromm, haben sie sich eine gewisse Unabhängigkeit weitgehend bewahren können. Ihre Gastfreundlichkeit (ebenso wie die der Ghaschghai und Kurden), gerade gegenüber den »Alemanya«, ist ehernes Gesetz.

In einem abgelegenen Gebirgstal waren wir Gäste eines Bachtiari-Edlen, der uns zu Ehren den Kopf eines geschlachteten Hammels servieren ließ mit besonderem Hinweis auf Augen, Hirn, Ohren und den Fettschwanz als Delikatessen. Dazu gab es Reis und Tiri, ein wohlschmeckendes, dünnes Fladenbrot, und erfrischenden Pfefferminzblättertee. Bei unserem Rundgang durch die Kala verbargen sich die scheuen, aber koketten Frauen kreischend in den Gängen, um sich kurz darauf wieder neugierig hervorzuwagen, so daß wir glücklich einen Zipfel orientalischer Schönheit erhaschen konnten. Fern jeder Emanzipation, bedienten sie sich erst nach uns der übriggelassenen Reste des Mahles. Königinnen waren sie aber an den liegenden Knüpfstühlen, auf denen die so geschätzten kraftvollen Nomaden- und Bauernteppiche entstehen. Aus bester, von Bergschafen stammender, glänzender Wolle mit teilweise noch natürlichen Farben, haben sie durch ihre Mustervielfalt (florale Garten- und Feldermotive mit Lebensbäumen, Vögeln und Blumenarrangements) von jeher einen besonderen Liebhaberkreis. Heute hochgehandelte Spitzenqualitäten sind die Bibibaff und Tschaleh schotor. Auf unserem Rückweg trafen wir auf einige der hier gezogenen und wegen ihrer Ausdauer und Härte gerühmten Araberpferde.

Zwischen Pipelines und Lurenzelten

Wieder auf der Hauptstraße, weiter parallel zum Persischen Golf, vorbei an den leuchtenden Fackeln der Ölquellen, Pipelines und Raffinerien nach Ahvaz, einer betriebsamen Handelsstadt. Ein schwülheißes Klima hatte das kleine Hotel, in dem wir mit lauten arabischen Händlern zusammengepfercht waren, trotz eines müden Ventilators in eine Sauna verwandelt. Dann das alte Schusch (Susa), die wohl älteste Stadt Persiens und ehemalige Winterresidenz der Achämenidenkönige. Bemerkenswert die von den Einheimischen verehrte Grabkapelle des Propheten Daniel, ein von französischen Archäologen errichtetes Museum und die weitläufigen Ruinenfelder. Zwischendurch immer wieder unfreundliche Polizisten und finstere Mollahs. Weiter nördlich durch das Land der wilden und wehrhaften Luren, dessen Betreten noch bis vor einigen Jahrzehnten selbst für Armee-Einheiten gefährlich war.

Dieser in den Provinzen Luristan, Chuzistan und Fars beheimatete, sehr vielgliedrige Volksstamm der »Kleinen Luren« (insgesamt über eine halbe Million) ist eine den Kurden und den Bachtiari verwandte Rasse indoarischen Einschlags. Wie diese sprechen die Luren persische Dialekte. Sie sind vorwiegend als Bauern seßhaft, teilweise noch nomadisierend. Ihre kraftvollen Teppiche (wie Luri, Kohi) bevorzugen bei eher hohem Flor (und mitunter herb-düsteren Farbtönen) vorwiegend geometrische Zeichnungen mit Polygonen, Hakenrauten und Rechtecken. Sie zeigen oft Anklänge an türkisch-kurdische Muster, aber auch die der Bachtiari und Ghaschghai. Luristan wurde bekannt durch die 1930, insbesondere in Harsin und im Puscht-e-koh entdeckten lurischen Bronzen (etwa 2000 v. Chr.), die nach vielen Grabplünderungen heute Renommierstücke zahlreicher Museen sind.

Auf einem 250-km-Abstecher über eine gut ausgebaute Straße durch den Zagros-Range nach Choramabad, einem malerisch in den Bergen von Luristan gelegenen größeren Ort mit alter Zitadelle, trafen wir erstmals auf Angehörige der sehr differenzierten Schahsawan-Stämme (insgesamt etwa 40 Taifehs), deren Frauen an den häufig orangefarbenen Gewändern zu erkennen sind. Türkischen Ursprungs, leben sie – seßhaft bis nomadisierend – weit verstreut in den nördlich von hier gelegenen kurdischen Landen. Ihre Stammsitze liegen im Bereich der weitläufigen Moghan-Steppe in Nordost-Aserbeidschan. Von hier unternahmen sie früher ihre Sommerzüge in den Kaukasus, heute in die Gebirgszonen zwischen Meschkin und Ardebil, während die Winterquartiere im Tiefland bleiben. Inmitten des bunten Basartreibens fanden wir auch Schahsawan-Teppiche, überwiegend als Kenarehs und Chordschins, die – hauptsächlich in Sumach-Technik – viele »Männchen« und oft einen ganzen Haustierbestand zeigen. Von Sammlern begehrt sind auch ihre alten, wunderschönen, den Kaukasen ähnliche Mafrasch.

Das Nomadentum des Zagros-Gebietes ist durch staatliche Zwänge und Industrialisierungsprozesse (Erdöl am Persischen Golf) seit dem letzten Weltkrieg zunehmend in Verfall geraten. Die im Gefolge der Infrastrukturmaßnahmen, der regionalen Ausweitung der Städte und der Industrialisierung eintretenden kultur- und wirtschaftsgeographischen Wandlungen haben auch hier das Nomadenwesen fundamental getroffen.

Erlebnisse an der persisch-irakischen Grenze

Zurück in kurdischen Landen, große Enttäuschung abends vor der irakischen Grenze. Das einzige akzeptable »Hotel« in Schahabad-Gharb war von japanischen Erdölingenieuren belegt. Orientalisches Hinhalten, Proteste unsererseits. Überraschende Lösung: wir durften im nahegelegenen Camp einer persischen Bohrmannschaft übernachten. Man überließ uns gastfreundlich inmitten von Landrovern das Zelt des Lagerältesten mit Feldbetten. Einen Steinwurf von uns entfernt flackerten die Lagerfeuer der benachbarten Kurdensiedlungen vor einer Bergkulisse, über der die silbrige Mondsichel stand. Schakalgeheul und wütendes Antwortbellen der Hirtenhunde verstärkten die besondere Atmosphäre der Grenznähe.

Nachts schrecke ich auf. Die Lagerstatt Edeltrauds ist leer. Beunruhigt springe ich hinaus. Endlich gewahre ich sie am Rande des Camps kauernd. Auf meinen Anruf nur ein warnendes Zischen. Mit einigen Sprüngen bin ich bei ihr. Sie berichtet zitternd, daß ihr gegenüber im Zeltschatten ein großes Tier, anscheinend ein Bär, sitze. Immer, wenn sie sich zur Flucht wende, erhebe sich auch der Bär. Während dieses wiederholten Auf und Nieder starren sich beide unentwegt an. Eine delikate Situation. Auch ich beteilige mich am gegenseitigen Anstarren. Was tun? Den Gedanken an einen in dieser Gegend nicht seltenen Bären verwerfe ich, da man auf fünfzehn Meter Entfernung sein Schnaufen hören müßte. Schließlich identifizieren wir das dunkle Gegenüber als riesigen, zottigen Hirtenhund, offenbar der benachbarten Nomaden. Langsames Zurückschleichen zum Zelt. Das Tier folgt geduckt im gleichen Tempo. In dem Augenblick, wo wir das Zelt von innen zuschlagen, ist auch der Hund mit mächtigen Sätzen heran und gleich darauf wie ein Spuk verschwunden. Spiel, Neugierde oder? Choda midaneh! (Allah allein weiß es).

Hinter Sar-e-pol-e-zohab, ein wegen seiner akkadischen Felsenreliefs (2. Jahrtausend v. Chr.) bedeutendes Kurdendörfchen, neuer Höhepunkt im Grenzort

Kasr-e-schirin (antike Tempel- und Burgruinen), einem fruchtbaren Oasen- und uralten Karawanenumschlagplatz auf dem Handels- und Pilgerweg nach Bagdad und Kerbela. Mitten im persisch-irakischen Grenzkonflikt wie Wallensteins Heerlager. Überall bärtige, beturbante Kurden, behängt mit Patronengurten, langen Dolchen und Gewehren. Einer stellte sich neben den von mir anvisierten aushängenden Teppichen unaufgefordert in Fotopositur. Gut für uns beide. Gleich darauf kehrte er mit zwei Gendarmen zurück, die mich zum Mitkommen aufforderten. Verständigungsschwierigkeiten. Wir versuchten, mit dem inzwischen erreichten Wagen einfach loszufahren. Vergeblich. Die Soldaten sprangen vor den Wagen. Eskortiert ging es zur Kommandantur. Höfliches Verhör mit Drinks durch einen Zivilbeamten, der auf das strenge Fotografierverbot im militärischen Grenzgebiet hinwies. Wir konnten sogar den Film behalten (den ich vorsorglich im Wagen ausgetauscht hatte). Schuld waren wieder einmal die Teppiche – diesmal als Fotoobjekte.

In Bagdad am Tigris

Auf der Weiterfahrt Richtung irakische Grenze passierten wir im Gelände überall aufgefahrene Panzer und getarnte Geschütze. Kein Grenzverkehr. Sollten unsere Befürchtungen einer Grenzsperre zutreffen? Am persischen Kontrollpunkt versuchte ein Offizier uns die Grenzpassage trotz vorhandenen irakischen Visums auszureden. Stundenlanges Verhandeln. Endlich wurden die verrosteten Ketten von dem großen Eisentor gelöst. Wir fuhren ins Niemandsland. Flimmernde, brütende Hitze. Auf der irakischen Seite waren die Grenztore auch verrammelt. Erneutes, langes Palavern durch die Eisenstäbe. Ein irakischer Offizier befahl schließlich unseren Durchlaß. Grenzformalitäten und Fragen mit orientalischer Weile (die Eile ist vom Scheitan!). Gott sei Dank – wegen der mitgeführten Handfeuerwaffen – keine Wagenkontrolle. Auf schlechter Schotter- und Asphaltstraße, vorbei an besetzten irakischen Stellungen im Gelände, ging es durch eine trostlose Gegend mit Lehmhütten und großen Ziegelbrennereien. Nach viermaligen Paßkontrollen innerhalb von drei Stunden trafen wir endlich unter den letzten Sonnenstrahlen ermattet und durstig in Bagdad am Tigris ein.

Blütezeit Bagdads war unter den Abbasiden (insbesondere Harun al-Raschid im 9. Jh.), die 750 die Dynastie der Omaijaden (seit 661 nach den ersten vier rechtgeleiteten Kalifen Abu Bakr, Omar, Osman und Ali, die noch Gefährten des Propheten waren) abgelöst hatten. Damit wurde die Hauptstadt des muslimischen Araberreichs von Damaskus (vorher Medina) nach Bagdad verlegt und blieb es auch im 11. Jh. unter den Seldschuken. Seit 1958 Hauptstadt der irakischen Republik. Nach vielen Verwüstungen und Plünderungen durch Mongolen, Türken und Mamelucken neben dem modernen Stadtteil heute nur noch wenige historische Stadtreste. Etwas fanatisierte, nicht unbedingt deutsch-freundliche Atmosphäre. Wir landeten im ersten klimatisierten Hotel dieses brütenden Hexenkessels. Die Gerüche in den Suks ließen den Magen revoltieren: Abfälle, faule Fische und Hammelfett. Lastenträger, schreiende Esel, streunende Hunde, Kadaver und verbeulte Taxis. Viel Sächsisch (DDR) und Russisch. Lärmendes Gedränge in den von der Sonnenglut aufgeheizten Straßen und Gassen bis nach Mitternacht. Viele kleine Garküchen. Bakschisch groß geschrieben. Außer süßen Limonaden und schlechtem, teuren Bier keine Flaschengetränke.

Ein gemietetes Taxi fuhr uns kreuz und quer, nicht aber in die begehrte Altstadt. Als wir zum drittenmal dieselbe Kreuzung passierten, ließ ich stoppen. Der Fahrer hatte keine Lizenz für die Altstadt. Am Ufer des pfeilschnellen (etwa 150 m breiten) Tigris Ratten und müßiges Levantinervolk. Türkis- und bernsteinfarbene Gebetsketten glitten durch die Finger. Es wurde geschwätzt und gehandelt. Wo war die alte Herrlichkeit Mesopotamiens, der Sumerer, Assyrer, Ninives und Babylons sowie des alten Hamurabis geblieben? Man trifft sie alle in dem sehr bedeutenden »Iraki Museum«. Nachts rhythmisches Klatschen. Große Demonstration im Laufschritt durch die Straßen. Als ich zum Wagen wollte, versperrte ein Polizist den Hotelausgang. Man proklamierte die Enteignung der britischen Erdölgesellschaften. Wir bangten um unsere morgige Abreise.

Durch die Syrische Wüste nach Westen

Sehr früh verließen wir Bagdad. Samarra, Kufa, An-Nadschef, Ur, Kerbela, Babylon blieben wegen der anhaltenden Unruhen abseits. Wir mußten Richtung Mittelmeer. In Al-Falludja erster Stop. Wieder Zusammenrottung von Männern. Nach Kontrolle lotste man uns unter Polizeischutz auf Umwegen durch den Ort. In Ramadi – wo wir zum zweitenmal den Euphrat überquerten – abermals Halt durch eine Demonstration. Auf unseren nachdrücklichen Protest wurde endlich der Weg freigegeben. Weiter auf mittelprächtiger, teils leicht versandeter Asphaltstraße längs der großen Pipelines durch die Syrische Wüste. Als die Sonne am höchsten stand (46° C), machten wir Halbzeit nach 450 km in Rutba. Vorzügliche Bohnensuppe französischer Art, Melonen und Kaffee. Gute Nachricht von einem amerikanischen Diplomaten: wir könnten Amman auslassen.

So rollten wir hinter Rutba auf neu ausgebauter Wüstenpiste direkt nach Damaskus. Unterwegs sichteten wir in der Wüste einige größere Kamelherden und einmal eine Kamelkarawane mit etwa 200 Tieren. An der syrischen Grenze sehr höfliche Abfertigung mit serviertem Tee und Kaffee. Wiedersehen mit dem von uns 1967 besuchten Damaskus, dessen wechselvolle Geschichte uns gegenwärtig wurde. Echtes orientalisches Gepräge in den großen Suks. Ein unwiderstehlicher Teppichduft zog uns in eine bestimmte Richtung. Die Basarläden boten damals noch eine Vielfalt alter Teppiche aus Anatolien und Persien. Auch besonders schön bestickte Kurdenkelims (sog. »Hochzeitsteppiche«), aus dem nordirakischen Mossulgebiet, die einen ganzen Tagesablauf im Leben einer Kurdenfamilie (mit Kamelen, Wasser holenden Frauen, Moscheen, auf Pferden aufgesessenen

Kurdenkriegern, Schafen u. a.) zeigten. Später Besuch der gewaltigen, oft kopierten Omaijadenmoschee (8. Jh.) mit dem Grab Johannes des Täufers. Dann die lange »Gerade Straße«, die antike »Via recta«, auf der einst der Apostel Paulus wandelte (Apostelgeschichte 9,11).

Wir unterbrachen noch einen Tag im berühmten Baalbek mit seinen großartigen, mächtigen Tempel- und Palastruinen. Dann am Sonntag über die beiden Libanongebirge nach Beirut. Reisepech: Wieder geschlossene Basars und Werkstätten, großer Familienauslauf, nachdem wir am Freitag schon muselmanischen »Sonntag« in Damaskus hatten. Den Teppichbeflissenen war das damalige Beirut mit seinen übervollen Freihafenlägern als größter Teppichumschlagplatz der Levante bekannt. Wir benutzten die erzwungene Pause des Wochenendes zur eigenen Auffrischung und Überholung des braven Fahrzeuges. Herrliche, ungewohnte Stunden am Mittelmeer der alten Kreuzfahrer. Abends erlebten wir diese prickelnde Hafenstadt, modern und doch exotisch, auf ihren gepflegten Boulevards. Wir leisteten uns in unserem zerknautschten »Sonntagsstaat« einen Besuch des exquisiten, international gerühmten »Casino du Liban« auf einer Anhöhe über dem Mittelmeer. Ein Weltklasseprogramm im Pariser Revuestil.

Von hier aus erreichten wir dann in sieben Tagen – vorbei an Byblos (das alttestamentarische Gebal), eine der ältesten Städte der Welt – wiederum durch Syrien und quer durch die Türkei, den Bosporus. Zuvor noch ein Abstecher nach Bogâzkale (200 km ostwärts Ankara) mit seinen hervorragenden Hethiter-Kultstätten (1600 – 1200 v. Chr.): Hattusa (Burgberg), Königstor, Löwentor und das hethitische Felsenheiligtum Yazilikaya.

Kurz nach Verlassen Beiruts verfiel ich in eine ungewohnte Teilnahmslosigkeit. Erbrechen und Fieber, das sich beim Transit durch die Türkei infolge Hitze, Staub, Benzingestank und die Wagenstöße auf 41° erhöhte. Schwitzen, Frieren und Schüttelfröste lösten sich ab. Offenbar irgendeine undefinierbare Infektion, die mich trotz mehrtägiger starker Antibiotika-Stöße erst zwei Wochen nach Rückkehr verließ. Bulgarien, Jugoslawien und Österreich nahm ich – von Edeltraud sorgenvoll behütet und durch Günter Sinn in der Wagenführung voll ersetzt – in der Horizontalen nur noch delirienhaft wahr.

Und Mohammed ist ihr Prophet!

Diese Reise durch die Stammeslande der Kurden, Jürük, Belutschen, Afschari, Ghaschghai, Chamseh, Bachtiari, Luren und Schahsawan hatte unseren Blick für die Freiheit und Unabhängigkeit des Nomadendaseins geweitet, aber auch das Verständnis für seine Härte und Nöte vertieft. Sie hat uns reiche Erkenntnisse über Leben und Wirtschaften der wandernden Hirten und über Tradition, Kultur und Technik ihrer textilen Schöpfungen eingebracht, vor allem unsere heftige Zuneigung zu den »Volksliedern aus geknüpfter Wolle« noch verstärkt. Jene Nachkommen großer Namen einte einst das Banner der Kalifen, deren Welt ihres früheren

Glanzes entkleidet ist. Geblieben ist die Glut ihrer reichen Wissenschaften, großartigen Künste und kraftvollen Sinnesfreuden, die aus hoher Sarazenenzeit noch zu uns herüberstrahlt. Geblieben ist auch der Geist des Propheten als verbindende Kraft in der neuen dritten Welt, die heute von revolutionären und totalitären bis militanten Reislamisierungsbewegungen, von den heftigen Wehen einer Besinnung auf den »wahren« (fundamentalen) oder auf den »aufgeklärten« (fortschrittlichen) Islam erschüttert wird. Hier liegt die große Chance der muslimischen Völker, deren alten Kulturen nachzuspüren uns Antrieb war auf dieser Kreuzfahrt durch die Lande der schwarzen Zelte.

Das Nomadentum als Entwicklungsproblem

Ist das Nomadenwesen schlechthin schon eine extreme Lebensform, so lassen sich angesichts der differenzierten Umweltbedingungen die Sensibilität und die engen Toleranzen nomadischen Wirtschaftens und seine Krisenanfälligkeit ermessen.

Anpassungsprobleme der Nomaden

Jede Schrumpfung der traditionellen Nomadengründe erzwingt eine Verlegung der Wanderrouten und damit eine Änderung nomadischer Wandergewohnheiten. Andererseits ist mit temporären Ansiedlungen häufig eine Umstellung von der Kleintier- (Schafe, Ziegen) auf die Großtierhaltung (Rinder, Kamele) verbunden. Das kann wiederum zu festen Aufstallungen für das Vieh zwingen, wodurch die Mobilität und damit letztlich die Freizügigkeit der Wanderhirten weiterhin eingeschränkt wird. Schließlich gewährleisten die ungleichen regionalen Kapazitäten von Sommer- und Winterweiden (Afghanistan z. B. 3:1) und ihre damit verschiedenen Tragfähigkeiten keinen ausgewogenen Wanderzyklus. Dadurch entstehende Engpässe zwingen zu entsprechenden Notmaßnahmen: Verkauf von Vieh vor dem Winter, Ansiedeln am Rande von Dorfschaften und Hortung von Notvorräten etc. Hinzu kommt, daß die Wanderungen in Anpassung an neue Umweltfaktoren (Naturereignisse, Unglücksfälle, obrigkeitliche Eingriffe etc.) ein ständiges Umdisponieren und Improvisieren verlangen. Dies gilt z. B., um den Weidezyklus saisonal einhalten zu können oder mit anderen Nomadeneinheiten beim Weidegang bzw. bei Engpässen auf dem Marsch (Brücken, Furten, Pässe und Pisten) nicht zu kollidieren oder um termingerecht den Anschluß an einen herbstlichen Ackerbau oder rechtzeitig die sicheren Winterquartiere zu erreichen.
So haben sich die Nomaden im Rahmen des laufend wechselnden Milieus fast täglich mit neuen, oft nicht voraussehbaren und kalkulierbaren »Gefechtslagen« auseinanderzusetzen, um Störungen, Schäden oder Verluste abzuwenden. Der von Natur her traditionsgebundene, konservativ eingestellte Wanderhirte reagiert auf Fremdeinflüsse zunächst abwartend oder beharrend bis abwehrend. Kann er sich zwingenden Einwirkungen gegenüber nicht durchsetzen oder ihnen nicht ausweichen, so versucht er sich anzupassen. Diese Anpassung (Adaption) erfolgt umso flexibler und williger, als er die Unausweichlichkeit oder den Nutzen für sich erkennt (wirtschaftliche Motive). Diese Anpassungsfähigkeit hat sich gerade am Wandel zur heutigen komplexen Nomadenwirtschaft erwiesen, wie z. B. Über-

nahme komplementärer Tätigkeiten, Wechsel von der Tausch- zur Geld- und Kreditwirtschaft, Einsatz des Automobils, Erwerb von Boden und partieller Feldbau.

Alle raumgestaltenden Ereignisse oder sonstigen Einwirkungen in den nomadischen Lebensraum und Lebensablauf – mögen sie technisch-wirtschaftlich, zivilisatorisch oder kultur-geographisch auch nützlich und fortschrittlich sein – berühren die nomadischen Lebensnormen und verändern ggf. überkommene Stammesbräuche und tradierende Wirtschaftsformen. Sie können zu einem Verlust von Weide- und Ackerland, von Vieh, Ernten und auch Menschen und damit des Wirtschaftspotentials der Wanderhirten führen. Flankierende staatliche Integrationstendenzen verstärken diese negativen Folgen.

Strukturwandlungen

Je nach Umfang und Intensität der Bedrohung oder Beeinträchtigung nomadischer Existenzgrundlagen haben die nomadenrelevanten Umwelteinflüsse strukturelle Änderungen zur Folge:

- Übernahme zusätzlicher kompensierender Tätigkeiten (z.B. Dienstleistungen, weitere Transport- und Handelsaufgaben oder Finanzierungsgeschäfte),
- Erwerb von Boden zur agrarischen Eigennutzung oder zur Verpachtung,
- Wandlung vom permanenten zum temporären Wanderhirtentum,
- Übergang von der vollnomadischen zur halbnomadischen oder einer transhumanzartigen Nomadenform oder
- unter völliger Aufgabe nomadischer Traditionen Seßhaftwerden und Eingliederung (oft mit Übergang zur Oasenwirtschaft).

So bewirken extreme Umweltzwänge, die mit lebenswichtigen Belangen der Nomaden kollidieren, eine grundlegende Wandlung und Auflösung alter nomadischer Daseinsformen mit einem Zerfall ethnischer Bindungen bis zu einem Strukturwandel des Nomadenwesens. Über primäre wirtschaftliche Einbußen hinaus wird damit in diesem Stadium der Entnomadisierung oft auch der soziale und kulturelle Abstieg eingeleitet, wenn sich unabhängige und wohlhabende Herdeneigentümer zu artfremden und einfachsten Dienstleistungen verdingen müssen und verarmte Nomaden das Stadtproletariat rekrutieren. Eine Renomadisierung (Rückkehr zum traditionellen Nomadismus) ist nur in seltenen Fällen erfolgreich.

Bedingt die umweltbestimmte Wirtschaftsform das Nomadenwesen, so ist letzteres Folge, nicht Ursache. In dieser Kausalität stellt sich daher auch nicht die psychologische Frage nach einer Vorliebe der Nomaden für das Wandern oder einer Abneigung gegen die Seßhaftigkeit. Insoweit sind auch ein selbstbestimmtes

Seßhaftwerden der Nomaden und eine politisch diktierte Ansiedlung nicht dasselbe. Die Bereitschaft der Wanderhirten zur Seßhaftigkeit wird verstärkt, wo der Weidezyklus nicht mehr funktioniert, der nomadische Lebensraum also entscheidend eingeengt wird, und der Übergang ein besseres Milieu (mit zunehmender Prosperität) verspricht. Der Nomade wird dabei die Notwendigkeit umso eher bejahen, als er die Ansiedlung, also den Erwerb von Boden und die stationäre Tätigkeit, als wirtschaftlichen Erfolg und nicht als sozialen Abstieg oder Notlösung bucht.

Schwierigkeiten der Lösung

Im Gefolge einer auf Modernisierung in Gesellschaft, Wirtschaft und Infrastruktur abgestellten Entwicklung der Heimatstaaten der Nomaden besteht grundsätzlich die Tendenz, das Nomadenproblem durch Pazifierung und Seßhaftmachung der Wanderhirten, die als anachronistische bis parasitäre, d. h. anomale Erscheinung gelten, zu bewältigen. Die Folge ist dann oft eine Art Reservatspolitik, die das Nomadentum räumlich beschränkt und nur noch als eine Übergangsform zum Status der als fortschrittlich angesehenen Ansässigkeit duldet. Die Schwierigkeit der Aufklärung von Nomadenfragen beruht sowohl auf der Entlegenheit und Unwegsamkeit der Nomadenreviere, auf ihrer infolge der Mobilität unzureichenden administrativen und statistischen Erfaßbarkeit, auf sprachlichen Verständigungsschwierigkeiten und auf der mißtrauischen, zurückhaltenden bis verschlossenen, fremdenscheuen bis fremdenfeindlichen (nicht feindseligen!) Haltung der Nomaden, als auch auf einer allgemein geringen Werteinschätzung des Nomadentums und seiner angestammten Traditionen. Nicht nur durch die politischen Instanzen. Im Verein mit einer Fehleinschätzung des sozialen und wirtschaftlichen Entwicklungspotentials des Nomadentums führt dies zu einer fehlkonzipierten oder unkontrollierten Nomadenpolitik der einzelnen Entwicklungsländer.

Die unterschiedlichen Ziele und Mittel einzelstaatlicher Nomadenpolitik müssen sich generell an der entwicklungspolitischen Fragestellung orientieren: Subventionierung, Substituierung oder Integrierung der Nomaden? Das Nomadenproblem ist gegenwärtig das große Konfliktpotential vieler Staaten mit nomadischer Tradition, die den Schwierigkeiten seiner Lösung, oft auch nur seiner Planung, durch eine dilatorische Behandlung dieser sozial-, gesellschafts- und wirtschaftspolitisch brisanten Frage ausweichen. Wenig wird von den einzelnen Entwicklungsländern zur fundierten Erforschung des Nomadismus getan. Man überläßt es einfach der weiteren Entwicklung, »die alles von selbst regeln wird«. Die Bedeutung des Nomadentums für Staat, Gesellschaft und Wirtschaft ist aber zu mannigfaltig und zu gewichtig, als daß man hier den gefährlichen Weg fatalistischer Selbsterledigung gehen darf.

Als Alternative zu einer Seßhaftmachung der Nomaden bietet sich zunächst eine ökonomische Modernisierung des Nomadentums (als Wirtschaftsform) an, wobei man an die Erfahrungen der vorbeschriebenen komplexen Nomadenwirtschaft (mit komplementären Tätigkeiten) anknüpfen kann. Zwangsläufig ergeben sich hieraus vielfältige Probleme der Anpassung nomadischer Lebensgewohnheiten (das Nomadentum als Lebensform), insbesondere auch der Motivation der nomadischen Bevölkerung für eine positive Mitwirkung.

Verspricht diese Anpassung an moderne Wirtschaftsformen, unter grundsätzlicher Aufrechterhaltung des Nomadentums, keinen Erfolg, so verbleibt – bei einer langfristig negativen Beurteilung der nomadischen Entwicklungsprobleme – als tiefgreifender staatlicher Eingriff die Seßhaftmachung der Wanderhirten und ihre politische und wirtschaftliche Integration.

Voraussetzung für eine weitsichtige und differenzierte Lösung der sich bei der Ansiedlung der Nomaden ergebenden vielfältigen Umgewöhnungs- und Anpassungsprobleme ist, daß die psychologischen und sozio-ökonomischen Bedingungen für einen Umwandlungsprozeß mit stufenweiser Eingliederung geschaffen werden. Langfristige Übergangsphasen (z. B. mit Halbnomadentum oder Transhumanz) sind dabei ebenso einzuplanen wie Maßnahmen zu einer sinnvollen und rentablen Integrierung der produktiven nomadischen Viehwirtschaft in den Gesamtkomplex der staatlichen Agrarordnung. Dies gilt aber auch für die soziale und wirtschaftliche Sicherung des einzelnen Nomaden und für seine kulturelle Neuorientierung.

Konnten wir die kleinen Bauten seßhaft gewordener Nomaden noch als »zu Lehm erstarrte Nomadenzelte« auffassen, so bedrückte uns dann doch der sich hieraus vollziehende Kulturwandel in seinen realen Beispielen: vom Reitpferd zum Stahlroß, von geknüpften Zelttaschen zum Holzregal, vom ledernen Wassersack zur Aluminiumkanne und von selbstgewebten Tüchern zur bedruckten Maschinenware. Oder Bilder am Rande einer Oase: sich niederlassende Belutsch-Nomaden, die vom Rücken ihrer Kamele Teile ihres neuen Wellblechhauses abladen. Endstation des Nomadenlebens! (Beobachtet bei Jakmach in Nordwestpakistan). Assoziierend zur Nomadenfrage stellt sich heute das zwar durch die einschlägigen UN-Konferenzen (UNCOD) definierte, aber noch ungelöste Problem des Vormarsches der Wüsten. Diese Desertifikation ist kein Naturgesetz, sondern die Folge menschlichen Fehlverhaltens. Überkultivierung, Überweidung, falsche Bewässerungsmethoden, Entwaldung, sonstiger Raubbau und Bodenerosionen produzieren in allen Teilen der Erde immer mehr Dürregebiete, die nicht nur Kulturland vernichten, sondern auch wirtschaftliche, politische und soziale Krisen in einem Teufelskreis von Landverbrauch, Wetter- und Klimaumschlag, Bevölkerungsexplosion und Hunger schaffen. Dies gilt nicht nur für die eigentlichen Wüstenzonen, wie z. B. die Sahara (die sich jährlich um über 10 000 km^2 ausbreitet; Stichwort: Sahel-Zone), sondern auch für die USA, UdSSR und die europäischen Mittelmeerländer. Alarmierend hierzu die Feststellung, daß 35 Prozent der Erdoberfläche von dieser Verödung bedroht sind, und damit die Existenz von ca. 850 Mio. Menschen, ohne daß bisher eine gemeinsame Strategie (mit Bereitstellung von ca. 100 Mrd. $) im Kampf gegen den Triumph der Wüste erreicht wurde. Die unabwendbaren Folgen einer Ausweitung dieser gewaltigen Umweltkatastrophe berühren auch das Nomadentum.

Man polemisiert in unseren Breitengraden heute viel mit den Schlagworten »Umweltschutz« und »Ökologie«, wobei die Bewältigung bestehender Umweltprobleme letztlich in der Abwägung von Ökologie und Ökonomie, also in dem Kompromiß zwischen Wünschenswertem und Erreichbarem liegt. Nichts anderes gilt aber für den zwangsläufig umweltbezogenen Nomadismus. Von dem Problem der Ökologie des Nomadentums – das etwa 1/80 der Menschheit auf 1/8 der Erdoberfläche als »Nomadenland« betrifft – wird, abgesehen von wissenschaftlichen Forschungsprojekten in den westlichen Industriestaaten, kaum gesprochen. So bleibt das Nomadentum ein dringendes, aber unbewältigtes Gegenwartsproblem. Die Zeit arbeitet gegen die freien und unabhängigen Nomaden, deren Stunde unaufhaltsam schlägt. Morgen oder übermorgen!

Die Straße der Kutschi

6000 km im Jeep durch Zentralafghanistan und die Duscht-e-margu

Die zu erwartenden organisatorisch-technischen Schwierigkeiten der im Mai/Juni 1973 unternommenen Reise durch die Steppen-, Wüsten- und Bergregionen Afghanistans machten eine intensive Vorbereitung mit einem dreiwöchigen Vorabaufenthalt von Edeltraud in Kabul erforderlich. Ihr oblag es auch, mir das Ende der Schneeschmelze und damit die Passierbarkeit der Pässe und den Rückgang des Hochwassers in den von uns zu durchquerenden Wildwässern des Hindukusch anzuzeigen. Grund für dieses individualisierte Meldesystem war ein unverzüglicher Beginn der Expedition, um noch vor dem Einsetzen der gefürchteten Sandwinde die südafghanische Wüste Margu hinter uns zu bringen.

Besonders langwierig gestaltete sich für Edeltraud das Chartern eines geeigneten Geländefahrzeuges mit einem afghanischen Fahrer und die Einholung von zwei erforderlichen Regierungspermits. Wertvoll waren dabei die Kontakte und Empfehlungen von Dr. Samad-Hamed, ehemaliger Vize-Premier von Afghanistan, in dessen Haus wir manche angenehme Stunde verbrachten. Die spätere hilfreiche Unterstützung unserer Reise durch vier Gouverneure und acht Subgouverneure in den kaum erschlossenen Landesteilen erwies sich als sehr nützlich.

Anreise mit Teppichfreuden

Von Amman/Jordanien kommend, legte meine Frau einen mehrtägigen Zwischenaufenthalt in Teheran ein, das uns als Ausgangspunkt für frühere Persienreisen wohlbekannt war. Abends im Bekanntenkreis der obligatorische persische Kaviar und Wodka. Tagsüber Bummel in der sich immer moderner entwickelnden City und Besuch des sich noch durch orientalisches Gepräge auszeichnenden Basars, dessen enorm gestiegene Teppichpreise (rund 40 Prozent gegenüber 1972!) zur Enthaltsamkeit zwangen. Edeltraud konnte jedoch zwei jener von Sammlern begehrten alten und seltenen Wagirehs (auch Ormak) – hier aus Bidjar – erwerben, die als kleinformatige Knüpfungen arttypische Muster- und Farbalternativen enthalten und Knüpfern wie Auftraggebern als Mustervorlage dienen.

Welcher Kontrast dagegen das noch sehr asiatische Kabul. Freudiges Wiedersehen mit Kirschbaums, bei denen Edeltraud eine sehr großzügige gastliche Aufnahme fand, und denen wir auch viele nützliche Kontakte verdankten. Erlebnisreich verlief eine mehrtägige (zwischen uns nicht abgesprochene) Alleinreise Edeltrauds in den Norden Afghanistans nach Kunduz und Mazar-e-scharif. Hoch zu Lorry inmitten von Paschtunen, Tadschiken und Usbeken. Auf den steilen Paßkehren lernte sie erstmals den »Danda pantsch« (der fünfte Gang) schätzen, ein Afghane (Beifahrer) mit einem mächtigen Knüppel! Vor jedem Halt auf einer gefährlichen Steigung springt er von der noch fahrenden Lorry und keilt mit seinem Knüppel ein hinteres Rad fest, damit das meist überlastete Fahrzeug mit den gewöhnlich defekten Bremsen nicht zurückrollen kann. Auf dem späteren Rückweg genoß Edeltraud dann in einem Sammeltaxi die muntere Geselligkeit von fünf Afghanen, wobei ein alter Kadi sieben Stunden lang den ganzen »Autoinhalt« mit Fistelstimme durch Erzählungen von dem vor vielen Jahren erlebten Königsbesuch in Kandahar unterhielt.

In den folgenden Wochen erlag meine Frau im Kabuler Basar erwartungsgemäß häufig den Verlockungen der Teppiche. Dabei ereignete sich folgende amüsante Teppichstory: Nach einem Besuch der deutschen Botschaft wurde Edeltraud von einem Taxifahrer infolge eines sprachlichen Mißverständnisses an einer ihr unbekannten Stelle des Stadtteils Schahr-e-nau abgesetzt. Fröstelnd und auch etwas bange irrte sie in den teils unbeleuchteten und in der Dämmerung nicht unbedingt sicheren Straßen Kabuls umher. Endlich ein Lichtschein, der sie zu einem kleinen Teppichbasar führte, wo sie zwei dunkelbebartete Turkmenen empfingen (wir nannten diese beiden Brüder später »die Alten vom Berge«). Am Kanonenofen aufgewärmt und sich im Lichtschein geborgen fühlend, vergaß Edeltraud beim Anblick einer kleinen Gebetsbrücke der Belutschnomaden unversehens ihr Verirrtenschicksal und ihr Auskunftsbegehren. Schnell begann ein intensives Preisfeilschen mit allen weiblichen Schlichen. Zunächst schienen die beiden Alten über ihr niedriges Gegenangebot entrüstet. Sie verwiesen auf die Schönheit der Farben und Zeichnung sowie die Seltenheit des Stückes. Meine Frau konterte mit dem Hinweis auf den geldlich unvorbereiteten Zufallskauf und ihre Sehnsucht gerade nach diesem Devotionalienstück Allahs. Dem Inaussichtstellen weiterer Käufe folgte nach einer Tasse Tschai eine schnelle Einigung in der Preisvorstellung der abendlichen Besucherin. In der Sorge, daß das schicksalhaft erworbene Gebetsstück am nächsten Tag anderweitig verkauft werden könnte, wartete Edeltraud auch noch die einstündige Ausbesserung schadhafter Stellen ab, wickelte sich die starken Schafgeruch ausströmende weiche Belutschbrücke um die Schultern und folgte dem ihr in die Dunkelheit gewiesenen Weg zu ihrem Logis. Am nächsten Tag revanchierte sie sich für die hartgerittene Preisattacke mit einem dankbar begrüßten Freundschaftsgeschenk.

Bezeichnend für die abenteuerlichen Verkehrsverhältnisse im Orient ist ein Intermezzo auf meinem Anflug von Frankfurt/Main nach Kabul. Nach der ersten planmäßigen Etappe mit der »Royal Jordanian Airline« über Istanbul, Amman nach Teheran startete ich am nächsten Tag mit der afghanischen »Ariana« von Teheran Richtung Kabul. Nach einer guten Stunde überflogen wir ein sich ständig ausdehnendes grün-blaues Gewässer, das keineswegs in die mir bekannte bergige Steppen- und Wüstenlandschaft Westafghanistans paßte. Meine anfängliche Verwunderung schlug bald in Unruhe um. Hatte der Scheitan hier seine Hand am

Steuerknüppel, wurden wir entführt oder war der Pilot von Sinnen? Nach »Land in Sicht« setzten wir dann über einer ausgedehnten Ölraffinerie zur Landung an. »Welcome in Saudi-Arabia« stand auf der Landungsbrücke. Wir hatten den Persischen Golf überflogen und befanden uns zu einem Zwischenstop in Dhahran, um einige amerikanische Ingenieure nach Kabul mitzunehmen. Dort kamen wir dann mit hundertprozentiger Verspätung an. Und dies mit einer Linienmaschine, ohne vorherige Ankündigung und ohne Unterrichtung der Passagiere während des Flugs. Meiner Frau hatte man inzwischen auf dem Kabuler Airport mitgeteilt, die Maschine hätte wegen Motorschadens eine unbestimmte Verspätung.

Als sie mich empfing, drängte sie trotz Dunkelheit sofort zu zwei Paschtunen im Teppichbasar Schahr-e-nau, den »beiden Freunden«, wo sich ein »märchenhafter alter Samarkandteppich« befände, den sie »beschlagnahmt« hätte. Die Sache dulde keinen Aufschub, da auch ein in Kabul residierender Botschafter und noch ein weiterer Kenner Kaufinteresse hätten. Los ging's! Nach einer langatmigen Begrüßungszeremonie fragte ich ganz beiläufig nach dem »Stück«. Die »beiden Freunde« schilderten ausschweifend die ganze Herrlichkeit dieses einmaligen »Samarkands«, ehe sie sich anschickten, den so heftig Gepriesenen strahlend vor mir zu entrollen. Auch meine Frau strahlte. Wir strahlten überhaupt alle! Hier konnte ich keine – preistaktisch gebotene – Gleichgültigkeit mimen! In der Tat, ein ganz außergewöhnlich schöner, musealer Teppich mit einer ungewöhnlichen und farbenprächtigen Ornamentik stilisierter Tiere – eine ganze Arche Noah – auf einem kraftvoll leuchtenden Dunkelblau. Helle Partien mit ungefärbter Kamelwolle in einem wunderbaren natürlichen Abrasch geknüpft. Etwa 2 x 3 m, über 100 Jahre alt und sehr gut erhalten. Kurz, ein Prachtexemplar! Aber kein »Samarkand« (Ostturkestan), sondern ein in diesem Maß sehr seltener antiker Teppich der Afschari (Südpersien).

Als »Samarkand« werden von den Afghanen häufig die nichtafghanischen, undefinierbaren Teppiche bezeichnet. Bei schärferer Befragung durch den Kenner zieht sich der Händler dann oft auf die Einschränkung eines »Samarkand Design« zurück. Hier bedurfte es allerdings keines »Rückziehers«. Der von uns als solcher erkannte Afschari ging in Ordnung – nicht aber sein Preis. Viel ließ sich nicht abhandeln. Als mir der enttäuschte Botschafter später auf einer Party der Deutschen Lufthansa scherzhaft meinen Fang mißgönnte, parierte ich mit dem ihm schon ungewohnten, unorientalischen Hinweis »Schneller sein!«.

Von den Afghanen nicht identifizierte Teppiche, z. B. persischer Provenienz, werden zuweilen auch als »Ghafgaz« (Kaukasus) benannt oder außergewöhnliche bzw. alte Turkmenenstücke einfach als »Bochara«, was sowohl eine Qualitäts- als auch Preishervorhebung bedeutet. »Bochara« (= »Buchara«) ist eine auch sonst im Handel übliche unqualifizierte Sammelbezeichnung für Turkmenenteppiche, obwohl dieser Ort einst nur Sammel- und Handelsplatz von den in der Umgebung nomadisierenden Tekke geknüpften hochwertigen, feinen Turkmenenteppichen war.

Noch eine Überraschung folgte. Als ich an diesem teppichseligen Abend das

Logis bei unseren Kabuler Freunden Kirschbaum betrat, fiel mir sofort eine dort auffällig auf dem Boden dekorierte, in herrlichen Farben brillierende Gebetsbrücke (Taghan-Turkmene) auf. Begeistert gratulierte ich dem Gastgeber zu diesem Erwerb und meinte zu Edeltraud, daß wir auch einmal ein derartiges Schmuckstück aufspüren sollten. Unter befreiendem Lachen ob der gelungenen Überrumpelung legte mir Edeltraud den kleinen Namazlik in die Arme und eröffnete mir feierlich, daß ich selbst der Eigentümer dieser Trophäe sei, die sie kurz zuvor geortet hatte. Allah ist nicht nur groß, sondern auch großzügig!

Ein anderes Mal rangen wir vergeblich um eine kleine Dschengal ardschuk-Gebetsbrücke mit einem arabisch geschriebenen Vers aus der 6. Sure des Koran. Die beiden Kabuler Basarinhaber, paschtunischen Geblüts, bezeichneten dieses vom Basargewölbe herabhängende sakrale Stück betreten als nur an einen Muselman, zudem nur an einen frommen, verkäuflich. Hier halfen keine Beteuerungen, alle Menschen seien Brüder und keine religiösen Thesen über einen gemeinsamen Gott, noch das Ringgleichnis aus Lessings »Nathan der Weise«. Wir mußten schließlich, einer höheren Erkenntnis folgend, Entsagung üben.

Nomadentrecks in Badachschan

Zwanzig Minuten schon wühlt unser russischer Jeep mit dampfendem Motor durch das deltaförmige Flußbett des Koktscha, eines der großen Wildwasser in der Berglandschaft Nordostafghanistans. Ein Strick verhindert das Herausrutschen des Geländegangs an dem altgedienten Fahrzeug. Der Auspuff gurgelt wie ein Motorboot unter Wasser, das auch im Innern des Wagens umherschwappt. Die Scheinwerfer erfassen nur Steine, Geröll und Kiesbänke, umrauscht von unzähligen Wasserläufen. Vom Gegenufer keine Spur. In der vollkommenen Finsternis haben wir jegliche Orientierung verloren, so daß ich den Wagen auf einer Kieselbank mitten im Fluß absetzen lasse.

> Vor vier Tagen hatten wir – meine Frau, unser afghanischer Fahrer Golam II und ich – feldmarschmäßig ausgerüstet Kabul verlassen, um uns nach Anfahrt von Kunduz durch usbekische Gebiete zunächst an den Ausgrabungsstätten des griechisch-baktrischen Aichanum (etwa 300 v. Chr.) am Amu darja aufzuhalten. Unmittelbar gegenüber den russischen Wachtürmen strenge Aufsicht und Fotografierverbot. Erlebte Geschichte an diesem in der Antike als Oxus bekannten Grenzfluß, dessen reißendes Gewässer Alexander d. Gr. 328 v. Chr. zum Kampf gegen die barbarischen Skythen überschritten hatte. Weiter auf schmalen Gebirgspisten über unglaublich steile Genickbrecherpässe mit schwindelnden Kehren und schroffen Abgründen sowie durch viele unwegsame Flußläufe, bis uns vor Faizabad, Hauptort der afghanischen Provinz Badachschan (Land des Salzes, der Lapislazuli und der Rubine), eine weggeschwemmte Brücke zur Umkehr

zwang. Auf dieser dritten Afghanistanreise trafen wir auf die großen Karawanentrecks der Kutschi, jene noch nach uralten Stammesgesetzen in Freiheit lebende Nomaden, die in Familienclans oder Stämmen im Frühjahr die heißen Wüstengebiete des Südens verlassen, um in monatelangen Zügen die Gebirgsgegenden des Nordens und des Zentrals aufzusuchen. Herren der Steppen und Wüsten! Eingedenk der uns von allen Seiten in Kabul erteilten Warnungen vor den »wilden Kutschi« verhielten wir uns bei den ersten Kontakten abwartend und vorsichtig. Mit gebotenem Einfühlungsvermögen und unter Vermeidung jeglichen provozierenden Verhaltens hatten wir keine harten Begegnungen. Im Gegenteil. Unterwegs passierten wir viele ihrer Läger mit bunter Folklore. Oft fuhren wir stundenlang im Schrittempo inmitten einer Karawane geschmückter Dromedare mit aufgesessenen verschleierten Frauen und Kindern. Daneben Pferde, Esel und Hunde. Obenauf auch angebundene Ziegen, Lämmer, Hühner und ab und zu ein neugeborenes Dromedar. Bewaffnete Männer – meist verschlossen und fotoscheu – liefen nebenher. Die einzelnen Trecks wurden von Kutschi-Fürsten oder Stammesältesten angeführt. Mit kleinen Gastgeschenken kamen wir mehrmals zu einer Verständigung und nutzten die farbenprächtigen Fotomotive.
Hin und wieder Ärger beim Überholen: Tiere rissen sich los, Lasten fielen herunter, Kinder schrien, Flüche der Männer. Aber keine Feindseligkeiten. Oft hatten wir Not, die frontal angreifenden Hirtenhunde nicht zu überfahren. Chaberdar! Vorsicht! Zuweilen überbrückte ein Lachen meiner Frau eine gespannte Situation, wobei oft ein freundliches Frauenauge unter dem Tschador zurückblitzte.
Eindrucksvolle Wirklichkeit: Am siebten Tag prallten wir in einem Gebirgszug des Hindukusch auf einer nur jeepbreiten, am Felshang klebenden Piste bergauf fahrend mit einer entgegenkommenden großen Kutschi-Karawane der Paschtunen zusammen. Ungeschriebenes Tribalrecht oder nomadisches Gewohnheitsrecht brachen (faktisch) hier staatliches Recht. Der Stärkere (die 200 Kamelstärken!) setzte sich durch. Wir mußten unseren russischen Jeep mit Hilfe der Nomaden stundenlang bis zu einer Ausweichstelle auf der Felspiste zurückschieben. Als »Bakschisch« erhielten wir zum Abschied vom Kutschi-Führer ein herrliches, mit Kaurimuscheln und alten Münzen besetztes Kamelzaumzeug.
Auf der Rückfahrt von Faizabad gewann unser Fahrer Golam aus einem inbrünstigen Gebet von etwa 20 Minuten neue Kraft für die schwierige Strecke. Durch diese nicht einkalkulierte Verzögerung überraschte uns die Dämmerung. Edeltraud riet zum Kampieren. Unserer persönlichen Sicherheit wegen wollte ich aber noch ein etwa 50 km entferntes Tadschikendorf erreichen. Beim Anfahren des breiten Flußbettes, das wir tags zuvor auf einem etwa 1 km langen Zickzackkurs zwischen den einzigen beiden passierbaren Furten durchquert hatten, herrschte schon tiefes Nachtdunkel.

Bereits nach etwa hundert Metern hatten wir uns inmitten des reißenden Wildwassers total verfahren. –

Nächtliches Zwangslager

Von dieser Kieselbank gibt es im Moment kein Vor und Zurück. Ein Zwangscampus in einer nicht undelikaten Situation, da wir uns auf der Durchzugsschneise der Kutschi befinden, und die Gefahr einer Begegnung mit einem räuberischen Stamm naheliegt. Die Nacht der langen Messer! Bei abgestelltem Motor und Scheinwerfer »aus« starren wir in das Dunkel. Edeltraud legt sich erschöpft in den Wagen. Golam und ich halten, flach neben dem Wagen liegend, Wache. Inmitten des Wassergetöses vermeinen wir ständig bedrohliche Geräusche zu vernehmen. Die Spannung verdrängt selbst den Juckreiz der nicht mehr zählbaren Sandflohstiche. Flußaufwärts hören wir eine nächtliche Karawane den Fluß passieren, entfernt flußabwärts Stimmen von Hirten, die ihre Herden durch den Fluß treiben. Golam rät, uns unter den Schutz eines Kutschitrecks zu begeben, was mir angesichts der ungeklärten Lage aber zu riskant ist.

Etwa Mitternacht geistert ein verdammter Scheinwerfer aus weiter Entfernung über das Flußbett und läßt jedesmal unseren Wagen aufleuchten. Nach einer weiteren Stunde angespannten Wartens hören wir Motorengeräusch und gewahren eine sich ebenfalls verirrte, einäugige Lorry, die, mit einer Traube von Afghanen behangen, sich behutsam durch das Flußbett windet. Nach vorsichtiger Annäherung und Verständigung lassen wir uns, im Kielwasser der Lorry folgend, von ihr langwierig durch das Labyrinth der Kieselbänke an das rettende Gegenufer durchlotsen. Nach einer etwa halbstündigen Fahrt halten wir in einem Steppengelände vor einem einsamen Tschaichaneh, in dem Golam sich todmüde niederwirft. Ich selbst stolpere schon am Eingang über mehrere auf dem Boden liegende Männer, so daß wir es vorziehen, den Rest der Nacht im Wagen zu verbringen. Ein riesiger Hirtenhund umstreicht knurrend ständig unser Fahrzeug, schiebt ab und zu seinen zottigen Schädel durch das vordere ausgehängte Fenster und starrt uns auf den Hintersitzen verlangend mit großen Augen an. Verständlich, nachdem wir später entdeckten, daß er gerade unter unserem Fahrzeug seine Knochen vergraben hatte.

Später leuchtet ein großer Vollmond. Jetzt gibt es keinen Schlaf mehr. 30 m hinter uns ziehen auf der Piste ununterbrochen Karawanen nach Norden. Die Stunde der Kutschi! Tagsüber lähmt die sengende Hitze jede Bewegung. Die Silhouetten der zottigen Dromedare stechen in den Himmel. Wir hören das Klirren des Nomadenschmucks und vereinzeltes Lachen der aufgesessenen Frauen, die sich im Paß-Rhythmus ihrer Reittiere wiegen. Nebenher Esel, Schafe und Ziegen. Die begleitenden Männer verständigen sich mit langgezogenen Pfiffen durch die Nacht. Der Glockenklang des buntgeschmückten, mächtigen Leitdromedars verrät jeweils die Spitze eines neuen Trecks. Dazu wie Gewittergrollen das laute,

Edeltraud Hollatz beim Teppichpalaver in einem Tschaichaneh am Amu darja (afghanisch-sowjetische Grenze)

Eine Stammesälteste reitet uns zur Begrüßung entgegen (Badachschan, Nordostafghanistan)

Die ewig wandern! Afghanische Kutschi-Karawane

Belutschenkinder hoch zu Kamel (reich verziert mit geknüpften Schmuckbändern, Kauri-Muscheln, Muskas = Amulettgeweben und Ziegenhaarquasten)

Bastjurten der Tadschiken auf einer Sommerweide oberhalb des Koktscha.

Schwarze Ziegenhaarzelte eines Paschtunenlagers auf den Hochflächen Badachschans

Letzte Lebewesen vor dem Einstieg in die »Wüste des Todes«

Durch das Labyrinth der Barchane im Bauch der Margu

Überraschende Begegnung in der Wüste (Berghang mit Trampelpfaden der Schafherden)

Belutsche mit Tochter in der südlichen Margu

Willkommensgruß durch Belutschenreiter in der Oase Kala Mahmud (Wüste Margu)

Zu Gast in Tschahar burdschak. Links der »gewichtige« Belutschen-Chan, rechts daneben der Sub-Gouverneur und ein Kadi; gegenüber Edeltraud Hollatz

Durch die faszinierende Farben- und Formenwelt Zentralafghanistans

Unser Jeep auf schmalen Maultierpfaden inmitten der Steilwände des Hindukusch

Geschmückte Hazara-Frauen auf der Zentralroute

Sommerlager der Tschar aimak im Safed koh (Zentralafghanistan)

Fotoscheue Nomadenfrauen vor ihren filzgedeckten Jurten

Der »Zeigefinger Allahs« am Harirud: Das berühmte Minarett von Dscham ▶

Neugierde geht vor Angst: Kinder der Tschar aimak vor ihrem Sommercamp

Endlich Wasser! Günter und Edeltraud Hollatz mit Fahrer Golam im Hindukusch

Hazara helfen uns beim Durchqueren eines Wildwassers im Hazaradschat

Bunt dekorierte Jurten auf einer Hochebene vor Tschachtscharan

Nomadenkinder in freudiger Erwartung: Es gibt Bonbons!

Familie der Tschar aimak vor ihrer Wirtschaftsjurte

Paschtunen auf den Hochebenen des Koh-e-baba (Zentralafghanistan)

Gesunde Kamelstärken der Kutschi überholen havarierten Jeep (Zentralprovinz Ghor)

stoßweise Knören der brunftigen Dromedarhengste. Wir werden nicht bemerkt und können daher ungestört beobachten. Unser »Wachhund« beißt sich zwischendurch mit den Nomadenhunden, Zeit genug für uns, kurz den Wagen zu verlassen. Etwa 3 Uhr ist der Karawanenspuk verschwunden. Wir vernehmen nur noch in Abständen aus der Ferne des aufgehenden Morgens den gellenden Verständigungsruf eines Kutschi-Führers. Karawanen der Nacht – ein unvergleichliches Schauspiel wilder Romantik!

Geisterstädte der Wüste

Nach dieser ersten Etappe und Auffrischung in Kabul erwarteten uns als weitere Hauptziele: Die Durchquerung der Dascht-e-margu (Wüste des Todes) in Südafghanistan bis zum Hilmandfluß und anschließend die Westost-Passage Zentralafghanistans von Herat nach Kabul, mit Abstecher zu dem berühmten ghoridischen Minarett Dscham am Harirud. Witterungsmäßig Ende Mai ein erzwungener Kompromiß zwischen dem dieses Jahr vorzeitig einsetzenden 120-Tage-Glutsandwind der Wüste Margu und der verspäteten Schneeschmelze und dadurch nur bedingter Passierbarkeit einzelner Pässe in den Bergregionen des Zentralmassivs.

Zunächst nach Tschahar burdschak, wo wir im südlichen Teil der Margu den Belutschen-Chan Sardar Golam Dastagir in seiner Oasenfestung aufsuchen wollten. Über das 500 km entfernte Kandahar erreichten wir zuerst Kala-e-bost (ehemalige Winterresidenz der Ghaznawiden unter Mahmud d. Gr., um 1000), vor dessen wuchtiger Zitadellenruine im Wüstensand ein herrliches, 26 m hohes Bogentor beredtes Zeugnis hoher frühislamischer Baukunst ablegt. Nahebei im Sandmeer die imposante Ruinenstadt Laschkar-e-basar. Unseren ursprünglichen Plan, Tschahar burdschak dem Hilmandfluß nach Südwesten folgend zu erreichen, gaben wir wegen der durch Hochwasser unpassierbar gewordenen einzigen Furt bei Rudbar auf. Auch von einem Direktgang (etwa 300 km) durch das Herz der Margu, die – völlig vegetationslos und ohne Leben – bei bis zu 60° C im Schatten (neben einem Saharateil, dem kalifornischen Death-valley, der persischen Wüste Lut und der Wüste Belutschistans) die höchsten Temperaturen aufweist, mußten wir auf dringendes Abraten der Hilmand Engineering Co. in Laschkargah absehen, da weder ein Zweitwagen zur Verfügung stand, noch ein kundiger Wüstensohn uns zu begleiten bereit war.

Die Todeswüste, in ihrer starren Öde teilweise dem Polargebiet vergleichbar, besteht vorwiegend aus Stein-, Lehm- und Schotterböden mit großen Dünenfeldern, deren riesige Barchane ständig vom Sandsturm verformt und bewegt werden. Die eingestreuten Gips- und Salzfelder sind Produkte menschlichen Mutwillens und Versagens. So war die Margu einst ein fruchtbares Land, die Kornkammer Afghanistans, deren Verwüstung auf die verheerenden Zerstörungen Tamerlans (um 1400), die Trägheit der Bevölkerung (unsachgemäße Unterhaltung der Abflüsse und Dämme) und die durch hitzebedingte schnelle Verdunstung der Bewässerung eingetretene Versalzung zurückzuführen ist. Hinzu kommen die Ziegen, der Fluch Asiens, die im Laufe der Jahrhunderte Bäume und ganze Wälder abgefressen und damit den Wasserhaushalt des Bodens fundamental gestört haben.

Von Juni bis September weht hier seit Jahrhunderten vom Tagesanbruch bis zur Abenddämmerung stetig der berüchtigte Bad-e-sad-o-bist ruz, der »Wind der 120 Tage« aus Nordnordwest. Dieser trockene, heiße Sandsturm aus der Karakum Russisch-Turkestans ist gefürchtet. Seine stickig-heißen Sandstaubschwaden treiben die Kumli (Wüstenbewohner) tagsüber unter die Erde. Diese Gegend der Wüstenprovinz Nimroz (Land des Mittags) mit rund 55 000 qkm (bei zwei Einwohnern je qkm) entspricht der 2 ½-fachen Größe Hessens. Ihr archäologisch interessantester Teil Seistan beherbergte vor rund 1700 Jahren die blühende Kultur der Sassaniden, deren antike Städte regelrecht im Sandmeer erstickt sind, aus dem viele dieser »Geisterstädte« mit Palästen, Festungen, Türmen, Bogen und Mauern noch heute wie Felseninseln herausragen. Die Todeswüste vermag als einziger nur der wasserreiche Hilmandfluß zu durchqueren, um sich schließlich in die brackigen und sumpfigen, sich ständig verändernden Endseen des Hamun zu ergießen.

Gefährliche Pannen

Jede Panne und jedes Steckenbleiben in der Tiefe der Margu können tödlich sein. Selbst in Not geratene Karawanen überlebten in der Gluthitze nur dadurch, daß einzelne Menschen den Tag im feuchten Bauch eines getöteten Kamels verbrachten und in den kühlen Nachtstunden weitermarschierten. Von afrikanischen Tuaregs wird berichtet, daß sie bei Wassernot einem Kamel die Zunge abtrennen und den blutenden Stumpf abglühen. Durch diese grausame, aber lebensrettende Methode entsteht ein lebender »Wasserspeicher«. Das so geopferte, furchtbar leidende Tier wird das in ihm befindliche Wasser nicht mehr durch Nahrungsaufnahme und Wiederkäuen verderben. Bricht das Kamel nach einigen Tagen zusammen, so kann dessen Wasserreserve noch mehrere Menschen über eine Woche lang am Leben erhalten. Die in Nordafghanistan beheimateten baktrischen Lastkamele, bis zu 650 kg schwer, tragen an einem Tag bis zu sechs Zentner Last über 20–40 km, je nach Gelände und Wetter. Sie besitzen im Höcker Vorratskammern aus Fettgewebe, die sich bei guter Nahrung stark ausbilden. Der von diesem Gewebe ausgeschiedene Wasserstoff verbindet sich mit dem eingeatmeten Sauerstoff zu Wasser, das es dem Tier ermöglicht, trotz zunehmender Abmagerung große Durststrecken bei erstaunlicher Leistungsfähigkeit zu überbrücken. Andererseits kann ein »Wüstenschiff« in wenigen Minuten nahezu hundert Liter Wasser trinken und soll Durststrecken von 20 Tagen überleben. Auf anstrengenden Wüstenmärschen kann es bis zu 25 Prozent seines Körpergewichts einbüßen.

Die unbarmherzige Hitze des Bodens und die direkte Sonnenbestrahlung gewähren keine lange Gnadenfrist. So scheidet ein schutzlos der Margusonne ausgesetzter Körper in einer einzigen Stunde etwa 1 l salzhaltiges Wasser aus; das bedeutet pro Stunde einen Gewichtsverlust von 1 Kilo. Auch wir nahmen in den heißen Gegenden Asiens viel Flüssigkeit (so vorhanden!) und zusätzlich mitgeführtes Kochsalz auf und schützten uns gegen Hitze, Schweißverlust und Sonnenbrand durch möglichst vollständige Bedeckung des Körpers und des Kopfes (Nacken!). Wüstenerfahrungen haben gezeigt, daß ein zielloses Entfernen vom steckengebliebenen Fahrzeug und den letzten Wasservorräten oder längere als Zweitagesmärsche zu je 10–40 km (nach Kondition, Gelände und Witterung) oft tödlich enden. Wir müßten uns im Notfall durch die anhaltend schwarze Rauchfahne eines abbrennenden Reserverades bemerkbar machen. Eine Rettung für uns wären vielleicht Schmuggler, die hier im Dreiländereck Afghanistan/Persien/Belutschistan ihre Schleichwege mit geländegängigen Wagen befahren (teils mit eingebautem Kühlschrank und Sprechfunk!). Befürchten die Schmuggler Verrat, werden sie allerdings eine Begegnung mit uns meiden.

Wir erreichten Tschahar burdschak von Nordost her, vorbei an den historisch bedeutsamen Ruinenfeldern bei Tschachansur und nach Übernachtung in Zarandsch, der Hauptstadt der Wüstenprovinz Nimroz.

Unter der Glutsonne der Margu

Die Nacht zuvor waren wir einzige Gäste des »Hotels« von Delaram, einem kleinen Lehmkasten gegenüber der alten Karawanserei, deren Betreten ein wuchtiges Holztor verwehrt. Wir kennen ihren Serai, von arkadenförmigen Mauernischen und zinnengekrönten Flachdächern umgeben, von einem früheren Besuch her. Noch vor einigen Jahrzehnten loderten dort nachts die Feuer der Karawanen, die in diesen, je einen Robat entfernten Wüstenfestungen Rast und Schutz fanden. Nach einer Abkühlung im Chaschrud und einem fetten Hammelreis verbrachten wir den Abend bei Petroleumbeleuchtung im Freundeskreis unseres Wirtes. Bei den monotonen afghanischen Gesängen machte eine Tschilim die Runde. Wir zogen dem beißenden Qualm jedoch das Tschai-Schlürfen vor.

Das beklemmende Schweigen aus der Wüste hinter uns gemahnte an die schweren nächsten Tage. Die in den Lehmwänden aufgespeicherte Tageshitze und ein bis etwa 2 Uhr anhaltender leichter Sandwind hielten den Schlaf von uns fern. Heraus konnten wir nicht, da ein großer Hirtenhund zähnefletschend den Ausgang bewachte. Das einer rostigen Konservenbüchse entrinnende lauwarme Waschwasser klatschten Edeltraud und ich uns abwechselnd über die schweißnassen Körper. Atembeklemmungen ließen zeitweilig Rückzugsgedanken aufkommen. Wir befanden uns hier erst am Rand der Wüste, und vielleicht war es für die Wüstenpassage witterungsmäßig schon zu spät?

Diese tristen Gedanken entflohen, als uns um 4 Uhr früh kühle, klare Luft und ein purpurfarbener Wüstensaum vor unserem Backofenasyl empfingen. Nach einigem Suchen und Rufen trieben wir endlich auch unseren verschlafenen Golam in der Nähe des Fahrzeugs auf. Weiterer Verdruß, als es in der Dämmerung nicht gelang, uns in die etwa drei Kilometer entfernte Wüstenpiste einzufädeln. Anstatt sich am Abend zuvor darüber zu informieren, hatte Golam lieber mit seinen Landsleuten bramarbasiert. Wir konnten aber einen vermummten jungen Hirten auftreiben, der uns die Piste ansteuern half, dann aber keine Anstalten zum Verlassen des Fahrzeuges machte. Endlich hatte Golam seinen ersehnten Nafar gefunden. Dieser Hirte hatte Zeit. Viel Zeit. Er verließ uns erst nach 15stündiger Fahrt abends am ersten Tagesziel.

Zuerst konnten wir auf weichen Sandböden noch dem Chaschrud folgen. Viele querverlaufende Dschuis einzelner kleiner Oasen verlangsamten die noch flotte Fahrt (etwa 40 km/h). Dann vereinzelt Kalas. Plötzlich eine scheinbar grenzenlose Leere. Um 10 Uhr flimmerte die Luft schon, und bald erlebten wir wieder die trügerischen Luftspiegelungen, die uns Seen, Bäume, oft auch Häuser verhießen. Da unser Jeep die erste größere Versandung, die wir nicht umfahren konnten, auch mit dem Geländegang – der den Motor schnell zum Dampfen bringt – nicht schaffte, hieß es aussteigen, entladen und mit Händen und Schaufeln zwei Sandschneisen buddeln. Kein unbedingtes Vergnügen unter dem »piekenden Wüstenstern«. Als der Jeep mit durchdrehenden Rädern sich noch nicht bewegte, wurde ich stutzig und stellte mit einem Blick unter den Wagen fest, daß Golam am Abend zuvor die vordere Kardanwelle einzubauen vergessen hatte. – Im Widerstreit zwischen aufkommendem Zorn ob seiner zweiten Unterlassungssünde und stiller Bewunderung für diesen ahnungslosen Fatalisten, überließ ich mich letzterer. Während unsere beiden Wüstensöhne unter dem Wagen den Kardan anmontierten, steckte ich mit Kompaß und einer vorbereiteten Skizze die Koordinaten ab.

Als Edeltraud verdächtigen Geräuschen unter dem Jeep nachging, entdeckte sie zwei dort im Schatten schnarchende »Muselmänner«. Während Golam, wachgerüttelt, wieder auf der Wüstenfläche erschien, bequemte sich unser fauler Nafar dazu nicht einmal bei anspringendem Motor. Um ihn nicht zu überrollen, mußten Edeltraud und ich ihn an beiden Füßen unter dem Wagen hervorzerren. »Boro bachai!« Auf geht's! Hitze und Sonnenglast hatten sich verstärkt. Harter Schotter wechselte mit weichem Sandboden. Kein erquickender Schatten, keine Andeutung einer befreienden Luftbrise.

Unerwartet stießen wir plötzlich an der Brücke des sich uns wieder annähernden Chaschruds auf einen zerfallenden unterirdischen Lehmbau, den der Hirte als Tschaichaneh Rururi identifizierte. Auf dem festgestampften Lehmboden kühlten wir uns angenehm ab, während der sehr gastfreundliche dunkelhäutige Wirt und sein fröhlicher Diener uns ein Reisgericht mit ein paar Fleischstückchen und vielen Fliegen servierten. Edeltraud trank alleine acht (!) Kännchen Tee, die der kleine Sohn ständig wieder füllte. Dieser Zehnjährige war so unverbildet und intelligent, daß er während unserer einstündigen Rast ohne Repetieren viele englische Wörter mühelos behielt. Nur ungern und träge schlichen wir wieder aus dem kühlen Loch an das die Augen schmerzende grelle Wüstenlicht. »Allah sei mit Euch!«

Außerhalb der Lehmhütte überfällt uns bei 55 Hitzegraden (mit dem Schleuderthermometer gemessen) ein bis zum Abend anhaltender stickiger Glutwind mit riesigen Sandstaubschleiern, die uns vieren Sicht und Atem nehmen. Golam bindet sich das herabhängende Turbanende und wir einen Schal über Mund und Nase. Wir teilen den restlichen Kaugummi. Etwa auf der Hälfte der Strecke lösen wir uns bei Razai von der völlig versandeten Fährte und steuern auf das Drängen unseres verflixten Nafar eine Südsüdwest verlaufende, angebliche Abkürzung an. Über feste Schotterböden geht es vorerst zügig voran, so daß wir schon nach einer Stunde die winzige Oase Schah-e-arab in Sichtweite passieren. Tschachansur bleibt später westlich liegen. Nur einmal kreuzt auf Steinwurfweite eine 30 Kamele starke Lastkarawane unseren Weg. Durch die Frontscheibe des Jeeps fange ich mit der Kamera die Wüste mit ihren tausend Gesichtern ein. Unsere vom Staub geröteten Augen jucken und unsere Kehlen sind ausgetrocknet.

Plötzlich stehen sie vor uns. Die teils über 20 m hohen Barchane. Sie begleiten uns den Rest der Strecke. Eine sich in dieser schauerlichen wasser- und vegetationslosen Öde unvermutet uns zugesellende Piste ist nur stückweise erkennbar. Solche Pisten laufen mitunter in vielen Spuren bis zu 90° auseinander. Jede scheint richtig, denn sie führen meistens irgendwann wieder zusammen. Oft bricht die Fährte vor einer Formation von Sicheldünen ab, durch die wir uns hindurchtasten. Zweimal verfahren wir uns in einem Sichellabyrinth und müssen wieder umdrehen. In unbehaglicher Abwechselung stellen sich uns jetzt weite schwarze Grusflächen, die den entsetzlich-schönen Eindruck absoluter Nacktheit – ohne Steine und Gräser – verstärken. Ein 2 m tiefes, zerfallenes Wasserloch verhöhnt uns mit brakigem Wasser.

In den nächsten zwei Stunden schneiden wir wiederholt dunkle Tonpfannen, in die der Wind tiefe Furchen und Rillen gesägt hat. Die heftigen Stöße des Wagens schlagen einen der blechernen Trinkwasserbehälter leck, so daß wir den argen Durst noch schmerzlicher empfinden. Die Verödung dieser Landschaft scheint den Todeskampf unseres Planeten anzudeuten.

Endlich! Nach zermürbenden 15 Stunden (280 km) machen wir gegen 19 Uhr im Feldstecher am Horizont die Silhouette einiger Türme aus. Die Spannung schlägt in Erleichterung um. Edeltraud zittert. Bald erreichen wir, von den Strapazen gekennzeichnet, im verdämmernden Wüstenlicht Zarandsch (früher: Kala-e-kang).

Wir sind fertig. Über und über mit der »Wüstenpatina« bedeckt, mit triefenden Augen und gerissenen Lippen, ausgedorrt und im wahrsten Sinne des Wortes sprachlos. Die Einladung bei dem sehr gastfreundlichen, deutschsprechenden Wali Sakhi Ahmad Farhad, dessen primitive Dusche und aus Schmugglerbeute wohlsortierter Eisschrank uns wie eine Fata morgana erscheinen, ist wie eine Belohnung. Es gibt beiderseits viel zu berichten und zu erfragen. Der Wali war früher Presseattaché in Ankara und Wien.

Die ersehnte und wohlverdiente Nachtruhe wird nur durch die anhaltenden markerschütternden Schreie der Wachposten auf den Söllern der Lehmzwingburg

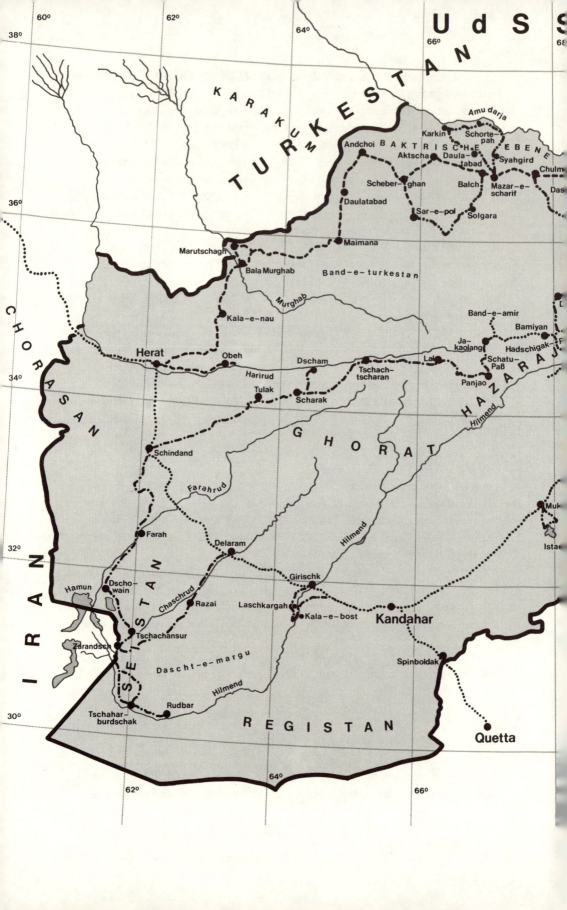

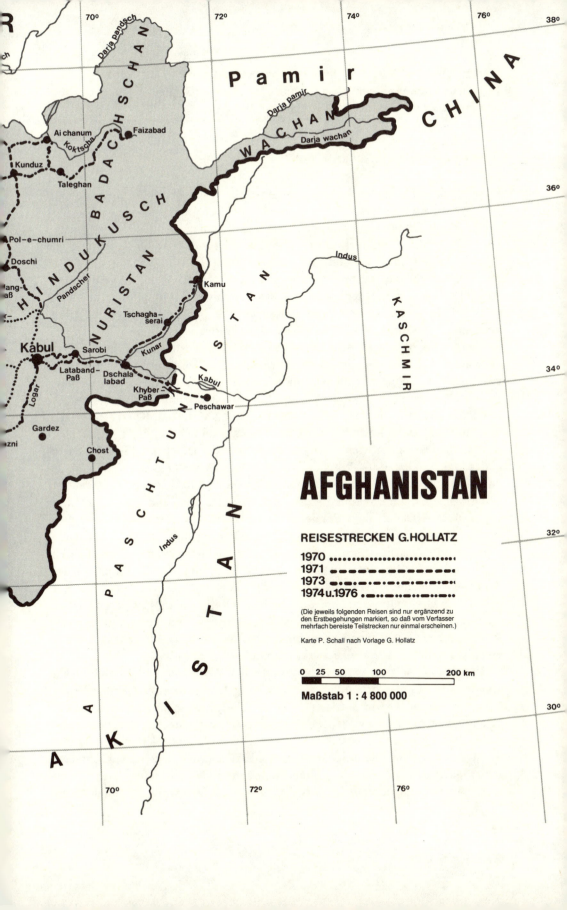

unterbrochen, die sich durch diese wechselseitigen Parolen selbst vor dem Einschlafen bewahren und auch die hier eingesperrten Strafgefangenen minütlich an die wachsame Gerechtigkeit gemahnen.

Zu Gast beim Belutschen-Chan

Dramatisch unser Aufbruch 4 Uhr morgens. Der Wali will uns für diese ebenfalls harte Wüstenstrecke nach Tschahar burdschak (»Vier Burgen«) einen »Lotsen« stellen. Pünktlich ist ein blitzblanker Sergeant zur Stelle, der sich aber schon nach 5 km Geländefahrt völlig verirrt. Er war erst vor vier Wochen in diese schreckliche Wüste abkommandiert worden. Auf meinen Protest weist der Wali darauf hin, daß der Sergeant für die Wüstenbewohner doch eine Autorität sei! »Antiautoritär« wird uns dann ein mit der Sicherheit des Primitiven ausgestatteter, angeblich ortskundiger Soldat zugeteilt, der uns auch nur wenige Kilometer begleitet, nachdem er uns im Bogen genau auf die 2 km entfernte persische Wüstengrenze zuführt. Also nochmals zurück. Ich will das Unternehmen für heute schon ärgerlich abbrechen, als mir der Gouverneur schließlich seinen eigenen Fahrer, einen drahtigen Wüstenfuchs, vorführt, der sich selbst hinter das Steuer klemmt.

Zunächst über viele tückische Dschuis auf der unter tiefem Sandstaub versteckten Piste südwärts bis zur Belutschenoase Kala Mahmud. Kurzer Stop zum Wasserfassen. Dann holen wir nach Südosten aus und passieren den Rand eines felsigen Plateaus. Die folgenden begrenzten Sande der Dascht amiran zwingen uns einige Male wieder zu »praktischer Erdkunde«. Zwischen Dünenfeldern hindurch halten wir zweimal bei ornamentierten Lehmruinen im Wüstensand ertrunkener »Geisterstädte«. Zu unserem Verdruß müssen wir unter Zeitdruck – der Fahrer soll am übernächsten Tag wieder dem Wali zur Verfügung stehen – auf den Besuch der benachbarten toten Wüstenstädte Sar-o-tar und Schahr-e-gholgola verzichten. Ohne weitere Oasenberührung durchqueren wir dann, zwischen vielen zerfurchten, vom Wind aufgeworfenen skurrilen Sandbarrieren hindurch, im letzten Teil die Dascht johandum. Nach 120 km sind wir durch!

Vor dem Ortsrand sprengt auf weißem Roß mit wehendem schwarzen Bart ein stattlicher Reiter heran, erstarrt aus vollem Galopp vor uns zur Säule und weist schweigend mit erhobener Lanze den Einlaß in Tschahar burdschak. Inmitten einer leuchtenden Staubwolke wie ein biblischer Sendbote!

Hier am Hilmand waren wir Gast des örtlichen Woleswali Abdul Jamil Rachal, allerdings auch unter primitiven Verhältnissen. Unsere hochgespannten Erwartungen galten aber dem Sardar (Gebieter, Titel) Golam Dastagir, einem erst 32jährigen, aber mit etwa vier Zentnern sehr »gewichtigen« Alleinherrscher über dieses Wüstenreich. Er erschien mit seinen Onkeln und Neffen bereits zum Mittagsmahl, das mit einem Scharbat begann. Zu dem anschließenden Empfang in seiner mächtigen Kala hatte er zu unseren Ehren 20 Notabeln des Ortes versammelt. Bei starker, trockener Hitze (53° C) gab es nur lauwarmes Hilmand-Wasser und zwischendurch Tschai zu trinken. Obwohl Herr über Land und Leute, lebte der Fürst mit rund 200 Familienangehörigen noch recht mittelalterlich (kein Strom, kein fließend Wasser). Über seine Frauen und Kinder, die einen abgesperrten Burgteil bewohnen sollen, war nichts bekannt. Ein ganzes Regiment von Dienern lief umher. Die Polaroid-Aufnahmen von ihm und seinem Hofstaat erschienen ihm wie ein Mirakel Allahs. Beim abendlichen Festmahl im Halbrund am Boden, bei dem wir uns in angenehmster Weise auf afghanisch vergnügten, warf uns der Chan als besonderen Gunstbeweis einige auserlesene Hammelstücke zu, die er von den aus dem riesigen Reisberg ausgebuddelten Knochen gerissen hatte. Andere Aufmerksamkeiten erfuhr die einzig anwesende Memsab, als ihr von den Nachbarn verkostete, ausgesuchte Fleischteile zuwanderten. »Tabasche aische to baschi!« Mögest Du eine gute Verdauung haben! Edeltraud störte nur, daß die nackten Füße seiner Hoheit in dem warmen Reisberg ruhten. Zünftig ohne Bestecke essend, ließen wir auch unsere Unterarme an Fetten und Soßen teilhaben. Während des ganzen Festmahls in dem nur durch Kerzenschein erleuchteten Raum war der Leibkoch als persönlicher Garant zugegen. Ein Brauch aus einer Zeit, in der vergiftete Speisen nicht unüblich waren. Nirgends aber ein Schuß geistigen Getränks in diesem verdammt trockenen Afghanistan! Der Chan sprach kein Englisch, so daß wir uns des Woleswali als Übersetzer bedienten.

Die Nacht, die wir auf einem seiner Burgsöller verbrachten, war sehr schwül, und als Schutz vor den vielen Moskitos mußten wir im Schlaf auch unsere Gesichter bedecken. Als wir endlich auf der hoheitlichen Bodenmatratze eingedämmert waren, wurde diese plötzlich unsanft unter uns weggerissen, so daß wir auf den Lehmboden kollerten. Nichts von Bedeutung! Die uns zugeteilten beiden belutschistanischen Diener wollten uns nur eine vergessene zweite Matratze unterschieben. So ist das eben in Afghanistan!

Am nächsten Tag konnten wir, den Flußoasen des Hilmand bis Rudbar (bei schwindendem Paschtunen- und Tadschikenanteil) folgend, unsere Untersuchungen über nomadische Knüpftraditionen bei dem Sangarani-Clan fortsetzen. Der Begriff »Belutschen« ist ethnisch wie tapitologisch ohne Trennschärfe. Ihre Teppiche sind bisher nur unzureichend erforscht und systematisiert, so daß den Belutschen – mangels unterscheidungskräftiger technisch-farblicher Kriterien – häufig auch musterverwandte Knüpfungen zugeschrieben werden, wie die der Timuri, Taimani, Dschamschidi, Bahluri, Araber, Tadschiken und ostpers. Kurden. Diese Definitionsschwierigkeiten werden durch die eigene adoptionsbedingte Mustervielfalt der Belutschen noch verstärkt. Anstelle einer stammesmäßigen ist daher vielfach nur eine regionale Zuschreibung nach Herstellungsgebieten (dazu fundiert Wegener: Literatur 1980 S. 61) möglich, wie sie insbesondere für nichtnomadische Teppiche üblich ist. So im südwestl. Afghanistan: Seistan, Hilmand, Herat, Tschachansur, Adraskand, Farah, Schindand.

Frauenhände der transhumanten Belutschen fertigten hier in stillem Hausfleiß kleinformatige Stücke aus mattglänzender, handversponnener Wolle. Kette aus Woll-/Ziegenhaarmischung. Schuß braune Wolle. Knüpffäden zweifache Z-

Drehung, ungezwirnt. Florhöhe 0,8–1,3 cm. Knoten S I a und S II mit einer Knotendichte: 1100–1500/qdm. Schirazeh 1–1,8 cm flach, ausnahmslos Ziegenhaar. Querkanten 8–12 cm buntgestreifter gewebter Abschluß, teilweise gemustert und bestickt, auch mit kleinen Wollnoppen oder aufgeknüpften bunten Dekorationsfransen (gedreht) besetzt. Teilweise abgeknotete Fransen. Weicher, geschmeidiger, körniger Griff. Musterung vorwiegend Mihrab-Zeichnung mit Moscheekuppeln oder rudimentärem turkmenischem Gül-Rapport oder Rautenmotive mit Gitterung. Polychrome Farben: Kirsch- bis Dunkelrot, Dunkelbraun, Hell- bis Dunkelblau, Schwarz, Weiß, verhaltene Grüntöne, Lila und vereinzelt ein kräftiges Orangegelb. Gesamteindruck: Kontrastierend zur grellen Wüstensonne (farbpsychologisch!) gedämpfte bis düstere Grundfarben, aus denen das Zentralmotiv leuchtend absticht. Wohl ausschließlich Naturfarben (so wurde uns jedenfalls versichert, obwohl wir keinen Färbeprozeß, aber aus Granatapfelschalen und aus Tamariskenblüten angesetzte Farbflotten beobachten konnten).

Zu den wichtigen, im afgh.-pers. Grenzgebiet in Belutschtradition knüpfenden Stämmen zählen die Jakub chani (Timuri), Kaudani (Timuri?), Soleimani, Dschan begi, Mahdad chani, Dochtar-e-ghazi und Muschawani.

Auf dem Rückweg aus der erstickend heißen, abweisend braunen Wüste statteten wir zunächst dem Woleswali Golam Reza Taslim von Tschachansur (ehemalige Residenzstadt Seistans, deren alte Bauten heute vom Winde verweht sind) einen Höflichkeitsbesuch ab. In fünf Stunden umfuhren wir in weitem Bogen dann das morastige, in seiner Ausdehnung sich ständig ändernde Randgebiet der riesigen Hamunsenke. Beim Durchfahren der Oase Dschowain, die ich im unbarmherzigen Feueratem der Wüste unbemerkt passieren wollte, wurden wir von Soldaten abgefangen. Unter Schmuggelverdacht? Gefehlt! In einem Lehmgehöft empfing uns der Woleswali Mohamad Haschem Zekria in wallenden Gewändern mit ausgebreiteten Armen zu einem auf dem Boden gedeckten sybaritischen Mahl, darunter auch erfrischender Dugh. Offenbar war unsere Ankunft durch den Wali aus Zarandsch über den einzigen Telefondraht avisiert worden. Die sprachliche Verständigung vollzog sich mehr mit Gesten als mit Worten. Seine Töchter dekorierten das Mahl mit anmutigen Tänzen zu indischer Musik eines vorsintflutlichen Grammophons. Einige Polaroid-Aufnahmen erhöhten die Stimmung, besonders von Golam und mir, da die transparenten Tanzschals, einzige Bedeckung der gutgewachsenen Töchter, gegen die Sonne mehr ent- als verhüllten. Bei den Lüsten des Propheten!

Abenteuer Zentralroute

Großartig, aber mit vielen Zwischenfällen gewürzt, folgte von Herat aus die letzte Etappe nach Kabul über die beschwerliche Zentralroute. Sie ist wohl das größte Erlebnis Afghanistans, nicht nur von den gewaltigen Naturbildern, sondern auch von der völkischen Vielfalt her. Rund 900 km durch die zerklüfteten Bergregionen der Provinz Ghor und des Hazaradschat mit 36 teils über 4000 m hohen, ungesicherten Steilpässen und durch unzählige Wildwasser. Unterwegs hilfreiche Unterstützung und Gastfreundschaft durch den Wali von Tschachtscharan und fünf Woleswali.

Auch in technischer Hinsicht begrüßten wir diese Hilfeleistung sehr, da unser geschundener Jeep täglich neue Defekte hatte, und der Fahrer Golam wieder mehr unter als im Wagen war. Der Motor kochte bei den Paßfahrten häufig, und einige der mitgeführten Reserve-Kanister liefen ständig aus, so daß uns von dem Sandstaub-Benzingeruch, der Hitze und den ständigen Erschütterungen des Wagens oft ganz übel war. Beunruhigend auch die ausgefallene Handbremse. Meine Frau machte mich eines Tages darauf aufmerksam, daß Golam bei geöffneter Motorhaube ab und zu ein Stück herunterhängenden Drahtes abschnitt. Ich entdeckte, daß dieser brave Moslem die sich allmählich ablösende Ankerwicklung der Lichtmaschine täglich auf seine Weise reparierte. Die Rechnung hatten wir dann durch den Totalausfall der Lichtmaschine in Scharak. Der Fahrer des sehr fortschrittlichen Woleswali Mohamad Osman konnte den Schaden aber in vierstündiger Wickelarbeit behelfsmäßig beheben.

Auf der Route trafen wir neben den gewohnten Kalas häufig Filzjurten und schwarze Zelte der in ihren Ailaks teilnomadisierenden Tschar aimak und Hazara an. Zwischendurch Rast in Bergdörfern der Tadschiken. Nach abtastenden Begegnungen echte Gastfreundschaft der Bevölkerung und »ärztliche« Hilfen unsererseits. Völkerkundlich interessant waren die bunt ornamentierten Jurten, deren Musterung an Motive der Kara-Kirgisen im afghanischen Pamirgebiet erinnert. Bemerkenswert auch einige alte Kelimgewebe mit der bei den afghanischen Ghilzai-Stämmen ähnlichen großformatigen Rautenmusterung. Wir erwarben zwei farbschöne Exemplare samt den darin beheimateten Vielbeinern. Praktische Völkerverständigung durch Austausch kleiner Geschenke.

Erschwert wurde die Reise durch verspätete Schneeschmelze und Hochwasser, eingestürzte Hängebrücken sowie weggerissene Wege. Die Strecke verlangte ohnehin großes fahrerisches Können und wurde damals noch selten bereist. Unseren einzigen Unfall erlebten wir etwa in ihrem Mittelabschnitt, als der Wagen in eine Erdspalte einbrach, und wir gegen die Decke geschleudert wurden, wobei Edeltraud durch die harte Berührung mit einem Eisenträger ihre von mir so geschätzte Besinnung verlor. Golam und ich mußten sie drei Stunden lang im spärlichen Schatten eines Felsens verarzten. Sie hatte auch in den nächsten vier Tagen noch unter einer Gehirnerschütterung zu leiden, die trotz starker Schmerzmittel jeden Wagenstoß zur Qual machte, hielt aber tapfer bis Kabul durch, wo dann die Reaktion eintrat. Erst nach zweitägigem Lager in einem abgedunkelten Raum – mit Fieber und ohne Nahrungsaufnahme – konnte sie wieder lachen. (In den Frankfurter Gazetten war später von einem »siebentägigen Krankenlager in einem Nomadencamp«! zu lesen.)

Im ersten Drittel der Strecke überstanden wir in Tulak die zähflüssige Gastlichkeit des Woleswali Mohamad Tahir Niazi, der sich nach dem Abendmahl in sein

Festgewand warf, nachdem wir ihm unser Empfehlungsschreiben des Vize-Premiers vorgelegt hatten. Für diese unerwarteten Honneurs revanchierten wir uns mit dem Geschenk eines modernen Feuerzeuges. Auf der Weiterfahrt nach Scharak nahmen wir den Hakim Abdul Hak auf, der »irgendwo« zu einem Arzt wollte. Hinten neben Edeltraud im Jeep sitzend, wurde er zunehmend schweigsamer und bleicher. Die von ihm stets halboffen gehaltene Wagentür mußte ich immer wieder zuziehen.

Plötzlich bemerkte Edeltraud: »Ich glaube, ich glaube!« Sofort nach dem Halten hechtete unser rechtskundiger Weggenosse mit einem Riesensatz an den Pistenrand und erbrach sich. Anschließend sprang der reinliche Muselman in einen eiskalten Bach und schüttelte sich wie ein Hund. Der arme Kerl vertrug die Erschütterungen des Wagens nicht, an die wir gewöhnt waren. Als sich dieses Intermezzo noch zweimal wiederholte, streikte meine Frau, und der Hakim bewährte sich jetzt als Trittbrettfahrer, was ihm offensichtlich besser bekam.

Der »Zeigefinger Allahs« am Harirud

Größtes Erlebnis war der Abstecher zu dem berühmten ghoridischen Minarett von Dscham, dem »Zeigefinger Allahs« am Harirud (auf der russischen Seite der Tedschen). Etwa 1195 errichtet, erst 1943 wiederentdeckt, gehört es zu den schönsten Monumenten des frühen Islam: gebrannte Lehmziegel mit reichem Dekor, drei Balkone, kufische Inschrift aus türkisblauen Fayencen. Über die einstige Bedeutung dieses isolierten Bauwerks gibt es trotz intensiver Forschung noch keine gefestigte Meinung. Die Verbindung mit einer früheren Moschee scheint ebenso widerlegt wie die Annahme, daß das Minarett die Lage der rätselhaften Ghoriden-Hauptstadt Ferozkoh markiere.

Sechs harte Stunden für 70 km durch ein gewaltiges Schluchtensystem, über steile Hangpisten, stundenlanges Schrittempo in Flußbetten über Felsengeröll und ein abschließender Fußmarsch zehrten an unseren Kräften. Mit dem Dorfältesten Mohamad Azam der benachbarten Ansiedlung bestieg ich mühsam das 60 m hohe Minarett über unzählige verfallene Stufen im Innern. Schon der überwältigende Anblick dieses Minaretts, das in einer abgeschiedenen Schlucht des Felsenlabyrinths selbst einem Dschingis Chan verborgen blieb, lohnt die abenteuerlichen Strapazen dieser Zentralroute.

Die in der benachbarten Ansiedlung Dscham geplante Übernachtung gaben wir wegen der dort stationierten kampfkräftigen Moskitogeschwader auf. Trotz der Finsternis traten wir die lange Rückfahrt über den Kotal Dscham an, die uns dank eines geländekundigen Begleiters unter großen Anstrengungen bei mehrmaligem Verfahren in dem Felsenterrain bis Mitternacht gelang. Dieser Afghane litt übrigens unter starken Zahnschmerzen und hatte sein Gesicht in Tücher eingehüllt, die er nur lüftete, um zweistündlich von mir eine Schmerztablette zu empfangen. Im selben Augenblick, wie er sie in seinen Zahnstumpf drückte, verließ der Schmerz sein Gesicht und er fühlte sich wohl. Autosuggestion auf afghanisch!

Erinnernswerte Stunden erlebten wir am nächsten Tag als Gäste des tatkräftigen Gouverneurs von Tschachtscharan, Hauptort der Provinz Ghor. Er hatte sich ein richtiges Mustergut mit Plantagen auf einer Anhöhe errichtet und erzählte uns in der abendlichen Runde von den Erfolgen seiner Bodenmeliorationen, des Straßenbaues und der Schmugglerbekämpfung. Besonders beeindruckte unseren Gastgeber Abdul Razak-La-La, daß wir die Reiseergebnisse auch publizistisch auswerten. Er lud uns zu dem jährlich in der Nähe von Tschachtscharan stattfindenden großen, geheimnisumwitterten Abul-Basar der Nomadenstämme ein.

SOS im Wildwasser

Wieder auf der Hauptpiste, bleiben wir vor Lal in einem Wildwasser stecken. Durch die starke Strömung sackt der russische Jeep auf dem Kieselgrund zur Seite ab, so daß das Wasser durch den Wagen braust, Motor und Auspuff unter Wasser liegen. Wir retten unseren Seesack ans Ufer. Golam versucht, von einem benachbarten Hazara-Dorf Hilfe zu holen. Da die Männer bei den Herden sind, erheben die zurückgebliebenen Frauen ein großes Geschrei, so daß wir schon das Schlimmste für ihn befürchten. Endlich kehrt er mit einem spitzbärtigen Alten und einigen Hirten zurück, mit deren Hilfe wir den Wagen schrittweise unter Heben und Drücken zunächst auf eine Sandbank bringen, wo er binnen kurzem völlig austrocknet. In die vielen offenen Hände unserer Retter (und für deren alle möglichen oder erfundenen kranken Verwandte) verteilen wir außer Afghanis noch hilfreiche Tabletten gegen Schmerzen und Fieber. Mit der Dosierungsanweisung wird es wieder problematisch, nachdem sich ein gesunder Hazara anschickte, alle Tabletten auf einmal mit Stanioleinschlag zu schlucken.

»Zud boro!« Schnell weiter! Einer dieser Helfer drängt sich in den Jeep. Er möchte irgendwann irgendwohin, wahrscheinlich das Teufelsfahrzeug nur einmal ausprobieren. Edeltrauds Tagebuch berichtet hierzu: »Der stampfenden und rollenden Wagenbewegungen im gebirgigen Gelände ungewohnt, muß er bald ›den Göttern opfern‹. Auch schon vorher nicht nach Rosen duftend, verbreitet er jetzt einen bestialischen Gestank, von dem auch mir übel wird. Dies wiederholt sich noch einmal, ohne daß wir den armen, von seiner Neugierde längst geheilten Wicht in der Wildnis aussetzen können. Nach etwa einer Stunde versperrt uns plötzlich ein anderer Jeep frontal die schmale Hangpiste. Gegen Überraschungen gewappnet, setzen wir sofort zurück, als uns ein hochgewachsener Paschtune einholt und sich energisch in unseren Jeep zwängen will. Noch einen zweiten Stinker in unserem klapprigen Vehikel? Das war mir doch zuviel, und ich verweise ihn handgreiflich auf das Trittbrett. Als er weiterhin mit sanfter Gewalt in das Wageninnere hineinrudert, gibt Günter – der schon auf Tuchfühlung mit dem ungebetenen Aufdringling gegangen ist – fatalistisch nach. Nach etwa fünf

Minuten Fahrt eröffnet er uns mit einem »Chosche amedit!« (Herzlich willkommen!) lakonisch, daß er der Woleswali Atmar Sadik von Lal sei, der uns – über den militärischen Draht von Tschachtscharan verständigt – zum Willkommen entgegengefahren sei, nachdem wir wegen der Wasser-Havarie schon vier Stunden überfällig seien. Er wundere sich, daß wir in der jetzigen Hochwasserzeit den Fluß überhaupt passieren konnten. Während des anschließenden gemeinsamen Mittagsmahls (gebratenes Huhn unter einem Reisberg, Gemüse, Fladenbrot und Tschai) trocknen unsere nassen Sachen, bestaunt von den Dorfbewohnern, an einem Baum.«

Letzte Herausforderungen

Nach einem sehr unterhaltsamen Abend beim Woleswali Abdul Wahid Anwarzai im roten Fort von Panjao, überquerten wir das grandiose Zentralmassiv im Bereich der Koh-e-baba-Kette nach Norden. Dieser Weg über den Schatu-Paß zählt in seiner Farbenpracht der großen Granit- und Sandsteinfelsen mit tiefeingeschnittenen Schluchten zu den schönsten Afghanistans. Auch hier streikte der Jeep mehrfach auf den steilen Paßkehren. Einmal überraschte uns direkt hinter einer Biegung ein großer, abgestürzter Felsbrocken, den wir auch zu dritt nicht bewegen konnten. Bis zum Abgrund (ca. 200 m tiefer Steilhang) verblieb keine volle Jeepbreite: minus fünf Zentimeter! Was tun? Unsere Überlegungen gingen hin und her. Zurücksetzen war wegen der gewundenen, abschüssigen Hangpiste unmöglich und Hilfe in dieser einsamen Gegend vielleicht erst in Tagen zu erwarten. Wir mußten es riskieren.

Während Edeltraud und ich vor und hinter dem Jeep die Kontrolle übernehmen und Golam einwinken, haben wir diesen bei offener linker Wagentür am Felsen angeseilt, damit er bei nach rechts abrutschendem Wagen mechanisch nach links aus dem Wagen gezogen wird. Zentimeterweise schiebt sich der Jeep, den Felsbrocken streifend, vorbei, während die beiden äußeren Wagenräder mit einem guten Drittel des Reifenprofils über die bröckelige Hangkante hinausragen. »Chaberdar, chaberdar!« Vorsicht, Achtung! Wichtig sind die Gleichmäßigkeit des Schneckentempos und keine Steuerbewegung. Endlich vollbracht! Wortlos wischen wir uns den Angstschweiß ab, trinken aus dem Wassersack und rollen vorsichtig weiter.

Zwischendurch begegneten wir immer wieder nach Norden ziehenden Kutschi. Zwei Stunden später brach eine wackelige Holzbrücke über einem Wasser genau in der Sekunde zusammen, als die Hinterräder des Jeeps am nachgebenden Uferrand aufsetzten, dort aber abrutschten und nicht mehr griffen. Blitzschnell sprangen wir aus dem so unfreiwillig aufgebockten Wagen heraus. Allah war überaus gnädig! Mit Spaten, Seil und Holzplanken war die Pionierarbeit zu dritt nach einer halben Stunde erfolgreich (hier fehlte die eingebaute Seilwinde eines Landrovers).

Beim Woleswali von Jakaolang, Abdul Fatah, bot sich Gelegenheit zu einer kurzen Rast, bevor wir über die Paßgänge des westlichen Hindukusch das zerklüftete Fünf-Seen-Gebiet von Band-e-amir und dann zur Nacht die buddhistische Kultstätte in Bamiyan erreichten (beide hochbedeutenden Plätze hatten uns schon 1970 begeistert). Nach zweitägiger wohltuender Unterbrechung mit Übernachtung in einem Jurten-Hotel, während der wir noch die beiden von »der sengenden Sonne Satans« (Dschingis Chan) etwa 1220 zerstörten Burgfesten Schahr-e-gholgola (die stille Stadt) und Schahr-e-sohak (die rote Stadt) auf hohem Fels erkletterten, rollte unser geschundener russischer Jeep auf der letzten Tagesstrecke über die Schibar- und Salangpässe Richtung Kabul.

Abschließend unternahmen wir zusammen mit dem uns befreundeten Dr. Alfred Schaden – »Stadthalter« eines deutschen Chemiekonzerns in Kabul – mit mühsam errungener Regierungsgenehmigung noch einmal (nach 1971) einen Anlauf in die Bergregionen Nuristans, der jedoch zwischen Barikot und Kamu durch die vom tobenden Kunar-Fluß weggerissene schmale, felsige Uferpiste ein abruptes Ende fand. Für diesen enttäuschenden Mißerfolg wurden wir aber entschädigt durch die uns von Alfred Schaden in seinem Hause erwiesene Gastfreundschaft und die uns gewährte großzügige persönliche Unterstützung unserer Reisevorbereitungen, auch 1974.

Manda nabaschi!

Unser braver Golam, ein echter Paschtune von Geblüt, der übrigens noch nie eine Wüste gesehen, geschweige ein schweres Gelände durchfahren hatte, war nicht nur ein guter Fahrer, sondern auch ein angenehmer Weggenosse. Als überaus frommer Sunnit und Diener des Propheten hielt er es mit den fünf Säulen des Islam sehr genau. Er handelte eigentlich immer im Geiste Mohammeds. Auch – oder gerade – in den schwierigsten Situationen nahm er die fünfmalige tägliche Gebetsstunde fast wörtlich, ungeachtet unseres häufigen Zeitdrucks. Er zelebrierte sie, indem er sich dekorativ den höchsten Punkt seiner Umgebung aussuchte und – während andere Mitbeter längst geendet hatten – lange noch in tiefer Inbrunst kniete, den Mihrab seines Gebets-Kelims zur Kibla ausgerichtet.

Nun hieß es aber von dem braven Gefährt und unserem ob der Strapazen, gleich uns, stark abgezehrten treuen Golam – der übrigens bei unserer sich offenbar schon herumgesprochenen Rückkehr am Ortsrand von Kabul von seiner ganzen Familie unter Freudentränen fast erdrückt wurde – Abschied nehmen: »Manda nabaschi!« Mögest Du nicht müde werden! (der Nomadengruß des Landes). Und wir: »Zende baschi!« Mögest Du lange leben!

Der uns beim Einrollen mittags wieder empfangende traditionelle 12-Uhr-Kanonenschuß vom Felsplateau des »Koh-e-scher-darwasa« klingt den Ohren wie Glockengeläut. Es ist ein Vergnügen, wieder in Kabul zu sein! 6000 km im klapprigen Jeep durch das wildzerklüftete Muselmanenland Afghanistan haben uns hart zugesetzt. 1500 Farbdias, neue teppichwissenschaftliche Erkenntnisse und einige seltene Nomadenteppiche halten das große Erinnern wach an ein erregendes und herausforderndes Land. Ein Land, in dem Pferde und Gewehre die Sprache des Mannes sind und die Farmen noch Festungen.

Erlebnisse von unvergleichlicher Kraft und Schönheit liegen hinter uns: auf den Karawanenfährten der »wilden Kutschi«, auf denen die Zeit nicht zählt und Eile verdächtig macht. Nach einem gelassen geschlürften Tschai geht es auch so!

Post festum

Drei Wochen nach unserer Abreise änderte sich – auch für Kenner völlig unerwartet – die Szenerie in Kabul. Am 17. Juli 1973 wurde der König Zahir Schah nach 40jähriger Regierungszeit durch seinen Vetter, Schwager und früheren Premier Mohammed Daud gestürzt und Afghanistan zur Republik ausgerufen. Das Königreich am Hindukusch hatte nach 226 Jahren wechselvoller Geschichte zu bestehen aufgehört.

Der von meiner Frau in Kabul glücklich erworbene turkmenische Taghan-Gebetsteppich – dessen rostrote Zeichnung das afghanische Wappen mit einem Mihrab-o-mimbar, das islamische Datum »1312« und eine in großen, hellblauen Buchstaben gehaltene Laudatio auf den afghanischen König Nadir Schah zeigt – erhält in diesem Zusammenhang rückschauend eine fast prophetische Bedeutung: der Fond des kleinen, vom täglichen fünfmaligen Gebetsknien an zwei Stellen schon abgewetzten Teppichs ist in einem schicksalhaften tiefen Mitternachtsblau gehalten, gleich einer drohenden Gewitterwand hinter dem Königswappen. 1973!

Der Nomadenteppich

Nomaden und Teppiche! Zwei komplementäre Begriffe. Die Bedeutung der Teppiche am Hofe früherer Nomadenfürsten beschreibt schon das berühmte »Kitâbi Dede Korkut«, jenes wohl aus dem 14. Jh. stammende frühtürkische Nomadenepos Ostanatoliens, das die Heldentaten, Feste und Jagden der Oghusen – Vorfahren der Seldschuken, Turkmenen und der Türken – besingt (I. und VI. Oghusname):

> »... hatte seidene Tageszelte auf der Erde errichten, bunte Sonnensegel gen Himmel aufspannen und an *tausend Plätzen seidene Teppiche* ausbreiten lassen. Denn der Chan der Chane, Bajundur Chan, pflegte jährlich einmal ein Fest zu veranstalten und die Bege der Oghusen zu bewirten ...«.
>
> »... Man erwies ihnen alle erdenklichen Ehren, schlug weiße Zelte auf, *breitete bunte Teppiche aus,* schlachtete graue Schafe und setzte ihnen siebenjährigen roten Wein vor ...«.

Selbst wenn man dichterische Übertreibungen dieser »türkischen Ilias« reduziert, so war eine Vielzahl von Seidenteppichen auf großen Nomadenfestivals des 11./12. Jh. offenbar keine Seltenheit. (Der Numerus »tausend« wird als orientalischer Begriff in der Regel für »viele« gebraucht).

Anatomie eines Nomadenteppichs

Von der Tradition, Stilistik, Musterung, Textiltechnik und Farbstellung, aber auch von der primär zweckgebundenen Verwendung her lassen sich die von wandernden Hirtenstämmen gefertigten Knüpf- und Weberzeugnisse als besondere Teppichspezies abgrenzen. Was sind nun Wesen und Bedeutung des Nomadenteppichs?

> – Die Wanderhirten sind die ersten Knüpfer und Weber von Teppichen, wobei die Webteppiche – die im Unterschied zu den geknüpften Florteppichen zu den florlosen sog. »Flachgeweben« zählen und lediglich aus Kette und Schuß in verschiedenartigen Garnen bestehen (z. B. der Kelim oder der in zusätzlicher Wirktechnik gearbeitete Sumach) – nicht nur einen entwicklungsgeschichtlichen Vorrang (6. Jahrtausend v. Chr.) haben,

sondern im Leben der Nomaden stets auch dominierten. Ihre Wanderbewegung bedingt besonders zweckmäßige, leichte und transportable Gegenstände, hauptsächlich textiler Art. Dies gilt für die Behausungen (Zelte, Jurten) und deren Einrichtungen ebenso wie für die Bekleidung, Transportmittel und übrige bewegliche Habe. Wie die funktionsbezogene Nomadenkunst schlechthin, ist auch der Nomadenteppich in erster Linie dem Eigengebrauch gewidmet. Er hat vom Gebrauchszweck her eine breite Anwendungspalette: von der Kinderwiege über den Kamelschmuck, Pferdeschabracken, Salz-, Trag- und Zelttaschen, Jurtenbänder, Kissen, Eßtücher und Transportsäcke bis zum Gebets-, Begräbnis- und Hauptteppich. Die nomadischen Teppicherzeugnisse, oft auch als obligate Brautaussteuer, sind daher vielfach besonders liebevoll und sorgfältig gearbeitet.

– Die zur Teppichfertigung benötigten Rohstoffe werden von den Nomaden vornehmlich aus in ihrer Umgebung einfach erreichbaren Materialien selbst gewonnen. Das Grundgewebe (Kette, Schuß, Schirazeh und Abschlüsse) des Teppichs und sein Flor bestehen meistens aus handversponnener, -gezwirnter Wolle (Schaf, Kamel, Ziege) und/oder aus Haar (Ziege, Roß oder Jak), die durchweg von bester Qualität sind. Gerade der Spinn- und Zwirnprozeß von Hand verleiht dem beim Knüpfen benutzten Garnfaden jene Unregelmäßigkeiten, die – im Verbund mit Naturfarben – Reiz und Eigenart des nomadischen Teppichs mit ausmachen.

– So waren die Teppichfarben der Nomaden bisher vielfach natürlichen (pflanzlichen, mineralischen oder tierischen) Ursprungs bei jetzt häufigerer Verwendung von synthetischen Farbstoffen.
Die kraftvolle Farbigkeit der Nomadenteppiche zeichnet sich vornehmlich durch oft glutvoll und verhalten leuchtende Töne ungebrochener Farben in großflächigen Abstufungen aus, die öfters durch glanzreiche Wollen (von Hochlandschafen) verstärkt werden. Das Farbsystem ist – bei einer begrenzten Farbpalette – ebenfalls weniger verfeinert als bei den in Hausarbeit gefertigten Teppichen und den städtischen Manufakturarbeiten.

– Die mobile Lebensweise der Nomaden begrenzt auch die Technologie ihrer Textilarbeiten, d. h., das auf dem Wanderzug fast täglich wechselnde Milieu (Raum, Klimata und Menschen) beeinflußt den handwerklichen Knüpf-/Web- und Färbevorgang. Dies gilt zum Beispiel für die durch den ständigen Auf- und Abbau der Knüpfstühle bedingte überwiegende Fehlformatigkeit (zumal die abschließende Nachbehandlung, einschließlich des Spannens, bei den Nomadenstücken entfällt) und die durch die Raumabmessungen von Jurte oder Zelt bestimmte Kleinformatigkeit (Breite!) der Nomadenstücke. Aber auch die Unregelmäßigkeiten in der Textilstruktur (zum Beispiel Blasen, Falten, Zipfen), in der Zeichnung (Symmetrie, Reziprozität u. a.) und im Kolorit (zum Beispiel Abrasch = Farbsprung, der durch Verwendung unterschiedlicher – fetter und trocke-

ner – Wollsorten, Wasserarten oder Farbingredienzien entsteht) gehen auf den häufig unterbrochenen Fertigungsprozeß zurück.
- Die ausdrucksstarke Zeichnung des Nomadenteppichs – oft durch das künstlerische Temperament und Empfinden sowie die Kreativität und Innovationskraft des nomadischen Schöpfers beeinflußt – ist vorwiegend in klaren (manchmal durch den vom Gebrauchszweck her hohen Flor beeinträchtigten), einfachen und großflächigen Formen angelegt, daher meist unkompliziert und wenig raffiniert.

  Die vornehmlich geometrisch-lineare bis stilisierte und abstrakte (zuweilen aber auch figural-naturalistische) Musterung ist ursprünglich stammesbezogen, also genealogisch orientiert, wobei die einzelnen – oft naivursprünglichen und archaischen – Motive vielfach symbolhafte Bedeutung (Kosmos, Religion, Natur, Mystik etc.) haben. Die überkommene Ornamentik ist daher meistens noch »reinrassiger« und unverfälschter als bei den anderen Teppichkategorien (abgesehen von den normalen, durch die nomadischen Umfeldkontakte bewirkten Musteradoptionen).
- Die Knüpfung ist durchschnittlich grob bis mittelfein bei unterschiedlicher Festigkeit (Griff), was insbesondere darauf zurückgeht, daß das Grundgewebe vorwiegend aus dem weicheren, flexiblen Wollmaterial (seltener aus Baumwolle) besteht. Nicht selten verläuft das nomadische Knüpfstück in breiten – auch farbig gestreiften oder phantasievoll dekorierten – Webansätzen (Abschlüssen), auch in Sumach-Technik. Die Seitenkanten (Schirazeh) haben häufig eine charakteristische, oft mehrfarbige Flechtung.
- Das echte Nomadenstück zeigt unverkennbar die Handschrift seines Schöpfers, da – entgegen den Manufaktur- und meistens auch den Dorfarbeiten – vom Muster- und Farbentwurf (Komposition) bis zum abschließenden Nachscheren alles aus einer Hand stammt. Dies gilt für die künstlerische Gestaltung wie auch für die technische Bearbeitung. Ergebnis: Der rundherum eigenschöpferische Nomadenteppich.

Nicht immer treffen bei einem Einzelstück alle Merkmale eines typischen Nomadenteppichs zusammen, zumal dieser allgemeine »Steckbrief« viele stammesbezogene oder örtlich bedingte Abweichungen und Ausnahmen offenläßt (wie zum Beispiel die rapportierende »all over«-Ausmusterung alter Nomadenteppiche der persischen Ghaschghai, Chamseh und Afschari mit »mille fleurs«, Botehs und Figuren, aber auch der Belutschen, der turkmenischen Ersari und Beschiri). Abgesehen davon gibt es auch »Bastarde«, bei denen die nichtnomadischen Teppichelemente wesentlich oder beherrschend sind.

Entscheidend ist, ob Machart und Erscheinungsbild insgesamt noch nomadentypisch sind. So sind unter »Nomadenteppich« tapitologisch auch Oasen- und Dorfteppiche zu subsumieren, die von früher nomadisierenden Knüpfern oder sonst in nomadischer Manier gefertigt werden (abgesehen von sowieso bestehenden fließenden Übergängen zwischen diesen Teppichkategorien, wie zum Beispiel bei Halbnomaden).

Auch wenn der Nomadenteppich – das Ei der Orientteppiche – eigengesetzlich in nomadischer Tradition, Kultur und Religion (mit schamanistischen Elementen) steht und von originären Kräften und eigenständigen Innovationen getragen wird, so ist er doch nicht losgelöst von urbanen oder (früher) höfischen Macht- und Kunsteinflüssen gewachsen. Gerade seine Musterentwicklung (und Farbgestaltung) hat – nicht immer zum Vorteil des tribal gebundenen Nomadenprodukts – zuweilen auch Impulse von den Musterkompositeuren der Manufakturen, den Miniaturmalern und anderen Künstlern erfahren. Die kontroverse Frage, ob der Nomadenstil dadurch grundlegend bestimmt oder nur gelegentlich »infiziert« wurde, ist meinen Beobachtungen nach im letzteren Sinne zu beantworten. Nicht zu vertiefen, von mir aber zu bejahen, ist an dieser Stelle die weitere Grundsatzfrage, ob es überhaupt eine Nomadenkunst oder nur ein Nomadenkunsthandwerk gibt, und ob im ersten Fall ein Nomadenteppich auch Kunstrang haben kann.

Wie man auch »Kunst« oder »Kunstwerk« definieren mag, nicht nur der katalogisierte, vornehme Luxusteppich verblichener Epochen, sondern auch der anonyme, primitive Teppich nomadischer oder ländlicher Herkunft (z. B. kraftvoller Farbigkeit und ausgewogener Musterung) kann eine künstlerische Aussage haben. Wie etwa ein Gemälde, so entzieht sich auch der kunstvoll gestaltete Teppich als individuelles Einzelprodukt jeder Norm und jedem Standard und ist damit nur sehr bedingt einer vergleichenden Bewertung zugänglich. Ein Gut der Volkskunst – die letztlich Quelle aller künstlerischen Ideen und Formen ist –, ist er aber auch mit dieser wandelbar, ohne durch Veränderungen, z. B. seiner Mustertradition, zwangsläufig auch den Charakter eines Kunstwerkes zu verlieren; wie überhaupt durch neue kreative Muster ein neues Produkt nomadischer Kunst entstehen kann.

Der Farbenzauber der Nomadenteppiche

Zauber, Charme und Vitalität der Nomadenteppiche beruhen hauptsächlich auf ihren Farben, die bis in die neueste Zeit vielfach noch aus der Natur stammten: mineralische (zum Beispiel Alaun, Eisenvitriol, Natrium), pflanzliche (zum Beispiel Indigo, Krapp, Safran, Henna, Walnuß, Granatapfel) oder tierische (zum Beispiel Cochenillelaus, Purpurschnecke, Kamelurin, Schafblut, Galle, Milch). Deshalb ein spezielles Wort zu den Teppichfarben.

Bald nach der Erfindung des Mauveins (1856) verursachten die Anilinfarben eine Revolution im Teppichorient. Sie waren leicht verwendbar und mischbar, ausgiebig und billig. Der spontanen Begeisterung folgten Enttäuschungen und Rückschläge, da die ersten hart wirkenden Anilinfarben, Fuchsine und Eosine weder ausreichend wasserbeständig (Ausblutungen!) und lichtecht, noch sonst resistent waren, abgesehen von den mangelhaften Anwendungsrezepten (die

Analphabeten sowieso nicht lesen konnten) und fehlerhaften Anwendungstechniken durch die Färber – eine im Orient hochgeachtete und geheimnisumwitterte Zunft. Der Verfall der Farbenpracht und damit die Rückläufigkeit der Teppichexporte führten Ende des letzten Jahrhunderts in Persien zu strengen Verbotsvorschriften für die Einfuhr und Anwendung synthetischer Farbstoffe (damals bei einer persischen Übertretungsstrafe des Abhauens der rechten Hand). Erst mit der Verbesserung der Qualität und Anwendung sowie der Erfindung neuer Farbstoffe – wie der Chromfarbstoffe, Metallkomplexfarben, Azo- und Küpenfarbstoffe – wurden die Chemiefarben rehabilitiert und zunehmend (besonders nach dem Zweiten Weltkrieg) im Orient verwandt, so daß sie heute überwiegend die Teppichfärberei beherrschen – ausgenommen verschiedene Nomadenprovenienzen (zum Beispiel Belutschen, Turkmenen, Ghaschghai, Afschari, Schahsawan). Vielfach werden in einem Teppich sowohl Natur- als auch Kunstfarben verwendet.

Außer der Qualität der Farbstoffe bestimmen auch die Art der Wolle (glanzreich oder matt, trocken oder fett, fein oder grob, maschinen- oder handgesponnen) und des Wassers (Kalk- und Mineralgehalt) sowie die textile Gewebestruktur (Knüpfdichte, Florneigung) den Färbeeffekt. Die Vorliebe der Teppichexperten für Naturfarben beruht in erster Linie auf ihrem überkommenen Nimbus, hat aber auch reale Gründe. So durchdringen die Chemiefarben die Wollfasern intensiver und ergeben satte, volle, oft harte Farbtöne (die aber durch raffinierte – nicht immer wollfreundliche – westländische Veredlungswaschprozeduren gemildert werden können).

Die Naturfarben umhüllen die Faser nur, »lackieren« sie und belassen den Kern hell, wodurch die Farben allgemein aufgelockerter, transparenter und kontrastmilder wirken. Zusammen mit den erwähnten Unregelmäßigkeiten des nomadischen Fertigungsprozesses ergibt sich dann ein lebhafteres Farbenspiel. Andererseits erlauben die Chemiefarben bei einer breiteren Palette mehr Mischtöne und gezielte Farbabstufungen. Sie sind zudem – ohne vorbereitende Beizprozesse (zum Beispiel mit Alaun, Weinstein, Vitriol oder Metalloxyden), um die Farben zu fixieren und zu stabilisieren – einfacher, schneller und billiger, also wirtschaftlicher. Der vitalen Wirkung der Naturfarben liegen jahrhundertealte Erfahrungen zugrunde, derer es den Chemiefarben noch ermangelt. Die vielgepriesene natürliche Patina alter Teppiche, ihr sanfter und milder Glanz (Lüster) beruhen besonders auf einem optimalen Herstellungsprozeß (einschließlich einer kunstgerechten abschließenden Wäsche), wesentlich aber auch auf ihrer nachfolgenden Behandlung. So physikalisch auf schleifenden und polierenden Vorgängen (besonders der Florspitzen) bei der Teppichbenutzung (schlurfender Schritt der Orientalen) und chemisch auf der jahrelangen optimalen Einwirkung von Licht, Luft und Wasser (Wäsche).

Im Ergebnis läßt sich feststellen, daß die ökonomischen Vorzüge den zunehmenden Einsatz der synthetischen Farben – eine optimale Anwendung vorausgesetzt – bei textilen Haus- und Manufakturarbeiten rechtfertigen, zumal sich die Frage, ob und welche Farben in einem Orientteppich natürlichen oder synthetischen

Ursprungs sind, oft nur nach einer komplizierten chemischen Analyse beantworten läßt. Die besondere ästhetisch-künstlerische Farbnote naturgefärbter Nomadenteppiche wird durch chemische Farbstoffe in der Regel nicht erzielt.

Dieser kleine Farbexkurs soll jedoch nicht ohne den allgemeinen Hinweis auf den so gerühmten Farbsinn der Orientalen abgeschlossen werden, die mit viel geheimgehaltener Raffinesse und Know-how bis zu fünfundzwanzig Farben in einem Orientteppich verarbeiten und dadurch die an ihm so gepriesenen Farbakkorde und Farbsinfonien erreichen. Im Vergleich zu den flächigen Gemälden beruht die spezifische Farbwirkung des Orientteppichs auch auf seinem, die einzelnen Farben unterschiedlich reflektierenden Wollflor als dritte Dimension. Außerdem: Beruht das emotional-künstlerische Erlebnis des Gemäldes vornehmlich auf seiner optischen Wirkung, so wird dieser Eindruck beim Teppich noch vervollkommnet durch die körperliche Wahrnehmung. Ich meine damit jene beglückende Empfindung, jenes satte Berührungsgefühl, das durch das Betasten und Streicheln edler Wollpartien, also durch den »Teppichgriff«, vermittelt wird.

Volkslieder aus geknüpfter Wolle

Die enge Wechselbeziehung des Wanderhirten zur Natur bestimmt auch seine Einstellung zu allen Lebensbereichen, wie Religion, Familie, Stamm, Tiere, Beruf und Traditionen. Sein Knüpfprodukt – eine Synthese von Funktion und Kunst – ist für ihn daher nicht nur ein lebensvoller Gebrauchsgegenstand, sondern hat in der Umgebung der häufig eintönigen, ockerfarbenen Steppen-, Wüsten- und Hochlandzonen auch eine ideelle Ersatzfunktion. So verkörpert der Teppich in den kargen Jurten, Zelten und Lehmhäusern auch die ihm fremde Welt des Schutzes, der Geborgenheit und der Sehnsucht nach einem schönen Heim, Gärten, Bächen, Blumen und Tieren. Die Symbole (zum Beispiel Abwehr, Beistand) verbinden ihn andererseits mit der geheimnisvollen Welt des Kosmischen und des Mystischen. Das meist starke, farbfrohe Kolorit bietet dem Wanderer in den monotonen Wüsten und Steppen auch den farblichen Ausgleich.

Diese vitale, naturverbundene Einstellung des Nomaden erklärt auch die von seinen Folklorearbeiten ausstrahlende Kraft und Klarheit der meist rustikalen bis archetypischen Formen und Farben, die durch ihre einfache bis naive Schönheit, aber auch Harmonie bestechen. Die Individualität und Originalität solcher Nomadenstücke gehen dabei auf Kosten der Perfektion und Muster-/Farbsublimierung, wie wir sie zunehmend in der weiteren Stufenfolge bei den Oasen- und Dorfknüpfungen und den urbanen Manufaktur- bis zu den höfischen Prunkteppichen schätzen. Im Sinne der Perfektion ist der landläufige Nomadenteppich sicherlich fehlerhaft – aber liebenswert! Dabei spiegelt sich die Vielgestaltigkeit des Nomadenlebens in der heterogenen Erscheinungsform seiner Knüpfungen wider, sei es farblich oder stilistisch-ornamental.

Großformatige und kunstvollere Knüpfungen finden sich eher bei den Halbnomaden, Seßhaften (Oasen, Dorfschaften) oder bei den in längeren Winter- oder Sommerlägern stationären Vollnomaden. Unter den genannten Umwelterschwerungen beschränken sich die Nomaden daher oft auf das Weben der schwarzen Ziegenhaarzeltbahnen, auf die weniger anspruchsvolle Kelimtechnik oder auf die primitiveren Filzarbeiten, zumal die Flachgewebe in den heißen ariden Sandzonen häufig einen größeren praktischen Eigennutzen haben als Florgewebe.

So ist der Nomadenteppich der Prototyp der angewandten lebensvollen Volkskunst. Ein islamisches Kulturgut und künstlerische Sprachform des Orients. Seine spontane, oft phantasievolle Gestaltung, naive Ursprünglichkeit und kraftvollen Farb- und Musterkombinationen lassen die von seinen Liebhabern empfundene Begeisterung erklären, wenn sie überschwenglich von »Volksliedern aus geknüpfter Wolle«, »Namenloser Poesie«, »Textilem Expressionismus« oder »Gemälden des Orients« schwärmen. Aber auch in Prosa wird sich der musisch aufgeschlossene Betrachter dem unvergleichlichen Reiz und Charme des ungekünstelten, vitalen Nomadenstücks und seiner großzügigen Ausstrahlung nicht entziehen können. So feiert der in der breiten Gunst bisher eher vernachlässigte Teppich nomadischer oder ländlicher Herkunft heute seine späte »Entdeckung« (ich verweise auf die gerade florierende »Belutschen-Welle«). Wie so oft, aber verspätet, da das »Geknüpfte Volkslied« im Sog einer zeitgenössischen Wandlung oder Abwicklung des Nomadentums heute schon begehrte Rarität ist, wobei die Seltenheit als solche auch hier wiederum die Nachfrage anheizt, die ihrerseits – bei überdies abnehmender Produktion – erneut das Angebot vermindert und auch verteuert (insoweit allerdings wieder mit regulierender Wirkung für die Nachfrage).

Zu den Steppenreitern Turkestans
Diesseits und jenseits des Amu darja

Hauptziele unseres fünften »Zwei-Mann«-Unternehmens im September/Oktober 1974 waren die turkmenischen Teppichknüpfbereiche im afghanischen Norden und die weiten Steppen- und Wüstengebiete Russisch-Usbekistans. Der uns schon geläufige Anmarsch per Flug über Moskau-Taschkent-Kabul erfolgte mit den gewohnten russischen Kontrollen und Schwerfälligkeiten. Auch diesmal wieder komplizierte Vorbereitungen (langwierige Korrespondenzen, Zusammenstellung von Kartenmaterial, Ausrüstung und einer großen Anzahl medizinischer Utensilien und sonstigen unentbehrlichen Ballastes), die sich über Monate hinzogen.

Ich hatte mich noch Anfang Dezember 1973 auf der Rückreise von Indien allein für ein paar sonnige Wintertage in Kabul aufgehalten. Nachtquartier in dem kleinen »Club International«, wo ebenfalls die deutsche Kolonie verkehrte (daher der Umgangsname »German Club«). Trotz eines glosenden Petroleumofens war es verdammt kalt, so daß ich in voller Montur (einschließlich Wollkappe und Schuhe) mein Bett bestieg. Dafür durchströmte mich tagsüber beim Anblick der von Schneehauben gekrönten und besonnten Paghman-Berge ein warmes, heimliches Gefühl. Alle angetroffenen afghanischen Freunde vermißten die Chanum Edeltraud. Als ich ihr davon berichtete, bekam sie ganz glänzende Augen. Es ist doch eine Lust, Afghanistan zu erleben!

Verlorener Wachan

Eigentlich war es eine Ersatzlösung nach zwei herben Enttäuschungen. Ursprüngliches Vorhaben war eine Durchquerung des Wachan-Korridors (Kleiner Pamir) in Nordostafghanistan bis zur Grenze Sinkiangs (China) mit Feldforschungen für Filzteppiche der Kara-Kirgisen. Trotz kleinkarierter Logistik und besonderem Reittraining Edeltrauds für die unumgänglichen Ritte über rund 200 km auf dem breiten Rücken eines Jak sowie lebhafter Unterstützung der Unternehmung durch offizielle Amtsstellen des In- und Auslandes wurde die uns schon ausgesprochene Genehmigung für das Betreten dieses russisch-afghanischen Grenzgebietes in Kabul plötzlich zurückgezogen. Politische Gründe waren offenbar erneute Paschtunen-Unruhen an der afghanisch-pakistanischen Grenze und die Befürchtung von Grenzkonflikten mit dem großen Nachbarn UdSSR. Zum anderen wurden uns zwei Einzelvisa für die Bereisung Usbekistans von der sowjetischen Botschaft in der Bundesrepublik Deutschland verweigert.

Derartige Verhandlungen mit afghanischen Regierungsstellen um für bestimmte unwegsame Landesteile erforderliche Permits (das Erfordernis wechselte häufig) vollzogen sich oft an den Grenzen abendländischer Geduld in orientalischer Breite und Unbestimmtheit (sprich Unzuverlässigkeit). Zuweilen saßen Edeltraud und ich abwechselnd unter anderen gelasseneren einheimischen Bittstellern à la Schneidersitz mit Tschai am Boden um den gerade zuständigen Minister herum, der seine Gunst wohlwollend-willkürlich verstreute. Eine klare Absage entsprach nicht orientalischer Manier, wohl aber ein »farda« (bis morgen) oder »pass farda« (übermorgen) oder ein Hinweis auf einen zuständigeren anderen Minister (mit Aussicht auf dessen Rück- oder Weiterverweisung). Unbewegtes Verharren mit »Sprachverstopfungen« unsererseits brachten meistens den Erfolg, auch der Hinweis auf journalistische Ambitionen der »Madame«. Oft mußten wir dabei das Kissen der Geduld über den Teppich der Erwartung breiten.

Erster Standort war das uns schon ans Herz gewachsene Kabul – trotz gewisser Fortschrittlichkeit noch tiefer alter Orient –, dessen lärmende und hitzige Szenerie sich auch nach dem Umsturz 1973 nicht geändert hatte (außer einigen nachts in den Straßen patrouillierenden Panzerspähwagen). Die herrschende Garnitur aus der Königszeit war rücksichtslos abgelöst worden. Alle unsere prominenten afghanischen Vertrauten (auch die Gouverneure) hatte der Sturm der Revolution 1973 hinweggefegt. Die politischen Gefangenen »genossen« das berüchtigte Kabuler Staatsgefängnis. Sie wurden – wie üblich – durch die Gitterstäbe des Gefängnishofs nur von ihren Angehörigen mit Essen und Trinken versorgt.

Teppichoffenbarungen im Ramadan

Logis nahmen wir im einheimischen »Spinzar-Hotel«. Am zweiten Tag entdeckte ich meine treue Gefährtin vor der Grabmoschee des Abdur Rahman, des »Eisernen Emirs« (um 1900), mit einer alten, frohsinnigen Beschir-Gebetsbrücke, die sie gerade von der Schulter eines jungen Paschtunen erworben hatte. Als dieser das Preispalaver noch einmal eröffnete, machte sich die Kulisse der umstehenden Turbanträger in ihren malerischen Tschapans zum Schiedsrichter und erklärte den auffallend billig vollzogenen Kauf (Dunkelware?) nach Landessitte für rechtens – auch wenn der Käufer hier nur eine Chanum wäre.

Wenige Tage später ein anderes Teppicherlebnis. Die uns seit Jahren vertrauten beiden »Alten vom Berge«, turkmenischen Geblüts, boten uns im geheimnisvollen Dunkel hinter verschlossener Tür ihres Dukans in Schahr-e-nau vergeblich etwas Einzigartiges an: einen in Kerman aus Wolle auf Seidenkette/-schuß feingeknüpften Teppichmantel mit herrlichem naturalistischem Floralmuster. Offenbar Ende letzten Jahrhunderts von einem Würdenträger am persischen Hof getragen. Wochen später stellten uns die beiden erneut, diesmal zornig-erregt vor dem Basar. Unsere Schuldgefühle verflogen, als wir endlich verstanden, daß sie nur ihr altes Angebot dringlich mit dem Hinweis auf einen interessierten Teppichhändler wiederholten. Sie wollten dieses museale Stück aber lieber im Privatbesitz wissen. Nach langem Gefeilsche bei einigen Piala Tschai am Boden und ihrem Versprechen, vorhandene Mottenschäden ausbessern zu lassen, wechselte dieser ungewöhnliche »Teppich« dann schließlich in unseren Besitz. Schon am nächsten Tag mußten wir Kaufofferten englischer Teppichkaufleute ablehnen.

Während unseres späteren Zwischenstops in Kabul (gute, alte Ware wurde schon ganz klein geschrieben und die lokalen (!) Preise ganz groß), ereignete sich noch ein Streit mit schlitzohrigen Teppichhändlern, der erst von einem demissionierten General der afghanischen Armee geschlichtet werden konnte.

Unglücklicherweise fiel unser Aufenthalt gerade in die Fastenzeit des Ramadan, des neunten Monats des islamischen Mondjahres, der dem Propheten die Offenbarung brachte. »Von dem Augenblick, in dem man einen weißen von einem schwarzen Faden zu unterscheiden vermag« müssen die Gläubigen sich im Ramadan des Essens, Trinkens, Rauchens und Beischlafs enthalten. Strenge sunnitische Moslems schlucken nicht einmal den eigenen Speichel oder Tabletten, waschen sich nicht und riechen an keiner Blume, da nichts Fremdes in die Körperöffnungen eindringen darf. Ausnahmen gelten nur für Wöchnerinnen, Kinder, Kranke, Reisende und während des Kriegführens. In solidarischer Anpassung schnallten auch wir unsere Riemen enger und lehnten gastfreundlich gebotene Getränke tagsüber ab. Sofort nach Sonnenuntergang endet die lethargische Stimmung, und überall flammen Feuer auf. Alles stürzt sich auf die körperlichen Genüsse. Jetzt beginnt die große Völlerei und jeder schlingt nach Herzenslust. Man musiziert, schwätzt und lacht. Brave Esser lassen sich sogar nachts für Freßorgien wecken.

In alten Zeiten war dieser islamische Fastenzwang sicherlich berechtigt, da er der geistigen Besinnung (Askese) auf den Propheten, gesundheitlich der körperlichen Entschlackung diente und die allgemeine Solidarität aller Muselmanen, insbesondere auch mit den Armen, bezeugte. Unter den modernen Verhältnissen einer intensiven Berufsbeanspruchung mit zunehmendem Zeitdruck sind diese körperlichen Exerzitien äußerst fragwürdig geworden, zumal sie in der heißen Jahreszeit das Geschäfts- und Behördenleben im Orient geradezu lähmen.

Freudig erwartet der Moslem das Ende des Ramadan. Sobald der neue Mond des folgenden Monats erstmals von Mekka aus gesichtet wird, beginnen die drei Tage des Id ul-fitr (Bairam), des wichtigsten der beiden kanonischen Feste. Man feiert drei Tage wie am Christfest, beschenkt und besucht sich. Wegen stark bewölkten Himmels bestand im Oktober 1974 allerdings quälende Ungewißheit über den Beginn des Id. Sogar wir gerieten in den Taumel der Spekulation. Endlich brachte Radio Kabul in der Nacht zum 16. 10. die erlösende Nachricht.

Die Reiternomaden

Auf unseren Streifzügen durch Kabul entdeckten wir noch viel bisher Übersehenes. Beeindruckend der große Friedhof in der Nähe der Balar hissar, der alten, von der britischen Armee als Vergeltung für die Ermordung ihres Gesandten 1880 gesprengten Festung, heute Militärschule. Ebenso der Besuch des Grabes von Wachtmeister Hans Jacob, der den Strapazen der 1915 bis hierher vorgedrungenen heldenhaften Militärmission v. Niedermayer/v. Hentig erlag. Dieses Grab fanden wir endlich nach langem Suchen an einem Bergabhang oberhalb »Baburs Garten« (Babur, 16. Jh., Begründer der indischen Mogul-Dynastie), dem Sitz der ersten deutschen Gesandtschaft (1928).

Von Kabul aus ging es zunächst mit einem japanischen »Toyota« nach Süden bis Mukur und dann auf unwegsamen Pfaden zu den morastigen und mit gleißenden Salzkristallen überblühten Gestaden des Istada-Sees, den letzten großen Flamingo-Brutstätten Asiens. Nach strapaziösem Anschleichen auf nachgebendem Moorboden, in dem Schuhe und Strümpfe zurückblieben, ein großartiges Farbspiel: Abertausende rosafarbene Vogelleiber über der die Abendsonne widerspiegelnden Wasserfläche. Nachts provisorisches (kaltes) Campen im Wagen. Plötzlich schreckten wir auf. Fehlalarm! In der Nachbarschaft lebende, von uns aber nicht bemerkte Nomaden boten im Mondschein Melonen als Gastgeschenk an. Am Lagerfeuer wurde dann nach Geschenken unsererseits in einem kosmopolitischen Kauderwelsch weiterpalavert.

Weiter unter Kutschi-Volk auf Trampeltieren über steinige und sandige Pisten in die Schluchten des Lataband-Passes um Churd Kabul (hier tobte im eisigen Winter 1842 die Schlacht am Khyber-Paß, in der die wilden Ghilzai-Stämme der britischen Invasionsarmee schwerste Verluste beibrachten). In der Ferne die schneebedeckten Gipfel der Pandscher-Berge. In einem Paschtunennest am Wege wohnten wir im Vorbeieilen als stumme Zuschauer dem ekstatischen Attan – Nationaltanz der Männer –, der nur von den Rhythmen der Dohol (einer zweiseitig bespannten Holztrommel) begleitet wird, bei.

Schon früh fanden wir uns auf dem nördlichen Sammelplatz Kabuls für Reisende in den Norden, in Parwan, ein. Um unsere – nur bei übersetztem (!) Sammeltaxi wahrscheinliche – Abfahrt zu forcieren, betätigte ich mich 30 Minuten lang als markerschütternder Anreißer für Mitfahrer nach Mazar-e-scharif: »Mazareeeh! Mazareeeh!« Später, in einem russischen »Wolga« (Sammeltaxi) zusammen mit sechs geschwätzigen afghanischen Händlern acht Stunden im Fastenstil (!), nach Norden über den Salang-Paß bis Mazar-e-scharif. Berühmt hier die mit strahlend türkisfarbenen Kaschis dekorierte schiitische Wallfahrtsmoschee des glücklosen vierten Kalifen Ali (Vetter und Schwiegersohn des Propheten, ermordet bei Kufa im Irak, heimlich in der Wüste begraben und später angeblich unter der goldfarbenen, prächtigen Kuppel der Grabmoschee von Nadschaf bestattet). In Mazar verlebten wir einige gastliche Abende bei afghanischen Familien.

Von hier Aufbruch mit russischem Geländewagen »Was« durch schweres

Wüstengelände zu den fremdenscheuen Turkmenenvölkern des Nordens. Sie leben im afghanischen Turkestan, großteils noch nach alten Traditionen, südlich des Amu darja. In Stämmen, Clans, Familien und Zeltgemeinschaften meist seßhaft, selten noch halbnomadisierend, einst durch ihre Raubzüge (Alamane) der Schrecken Mittelasiens, sind diese traditionellen Nomaden heute pazifiziert. Als geborenes Steppenvolk von jeher unstet und ohne feste politische Konturen, sind die großen Turkmenenstämme schon im 18. Jahrhundert durch andauernde kriegerische Auseinandersetzungen und durch wirtschaftliche Not in den kargen Steppengebieten der turanischen Senke in Bewegung geraten. Der eigentliche Evakuierungsvorgang begann erst etwa ab 1870, als der zunehmende russische Expansionsdruck sie von den Nordufern des Kaspischen Meeres über den Aral-See südlich des Syr darja in die Wüstengebiete der Karakum oder an die Ufer des Amu darja abdrängte. Ältere Babas und Aksakals bestätigten uns, daß ihre Ersari-Stämme schon seit vielen Generationen an den fruchtbaren Gestaden beiderseits des Amu ansässig waren (historisch wird dies schon für das 17. Jahrhundert angenommen), vom Nordufer aber Anfang der 20er Jahre vor der Zwangskollektivierung im okkupierten Russisch-Turkestan nach Nord- und Nordwestafghanistan auswichen. Zusammen mit den russischen Deportationen, zum Beispiel in den sibirischen Raum, bedeutete dieser Amalgamierungsprozeß einen starken Verlust völkischer Substanz der Turkmenen. Auch führte der Zusammenprall ihrer starren, jahrhundertealten Traditionen mit der modernen Technik und kommunistischen Ideologie der Sowjets – unter gleichzeitiger Zurückdrängung des islamischen Einflusses – zu einer Auflösung alter Lebensformen. Insgesamt sollen in Afghanistan noch etwa 350 000 Turkmenen leben, vorwiegend die vielstämmigen Ersari, aber auch andere, bereits oben aufgezeigte Nachfahren der alten Oghusen.

Der Begriff »Ersari« ist noch nicht gesichert, insbesondere, ob man die Ersari als ethnische Einheit oder tapitologisch nur als Konföderation auffaßt. Die Bezeichnung »Ersari« wird oft auch als unqualifizierter Sammelbegriff für undefinierbare, atypische Turkmenenknüpfungen gebraucht (ähnliche Abgrenzungsprobleme wie für den heterogenen Begriff der »Belutschen«).

Schon um 4 Uhr morgens wühlte sich unser grobschlächtiger, starker »Was« wie eine Lokomotive durch die Sandfelder, die häufig die Piste überlagerten. Aufgewirbelte riesige Sandstaubfahnen flatterten dämonenhaft hinter uns her, überholten uns und erschwerten Sicht und Atmung. Einige Male schwammen wir quer und setzten auf. Ein Freischaufeln der ersten fünf Meter genügte zum Anlauf. Zwei getrennt schaltbare Getriebe waren doch etwas wert! Zwischendurch immer wieder ausbooten und »Erdbewegungen«. Ein lustiger Anblick unter dem grellen, ätzenden Sonnenlicht: Der ewige Sandstaub Afghanistans hatte uns millimeterdick eingepudert. In der sengenden Mittagsglut (50° C im Schatten) stießen wir auf einen von der Piste abgekommenen Landrover der »World Health Organisation«. Für unsere 80minütigen Bergungsarbeiten erhielten wir pfundige Informationen über Wegeverhältnisse und Wasserlöcher.

In dem ersten Aul Daulatabad nahmen wir einige Arbus an Bord. Weiter ging es nach Norden über Kazan Richtung Karkin am Amu darja, direkt an der russischen Grenze. In diesen Gegenden leben ersarische Stämme der Dali, Karkin und Kizil ajak, aber auch der Tschub basch. Unterwegs überholen uns im gestreckten Galopp – ihre kräftigen Pferde mit Schnalzen antreibend – turkmenische Reiter. Wie Zentauren mit ihren Tieren verwachsen. Die geborenen Steppenreiter, deren Vorfahren einst die großen mongolischen Reiterheere stellten. In diesen baktrischen Steppen werden noch heute von Turkmenen und Usbeken die Tschopendoz (Kampfreiter) für das Buzkaschi gezogen, jenes – schon beschriebene – harte Reiterkampfspiel, bei dem es um Stammesehre und Mannesruhm geht. Erfolgreiche Tschopendoz werden wie Nationalheroen gefeiert. Ebenso wird hier eine Spezialrasse von ausdauernden Pferden gezüchtet. Natürliche Kampfplätze sind die Steppen um Mazar, Taschkurghan, Aktscha und Andchoi. Hier begannen jetzt anläßlich des Id-e-ramadan die alljährlichen großen Buzkaschi-Spiele. Eine andere Spielart ist das Naizabazi (Tent pegging), bei dem in vollem Galopp mit der Lanze kleine Holzpflöcke vom Boden aufgespießt werden. Diese Steppen- und Wüstenregionen sind zugleich die wichtigsten Teppichknüpfgebiete Afghanistans. Groß geschrieben wird hier auch die Züchtung der wegen ihrer hochwertigen Persianerfelle geschätzten Karakulschafe (Kara kul = schwarzer See. So der Eindruck des gekräuselten Felles).

Gebetsteppiche im Turkmenen-Aul

Vor Keleft am Amu wurden wir plötzlich durch einen – offenbar aus dem Schlaf – aufspringenden Soldaten gestoppt. Nichts geht mehr! Vor uns lag das verbotene Grenzgebiet zur UdSSR. Wir bogen nach Osten ab und erreichten, am Amu entlang, bei schon langen Schatten noch rechtzeitig Schortepah. Zur besseren Kontaktaufnahme hatten wir eine afghanische Familie mit Kindern als »Lockvögel« mitgenommen, mußten sie aber hier absetzen, da diese schon verstädterten Afghanen im Gegenteil unsere Tuchfühlung zu den hinter hohen Lehmmauern ihrer Kalas lebenden Beschir-Turkmenen noch erschweren. Am Dorfrande kampierten turkmenische Halbnomaden vom Stamm der Dali vor ihren Filz-Chirgas. Komplizierte Verständigung. Die erste Antwort: »Unmöglich!« auf unsere Frage nach einer Besuchsmöglichkeit der mit ornamentierten Jolamis dekorierten Chirgas an den Aksakal bedeutete auf orientalisch soviel wie: »Nur mit großen Schwierigkeiten«, also Abwarten. Nachts Wolfsheulen aus der umliegenden Steppe. Dazwischen ohnmächtiges Gegenbellen der Hunde aus unserem Aul. Wenig Freude, aber viel Qualm bescherte uns ein Mangal, einer jener abzugslosen Holzöfen.

Am frühen Morgen wurden wir schon gegen 3 Uhr von dem melodischen Muezzinrufen geweckt. Allmählich bekamen wir Zugang zu einzelnen Familien des Aul. Illuminierte Szenen der fotofeindlichen Bewohner hinter ihren Lehmkuppelhäusern. Nur Edeltraud konnte von den scheuen Turkmenenfrauen einige

»verbotene« Schnappschüsse machen: vorwiegend rot gewandet, reich geschmückt, bei Teppicharbeiten am liegenden Knüpfstuhl. Unser besonderes Interesse fand ein fast fertiger Namazlik der Beschiri aus feiner Karakulwolle und im Format eines Tscharpai, dessen Mihrab-Zeichnung mit drei typisch turkmenischen Kotschanak-Doppelhaken gekrönt war.

Außer den verschiedenen, tribale Aufschlüsse gebenden Mihrabformen finden sich in diesen Gebetsteppichen häufig auch andere, die religiöse Bestimmung des Teppichs signalisierende Motive: Mimbar-Darstellungen, Moschee-Elemente (Minaretts, Moscheekuppeln, Ampeln, Säulen, Kerzen) oder auch das Bild einer Moschee (stilisiert oder architektonisch-naturalistisch). Ebenso können die Abbildung des Borak, die Verwendung von Kamelwolle mit dem geknüpften Namen »Allah« oder eines bestimmten Prophetengrüns im Fond, wie auch Lebensbäume, Koranverse, das Handsymbol (Doga) oder Reinigungskämme, Wasserkannen, amulettartige Rechtecke (zum Ablegen eines Gebetssteines) einen Gebetsteppich definieren. Die Ikonographie des Gebetsteppichs, seiner Muster und Symbole, hat nicht nur die verschiedenen islamischen Religionsrichtungen (Sunniten, Schiiten etc.), sondern auch völkische und regionale Unterschiede zu berücksichtigen. So zeigen z.B. ältere türkische Teppiche entsprechend dem von den orthodoxen Sunniten meistens beachteten islamischen Abbildungsverbot grundsätzlich keine bildhaften Darstellungen von Lebewesen, andererseits das Prophetengrün nur in Gebetsteppichen. Auf frühen Turkmenen-Teppichen (auch Belutschen) – insbesondere den zum Gebet bestimmten – sind bildhafte Motive schlechthin unbekannt. Erst mit der Erschließung ihrer Stammesgebiete und der Auflockerung alter Bräuche setzte sich ab etwa zweite Hälfte des letzten Jahrhunderts auch bei diesen Nomaden im Zuge ihres Seßhaftwerdens die Wiedergabe von Landschaften, Figuren und architektonischen Motiven – häufig sakralen Inhaltes – durch. Die religiöse oder profane Motivation der Knüpfer sowie ihre künstlerische Phantasie triumphierten dabei oft auf Kosten der Stilreinheit früherer Vorbilder, so vornehmlich auch bei den in Nordafghanistan lebenden Turkmenenstämmen.

Ein typisches Beispiel für die mehrdeutige Symbolhaftigkeit von Ornamenten ist die zuweilen in Gebetsteppichen enthaltene Zeichnung einer Hand (oder zweier Hände). Die Bedeutung dieses Handsymbols (Doga) läßt verschiedene Auslegungen zu:

– die schützende Hand Fatimas (Lieblingstochter Mohammeds aus erster Ehe mit Chadidscha, verheiratet mit Ali und Mutter von Hassan und Hussein)
– Sinnbild für Husseins Märthyrertod
– die heilige Familie (Mohammed = der Daumen, Fatima, Ali, Hussein und Hassan)
– die vier Finger als Sinnbild der islamischen Tugenden (Großmut, Macht, Gastfreundschaft und Güte)
– die fünf Säulen des Islam, die das Paradies verheißen (Gebet, Glaubensbekenntnis, Almosenpflicht, Fasten im Monat Ramadan und Wallfahrt nach Mekka)

- Mahnung an das fünfmalige tägliche Gebet
- magisches Zeichen zur Beschwörung des Guten oder Abwehr des Bösen
- nur als Lokalisierungszeichen für das Handauflegen beim Gebetsknien.

Die Fünf-Finger-Hand versinnlicht häufig die magische Zahl »5« (arab. chamsa). In dieser Bedeutung findet sich das amulett- oder talismanartige Hand-Chamsa als dekorativer Schmuck in den vielfältigsten Formen auch bei den Völkern Nordafrikas, besonders bei den Berbern Marokkos.

Der orientalische Gebetsteppich ist nur aus der Welt des Islam (Religions- und Gesetzeslehre, Kultur- und Lebensform) heraus als typisch islamisches Phänomen zu begreifen. Wie der Islam – entgegen den christlichen Kirchen – arm an liturgischen Regeln und zeremoniösen Ritualen ist, so wenig ist der Gebetsteppich zwingendes Requisit der islamischen Andacht. Sein Gebrauch in frühislamischer Zeit ist nicht sicher. Weder der Koran noch die Sunna oder der Hadith geben Auskunft. Obwohl allerseits Brauch, ist sein Besitz oder seine Verwendung nirgends vorgeschrieben.

Das Gebet ist einer der fünf Grundsäulen des Islam, die das Paradies verheißen. Es wird gemeinhin fünfmal täglich mit dem Gesicht nach Mekka verrichtet. Dabei müssen der Betende und sein Betplatz rein sein. Diesem funktionalen Zweck der Reinhaltung dient der Gebetsteppich als Unterlage. Von Mohammed ist überliefert, daß er teilweise ohne Unterlage oder sonst auf einem Mantel oder einer Matte betete. Während den Reinlichkeitsvorschriften (die talmudischer Tradition entlehnt sind) zuerst Schaffelle oder Palmmatten genügten, ist durch strenggläubige, islamische Sektierer, vermutlich im 8. Jh., der Teppich als Gebetsunterlage eingeführt worden. Neben dem sicherlich dominierenden Reinhaltungszweck gemahnt der Gebetsteppich körperlich an die Andachtszeiten, fördert in seiner Dekoration den Anreiz zum Gebet, dient der geistigen Konzentration bei der Andacht und lokalisiert und schützt den Gebetsplatz in der Gemeinschaft. So ist der Gebetsteppich unseren Erfahrungen nach von seinen Zweckbestimmungen her ein Funktionsinstrument, ein devotionaler Gebrauchsgegenstand, ohne die ihm von Abendländern gern beigemessene mystische Bedeutung oder Gloriole.

Unseren nicht nur in diesem Raum gemachten Beobachtungen zufolge werden außer den schon ornamental identifizierbaren Gebetsteppichen auch normale kleine Teppiche häufig zum Gebet benutzt. Schlußfolgerung: nicht Gestaltung oder Eignung, sondern Widmung und Gebrauch machen den Gebetsteppich aus. Entgegen einer weitverbreiteten Fehlmeinung müssen wir auch ausschließen, daß die als Jurten- oder Zeltvorhang gefertigten Engsi für Gebetszwecke bestimmt sind oder verwendet werden. Abgesehen davon, daß sie sich schon vom Format her wenig dazu eignen, und die nicht strenggläubigen Turkmenen sowieso nicht besonders gebetseifrig sind, haben die oft mihrabähnlichen Giebelmuster auf dem Ennsi eher eine Talisman- oder Amulettfunktion, sollen also Schutz für die Jurten und Zelte beschwören oder Übel abwehren.

Mit besonderer Zuneigung haben wir neben den Nomadenteppichen als solche stets auch die nomadischen Namazliks, besonders von ihrer kultischen und sakralen Bedeutung her, studiert. Welcher Reichtum an Ausdrucksformen! Liebevolle Hände haben sie mit Sorgfalt für den Eigengebrauch, und hier für einen besonders intimen Verwendungszweck, geknüpft. So wird der im Hausfleiß gefertigte Gebetsteppich als Gegenstand der Verehrung meistens lange im Besitz einer Nomadenfamilie bewahrt, behutsam gepflegt und gehütet. Auch antike Stücke zeigen daher oft nur die vom fünfmaligen täglichen Gebet durch das Niederknien lokal abgenutzten Stellen (verschiedentlich auch an den anderen drei Stellen des Hand- und Stirnauflegens), zumal sie nach dem Gebet sofort wieder eingerollt werden, »damit nicht der Scheitan seine Salat darauf verrichte«.

Benutzte Gebetsteppiche werden selten an Ungläubige abgegeben, besonders wenn sie Koranverse oder das Prophetengrün oder den Namen »Allah« enthalten. Die Füße des Ungläubigen sollen ihn nicht entweihen. So haben wir verschiedentlich versprechen müssen, einen endlich erworbenen Gebetsteppich nicht zu veräußern oder auf den Boden zu legen. Eine Selbstverständlichkeit, der wir uns schon aus Pietätsgründen verpflichtet fühlten. Bisher wurden Gebetsteppiche hauptsächlich beim Erbgang, beim Ersatz durch gleichwertige Stücke oder sonst als Freundschaftsgabe veräußert. Erst im Zuge der zunehmenden Kommerzialisierung seit etwa Mitte dieses Jahrhunderts werden sie von seßhaften Knüpfern auch für den Basar gefertigt und auch sonst vermarktet. Ein weiteres Beispiel für den verändernden Umwelteinfluß auf eine gute alte Teppichtradition!

Ästhetisch und dekorativ ansprechend, in vielfältigen Erscheinungsformen und meistens sorgfältig und kunstfertig aus guter Wolle geknüpft, sollten Gebetsteppiche, besonders ältere, heute einem hervorragenden Sammlerinteresse begegnen.

In den Steppen Baktriens

Auf der Weiterfahrt am nächsten Morgen ging es mit unserem Fahrer Baschir Richtung Südost, zuerst der Spürnase, dann dem Kompaß nach. Wir hatten etwa 70 km Halbwüste vor uns bis zum Tagesziel, dem Ersari-Aul Syahgird im Steppengürtel nördlich Mazar. Hier in den wüstenähnlichen Steppen Afghanisch-Turkestans herrscht (wie auch in vielen anderen Trockenzonen) im Frühling eine barbarisch wilde Pracht. Nur kurz bis in den Mai hinein dauert die hohe Zeit, in der sich die braune staubigtrockene Ebene in eine riesige Wiese verwandelt: wenn der Wermut grünt, die Kamillen gelb sind und das Heidekraut rosa blüht. Ihr nur erträumter Duft konnte uns nicht zum Vergessen einladen, daß die russische »Lokomotive« schon stundenlang durch riesige Sandfelder einer schier leblosen Weite stampfte, die uns unsere Winzigkeit bewußt machte. Die lautlose Eintönigkeit der umgebenden Natur wirkte auf uns lähmend und beklemmend. Eine absolute Unbeweglichkeit aller Geländepunkte verstärkte den unheimlichen Eindruck, der durch das plötzliche Auftauchen eines Wadi etwas Gespenstisches erhielt. Schon um 10 Uhr hatte der Feuerball der Sonne den Sand glutheiß aufgeheizt. Jedes Berühren des Wagenmetalls war von einem schmerzhaften Zurückzucken begleitet.

Während eines Halts gewahrten wir Bewegung am Horizont dieser starren Naturkulisse, die sich beim Näherkommen in eine Karawane, die Salzblöcke transportierte, auflöste. Voran der Karawanbaschi auf einem Esel. Eine Stunde später kreuzten wir eine Kamelherde. Von Hitze, Sand und Durst ausgetrocknet, fanden wir bald eines der beschriebenen Wasserlöcher. Das lauwarm-salzige und verschlierte Wasser mußte aber erst mit Durchlauffiltern genießbar gemacht werden (da sich die Salzkonzentration am Grunde verdichtet, war das Wasser vorsichtig abzuschöpfen. Kamele vertragen einen fünffach höheren Salzgehalt als Menschen).

1972 hatten wir unsere Durstqualen infolge verdorbener Filtertabletten noch bis zum stundenlangen Erkalten des abgekochten Wassers verlängert. Alte Regel: »In der Wüste macht man einen Fehler nur einmal!« Auch für Afghanistan gilt übrigens die Feststellung, daß in den Wüsten mehr Menschen ertrinken (durch sturmflutartige Regengüsse) als verdursten. Vorsicht daher bei Nachtlagern in Wadis, insbesondere vor Wetterumschlag. Die letzte Strecke führte über eine weitläufige, verdorrte Ebene. Später eine Szene von seltener Eindringlichkeit: brennendes Abendrot hinter einer rastenden Kamelkarawane in der Steppe.

Endlich erreichten wir Syahgird. Ein heiteres sprachliches Mißverständnis in unserem Nachtquartier bei Beschir-Turkmenen. Anstelle der gegen die Nachtkälte erbetenen zweiten Decke brachte ein Nafar Edeltraud einen aufwärmenden Schirin. Als sie mit dem Wort »do« (zweite) auf die Decke meines Tscharpais deutete, kehrte er freudestrahlend mit einer zweiten Tasse Tee für mich zurück. Nun, wir tranken ihn zu einem Pilaw mit Kurut. Später gab es Airan. Alles wurde, am Boden hockend, nur mit der rechten Hand (die linke ist unrein) gegessen, die vorher und nachher unter einem Tungan gewaschen wurde. Gastgeschenke wechselten am Morgen den Besitzer. »Be mana choda!« Auf Wiedersehen!

Basars der Turkomanen

Die nächsten drei Tage rollten wir mit unserem schwerfälligen »Was« von Mazar-e-scharif über ausgewaschene Erdpisten, »Waschbrett« und viele Dschuis nach Pol-e-mamukri und Solgara, dann Sar-e-pol, ein Woleswali-Ort, in dessen bedeutenden Basars vornehmlich die in den umliegenden Kischlaks von Hazara gefertigten buntgestreiften Kelims vermarktet werden. Weiter nach Scheberghan, Sitz eines Wali, wo sich teppichknüpfende turkmenische Stammesgruppen der Labidschar, Beschiri und Tschub basch angesiedelt haben.

Die Basars und Karawansereien des 50 km entfernten Aktscha enthielten ein reiches Angebot der in weitem Umkreis geknüpften Teppiche verschiedener Ersari-Stämme (wie Saltuk, Karaboin, Dschengal ardschuk, Tschartschanguh, Taghan, Kizil ajak), aber auch der Tekke und Beschiri. Abends verspeisten wir in einem Kutuk ein ausgezeichnetes Tschustuk und tranken dazu erfrischenden Dugh. Unser Nachtgemach war nur mit einem großen Teppich möbliert, auf dem wir uns ausstreckten. (Wir schliefen fast immer auf dem Boden, oft auch auf mehr oder minder zweifelhaften Matratzen oder Decken. Zuweilen auch auf den Stricken eines Tscharpai.) Bemerkenswert und eine Augenweide auch für den durch Teppichleidenschaft Verblendeten war das Marktangebot in Aktscha an Nomadenschmuck der Turkmenen, Usbeken (Bochara!), Tadschiken, Kasachen und allgemein der Kutschi.

Qualitativ hochstehende Arbeiten, ab und zu ein antikes (sprich teures) Stück und selten Trouvaillen. Das galt noch für 1974! Die Fälscher der Kunst (oder Kunst der Fälscher) waren aber auch hier mit großem Geschick am Werk, und es bedurfte ausreichender Erfahrung, um gutes Silber (talgig) zu »fühlen« oder echte Türkise bzw. Achate oder Korallen von Falsifikaten zu unterscheiden. Selbst altersbedingte Abnutzung wurde hier meisterhaft gewerkelt. Ohne Scham und Reue – man konnte dabei zuschauen und sich sachkundig belehren lassen. Wir erwarben außer zwei feinen Kasach-Armbändern und einem Silber-Korallen-Hochzeitsschmuck der Paschtunen noch einen alten Goschah asyk (herzförmiger jomudischer Anhänger aus gutem Silber mit feuervergoldeten Mustern und Achat-Cabochons).

Wieder zurück in dem uns schon vertrauten Kabul, dessen lebensvolle Basarstimmung Edeltrauds Aufzeichnungen widerspiegeln: »Drei winzige Basarräume nebeneinander, fernab der Touristen-Basars, bei unserem ›Teppich-Gelegenheits-Stöbern‹ entdeckt: Besitzer Nr. 1 ›Der Alte‹, Besitzer Nr. 2 ›Der Freundliche‹ und Besitzer Nr. 3 ›Der Arme‹.

›Der Arme‹, von uns so genannt, weil er älteste, völlig zerfetzte Stücke mit unermüdlichem Fleiß reparierte, einen äußerst bescheidenen Eindruck machte und irgendwie Mitgefühl herausforderte. Aus wahllos hingeworfenen ›War-einmal-Brücken‹ der hintersten Ecken seines Verkaufslokals (zugleich Reparaturwerkstätte, Eßraum, Teestube, Schlafraum) zogen wir so manches Stück hervor, das nach Wasser und Reparatur schrie. Nun, repariert wurde von ihm fleißig und gut, die Preise waren sehr vernünftig. Freundschaftsgeschenke aus ›Germany‹ nahm er gern entgegen. Die menschlichen und geschäftlichen Beziehungen vertieften sich.

Ein Jahr später. ›Der Arme‹ hockte nicht mehr auf der Straße vor seinem Basarlädchen. Er hatte sich inzwischen zu dem würdevollen Besitzer eines kleinen Ladens im Zentrum Kabuls entwickelt. Bei unserem Besuch dort große Wiedersehensfreude. Ich zu Günter: ›So leisteten wir letztes Jahr Entwicklungshilfe!‹ Freundschaft bleibt. Geschäftsbeziehungen zerrinnen, als wir sein wohlsortiertes Lager mit nur neuen Stücken und saftigen Preisen in Augenschein nahmen.

›Der Freundliche‹ (23 Jahre), voriges Jahr so genannt, weil er uns jedesmal äußerst herzlich begrüßte (obwohl wir kein Stück bei ihm kauften), immer sich freute uns zu sehen, uns jedesmal einlud, Tschai mit ihm zu trinken. Nun, dieses Jahr wurde seine immerwährende Freundlichkeit, seine Unaufdringlichkeit, seine Ausdauer belohnt. Seine große Stunde war gekommen – er wurde unser Hoflieferant! Unermüdlich war er tätig, uns Angebote zu unterbreiten. Sein Unternehmergeist wurde geweckt und seine Tatkraft mobilisiert. Unergründliche Quellen erschlossen sich ihm durch Verwandte und Bekannte. Seine Preise waren annehmbar, vernünftig. Kamen wir bei ihm vorbei, zeigte sein Gesicht größtes Entzücken. Wir tranken zusammen Tschai. Mit entrücktem Gesichtsausdruck wies er in eine Ecke, wo er wieder einige Stückchen für uns irgendwoher gesammelt hatte, für seine ›sister‹ und seinen ›brother‹. Nun konnte erneut die Vorführung beginnen! Mit gewichtigen, nicht zu schnellen Schritten wurde zu dem neuen Stapel gegangen. Bei so manchem Stück, das uns vorgeführt wurde, war der Preis akzeptabel (nach stillem Übereinkommen war an den ›sister- und brother-Preisen‹ nicht viel zu handeln), aber es gab auch Erzeugnisse, deren Preis uns entschieden zu hoch erschien. So nickten wir dann zustimmend bedächtig mit dem Kopf über die Güte und Schönheit des Stückes, um nach kurzer Überlegung mit hochgezogenen Brauen zu resignieren. Sofort änderte sich die Situation. ›Der Freundliche‹ bekam irrglänzende Augen, streichelte wie besessen mit beiden Händen zärtlich und intensiv kreuz und quer die Knüpfarbeit (wir zwischendurch: ›too much, too much!‹), holte mit dem Zeigefinger einige Besonderheiten im Muster hervor, kniete auf dem Stück, streichelte wieder die Wolle, wobei er murmelte ›menoto, menoto‹ (›bestes Stück, bestes Stück‹), holte dabei aus der Hosentasche seinen ›Menoto‹ (einen Talisman, Bochara-Schmuckstück aus Silber mit sehr feiner Ziselierung), streichelte ihn ebenfalls, steckte ihn wieder ein, erhob sich, zog das Teppichstück halb hoch, wedelte es genüßlich von allen Seiten (damit wir den Glanz sahen). Mit irren Augen blickte er uns an und schnaufte dabei ›ehne, ehne‹. Dann sank seine Stimme ab, er erwachte aus seinem Trancezustand, und freudestrahlend nannte er uns wieder seinen alten (hohen) Preis. Ich konnte mich kaum halten, schrie immer wieder lachend auf Günter ein: ›Der ist bald reif für die Klapsmühle!‹, zeigte auf mein Herz, wiederholte auch mit irrsinnigem Gelächter ›mein Otto‹ (menoto) und sprudelte lachend unseren (niedrigeren) Preis heraus. Nun wurde seine Vorstellung bruchstückweise wiederholt, mein schallendes Lachen faßte er als Ansporn auf. Zwischendurch trat nun Günter in Aktion, nannte ausgleichend noch einmal unseren Preis. Günter und ich erhoben uns dabei langsam und feierlich, endgültiges Resignieren ob des schönen Stückes im Blick, traten zur Tür, das Wort ›farda‹ nachhaltig im Raum schweben lassend. Ich blickte ein letztes Abschiedsmal zurück, zuckte die Schultern und wartete nicht vergeblich auf das zustimmende ›baleh‹ des ›Freundlichen‹. Günter und ich nahmen wieder den Schneidersitz ein, und ich schrieb den jetzt günstig ausgehandelten Afghani-Preis spektakulär seufzend in mein Notizbuch. Die Befriedigung war auf beiden Seiten verhalten, aber tief.

So oder auch zur Abwechselung simpler, wechselten im Laufe von vier Wochen in größeren oder kleineren Zeitabständen bei dem ›Freundlichen‹ mehrere Stücke ihren Besitzer. Wir führten bei ihm ein Kontokorrent (da vieles noch repariert werden mußte, wurde erst angezahlt), d. h. ich notierte alles und mußte auch für den ›Freundlichen‹ die Buchführung machen, da er mit dem Schreiben nicht zurechtkam und beim lauten Zusammenzählen von mehr als drei Preisen große Schwierigkeiten hatte. Seine Variabilität in den Endsummen versetzte uns so manches Mal in großes Erstaunen, zumal er auf der anderen Seite die Werte jedes Teppichs genau kannte. Weder prüfte er das Kontokorrent, noch zählte er die erhaltenen Akontobeträge nach. Sein Buch mußte auch immer von neuem längere Zeit gesucht werden. Ich fühlte mich schon als seine verantwortliche Geschäftsführerin.

Nachdem wir so relativ intensiv ins Geschäft gekommen waren, war nun seine Zeit angebrochen, sein Basarfenster zu verschönern. Eines Tages prangten darauf ausgeschnittene persische Bilder (Miniaturzeichnungen aus dem persischen Hofleben). Außerdem verzierte nachts ein Gitter sein Fenster, beleuchtet von einer einsamen, schwachen Birne. Auch trug unser ›Freundlicher‹ neuerdings, wie vornehme Afghanen, von früh bis spät ein Karakulkäppchen. Seine Haltung erschien selbstbewußter und männlicher. Zum Abschied schenkte er mir seinen ›Menoto‹. ›Mein Otto‹ hängt nun an meinem Hals – als Verschluß einer afghanischen Lapiskette.«

Zum Abschied erlebten wir in Kabul noch den Eröffnungstag der diesjährigen Buzkaschi-Spiele vor dem Königszelt in Bagrami. Er bestätigte uns den Eindruck eines vitalen Landes, wo Asien noch am asiatischsten ist.

Zu den Oasenstädten der Usbeken

Nachdem wir die gewohnte »Kabulitis« und eine heftige Erkältung überstanden hatten, kämpften wir abschließend noch drei Tage mit Zollhütern auf dem außerhalb Kabuls liegenden Zollhof, wobei uns letztlich nur ein Donnerwetter des Zollgewaltigen half. Die Ausfuhrverzollung erwies sich zum x-ten Male als ein orientalisches Naturereignis. Man braucht dazu, außer einem Zollstock zum Vermessen der Teppiche, drei Säcke: einen mit Zeit, einen größeren mit Geduld und den größten mit Bakschisch!

Dann ging es aus dem schon kühleren und von heftigen Sandwinden durchtosten Kabul – während derer der gesamte Flugverkehr, noch ohne Radar, lahmlag – mit Sondergenehmigung der russischen Botschaft in Kabul weiter jenseits des Amu darja in das noch in sommerlicher Hitze brütende Usbekistan (usbekischer Bevölkerungsanteil etwa 65 Prozent). Mit der heutigen SSR-Hauptstadt Taschkent – neben Bochara, Samarkand und Chiwa – das Herz des vorzaristischen Turkestans (= »Westturkestan«). Land der Türken (Turkvölker), das sich vom Kaspischen Meer im Westen bis zum chinesischen Tienschan-Gebirge im Osten und von der Kasachischen Steppe im Norden bis zur afghanischen Bergwelt erstreckt. Aus diesem altgriechischen Transoxanien (etwa das arabische Mawarannahr oder das persische Turan) brachen einst die großen Reitervölker der Hunnen, Tataren, Türken und Mongolen auf, um die Welt zu erobern. Kreuzweg der Karawanen (Seidenstraße) zwischen China, Indien und dem Westen, bis es nach

Entdeckung der Seewege nach Indien und Ostasien und dem Bau der Transsibirischen Bahn hier stiller wurde. In diesem riesigen Reich der Nomaden lag auch das Spannungsfeld zwischen den umliegenden Imperien der Perser, Chinesen, Griechen, Araber, Russen und – von Indien aus gesehen – das Vorfeld des britischen Empire. Die unendlichen Wüsten und Steppen sind Heimat der Tadschiken und Sarten (iranische Urbevölkerung Turkestans), Kasachen (Turkvolk Mittelasiens, im 15. Jh. von den Usbeken abgespalten), Karakalpaken (»Schwarzmützen«, Turknomaden), Usbeken, Kirgisen und Turkmenen (turktatarische Völker). Noch bis Anfang des 20. Jh. neben Afghanistan das »Verbotene Land«, wo »Hören für Unverschämtheit, Fragen für Verbrechen und Notiren für Todsünde gehalten wurde« (Vámbéry 1864). Nur wenigen Forschern und Händlern bekannt und oft auch Verhängnis. Diese insulare Abschirmung brachte es aber mit sich, daß viele Züge und Zeugnisse mittelalterlicher Kulturen und traditionellen Volkstums bewahrt blieben. Abgesehen von den großen Oasenstädten ist das Land auch heute für Ferangi kaum zugänglich.

Infolge seiner Unzugänglichkeit, völkischen Aufsplittung, fehlenden schriftlichen Quellen (Nomaden!) und als Schmelztiegel und Durchzugsgebiet der Völker ist dieser geschichtsträchtige Teil Zentralasiens – Kernreich Attilas, Dschingis Chans und Tamerlans – in seiner Geschichte sehr komplex und umrißlos, ohne kulturelle oder politische Einheit. Nachdem bereits Peter d. Gr. und Katharina d. Gr. expansionistische Pläne Richtung Süden verfolgten, eroberten die Russen, im Gefolge ihrer Strafexpeditionen (Kosaken), auf Konfrontationskurs mit den Briten (Afghanistan/Indien) zwischen 1865 und 1923, nacheinander Taschkent (1865), Samarkand und Bochara (1868), Kokand (1871), Chiwa (1873). Dem folgte die entscheidende Niederlage der Tekke-Turkmenen (Gök Tepe 1881) und die Besetzung der Oase Merw (Mary od. Mauri, 1884), bevor die Vasallenstaaten Chiwa und Bochara 1923/24 endgültig nach Niederwerfung der Basmatschi, der tadschikischen, von England und der Türkei unterstützten Nationalisten Bocharas (nach russischer Version: »Konterrevolutionäre«), als Volksrepubliken in die UdSSR einverleibt und seit dieser Zeit systematisch russifiziert wurden. Die ständigen Kriege zwischen den Chanaten Kokand, Chiwa und Bochara im 19. Jh. hatten die Okkupationen dieser zentralasiatischen Oasenstaaten erleichtert. Mit ihrem Untergang und der Errichtung des zaristischen »Generalgouvernements Turkestan« (1867 unter dem hervorragenden General Kaufmann) wurde aber auch ein mittelalterliches Despotenkapitel fanatischer Barberei, Entsetzlichkeiten und Ausschweifungen, von Menschenraub, Sklavenhandel und Knabenmißbrauch sowie unvorstellbar menschlichen Erniedrigungen abgeschlossen.

Chiwa in der Oase Choresm

Zunächst stundenlang – nach einer kurzen Begleitstrecke des Syr darja (des antiken Jaxartes) – mit einer kleinen rustikalen Propellermaschine (Fotografierverbot!) von Taschkent über die bedrückende Unendlichkeit der Wüste Kizilkum nach Urgentsch (Gurgandsch) am Amu darja. Von dort per harter Achse durch riesige Baumwollplantagen und Maulbeerbaumfelder (Seidenraupenzucht) nach dem noch sehr asiatischen Chiwa, etwa 250 km südlich des Aral-Sees, Mittelpunkt der mittelalterlichen Choresm-Oase in der Karakum-Wüste. Das Chanat Chiwa war neben dem Emirat Bochara, dem auch Samarkand zugehörte, noch bis Ende letzten Jahrhunderts Sitz uralter usbekischer Sklavenhalter- und Feudalreiche. Berühmtester Sohn der Stadt: Pahlavan Mahmud, Dichter, Kürschner und Athlet. Die enge und winklige Itschankala (Innenstadt): 1001 Nacht! Eine bewohnte Museumsstadt voll geheimnisvoller Zitadellen, Moscheen, Minaretts, Medresen, Mausoleen, Paläste, Serais, Karawanserei, Basars, Mauern, Brunnen und Tore. Überragend das mit blaugelben Kaschis gegürtete Islam-Chodscha-Minarett (1908); majestätisch ebenso der gelbgrün emaillierte, unvollendete gewaltige Torso des Kalta Minar (68 m) von 1852. Markante Usbekengestalten mit mächtigen, radförmigen Schaffellmützen und Krückstöcken, teils auf Arbas, Zweiradkarren mit bis zu zwei Meter hohen Rädern, fahrend. Viel buntes Treiben auf den großen Melonenmärkten. Von den hier einst gehandelten »Chiwa-Teppichen« – ein Globalbegriff für die Knüpfungen der in diesen Gegenden ansässigen Turkmenen (Jomud, Tschaudoren und der mit ihnen wohl verwandten Tschub basch), Usbeken und Karakalpaken – keine Spur.

Zwischendurch langwierige Kontrollen und administrative Pannen des russischen Apparatschiks. Zwei Einzelgänger sind eben kein Kollektiv. Improvisation unbekannt. Der Tourist wird aber als fündiger Devisenbringer geschätzt. Außerhalb der Stadtmauern herrscht ein eigener Begriff der »Freizügigkeit«.

Mit der »Transkaspischen« längs des Amu

Nach einigen Schwierigkeiten bekamen wir endlich Fahrkarten für eine Fortbewegung per Schiene rund 500 km von Urgentsch bis Bochara. Die 1885 eröffnete Transkaspische Eisenbahn – die neben dem 1962 vollendeten Karakum-Kanal (etwa 1000 km) von enormer Bedeutung für die wirtschaftliche und kulturelle Umwälzung in diesem insularen Oasenland Turkestan war – beginnt mit ihrer nördlichen Zweigstrecke in Kungrad am Amu darja-Delta des Aral-Sees und verläuft unmittelbar parallel zum Amu bis Tschardschui, wo sie ihn überquert.

Der Zug war für eine Stunde Verspätung pünktlich, und wir fühlten uns mit den zugewiesenen Fensterplätzen zwischen freundlichen Chalat-Trägern sehr zufrieden. Es war wohlig warm inmitten des Knoblauchgeruchs und des Machorkaqualms. Unterwegs gab es Tschai und Nan, später Borschtsch, Pilaw und Arbus. Linkerhand Raddampfer, die der wandernden Sandbänke im Amu wegen langsam fuhren. Mehrfach Halte in den Oasendörfern Darganata, Kabakly und Schagal. Rechterhand erstreckte sich die riesige Karakum (Schwarzer Sand)-Wüste, die zusammen mit der Kizilkum (Roter Sand)-Wüste einen Teil der großen Sande bildet, die den vom Pamir bis zum Kaspischen Meer verlaufenden südlichen Gebirgsketten vorgelagert sind. Nördlich des Syr darja werden sie durch die Hungersteppe und die Kasachische Steppe und im Nordwesten durch die mächtige, leblose Hochebene von Ust-Urt ergänzt. Trotz der Farbnamen haben beide Wüsten eher ein helles ockerfarbenes bis graubraunes Aussehen. Usbekistan und Turkmenistan – beide durch den Amu getrennt – sind gleichbedeutend mit Kizilkum und Karakum.

Die Sande der Karakum

Die Karakum, die den Großteil der hier beginnenden SSR Turkmenistan (mit rund 66 Prozent turkmenischer Bevölkerung) einnimmt, hatten wir noch aus 1971 in freudloser Erinnerung, als wir in ihrem südlichsten Teil im Raum Andchoi/ Nordwestafghanistan sechsmal unseren kochenden Landrover ausbuddeln mußten, um aus dem Sandmeer wieder freizukommen. Im Norden teilweise Halbwüste, ist sie im Innern von tückischen Salzpfannen und Tonflächen durchsetzt. Dazwischen große Barchane. Von hier bläst auch der berüchtigte glutheiße »Sandsturm der 120 Tage« nach Süden, der in den persisch/afghanischen Sanden unser lästiger Gefährte war. In Sichtweite oft nur Sand. Vereinzelt große Wasserbrunnen, zwischen denen in diesen unwirtlichen Gegenden noch turkmenische Hirtennomaden mit ihren Herden ziehen. Im Gegensatz zu persischen und afghanischen Nomadengründen sind hier im russischen Bereich – nach dem Stakkato-Gespräch mit unseren Mitreisenden – die Nomaden in den letzten 50 Jahren seßhaft gemacht worden. Nur in unwegsamen Steppen- und Sandregionen sollen noch zwischen einigen Oasenplätzen vereinzelt turkmenische Kamelkarawanen Transport- und Handelsverbindungen aufrechterhalten. Vegetative Abwechselungen bieten unterwegs Tamarisken, Kameldorn und Salzsteppensträucher, vereinzelt auch Palmen.

Gegen Abend erreichten wir den großen Baumwoll-, Kürbis- und Melonenmarkt Tschardschui (das mittelalterliche Amul), ehemalige Hauptstadt Turkmenistans. Von hier aus verläuft die Hauptbahnlinie südwestlich über Merw bis nach Krasnowodsk am Kaspischen Meer. Der Zug brachte uns am nächsten Tag über die Karakul-Oase in knapp drei Stunden durch das fruchtbare Serafschan-Flußtal nach Bochara scharif, dem »heiligen Bochara« am Rande der weiten Kizilkum.

Im heiligen Bochara

Diese alte Oasenstadt der Samaniden mit ihren einst 360 Moscheen – bekannt auch durch die dort gehandelten gleichnamigen Teppiche der Tekke-Turkmenen – wetteiferte von altersher mit Samarkand. Bochara war früher Hauptstadt des Emirats Bochara (auch Buchara; das ehemalige Transoxanien). Den Großteil

Afghanin im Tschadri kauft Nan auf einem Markt in Ghazni

Lebhafter Basar am Fuße der Zitadelle von Ghazni

Weitergabe kleiner Gastgeschenke (afghanische Paschtunen)

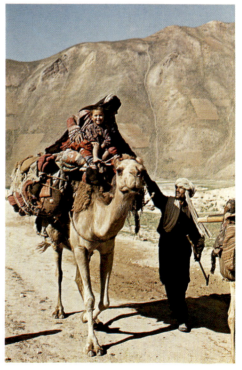

Sein bester Kunde: Besitzer eines Tschaichaneh vor seinen Samowars (Afghanistan)

»Ob die merkwürdigen Fremdlinge auch Tschai wollen?«

Gemischte Nomadenwirtschaft vor den Toren Kabuls: Kamele und Lorry, Zelte und Lehmhäuser

Nomadisches Paschtunenlager am Lataband-Paß

In Chiwa: Usbeken bei der Reinigungsprozedur vor dem Gebet

Usbeke mit der landestypischen Schaffellmütze

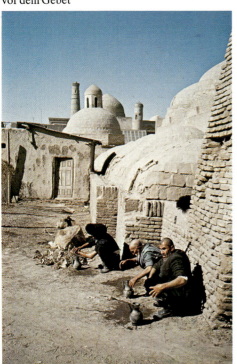

Ein architektonisches Kleinod: Tscharminar-Moschee mit traditionellem Storchennest in Bochara

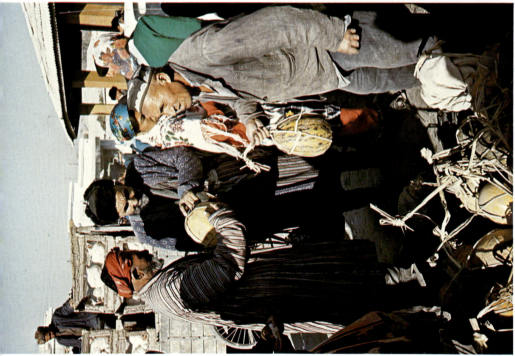

Feilschen um köstliche Melonen in Bochara (rechts Träger einer typischen Tjupetejka)

seiner Einwohner stellen ebenfalls die Usbeken, ein türkisch-persisch-mongolisches Mischvolk. Auf dem Weg zur Stadt, wo ein Haar des Propheten eingemauert sei, sollen Kobras den Ungläubigen auflauern. Bereits vor seiner Eroberung durch Dschingis Chan (1220) reiches Bildungszentrum persischer Kultur, war Bochara (nicht Mekka, Jerusalem oder Damaskus) einst der geistige Hauptpfeiler des Islam; zugleich auch Quelle der bedeutenden Rechtssprüche der hanefitischen Schule der islamischen Jurisprudenz. Später (bis 1923) Sitz des allmächtigen Emirs von Bochara, der nach Aufgabe Samarkands hier von Rußlands Gnaden lebte. Noch in der ersten Hälfte des letzten Jahrhunderts leuchteten Namen auf wie die der Briten Alexander Burnes, Charles Masson, des Franzosen Joseph Pierre Ferrier, des Ungarn Hermann Vámbéry und des Russen Chanikoff – mutige Forscher und Abenteurer, die, nicht nur der Sprache, sondern auch der Dialekte mächtig, alles bei ihren Alleingängen durch das damals streng verschlossene Bochara wagten. Wir gedachten aber auch der beiden unglücklichen Briten Colonel Charles Stoddart und Captain Arthur Conolly, denen der grausame Emir Nasrullah von Bochara (»ein übler Bursche von übler Gesinnungsart«, der in ständiger Fehde mit seinen Nachbarn – den Chans von Chiwa und Kokand – lebte) 1842 hier die Köpfe abschneiden ließ und Enver Paschas, des türkischen Nationalheros im Kampf gegen die Russen (1922). Berühmt die Kuppelbasars (der Mützenmacher, Geldwechsler etc.), das 57 m hohe Kaljan-Minarett (aus 1127) mit seiner charakteristischen Laterne (und dem traditionellen Storchennest). Weiter die Ark, das Mausoleum der Samaniden (10. Jh.), die Miri arab-Medrese (16. Jh.), die pittoreske viertürmige Tschar minar-Medrese (1807), das Mazar tschaschma ajub-Mausoleum vor der Stadt und die alte Stadtmauer. Auch als Ruinen noch eine wilde Pracht. Vor den ermüdenden Propagandafassaden noch viel vitales Volksleben, besonders auf den großen Märkten und in den Basars.

Aber keine privaten Teppichknüpfer mehr in den von uns bereisten Teilen Usbekistans. Das früher hochgerühmte Kunsthandwerk bocharischer Meister ist vorbei. Im Verlauf der durch die Sowjets forcierten technischen und wirtschaftlichen Modernisierungsprozesse sowie der religiösen, geistigen und politischen Umwälzung sind die durch die Abgeschiedenheit über Jahrhunderte konservierten traditionellen Kunstfertigkeiten zum Erliegen gekommen. Wir fanden noch gediegenes gutes Kunsthandwerk, nicht aber alte Metallarbeiten, Textilien, Teppiche, Waffen und Schmuck, für die bis Anfang dieses Jahrhunderts noch der Name »Bochara« stand. Auf der Suche nach diesen Kostbarkeiten wurde man eher in afghanischen Basars fündig, wo allerdings zuweilen auserlesene indische, tadschikische oder kasachische Stücke als »bocharisch«, d. h. teuer verhandelt werden. Zu bemerken bleibt, daß für die kunsthandwerklichen Erzeugnisse im turkestanischen Raum – wegen ihrer oft nicht trennscharfen Herkunft (z. B. wenn ein tadschikischer Silberschmied im afghanischen Andchoi mit kasachischer Dekortechnik arbeitet) – eine regionale Klassifizierung/Benennung (z. B. Bochara, Chiwa, Usbekistan oder einfach Turkestan) häufig systemgerechter ist als eine unsichere tribale Zuweisung.

Diese schönen Dinge sahen wir selbst nicht einmal in den Museen von Chiwa, Bochara und Samarkand. Dafür aber in eindrucksvoller Darbietung im »Staatlichen Museum der Künste« in Taschkent. Auf unseren früheren afghanischen Wanderungen hatten wir vereinzelt herrlich dekorierte Metallgefäße aus Bochara angetroffen, wo gerade die Kunst des Tauschierens (Metall-Intarsien: Ziertechnik für Metallflächen durch Aufreiben oder Einhämmern von Edelmetall) und des Damaszierens (Bearbeitungsverfahren zur Erzielung von festem, zähem Stahl und feinen geschwungenen Zeichnungen) in hoher Blüte stand. Eine besondere bocharische Spezialität waren auch die dekorativen Tula-Silberarbeiten in Niello-Technik (Einschmelzung dunkler Metallegierungen in eine vorgravierte Metallfläche), wie sie gerade auf alten Waffen, Schmuck, Dosen etc. noch zu bewundern ist. Glücklich zu preisen, wer je eine alte Bochara-Kanne in ihrer charakteristischen Form mit reichem Dekor und dem kunstvollen Henkelschwung – die zumeist von ihrem Meister ohne Vorlage gefertigt wurde – aus Messing, Kupfer (auch verzinnt) oder Bronze getrieben, mit Inbrunst betrachtet, angefühlt oder in seinen Besitz gebracht hat. Zum Abschluß erwarben wir im Basar noch einen regenbogenfarbenen Seiden-Ikatstoff, einen usbekischen Seiden-Chalat und zwei noch in alter Manier bestickte Takke.

Im Reiche Tamerlans

Schließlich erreichten wir zwischen Bauern, Eiern und Ziegenböcken per Propeller das altehrwürdige Samarkand, das 1968 sein 2500jähriges Bestehen feierte. Als antikes Marakanda Hauptstadt des altpersischen Sogdiana, 329 v. Chr. von Alexander d. Gr. erobert. »Kostbare Perle der Welt«, »Lichtpunkt des Erdballs«, »Stadt der großen Schatten!« Einst als blühender Handelsplatz Schnittpunkt der alten Karawanenstraßen in Westturkestan. Lebhafte Basars in ihren Mauern. Um 700 vom arabischen Ansturm überrollt, 1220 von der »Geißel Gottes« zerstört, dann unter dem grausamen, kunstsinnigen Eroberer, Vernichter und Erneuerer Tamerlan (= Timur Lenk, der Hinkende) im 14. Jh. prachtvolle Metropole und Weltstadt eines neuen großen mittelasiatischen Nomadenreichs der Timuriden. Heute auch Industriestadt am Ufer des Serafschan.

Weltberühmt ihre mongolischen Baudenkmäler, die zu den bedeutendsten der islamischen Architektur zählen. So das monumentale Gur Emir (»Große Fürst«)-Mausoleum des Tamerlan mit seiner kufisch beschrifteten, kannelierten Kuppel aus strahlend blauen Kaschis, deren Inneres durch eine kleinere Kuppel intimer wirkt (»Wenn der Himmel schwindet, so wird die Gur-Emir-Kuppel ihn ersetzen«). Erhaben die Gruft Tamerlans mit einem riesigen dunkelgrünen Nephritblock und der Inschrift: »Wenn ich noch lebte, würde die Welt vor mir erzittern!« Daneben der Sarkophag seines Enkels Ulug Bek, berühmter Astronom und Mathematiker auf dem Emir-Thron, dessen Observatorium Samarkand überragt. Dann die edle Schönheit des riesigen, stark zerfallenen Moscheenkomplexes Bibi

Chanum (Lieblingsfrau Tamerlans). Unweit die historische Schah-e-sinda, einzigartige Nekropolis mit den leuchtenden Fayencekuppeln und dem stilistischfarblichen Reichtum ihrer vierzehn Grabmoscheen aus der Zeit des 12. – 14. Jahrhunderts.

Voll orientalischer Üppigkeit der berühmte, weitläufige, in Kosch formierte Registan-Platz mit seinen Prunk-Medresen (wie die konfrontierten Schir dor-Medrese und die Ulug Bek-Medrese). Feinste Keramik- und Terrakottenarbeiten, emaillierte Ziegelsteine, reliefartige Mosaiken und reiche Ornamentik. Über allem der große Schatten der Zerstörung, dem die Russen seit einigen Jahren mit Restaurierungen zu begegnen versuchen. Diese schon zu spät eingeleiteten Restaurationsarbeiten sind inzwischen durch heftige Erdbeben der Jahre 1976 und 1984 in Usbekistan teilweise überholt, die auch viele alte Baudenkmäler in Taschkent und Bochara (Samarkand?) beschädigten oder zerstörten. Starke Zerstörungsbeben haben seit 1978 ebenso andere von uns – stets mit verständlichem Unbehagen – bereiste erdbebenträchtige Gebiete der ostanatolischen Kurdenlande (Raum Van-See), Persisch-Chorasans (Raum Tabas) und der nordost- und südpersischen Provinzen heimgesucht.

Damals verbrachten wir jedoch den letzten Abend mit einem erholsamen Gespräch über die erlebten Herrlichkeiten bei einem Kumis-Getränk auf einem der typischen Aiwans. Später gab es Kwaß, ein aus Brot und Früchten gegorenes Getränk. Auf dem Rückweg begegneten uns erstmalig zwei alte Usbekinnen unter der Parandscha, einem Schleier aus dunklem Roßhaar. Anders als in Afghanistan mutete dieses Relikt aus dem vorsowjetischen Turkestan inmitten des urbanen Milieus anachronistisch an, fast symbolhaft. Unter den slawischen Russen wirkten beide Vermummte wie Verstoßene.

Letzte Hindernisse

Nicht frei von Zwischenfällen verlief auch die Schlußetappe nach Abflug aus Samarkand. Mit großer Verspätung nachts auf einem abgelegenen Flugplatz südlich des schon winterlichen Moskaus stundenlanges Warten und Verhandeln. Endlich ratterte uns 2 Uhr morgens ein klappriges Fahrzeug, von einem älteren Fahrer mit einem gewissen geographischen Gefühl geleitet, auf einer völlig zugeschneiten, holprigen Landstraße zu dem 50 km nördlich gelegenen Flugplatz Scheremetjewo. Einmal überholten wir einen Pferdeschlitten. Im Stakkato-Gespräch mit dem Fahrer kramte ich die russischen Brocken aus meiner unfreiwilligen Ukraine-Zeit (1941 – 43) hervor. Unterwegs auf der verschneiten Landstraße plötzlicher Halt. »Stoj! Schto takoje?« (Halt! Was ist los?). Der Fahrer hielt den abgerissenen Schalthebel in die Höhe. Es folgte ein erlösender Schwall von Flüchen: »Tschort wosmi!« (Hol's der Teufel!), »Schtob ty propal!« (Daß du verloren gingst!), »Jub twoju matj!« (... !).

Nach dem Kreisen der Wodkaflasche und dem barbarischen Ausräumen der vorderen Wagenteile gelang es uns nach einer langen halben Stunde in der Dunkelheit endlich vereint, den Hebel provisorisch wieder hineinzuwuchten. »Charascho! Dawai, dawai!« (Gut! Schnell weiter!). Bewegt und ölverschmiert nahmen wir beim Sonnenaufgang Abschied von unserem letzten Weggenossen. Verlegen betrachtete er einige Geschenke für seine Frau: »Spassibo, Towarischtsch! Do swidanija!« (Danke, Genosse! Leb' wohl!).

Diesmal hatten uns regelrecht die Herbststürme in die Steppen Turkestans verweht. Lande ohne Schatten, wo Kamelmist oft einziges Brennmaterial ist und Nomaden im Innern Afghanistans noch bei Kerzenschein auf die Segnungen dieses Jahrhunderts warten. Wieder zurück in unserer unheilen Welt, wo die körperliche Sattheit beinahe als naturgesetzliche Selbstverständlichkeit hingenommen wird, bleiben uns doch ein Hauch orientalischer Gelassenheit und ein Stück erlebter Geschichte der alten Turkvölker.

Einen amüsanten Nachklang dieser Reise erlebten wir nach Rückkehr in Frankfurt am Main, als wir einen uns bekannten Handwerksmeister aufsuchten. Er begrüßte uns sofort mit den Worten: »Das habe ich ja gar nicht gewußt, daß Sie solche abenteuerlichen Reisen unternehmen. Ich selber entdeckte inzwischen auch eine stille Liebe zu Orientteppichen. Meine Frau versuchte dies vor einigen Tagen zu bremsen, indem sie mir einen Zeitungsartikel mit den Worten vorlegte: »Da siehst Du, wohin der Teppichwahn führen kann!« Beim Durchlesen des Artikels in der »Frankfurter Allgemeinen Zeitung« stellte ich fest, daß es eine Beschreibung Ihrer Expeditionsreise durch Afghanistan war.«

Wir schieden lächelnd – ich eher versonnen. Vox populi? Jedenfalls eine menschlich verständliche Reaktion der Frau Handwerksmeisterin. Vielleicht gibt es sogar Teppichnarren *und* Menschen!

Ist der Nomadenteppich noch nomadisch?

Unsere lokalen Feststellungen haben ergeben, daß über Stammeseinflüsse hinaus zunehmend außertribale Faktoren für die Entwicklung des nomadischen Teppichs wesensbestimmend sind. Dabei wird er mehr als andere orientalische Flor- und Flachgewebe nicht nur unmittelbar durch originär teppichspezifische Fremdeinflüsse, sondern beträchtlich auch durch die allgemeinen nomadenschädlichen Umweltbedingungen mittelbar beeinträchtigt. Diese negativen Einwirkungen auf den Nomadenteppich werden naturgemäß durch ein Zusammentreffen mehrerer dieser teppichrelevanten Störfaktoren verstärkt.

Nomadenschädliche Umweltfaktoren

Die im einzelnen dargelegten ökologischen Abhängigkeiten und Wechselwirkungen nomadischen Lebens und Wirtschaftens berühren auch die traditionelle nomadische Funktionskunst und die kunsthandwerklichen Arbeiten. Nach Art und Nachhaltigkeit kann sich jede Einwirkung (obrigkeitlich, technisch, wirtschaftlich oder naturgesetzlich) in den Lebensraum und Lebensablauf der wandernden Hirten somit als Störung des gesamten stil- und mustergestaltenden, textil- und farbtechnischen sowie wirtschaftlichen Teppichfertigungsprozesses bis zur Vermarktung auswirken. Dies gilt auch, wenn voll- oder teilseßhaft werdende Nomaden ihre Teppichfertigung fortsetzen. Die Kommunikations- und Integrationseffekte ihrer neuen politischen, sozialen und wirtschaftlichen Daseinsform beeinflussen letztlich auch den Nomadenteppich.

Teppichspezifische Umweltfaktoren

Darüber hinaus wird der Nomadenteppich – einst ein ethno-historisches Dokument – seit der Jahrhundertwende zunehmend durch arteigene Umweltentwicklungen verfälscht:

- Die Verknappung und Verteuerung des Rohmaterials Wolle durch mit steigendem Lebensstandard erhöhten Textilwollbedarf oder erhöhtem Schlachtfleischkonsum (Schafe, Ziegen) oder durch den Rückgang der Kamelhaltung infolge wachsender Motorisierung. Damit geht auch die

verstärkte Verwendung von schlechter Schurwolle und Schlachttierwolle (= Tabachi) für die Teppichfertigung einher.
- Die anhaltende Popularisierung des Orientteppichs und der damit verbundene weltweite wirtschaftliche Teppichboom mit Preisauftrieb und Qualitätsrückgang. Die erhöhte Nachfrage beruht nicht nur auf modischen (wohnkulturellen) Tendenzen, sondern auch auf einer, durch Kaufkraftüberschüsse angeregten Investitionsbereitschaft für wertbeständige Sachanlagen und für Luxusgüter. Damit erfolgte die kulturelle Umorientierung des Orientteppichs vom lebensvollen Funktionsgegenstand des Knüpfers zum dekorativen Möbel, Prestigeobjekt oder Anlagewert. (Die vermehrte Nachfrage für Orientteppiche als Gegenstand des Sammlerinteresses teppichwissenschaftlicher, musealer oder privater Art ist hiervon ausgenommen.)
- Marktbestimmende zeitgenössische Einflüsse modisch-stilistischer oder ökonomischer Art aus den westlichen Auftragsländern, die den Nomadenteppich manipulieren. Dieser Dirigismus bezieht sich nicht allein auf die Neueinführung genormter dekorativer Dessins und auf maßgerechte Formate (für westliche Räume), sondern auch auf modische Farbstandards, Florhöhe und (für den Stückpreis rentable) Knotenzahl. Nicht die traditionelle Vorstellung des Knüpfers ist maßgebend, sondern der Zeitgeschmack des Aufkäufers. Hinzu kommen die zu werblichen Zwecken neu erfundenen Teppichbezeichnungen nach Teppichtypen, Eigennamen oder Phantasieworten (wie »Royan«, »Prinzess«, »Chan« etc.) anstelle der klassischen Stammes-, Knüpfort- oder Handelsplatznamen.

Unabhängig hiervon beeinflussen allgemein jeder Kulturwandel und jede Änderung des Zeitgeistes die hohen Künste und das Kunsthandwerk, d. h. damit auch die Teppichgestaltung, besonders die Musterentwicklung.
- Die wachsende Technisierung und Mechanisierung der Herstellungsprozesse mit einer Umfunktionierung von der kunsthandwerklichen Eigenbedarfsfertigung zur rationellen Serienproduktion. Das im Hausfleiß erzeugte Nutzobjekt wird zu einem in Heim-/Manufakturarbeit gefertigten Handelsobjekt.

Durch neuzeitliche Techniken werden alte Bräuche aufgegeben, zum Beispiel durch die Verwendung maschinengefertigter anstelle herkömmlich handversponnener und -gezwirnter Wollgarnfäden oder die Benutzung von Baumwolle anstelle der Wolle für Kette und Schuß. Entsprechendes gilt für den Ersatz der Naturfarben durch chemische Farbstoffe. Diese Fortschrittsentwicklung mit modernen Methoden bedeutet nicht unbedingt einen Qualitätsverfall, verändert meistens aber die charakteristische Eigenart eines Teppichs (Typizität) und schwächt das Traditionsgefühl und den Arbeitsethos des Knüpfers im Zuge seiner rationalen Umstellung vom Handwerklichen zum Gewerblichen (diese vertriebs- und

damit gewinnorientierte Umstellungsphase ist bei den dörflichen und urbanen Knüpfern bereits weitgehend vollzogen). Abwanderungen vom Knüpfstuhl in die Industrie sind oft die Folge. Von der Kunst zum Kommerz!
– Die dadurch bedingte kommerziell-ökonomische Einwirkung auf die Orientteppichfertigung bei gleichzeitiger Verfremdung des klassischen Teppichhandels. So wurden schon nach dem Ersten Weltkrieg zunehmend neue Systeme der Teppichproduktion, neue technische Arbeitsmethoden und Organisationsformen zur Finanzierung und Risikoverteilung nach westlichem Vorbild erprobt, wie Auftragsfertigung (Lohnknüpfung) und verschiedene Verlagssysteme. Hinzu kam eine Änderung der Vermarktung durch Einführung neuer Handelsstufen, Verteiler- und Transportmethoden.
– Sozialpolitische Änderung der Arbeitsbedingungen für die Knüpfer, zum Beispiel Sozialversicherung, Verbot der Kinderarbeit (Persien seit 1970).

»Musterinfektionen« im besonderen

Dieses komplizierte Wechselspiel vielschichtiger ökologischer Komponenten trifft am stärksten die auf tradierende Wirtschaftsabläufe und Lebensformen eingestellten Nomaden. Ihre Umweltanfälligkeit wird am ehesten durch den stilistisch-ornamentalen Trend des Nomadenteppichs verdeutlicht.

Die Musterüberlieferung gerade bei den Nomaden geht grundsätzlich auf vererbte Familien-, Sippen- und Stammestraditionen zurück (lebendige Volkskunst). Die ikonographische Bedeutung ihrer so gewachsenen Ornamente läßt sich daher kausal besser verfolgen als bei den schon früher durch Normen der Ästhetik und Dekorierkunst bestimmten Musterbildungen seßhafter Knüpfer. Die Symbole auf Nomadenteppichen sind allgemein eher zu dechiffrieren. So wurde der Musterbestand der Nomaden bisher weniger von einer Musterverwilderung berührt als die in Heimarbeit oder Manufaktur erzeugten Knüpfungen. Andererseits sind die Wanderhirten durch ihren ständigen Milieuwechsel besonderen »Infektionen« ausgesetzt, die zur Adoption und Integration fremder Formen und Muster oder zu neuen ornamentalen Legierungen führen können. Ich brauche hier nur auf den Musterreichtum ziehender Belutschen und artverwandter Stämme zu verweisen, die vielfach insbesondere turkmenische und usbekische Motive in ihren Musterschatz, oft nur als Zierat, übernommen haben. Derartigen Fremdeinflüssen unterliegt natürlich auch der Musterschatz der berührten ansässigen Kulturen, deren Anfälligkeit insoweit allerdings geringer ist.

Beschleunigt wird diese Auflockerung von Mustertraditionen durch die revolutionierende Entwicklung der Umweltverhältnisse in den »entdeckten«, erforschten und erschlossenen Nomadenregionen. Sie konnte auf Stil und Zeichnung – die zwar traditionsgebunden, letztlich aber umweltorientiert sind – nicht ohne Auswirkung bleiben. Aussagende Ornamente (Symbole) werden mit dem Verlust ihres Sinngehaltes zu rein dekorativen Ornamenten degradiert, womit die Musterauflösung eingeleitet wird. Diese veränderte Motivierung des an sich konservativen Knüpfers, der nicht mehr innovativ, sondern nur noch reproduktiv tätig ist, kann bewußt, aber auch unbewußt erfolgen. Ersteres kann bedingt sein durch eine moderne (zum Beispiel religiöse, politische, technische oder wirtschaftliche) Aufklärung und Erziehung des Knüpfers. Letzteres kann darauf beruhen, daß der den tribalen Bindungen entwachsene Knüpfer der überlieferten Formensprache nicht mehr mächtig ist.

Prägt die Umwelt gerade auch die stilistische und ornamentale Eigenart des Orientteppichs, so offenbaren sich die zunehmenden Fremdeinflüsse mehr und mehr in einem Musterverfall und Symbolverlust der Nomadenarbeiten. Wie das Nomadentum schlechthin, so ist auch seine funktionale Volkskunst durch den galoppierenden Fortschritt gefährdet. Das Plastikzeitalter ist der Tod der Nomadenkunst!

Die Beurteilung der Mustergestaltung auf Teppichen wirft oft schwierige Abgrenzungsfragen auf. So zum Beispiel die materielle Unterscheidung zwischen einer seelenlosen mechanischen Nachahmung (Imitation, zum Beispiel die modernen Serienkopien aus Nichtursprungsländern wie Pakistan, Indien, China) und einer künstlerisch nachempfundenen Reproduktion (Nachbildung von Originalstücken im Ursprungsland). Auch die vielschichtige Frage, wo die Grenzen zwischen einer eigenschöpferischen, wesensadäquaten Musterfortbildung und einer Musterentartung und -verfremdung durch Aufnahme atypischer, stilfremder Motive liegen, ist an dieser Stelle nicht zu vertiefen. Verwiesen sei hierzu auf die lebensfrohe Mustervielfalt (floral, figural, geometrisch, heraldisch und architektonisch) und die kühnen Farbkompositionen jüngerer Ersari-Knüpfungen (insbesondere Gebets-, Bild- und Inschriftenteppiche) wie Kizil ajak, Dschengal ardschuk und Waziri, aber auch Beschir- und Jomud-Teppiche, die zwar nicht konservativer turkmenischer Mustermanier entsprechen, aber nichts mit jener Fülle moderner Teppiche gemein haben, die vom blutleeren, inhaltslosen Dekor und von der farblichen Disharmonie her fatale Assoziationen mit Kommerz- und industriell gefertigter Ware auslösen. Eine echte Musterbereicherung stellt auch das afghanische »Zahir-Schah«-Muster dar, während andere schablonierte Musterlegierungen dieses von Tekke, Saryk, Saloren und Jomud geknüpften neueren Teppichtyps »Mauri« nicht immer turkmenenkonform sind.

Bewußtsein und Stilgefühl des Teppichknüpfers können für die Antworten nicht Maßstab sein. Selbst alte Knüpfer vermochten uns Herkunft, Bedeutung und Zusammenhänge von Ornamenten, Symbolen und Farben nur unzureichend, widerspruchsvoll oder gar nicht zu erklären. Das den Orientalen eigene Formen- und Farbgefühl haben wir immer bewundern können, nicht aber die mangelnde intellektuelle Erfassung und rationale Durchdringung der eigenen Arbeiten.

Wirkungen und Wechselwirkungen

Zwischen den beiden Gruppen teppichrelevanter ökologischer Störfaktoren besteht keine unbedingte Wechselbezüglichkeit. Das bedeutet, daß »nomadenschädliche« Umweltfaktoren nicht stets auf den Nomadenteppich durchschlagen und umgekehrt, daß »teppichspezifische« Umweltfaktoren nur in gravierenden Fällen auch die nomadische Lebens-/Wirtschaftsform verändern. Dies mögen die folgenden beiden praktischen Fälle verdeutlichen:

1. Fall

Die langfristige oder totale Schließung eines Grenzübergangs stört den nomadischen Wanderzyklus, wenn die Nomaden dadurch ihre herkömmlichen Weidegründe nicht mehr oder nur auf großen Umwegen erreichen können.

I. Hierdurch wird primär das *Nomadenwesen* berührt. Die Grenzsperre kann bewirken, daß die Nomaden
   1. ersatzweise ohne Nachteile auf andere Weidegründe gleicher Lage und Tragfähigkeit ausweichen,
   2. oder durch Verlegung der Wanderschneisen zu längeren Wanderbewegungen mit entsprechender Verkürzung des Weideganges oder der (saisonal bedingten) Sommer- und Winterlägeraufenthalte gezwungen sind. Um diese Nachteile zu kompensieren, werden die Nomaden zur Erhöhung ihrer Mobilität die Herdenbestände reduzieren oder die Marschzeit durch schnellere Transporte der Herden per angeschaffter Kamiyuns verringern,
   3. oder in letzter Konsequenz unter teilweiser oder völliger Aufgabe des Weidewanderns zur halbnomadischen oder seßhaften Lebensweise übergehen.

II. Diese nomadische Umweltstörung (Grenzsperre) und ihre Folgeerscheinungen können sich mittelbar auch auf den *Nomadenteppich* auswirken.
   1. Falls die Wanderhirten auf ihren verlegten Wanderrouten nicht mehr die gewohnten Pflanzen (Teppichfarbstoffträger!) finden, sind sie zum (teureren) Pflanzenankauf oder zu einer Umstellung auf die (billigeren und rationelleren) synthetischen Farbstoffe genötigt.
   2. Bei Veräußerung wesentlicher Bestände an Schafen (Teppichwollproduzenten!) werden die Nomaden fremde (teurere oder schlechtere) Knüpfwolle hinzukaufen oder die Teppichfertigung einschränken beziehungsweise aufgeben.
   3. Im Fall einer Anschaffung von Kamiyuns werden sie möglicherweise diese modernen Transportkapazitäten rentierlicher durch Übernahme zusätzlicher Transportaufgaben (in Fremdauftrag) unter partieller oder völliger Aufgabe der Teppichherstellung nutzen.

4. Im Fall eines teilweise oder vollen Seßhaftwerdens bewirken die Kommunikations- und Integrationseffekte
   a) meistens auch eine gewisse Anpassung an Techniken, Materialien, Ornamentierung etc. der regional (in Heim- oder Manufakturarbeit) gefertigten Teppiche,
   b) oder in letzter Konsequenz, z. B. bei Übernahme anderer stationärer Tätigkeiten (wie Ackerbau, Dienstleistungen), eine Einschränkung oder Aufgabe der Teppichproduktion.

Der vorgenannte primär nomadenschädliche Störfaktor »Grenzsperre« kann somit indirekt zu einer Denaturierung, zu einer Einschränkung oder letztlich zu einer Aufgabe der Nomadenteppichfertigung führen. Durch eine Häufung mehrerer teppichrelevanter Fakten (z. B. II. 1.+2.) können sich die Folgen für die nomadischen Teppichtraditionen natürlich gravierend verstärken.

2. Fall

Umgekehrt kann durch primär *teppich*spezifische Umweltfaktoren auch das *Nomadenwesen* negativ beeinflußt werden. Dies gilt z. B., wenn die nomadischen Knüpfer sich westländischem Bedarf zufolge auf größere Teppichformate oder aber auf ein landesrechtliches »Verbot der Kinderknüpfarbeit« umstellen müssen. Dieses kann im ersteren Fall unter Fortsetzung der Knüpfarbeiten an größeren, stationären Knüpfstühlen erfolgen oder im letzteren unter Aufgabe der Teppichherstellung (wenn diese die existentielle Lebensgrundlage darstellt) mangels ausreichender erwachsener Knüpfkräfte. Endstation ist dann die Aufnahme einer seßhaften oder teilseßhaften Lebensweise.

Ein fundamentales Beispiel für die Ökologie des Nomadenteppichs zeigten die sowjetische Entnomadisierung und Kolonisierung in den von uns 1974 bereisten Republiken Usbekistan und Turkmenistan, die das dort beheimatete nomadische Kunsthandwerk alter Herrlichkeit zum Erliegen gebracht haben. Dies gilt gerade für die Knüpfkunst. Im Zuge der allgemeinen Politisierung ist dort – wie auch bei anderen russischen Teppichprovenienzen (z. B. Kaukasier) – heute alles kollektiviert und nivelliert. Derartige Umweltzwänge bedeuten einen unersetzbaren Verlust an Individualität, Originalität und Tradition. Jede Standardisierung führt hier zu einem Authentizitätsverlust der Nomadenarbeiten.

Ungutes läßt auch insoweit eine Russifizierung Afghanistans erwarten. Eine Verstaatlichung der Teppichherstellung und des Handels würde eine weitere Bevormundung dieses so lebensvollen Kunsthandwerks bedeuten und Muster, Farben und Techniken uniformieren. Der dadurch eingeleitete Charakterverlust guter vitaler Nomaden- und Dorfteppiche wird beschleunigt durch die bereits andauernde Abwanderung (Flucht) vieler Knüpfer (-stämme) und Händler sowie durch die Folgen eines sozialistischen Dirigismus. So könnte die abzusehende Einführung von Wechselkursen, Ausfuhrkontingentierungen, erhöhten Exportabgaben und eines Devisenzwangs ihr übriges zur Verfälschung guten, alten

Brauchtums in der afghanischen Teppichtradition beitragen. Nomadenkunst pascholl!

Ein weiteres Beispiel ist auch die relativ frühe Seßhaftigkeit von Ersari-Turkmenenstämmen seit etwa dem 17. Jahrhundert an den Ufern des Amu darja. Ihre dadurch ermöglichte Besitzvermehrung und Kommunikation mit den Einheimischen (Güteraustausch, Mischehen etc.) hat auch die Adaptions- und Assimilationsbereitschaft verstärkt. Folgen waren – bei auch größeren Teppichformaten – eine für turkmenische Knüpfungen ungewöhnliche Mustervielfalt und Farbsublimierung bei den Ersari und ihnen verwandter Stämme, besonders bei den Beschiri, Kizil ajak und Dschengal ardschuk.

Der Nomadenteppich – ein »Endprodukt«

Nach Darstellung von Machart, Erscheinungsbild, Verwendungsvielfalt der Nomadenteppiche und der sich aus der fortschreitenden Änderung der Umweltverhältnisse für sie ergebenden fatalen Auswirkungen stellt sich die eigentliche Frage: Ist der Nomadenteppich noch nomadisch?

Diese Frage ist zweifellos tribal und regional unterschiedlich zu beantworten. Trotz mannigfaltiger Einbrüche in die Teppichtraditionen werden auch heute noch Nomadenteppiche guter alter Machart von nomadisierenden oder ehemals ziehenden Stämmen im afghanisch-iranischen Raum gefertigt.

Eine vom komplexen Thema her begrenzte Aussage läßt sich insbesondere für die erkundeten neun afghanischen Welajats (als Hauptteppichfertigungsgebiete) allgemein dahin treffen, daß die nomadentypisch gearbeiteten Flor- und Flachgewebe seßhafter oder teilseßhafter Knüpfer/Weber stärker von der Fortschrittsentwicklung und anderen teppichrelevanten Umweltfaktoren beeinflußt sind als die der wandernden Stämme. Dies gilt für den technischen und den wirtschaftlichen Fertigungsablauf, aber auch für die Ornamentierung. Dabei ist für die textilen Arbeiten der verschiedenen Turkmenenstämme und -konföderationen (z. B. Waziri, Mauri) ein größerer Traditionsverlust zu beobachten als bei den Usbeken, Belutschen, Tschar aimak u. a. (abgesehen von einer bei diesen Ethnien sowieso vorhandenen Infektiosität für stammesfremde Ornamente). In Einzelfällen wirken sich die ständige oder zeitweilige Berührung von Nomadeneinheiten mit größeren, wirtschafts- und verkehrsmäßig erschlossenen Handelszentren/Marktplätzen und der dadurch verstärkte Kontakt mit dem nomadenfremden urbanen Umfeld beschleunigend auf diese negative Entwicklung aus.

Andererseits sind bei seßhaften oder teilseßhaften Knüpfern gelegentlich auch rückläufige Entwicklungen bei wieder zunehmendem Traditionsbewußtsein festzustellen. So wird z. B. (etwa bei verschiedenen Ersari-Provenienzen) anstelle der seit den 50er Jahren eingeführten Baumwoll-Kett- und -Schußgarne großteils wieder das herkömmliche Wollmaterial verwendet (wobei im afghanischen Raum auch für den Flor bisher schon sehr selten die schlechtere Schlachttierwolle benutzt wurde). Auch die – zwar leichter anwendbaren, ausgiebigeren, differenzierteren und auch wirtschaftlicheren, aber dennoch von der Farbgestaltung und dem Kolorit her nachteiligeren – chemischen Farbstoffe sollen vereinzelt, zum Beispiel von den Turkmenen im Raum Andchoi/Scheberghan, wieder durch (konfektionierte!) Naturfarben ersetzt werden. Entsprechendes gilt auch für die zwischen einzelnen turkmenischen Knüpferkooperativen (Bereiche Herat und Daulatabad) getroffenen Absprachen über eine autonome Beschränkung moderner ornamentaler Spielereien, die nichts mehr mit dem alten Formen- und Mustercharakter gemein haben.

Die gewonnenen Erkenntnisse lassen den generellen Schluß zu, daß die wachsende Bedeutung der Umwelteinwirkungen auf Tradition, Kultur und Technik nomadischer Knüpf-, Web- und Wirkerzeugnisse nicht hoch genug eingeschätzt werden kann. Der Nomadenteppich ist strikt umweltabhängig (»Der Nomadenteppich als Produkt seiner Umwelt«). Die Entwicklungsprobleme der Nomaden sind die ihrer textilen Schöpfungen. Schon insoweit wird der Nomadenteppich zunehmend beeinträchtigt und durch dörfliche Haus- oder städtische Manufakturerzeugnisse substituiert. Außerdem wird sein laufender Denaturierungsprozeß noch durch exogene, den nomadischen Teppich spezifisch gestaltende Kräfte beschleunigt. So geht der Verfall des Nomadenteppichs der Auflösung des Nomadentums voraus. Sein bereits andauernder Niedergang ist – wie der Umbruch des Nomadentums, das von der Neuzeit eingeholt wird – unaufhaltsam und irreversibel. Den resignierenden Liebhabern nomadischer Flor- und Flachgewebe verbleibt aber der Trost, daß das echte Nomadenerzeugnis nicht imitierbar ist (jedenfalls nicht in rentierlicher Weise). Auch der vitale Nomadenteppich ist nicht wiederholbar und schon heute seltene und begehrte Trophäe von Teppich-»Archäologen« und »Sammlern der letzten Stunde«. Er ist praktisch schon Geschichte.

Dieser Trend für das klassische Nomadenland Afghanistan gilt grundsätzlich auch für die Teppichgeographie des Iran. Eine entscheidende Bedeutung kommt hierbei der künftigen staatlichen Gesamtentwicklung beider, von politischen, militärischen und religiösen Wirren durchrüttelten Länder, der Lösung ihrer Nomadenprobleme und den Folgen für den Traditionalismus ihrer teppichknüpfenden Stämme zu.

(Historisches Beispiel zum 1. Fall Seite 185 ist die Vorverlegung der russ. Grenze 1813/1828 an den Aras mit bewachter Grenzsperre. Hierdurch wurde den kriegerischen persischen Schahsawan der Großteil ihrer traditionellen Weideplätze in der Moghan-Steppe entzogen. Folge: die Schahsawan mußten ihre Weidewirtschaft, unter teilweisem Übergang zu transhumanten Weideformen, weitgehend aufgeben. Diese Tendenz wurde später (1934) durch Zwangsansiedlungen unter Reza Schah verstärkt, nach dessen Abdankung (1941) der Nomadismus allerdings wieder aufgenommen wurde.)

Am Rande der Weihrauchstraße

2500 km im Jeep durch Nord-Jemen

Zum islamischen Kulturkreis gehörend, faszinierte uns dieses Land zwischen dem Roten Meer und der gewaltigen arabischen Sandwüste nicht nur seiner großen historischen Vergangenheit, sondern auch der geringen Erschlossenheit und Vielfalt seiner Landschaften und der noch in altarabischen Traditionen lebenden, teils nomadisierenden Bewohner wegen. Vergleiche mit Afghanistan boten sich an.

Schon für die hiesigen Vorbereitungen dieser im Februar bis April 1976 durchgeführten Reise ergaben sich besondere Schwierigkeiten. So ging es dabei nicht nur um unbestimmbare Verkehrsverbindungen durch die arabischen Staaten, sondern auch um komplizierte Formalitäten (arabischer Mentalität zufolge verlangten zum Beispiel die saudi-arabischen Visaanträge zwar einen Religionsnachweis, sahen aber keine Rubrik für eine mitreisende Ehefrau vor) und langwierige Korrespondenzen mit den einzelnen arabischen Amtsstellen. Alles schien zu platzen, bis nach vielen Telefonaten das saudi-arabische Visum doch noch im allerletzten Augenblick eintraf. Vier Stunden vor Reiseaufbruch! In den letzten Monaten hatten wir noch Kontakte zur »Deutsch-Jemenitischen Gesellschaft« in Nürnberg aufgenommen, deren Vorsitzendem, S.U. Graf – ein bekannter Südarabien-Reisender –, wir manches wertvolle Know-how verdankten. Die zehntägige Anreise per Flug und per Achse verlief durch das haschemitische Jordanien und das saudi-arabische Königreich der Wahhabiten. Wir blieben auch diesmal Einzelgänger.

In der antiken Felsenstadt Petra

Nach Anflug in das unerwartet winterlich verschneite Amman unternahmen wir per Achse zunächst Exkursionen zu den biblischen und historischen Stätten Nordjordaniens: Nebo (Berg Moses), antike Römersiedlungen in Dscherasch und Madaba. Anschließend mit einem widerborstigen Fahrer zu den in der östlichen Wüstenregion gelegenen Oasen-Burgen der früheren Omaijaden-Herrscher. Beeindruckend hier die einsam gelegenen Kasr al-Charana und Kasr Amra, vor allem aber das aus einer paradiesischen Teich- und Sumpflandschaft, heute ein bedeutendes Vogelschutzgebiet, aufragende Kasr Azrak, einst Hauptquartier des Colonel T. E. Lawrence im Kriegszug der Araber gegen das türkische Damaskus (1915).

Später, etwa 280 km auf der »Königsstraße« nach Süden über Kerak (ehemalige Kreuzfahrerstadt) nach Petra, der gewaltigen Sandsteinfelsenstadt der Nabatäer (300 v. Chr.). Neben Persepolis (Residenz der Achämeniden in Südpersien, 500 v. Chr.), dem libanesischen Baalbek und Palmyra in der nordsyrischen Wüste die großartigste Ruinenstadt des antiken Orients. Die im Abendglanz rotglühenden Felsburgen, -paläste und -tempel sind ein einziger Farbenrausch. Edeltraud ritt in Begleitung eines Beduinenführers hoch zu Roß. Ich schlurfte stundenlang zu Fuß hinterher, schwang mich aber auf dem Rückweg doch noch auf einen erschreckten Esel.

Zurück dann per Landrover auf einer planierten Wüstenstraße durch den Wadi Rum mit den schwarzen Silhouetten seiner bis zu 750 m hohen Vulkanstein-Gebirge auf den rosa-ockerfarbenen Sandflächen. Im Ersten Weltkrieg erregender Schauplatz der Araberkämpfe unter dem legendären Lawrence von Arabien. Noch heute Heimat der drei großen Beduinenstämme: der Bani Sachr, der Huwaytat, der Sirhani sowie der malerisch gekleideten Patrouillen des elitären Camel-Corps, der jordanischen Wüstenpolizei. Hier in der einsamen Wildnis sind noch Ehre, Tapferkeit und Gastfreundschaft beduinisches Gesetz. Wegen häufiger Stammesfehden zwischen den Erbscheichtümern dient die rechte Hand zum Essen, während die linke das Gewehr hält. Nach Teilnahme an einer Falkenjagd auf Sandhasen übernachteten wir im Camp eines Polizeipostens (Bedouins Desert Legionaires) im Schatten des Dschebel Rum.

Im Lande des Propheten

Auf dem Weiterflug von Amman nach Dschedda erste Zwischenlandungen in Saudi-Arabien auf den Wüsten-Flugplätzen Tabuk und Medina. Letztere Grabstätte Mohammeds, seiner Tochter Fatima und angeblich der ersten beiden Kalifen Abu Bakr und Omar. Berühmter islamischer Wallfahrtsort. Wegen des absoluten Besuchsverbots für Ungläubige durften wir den Flugplatz nicht verlassen. Stundenlanges Warten während mehrfacher, strenger Kontrollen, insbesondere auf Alkohol! Trotzdem gelang es uns – entgegen vieler Warnungen – eine große Flasche Whisky (in Damendessous eingehüllt, die sich die arabischen Wächter nicht anzufassen getrauten) durch die spätere scharfe Eingangskontrolle in Dschedda zu bringen. Große Überraschung unserer damit bedachten Freunde in dieser uralten arabischen Hafenstadt am Roten Meer. Zugleich Hauptstadt der Hedschas, ist sie auch wichtigstes Einfalltor der Mekkapilger (1975 = rund 1,5 Millionen) und Versorgungshafen für die Metropole Riad; mit einem heutigen Airport der Superlative.

Wir machten hier mehrtägige Station. Zahlreiche Bauplätze und ganze Bulldozerflotten symbolisieren das moderne, ölfündige Arabien. Tiefverschleierte Frauen und in ihre Galabidscha (weiße Kutte) gewandete Araber. Pittoreske Suks. Die malerische Medina (Altstadt) mit kunstvoll vergitterten Haremsfenstern wurde radikal eingerissen. Amerikanische Straßenkreuzer und teure Hotels beherrschten die Hauptstraße. Eine Madawa (religiöse Polizei) sorgt während der Pilgerzeit mit Rohrstöcken auf ihre Art für Ordnung nach den strengen Geboten der saudischen Wahhabiten (orthodoxe sunnitische Sekte). Langfristig ausgebuchte Hotels mit hohen Preisen (während der Hadsch kostete zum Beispiel ein Sesselquartier im Foyer der großen Hotels 1976 bis zu DM 800,– pro Nacht!). Es gibt keine Touristen im Lande des Propheten, sondern nur fremde Geschäftsleute und etwa 2 Millionen Fremdarbeiter (insbesondere aus Ägypten, Indien, Pakistan und dem Jemen). Einstige Karawanenromantik ist dem Jet-Verkehr gewichen. Die Frau wird in jeder Weise aus dem öffentlichen Leben verbannt. Saudis gehobener Klasse erscheinen meistens überheblich, weichlich und arbeitsscheu.

Auf einem Abstecher über das in die Wüstenlandschaft gegossene Asphaltband Richtung Ta'if und Riad wurden wir plötzlich umgeleitet: »Prohibited for Non-Muslims!« 25 km vor Mekka, der heiligen Stadt des Propheten, Endstation und Sehnsucht aller islamischen Pilger, die sich dann »Hadschi« nennen dürfen. Schon der Blick des »Unreinen« (Giaur) beschmutzt. So durften wir den in einer Senke liegenden heiligen Ort nicht einmal von weitem schauen. Wir dachten an die großen Reisenden vergangener Jahrhunderte, die unter Lebensgefahr, als Araber verkleidet, sich in Mekka einschmuggelten.

Schon vor dem – im Orient gewohnten – verspäteten Abflug mit der »Kuwait Air« fielen uns auf dem Flugplatz Dschedda die ersten Jemenis auf. Kleiner und lebhafter als die Nordaraber, für die sie hier als Fremdarbeiter tätig sind. Edeltraud beging diesmal einen echt internationalen Geburtstag, der schon mitternachts in Dschedda eingefeiert wurde und erst am Abend des 8. März im »al-Mokkah-Hotel« in San'a endete.

Während des Fluges zur jemenitischen Hauptstadt überflogen wir zeitweise das Rote Meer, dann gebirgige Wüstenlandschaften mit ausgedehnten Wadis. Der Anblick der ockerfarbenen Steppen- und Wüstenstriche des nördlichen Jemen stimmte uns gedankenvoll und bewegt in Erinnerung an die fünf großen Streifzüge (1970–76) durch die uns so vertrauten afghanischen Lande. Zugleich wurden wir uns des bevorstehenden unwägbaren Unternehmens – 2500 heiße und staubige Kilometer mit allen Risiken und Anstrengungen – bewußt.

Arabia felix

Bis 1962 ein verbotenes Land – von dem jetzt noch der von den großen royalistisch gesinnten Stämmen beherrschte Nordosten dem Fremden absolut verschlossen ist, während andere Gebiete des schweren Geländes bzw. der räuberischen Stämme wegen nur bedingt zugänglich sind –, bietet die Arabische Republik Jemen (Nord-Jemen) auch heute viele Superlative. Ein noch mittelalterlicher Staat mit einer ausgeprägten Feudalstruktur, in dem Land und Leute gleichbedeutend sind mit Unwegsamkeit und Fremdenscheu. Urheimat des Kaffees (aus der ehemals arabischen Provinz Äthiopien) und Land der hunderttausend, die kämpferische Gesinnung ihrer Bewohner bezeugenden Burgen – jener einzigartigen, bis zehn Stockwerke hohen, festungsartigen Lehmhäuser kubischer Architektur mit kunstvoller Stukkatur und Gipsornamentik. Die Fensterscheiben häufig aus Alabaster und die Fassaden mit herrlichen Holzschnitzereien. Der Stil ist seit über 2000 Jahren unverändert. Zuunterst ist das Vieh, darüber sind die Frauen und Kinder und in den oberen Geschossen – neben dem Trinkwasserreservoir! – die Männer untergebracht. Die Werthierarchie bestimmt die Sicherheitsstufe. Ein Land voll großartiger, uralter Volkskunst und atemberaubender Schönheit. Von der afrikanisch beeinflußten Küstenzone am Roten Meer über die gewaltige zentrale Bergwelt mit dem Hochland bis zur unendlichen Steppen- und Wüstenregion des Ostens. Diese geographische Dreiteilung deckt sich zugleich mit den großen Klimazonen.

Aus diesem im Altertum als »Glückliches Arabien« geneideten märchenhaften arabischen Staat brachen einst die riesigen Kamelkarawanen auf. Über die in Dhofar (Oman) beginnende und weiter durch den Wadi Hadramaut (Süd-Jemen) nach Norden über Schabwa, Ma'rib, Timna und Medina (das antike Yathrib) verlaufende »Weihrauchstraße« (auch als »Große Karawanenstraße« bekannt, die sich mit der südlichen Pilgerstraße nach Mekka deckt), führten sie den Tempeln des Orients hochwertige Gewürze (wie Ingwer, Nelken und Zimt), Myrrhe und Weihrauch (die beliebtesten aromatischen Brennhölzer), Balsam (das pflanzliche Linderungsmittel) und Gold zu. So beruhte der sagenhafte Reichtum der antiken südarabischen Königreiche auf dem Monopol, insbesondere für Myrrhe und Weihrauch, dem durch geniale Bewässerungssysteme geschaffenen fruchtbaren Land und der Kontrolle der antiken Gewürzstraße (Indien – Abendland).

San'a – die Hochgepriesene

Die noch mittelalterliche, pittoreske Hauptstadt (etwa 160 000 Einwohner) des Nord-Jemen wird auf 2400 m Höhe vor einer Bergkulisse von 50 steilen, wuchtig dekorierten Minaretts überragt. Vielleicht älteste noch bewohnte Stadt der Erde (wahrscheinlich 1200 v. Chr. als Hauptstadt der Himjariten gegründet) und eine der drei von der UN damals als besonders schutzwürdig erklärten Städte dieser Welt. Lärmend die Labyrinthe ihrer schmutzigen Suks voll schönem, silbernem Nomadenschmuck und alten Waffen wie die Dschambija – jener jemenitische Krummdolch –, der Symbol ist für die Freiheitsliebe und den kriegerischen Geist dieses noch in uralten Bräuchen lebenden Arabervolkes. Über den Gewürzmärkten des großen, lebensvollen Suk al-Mal schweben wahre Duftsymphonien. Ein Bild wie aus dem orientalischen Märchen der Wesire und Kalifen. Überall buntverschleierte Frauen und bis an die Zähne mit Dolch, Pistole, Gewehr und Kalaschnikow (russische Maschinenpistole) bewaffnete Männer und Knaben in ihren halblangen Futas (Sarong ähnlicher Baumwollrock). Man zahlt hier übrigens

Uralte Wälle umgeben die einzigartigen Lehmhochburgen von San'a

Eine phantastische Baukultur: Kunstvoll verzierte Häuserkuben in der Hauptstadt des Nord-Jemen

Arabischer Kelim mit Sumach-Abschlüssen im Suk (Händler mit typischer »Kat-Beule«)

Jemenitische Ehefrauen (12 und 13 Jahre alt)

Im altehrwürdigen Zabid

Das traditionelle Gesicht des Jemen: Wehrhafte Bauernburgen und weitläufige Terrassenkulturen (bei Hodepe)

Trutzige Wehrdörfer im Bergland von Menacha

Stammes-Scheich mit Dschambija in Dhamar Jemenitischer Streifenkelim auf dem Webstuhl (Wüstenoase Haidar)

Sandsturm über Ma'rib, einst Residenz der legendären Königin von Saba

Spuren im Sand: Wüste Saihad, »wo die Krähen Könige sind«

Beduinenfrauen im Chaulan in Erwartung der fremdländischen Gäste

Eine schaurige Herberge: Der Funduk Nehem

Archaische Moscheen im fremdenfeindlichen Sa'dah

Chaulani-Krieger stoppen uns vor Sirwa

Architektur der Jahrhunderte: Typische Wohnburg aus Lehm im Umland von Sa'dah

Die vielstöckigen Kubus-Häuser der Dörfer im Norden des Jemen

Auf schier unpassierbaren Geröllpfaden kämpfen wir uns über die Pässe des zentralen Hochlandes ▶

neben Rials (= 100 Bukscha) auch noch mit alten silbernen Maria-Theresia-Talern. Ihrer blühenden Exotik verdankt San'a den Ruf, eine der schönsten und orientalischsten Orientstädte zu sein. Auf dem Dach ihres besuchenswerten Museums ließen wir uns von der überwältigenden Skyline ihrer dekorierten Häuserkuben faszinieren. Überragend die hellen Kuppeln der al-Dschameh al-Kabir-Moschee, der Arua-Moschee und das kunstvolle Minarett der schönen Saladin-Moschee.

Kat – »The poor man's happiness«

Allerorts werden Kat-Büschel angeboten. Ein mildes, den Koka-Blättern der Andenindianer ähnliches Rauschmittel (Alkaloid, chem.: Cathin), das heute auch in Äthiopien und Kenia zu Hause ist. Nachmittags ist die Stunde des Kat. Man erkennt die Männer an der sogenannten »Katbeule«, einem in die Wange gestopften, zerkauten Blätterkloß und an dem glasig-stieren Blick. Während dieses »trips« sind sie selbst gegenüber interessanten Geschäftsangeboten meist gleichgültig. Wer es toller mag: Kat plus Whisky (das islamische Alkoholverbot wird im Jemen nicht so ernst genommen). Volkswirtschaftlich hat der Kat-Anbau in riesigen Kulturen einen hohen Stellenwert (hinter Kaffee der größte Exportartikel). Sonst jedoch ein nationales Unglück, das auf Dauer die Arbeitsmoral und den wirtschaftlichen Aufstieg eines der 13 ärmsten Länder der Welt (jährlich Pro-Kopf-Einkommen etwa DM 300,–) lähmt. Hinzu kommen über eine Million Jemenis als Fremdarbeiter in Saudi-Arabien, die nicht nur Devisenbringer sind, sondern auch einen bedeutenden Substanzverlust an qualifizierten Arbeitskräften für Jemen bedeuten. Trotzdem bleibt Kat, der arabische Whisky, »The poor man's happiness« oder für andere: »The ticket for a dreamland«.

Bilkis, Königin von Saba

Nach einer unerwartet großzügigen Ankunftskontrolle unserer Reisesäcke auf dem kleinen Flugplatz bei al-Rawda standen wir schon nach 13 km vor dem Bab al-Schu'ub, einem Haupttor von San'a, wo – fast biblisch, aber für den Jemen symbolhaft – ein schwerbewaffneter Hirte seine zottigen Fettschwanzschafe unter den archaischen, teils zerfallenen, teils im Zuge des – später gestoppten – Modernisierungswahns der ägyptischen Okkupanten 1970 zerstörten Stadtmauern weidete.

Wir waren im Reich der legendären Bilkis, die nach biblischer Erzählung (1. Könige 10) und nach der 27. Sure des Koran um 950 v. Chr. eine pikante Boudoir-Affäre mit dem judäischen König Salomon gehabt haben soll. Ihre Königskrone hat ebenso Geschichte gemacht wie die der altägyptischen Nofretete und Cleopatra. Schon die antiken Reiseberichte und Märchen schwärmten von einem »Königreich hinter den Wüsten« im südlichen Arabien mit seinen glänzenden Höfen, reichen Städten und technischen Wunderbauten, dessen spätere Kultur einst das historische Äthiopien schuf.

Die Macht der Scheichs

Nirgendwo im Orient sind die Traditionen strenger, die Männer freier und die Scheichs mächtiger als im Jemen, dem Land südlich (arabisch jamin: rechts, rechter Hand, sprich Süden) von Mekka (die alten arabischen Karten waren von der Ka'ba in Richtung aufgehende Sonne geortet). Diese großen Scheichs herrschen in ihren Stammesgebieten wie mittelalterliche Despoten. Um die gemäßigt konservative Regierung zu Verhandlungen aufzufordern, lassen sie einen abgeschlagenen Kuhkopf vor das Stadttor von San'a legen. Stammesfehde und Blutrache sind Ehrensache.

Nirgendwo in der Welt – abgesehen von der japanischen Kaiserfamilie – gibt es eine so alte, ununterbrochene Dynastie wie die des Imam von Jemen. Seit 822 zugleich Herrscher und oberste Priester der im Jemen – neben den sunnitischen Schafiiten – mächtigen schiitischen Sekte der Zaiditen, stammen die Imam in direkter Linie von dem Propheten ab. Seit dem 16. Jh. bis 1914 von der Hohen Pforte regiert, aber nicht beherrscht, brach im Jemen 1962 nach dem Tode des oft grausamen Imam al-Nasser Ahmad einer der erbarmungslosesten Bürgerkriege aller Zeiten zwischen den von Ägypten unterstützten Republikanern und den von Saudi-Arabien favorisierten royalistischen Stämmen aus, der erst 1967 mit einem Zufallssieg der Republikaner endete. Tausende von Köpfen »schmückten« damals die Zinnen eroberter Burgen und Dörfer. Seit dieser Zeit bilden der noch ursprünglichere Nord-Jemen (»Arabische Republik Jemen« mit etwa 6,8 Mill. Einwohnern, davon 90 Prozent Analphabeten, auf geschätzt 130 000 bis 190 000 qkm – in der östlichen Wüstenregion existieren keine genauen Grenzen) und Süd-Jemen (»Demokratische Volksrepublik Jemen« mit dem Haupthafen Aden, 1838–1967 britische Kronkolonie) zwei souveräne Staaten mit westlicher bzw. sozialistischer Orientierung. Eine ursprünglich geplante Einreise über Land in den süd-jemenitischen Wadi Hadramaut (mit den turmhohen Lehmhochhäusern der Städte Schibam, Seiun und Tarim) wurde uns von Aden verweigert.

Wir bekamen die Macht dieser noch royalistischen Scheichs schon zu spüren, als bei unserer Ankunft die Landwege nach Sa'dah (bedeutender Marktplatz und nördliche Distriktstadt) und östlich nach Ma'rib (einst Residenz der Königin von Saba) durch Querelen der örtlichen Stämme blockiert waren. Nachdem die Regierung uns das Vorhaben als »not possible« vergeblich auszureden versucht hatte, wagten wir zwei Wochen später sowohl die Strecke von San'a durch das wilde Gebiet der Chaulani-Stämme zu den antiken Königsstädten in der Wüstenregion als auch nach Sa'dah und Um Leilah an der saudi-arabischen Grenze. Zuvor hatten wir über einen deutschen Entwicklungsspezialisten einen landes- und sprachkundigen Begleiter (genannt »Tunis«) kennengelernt, der gute Kontakte zu einigen Stammesführern unterhielt. Zusammen mit einem dank eines Extra-Bakschisch endlich aufgetriebenen beherzten jemenitischen Fahrer konnten wir dann zu dritt da ansetzen, wo andere Reisende aufhören.

Land des Krummdolchs

Zunächst suchten wir den 14 km von San'a entfernten Wadi Dahr auf, eine inmitten einer mit Burgen bewehrten Felsenlandschaft gelegene Ismaeliten-Enklave. Sehenswert der auf einem steilen Felsen thronende trutzige Sommerpalast des Imam. Von dort zu dem hochgelegenen Bergnest Haddah mit einer uralten Moschee. Per Toyota-Landcruiser dann nach Süden über den Sumara-Paß. Die Straße schlängelte sich in tollkühnen Kurven durch eine märchenhaft schöne, bizarre Landschaft. Ein gebirgiges Hochland mit großen Grabenbrüchen, Tafelbergen und vulkanischen Landstrichen. Überall uralte Terrassenkulturen (Kaffee, Kat, Mandeln, Hirse, Obst, Baumwolle etc.), wie sie selbst nicht auf den Philippinen, in Indonesien, Taiwan, Nepal oder im Hunzatal des Karakorum anzutreffen sind. Auf den Gassen und Volksmärkten der Dörfer, wie Dhamar und Jarim, viel bewaffnetes Volk, Kamele, Musikanten, Wasserverkäufer und Gaukler. Häufig begegneten wir Männern mit eisernen Fußfesseln als zeitlich befristete Strafe (bei geringerem Vergehen ist nur ein Fuß in Eisen gelegt, die andere Fessel wird in der Hand gehalten, um nicht nachzuschleifen). Eine durchaus soziale Strafe, die dem Rechtsbrecher auferlegt, während der Strafzeit zugunsten seines Opfers zu arbeiten. Wiederholter Raub wird mit dem Abschlagen einer Hand bestraft. Enthauptungen finden auf dem Marktplatz statt.

Dieses hier – wie auch sonst vielfach im Orient – noch intakte Strafsystem hat seine philosophischen, sozialen und religiösen Wurzeln in dem strengen archaischen Koranrecht der Schari'a und ihren Überlieferungen (Hadith, Sunna), fortentwickelt durch stammeseigene Gewohnheitsrechte und die Lehrmeinungen der islamischen Rechtsgelehrten (Idschma). Es hat bisher keine einschneidende Reform, noch eine geschlossene Kodifizierung erfahren und daher – außer dem Vorteil eines sicheren, tiefverwurzelten Rechtsgefühls – auch den Nachteil einer gewissen Erstarrung. Gestützt auf überkommene stabile Werte und einen pragmatischen und gesunden Richterverstand (der allerdings nicht selten durch persönliche Einflüsse und Nepotismus verfälscht wird) ist dies aber zugleich seine Stärke.

Hier liegt jedoch auch der Kontrast zu den sublimierten abendländischen Rechtsordnungen. So krankt gerade das deutsche Strafrecht (BRD) am Fehlen einer starken Staatsidee und an allgemeingültigen Wertvorstellungen, die als Folge zweier verlorener Weltkriege einer weitläufigen Unsicherheit und Staatsverdrossenheit gewichen sind. Unsere heutige Strafrechtsordnung – geschüttelt durch anhaltende Reformen und strafpolitische Experimente – ist zwar vermenschlicht, aber (vornehmlich wahltaktisch) politisiert und damit entsachlicht. Nur zu oft mußten wir auf den Reisen von ausländischen Gesprächspartnern harte Glossierungen, wie »Nachtwächterstaat« und »juristische Knochenerweichung«, über unsere unzureichenden Exekutiven, ohnmächtige Justiz und mangelhafte Staatsräson bei steigender Kriminalität hören. –

Auf unserer Strecke rasteten wir zunächst in Ibb (Hauptstadt des »Green Valley«), mit mächtiger Silhouette und seinen sich in der Altstadt drängenden herrlichen Hochbauten und Moscheen, so die Hauptmoschee al-Dschameh mit reichverziertem Minarett. In den lebhaften engen Basargäßchen stöberten wir ein schönes, altes Steckschloß zum Anpflocken des Kamels »Omar« (so eingraviert in schwungvollen arabischen Lettern) auf, das sich mit seinem einfachen, aber praktischen Mechanismus vielerorts im Orient findet. Dann Dschibbla, ein romantisch an Berghängen gelegener Ort, den wir mit einem hellwachen kleinen zehnjährigen Führer mühsam auf steinigen Pfaden erkletterten, um uns von einem überwältigenden Rundblick über die wilde Berglandschaft des zentralen Jemen fesseln zu lassen.

Großer Halt in Ta'izz, bedeutende Handelsstadt im Süden in malerischer Lage, mit berühmten Moscheen wie die al-Aschrafia mit dem Doppelminarett. Ferner die al-Dschanad-Moschee in Dschanadija bei Ta'izz – älteste Moschee Jemens und drittälteste der islamischen Welt (nach der von Mohammed in Kuba bei Medina an der Stelle, wo seine Kamelstute nach dem Auszug von Mekka niederkniete, 622 selbst gegründeten Masdsched-al-Nabi und der Kubbat-as-Sachra = Felsendom, fälschlich auch »Omar-Moschee« genannt, in Jerusalem 691). Als heiligste Moschee gilt natürlich al-Masdsched al-Haram in Mekka.

Auffallend – wie auch sonst im mittleren Orient – die oft orange bis leuchtend rot mit Henna gefärbten Bart- oder Kopfhaare der Männer. Dementsprechend verwenden die Frauen und Kinder die tiefschwarze Augentusche Kohol.

An den Hängen des überragenden Dschebel al-Sabr zwischen trutzigen Burgen große Kaffee- und Kat-Terrassen. Auf seinen Höhen besonders bunte Folklore der dortigen Ismaeliten-Siedlungen. Heiter und zugleich makaber die Museumsausstattung des ehemaligen Imam-Palastes (in den 50er Jahren war Ta'izz vorübergehend jemenitische Hauptstadt). Außer einem Panoptikum von Gastgeschenken aus aller Herren Länder – vom gepolsterten Toilettenstuhl bis zu Räumen mit fünfzig Uhren und dreißig Grammophonen des Feudalherrschers Ahmad (1948–1962) – bergen seine Gemächer lauschige Eckchen mit Blick auf den Hinrichtungsplatz, Geheimverließe und verborgene Schießscharten. Im Schlafgemach des Imam hängt sein an die Wand genageltes blutbeflecktes Hemd, um den Rachegedanken an ein Attentat, bei dem der Despot schwer verwundet wurde, wachzuhalten.

Zu den Moritaten der Empfangshalle gehört eine Horrorsammlung von detaillierten Fotos der Hinrichtung (der Attentäter), die der Monarch in seinem Krankenbett von den oberen Räumen her genoß. (Der Scharfrichter wurde übrigens später auch noch exekutiert, weil er einen allzu neugierig vorgetretenen Zuschauer versehentlich enthauptet haben soll.)

Al-Mokkah – Heimat des Kaffees

Vorbei an Palmengürteln rollten wir durch wüstenartiges Gelände auf schlechten Pisten dem Roten Meer entgegen. Hier in blendendem Weiß al-Mokkah, jahrhundertelang (seit 1450) berühmter Kaffeeausfuhrhafen (Mokka!). Heute ein mieses, versandetes Fischernest, längst durch das nördlich gelegene, aufstrebende Hodeida überrundet, das selbst San'a den wirtschaftlichen Rang abläuft. Melancholische Bilder eines verdämmernden Orts glorreicher Vergangenheit, dessen afrikanische Strohhütten sich in die Sanddünen ducken, in denen die stolze helle Dschomeh al-Kabir-Moschee mit ihrem stufenförmigen Minarett langsam versinkt. Whisky-Schmuggel wird großgeschrieben. Ab hier verläuft parallel zum Roten Meer die afrikanisch beeinflußte Tihama mit einerseits mörderisch schwülheißem Klima und heftigen Sandwinden und andererseits paradiesischen Palmenoasen, malerischen Dhaus (Segelboote, die auch den Verkehr mit der afrikanischen Küste aufrechterhalten), Schilfkralen und negroider Bevölkerung. Vereinzelt die von Frauen und Eseln oder Kamelen bedienten Ziehbrunnen. Irgendwo an der Küste – an deren südlichstem Punkt die Meerenge des Bab al-Mandab (Tor der Tränen) die arabische Halbinsel nur 26 km vom afrikanischen Kontinent trennt – bezogen wir Nachtquartier mit Zelt in einem kleinen Palmenhain.

Nach einem warm-salzigen Bad im Roten Meer – im Mondschein mehr romantisch als erfrischend – verdämmerten wir schweißnaß die schwüle Nacht und ersehnten den Morgen. Heftiges Flohbeißen, Hundegekläff und Schakalgeheul aus der nahen Wüste raubten uns den Rest des Schlafes. Dazu am Morgen klatschnasse Wäsche infolge der enormen Nachtfeuchtigkeit. Von schwarzhäutigen Fischern am Spieß geröstete kleine Rochen und Tintenfische besserten die Stimmung, die noch gehoben wurde beim Schlürfen des exzellenten Arabic coffee (im Mörser zerstoßen, mit Zucker gekocht und Kardamom gewürzt) in der schmuddeligen, sich »Hotel Chez Ali« nennenden Strohhütte des benachbarten zauberhaften Fischerdorfs Hocha. Das monotone Blubbern der Nargilehs wurde nur durch das gelegentliche Ausspucken einiger auf dem Boden weilender »Hotelgäste« unterbrochen.

Orte der Gelehrsamkeit

Auf der Weiterfahrt nach Nordosten rumpelten wir über eine eingebildete Piste auf teils sandigem, teils schotterigem Untergrund. Die starken Wagenstöße schienen die Wirbelsäule auszuhaken. Ein salzigheißer Wind, der ausdörrt, die Haut aufspringen läßt und kein erleichterndes Schwitzen erlaubt, blies uns Sandschwaden ins Gesicht. Im flimmernden Dunst des Mittags »durchschwammen« wir mit Anlauf ein breites, tückisches Sandmeer, in dem ein anderes Vehikel abgekippt lag. Anhalten bedeutete Steckenbleiben. Also weiter, weiter. Wir schlingerten, rutschten, drehten auf der Stelle und kamen mehrfach nur durch wiederholtes starkes Herumreißen des Steuerrades frei, um schließlich auf der festen Fahrstraße weiter nördlich Zabid zu erreichen.

Früher geistiges Zentrum der arabischen Welt, beherbergt es in seinen Mauern die bedeutsamste arabische Handschriftensammlung und ist Sitz einer der ältesten Universitäten der Welt (gegr. 819) sowie der uralten Moschee des Mohamad Ibn Zijad mit der berühmten sunnitischen Rechtsschule. Hervorstechend auch die altehrwürdige Moschee des Religionsphilosophen Imam al-Schafei (8. Jh.). Später Beit al-Fakih (»Haus des Gelehrten«) mit dem gewaltigen spitzen Minarett seiner Moschee der Zaraniks. Einmaliges Farbenspektakel auf seinem großen Wochenmarkt: die dunkelhäutige Bevölkerung mit afrikanischem Kolorit. Zwischen Karawanenhändlern, Gauklern, Musikanten und Kamelen auffallend schöne Frauen (tief dekolletiert und reich geschmückt) neben den markanten, sonnengegerbten Kriegergestalten des Zaranik-Stammes, einem der wildesten in dem ohnehin nicht zimperlichen Jemen.

Auf dem Rückzug nach San'a nahmen wir ein erfrischendes Bad in der kleinen Bucht eines Wildwassers, ohne Gefahr der in stehenden Gewässern gefürchteten Bilharziose (lebensgefährliche Wurmerkrankung) zu laufen. Dann passierten wir die mächtige Bergwelt von Menacha mit bis an die Bergspitzen terrassierten Plantagen (vorwiegend Kat) der hier lebenden Ismaelitensekte. Abstecher auf steilen Felspfaden nach Hodepe (mit einem pittoresken kleinen Mausoleum) und zu dem amphitheatralisch gelegenen Hadschara. Adlernestern gleich, kleben auf allen Felsvorsprüngen und Berggraden über tiefen Schluchten aus Lehmhochburgen zusammengepreßte Wehrdörfer. Ein trutziges Panorama verzauberter Zyklopenfestungen, die sich in schweigende Geschichte hüllen.

Zu den versunkenen Königsstädten im Osten

Als Hauptprojekt peilten wir jetzt die Ruinen der antiken Königsstädte in der östlichen Wüstenregion an. Nachdem wir vergeblich in der Nähe des Bab al-Jemen-Tors in San'a einen mutigen Fahrer mit Wagen zu einem erträglichen Preis für diese wilde Strecke anzuheuern versucht hatten, beschlossen wir, mit einer »DC 3« zu fliegen. Zu dritt mit Tunis überflogen wir in der Morgendämmerung beängstigend niedrig die schroffen Basaltgebirge, Wadis, Steppen und riesigen Lavafelder, um dann 190 km entfernt nach etwa 45 Minuten auf einem Wüstenfeld vor Ma'rib inmitten einer Gruppe bewaffneter Beduinen aufzusetzen. Unterwegs konnte ich aus dem primitiven Cockpit der kleinen Maschine einige Aufnahmen von den durch die aufgehende Sonne rot überfluteten Wüstenstrichen machen.

Ein zufällig erreichbarer Geländewagen, der mit Kriegern behangen war, nahm uns mit. Unter riesigen Staubwolken ging es auf einer zerfurchten Piste zu der Ruinenstadt Ma'rib. Wir wollten sofort weiter in die Wüste hinein, verloren aber wertvolle fünf Stunden mit Verhandlungen über einen preislich und technisch annehmbaren Wagen. Gegen Mittag hatten wir endlich Erfolg und stampften –

wieder inmitten vieler ungebetener Bewaffneter – vorwärts durch die Wüste 120 km Südsüdost zum Wadi Ha'rib an der südjemenitischen Grenze. Unser Fahrer und sein Begleiter (wohl der Eigentümer des Landcruisers) trugen selbst bei der flimmernden Hitze (über 50° C im Schatten), außer ihren gekreuzten Patronengurten, ständig ihr Gewehr zwischen den Knien. Auch nachts, beim (spärlichen) Waschen und beim Austreten blieben sie umgeschnallt und legten die Gewehre nicht aus der Hand. Fürsorglich hatten sich beide für diese gefährliche Route noch einige niedliche Handgranaten an den Leibgurt gehängt. Gewarnt vor möglichen Überfällen, hatten wir außer einem Sack voll Gastgeschenke und einer »wundertätigen« Polaroid-Kamera nur das Notwendigste eingepackt.

The Empty Quarter

Unterwegs Kameldorngestrüpp und riesige schwarze Inseln von Basaltgebirgen. Dann nur noch monotone, gelbbraune Wüste, zuweilen von Tierskeletten und riesigen Sicheldünen unterbrochen. Wenn in der abendlichen Stille der Wind darüber strich, entstanden durch die Reibung von Myriaden Sandkörnern harfenklangähnliche singende Töne. Zuweilen wie ein auf- und abschwellender Trommelwirbellaut. Ein von uns auch in der persischen Großen Sandwüste und in der südafghanischen Todeswüste erlebtes musikalisches Phänomen. Hier am Rande der größten Sandwüste der Erde, der menschenfeindlichen Rub' al-Chali (»The Empty Quarter« = Das leere Viertel) lagen einst entlang der biblischen Gewürzstraße blühende Bergfußoasen, die später mit der Aufgabe der Handelswege durch die Entwicklung der Seerouten nach Indien verfielen. Dieses unendliche Sandmeer ist bisher nur von wenigen wagemutigen Abendländern – Entdeckern und Forschern – unter unmenschlichen Strapazen und Entbehrungen bezwungen worden, wie Carsten Niebuhr (1772), Joh. Ludwig Burckardt (1800), Richard Francis Burton (1850), William P. Palgrave (1860), Charles M. Doughty (1880), Bertram Thomas (1930), John Philby (1933) und Wilfred Thesiger (1940).

Diese riesige Sandregion ist jetzt noch Heimat arabischer Nomaden, der Beduinen, die in Stämmen und Clans auf der ewigen Suche nach Wasser- und Weideplätzen, auf der Jagd, auf Handelszügen oder auf Raubzügen gegen feindliche Stämme sind. Wanderer zwischen Zelt und Brunnen, folgen sie nur den harten ursemitischen Gesetzen der Wüste. So gilt es als todeswürdiges Verbrechen, ein lebensnotwendiges Wasserloch in der Wüste durch Unachtsamkeit versanden zu lassen.

Dann die strengen Regeln folgende arabische Blutrache (Tha'r). Ungeschriebener Ehrenkodex der nomadischen Gesellschaft ist die Muruwa, ein Normensystem, das den Einzelnen an die Gemeinschaft bindet, da nur das Leben in ihr das Überleben in einer unbarmherzigen Umwelt ermöglicht. Der von ihr Ausgeschlossene ist in der Welt der Nomaden ein zum Tode Verurteilter: »*Wie viele Tage der Hitze, voll schmelzender Blendung habe ich mit schutzlosem Antlitz ertragen, die*

Kleider in Fetzen, bevor mein Stamm mich für immer verstieß und mich zum Sterben in Einsamkeit verurteilte... Und nun bin ich zu einem Nichts, ruhelos im Sand der Wüste, zusammengeschrumpft! Ich will nicht, daß ihr mich begrabt... Aber wenigstens du, Wind, komm und bedecke mich mit Sand... Begraben wird mein Haupt verschwinden und auf dem Kampfplatz wird verlassen mein Körper bleiben... Ich hoffe nicht mehr, daß sich einer meiner erinnert, der ich für immer wegen meiner Verbrechen von meinem Stamm verstoßen war...« (Zitat: Schanfara).

Die Gastfreundschaft ist für die Beduinen eine fast heilige Pflicht, zugleich aber ein Vorwand, die eigene Großzügigkeit und die hierarchische Stellung zu offenbaren. So ist das Gastmahl ein Ereignis für den ganzen Stamm. Die Gastfreundschaft im Orient überhaupt verpflichtet aber auch den Gast. Wehe dem, der ihre Regeln verletzt. Äußerst unorientalisch ständig unter Zeitdruck stehend, empfanden wir sie oft als eine Belastung, der wir uns aber nur selten entziehen konnten. Stets wird der Mann zuerst begrüßt. Welche Beachtung meiner Frau zuteil wurde, hing wesentlich von dem gesellschaftlichen Entwicklungsstand des jeweiligen Gastgebers ab. Durchweg wurde sie jedoch an meiner Seite zumindest respektiert. Generell genießt die Frau bei den Nomaden eine selbständigere Stellung und Bedeutung als bei den in Oasen, Dörfern oder Städten seßhaften Orientalen. Gastgeschenke darf man nicht zurückweisen. Ebenso sollte man mit der offenen Bewunderung für Gegenstände des Gastgebers zurückhalten. So erlebten wir einmal, daß der kurdische Gastgeber einen von Edeltraud gelobten Schmuck von der Wand nahm und ihr um den Hals hängte. Ein anderes Mal passierte mir gleiches mit einer bestaunten feingearbeiteten, alten Pferdetasche der Turkmenen.

Wir haben daraus Lehren gezogen. Andererseits erwarten gerade die Nomaden auch Gastgeschenke. Zu diesem Zweck hatten wir ständig einen Sack voller Aufmerksamkeiten und auch viele Medikamente gegen die geläufigsten Nomadenkrankheiten bei uns. Zu den Anstandsregeln des Gastes gehört auch, keine intime Neugierde zu zeigen, zum Beispiel nach der Anzahl der Frauen, nach dem Harem etc. Ein weiteres Gebot ist die Kenntnis und Einhaltung der »Tisch«- und Eßregeln, der Sprachkonventionen und natürlich der Höflichkeitsetikette. Jedenfalls zahlten wir in den ersten Jahren auch unsere Lehrgelder, waren uns andererseits aber stets bewußt, als Fremde Repräsentanten des fernen Abendlandes zu sein.

Das Bild des Beduinenlebens kann wohl nicht treffender gemalt werden als durch die auch dem einfachsten Araber geläufigen berühmten Verse des Imru' al-Kais, Dichter des heidnischen Arabiens: *»Haltet inne Freunde und lasset uns gemeinsam weinen in der Erinnerung an eine Geliebte, die mir teuer war und an eine Wohnstätte, die am Hang dieser sandigen Düne errichtet war. Das Wehen der Winde aus Nord und Süd hat nun beider Spuren verweht...«* (Zitate vgl. Wolf Neubauer S. 17 und 21).

Die Bedus leben heute vielfach als Halbnomaden mit partieller Seßhaftigkeit am

Rande des Kulturlandes. Im Gegensatz zu den vorwiegend nomadisierenden Einwohnern Nordarabiens, sind die Jemeniten jedoch von jeher im Grunde seßhaft gewesen (etwa 90 Prozent).

Bei Beduinen zu Gast

In sengender Mittagshitze Halt in einer kleinen, von Tamarisken und Sykomoren beschatteten Oase bei einer unserem Wagenbesitzer befreundeten Beduinenfamilie. Der Raum füllte sich zunehmend mit neugierigem Volk. Alles hockte auf dem kühlen Lehmboden und langte mit fetttriefenden Fingern oder mit gefalteten Brotfladen in die gemeinsame Schüssel voll Hammelfleisch und Reis. Gewaltiges Schmatzen und Rülpsen waren Ehrensache. Nach dem Essen lockten die scheu durch die Tür starrenden Frauen Edeltraud in einen anderen dunklen Raum, redeten und redeten, betasteten ihre Haut und begannen sie zärtlich zu kosen (sicherlich die erste weiße Frau in Hautnähe). Auf geht's! Ich drängte zum Aufbruch, nachdem unsere Begleitung keine Anstalten zum Weitermarsch traf (ist doch die Eile vom Scheitan!). Wenig später schlurfte eine große Kamelkarawane durch den Sand. Helle, kehlige Zurufe von beiden Seiten. Eine Stunde weiter spiegelten sich weitab in der flimmernden Luft Gebirge und Bäume. Keine Halluzination. Ein »Bahr al-Scheitan« (Meer des Teufels). Weiter, weiter, um unser Ziel noch vor dem im Orient sehr plötzlichen Nachteinbruch zu erreichen.

Unterwegs noch fesselnde Wüstenszenen vor Nomadenzelten, wo das von uns in Wassertanks mitgebrachte Trinkwasser in Ziegenhäute umgefüllt wurde. Helle Freude einer jungen Beduinin über die ihr von Edeltraud geschenkten Ohrringe und einen Pullover. Der blinde, weißbärtige Vater unter dem Vordach des geöffneten schwarzen Zeltes starrte, auf den Knien sitzend, mit großen, leeren Augenhöhlen in die Wüste hinaus. Unbeweglich wie eine Statue. Wir sahen noch lange zurück, bis der Horizont ihn schluckte.

Nach Überquerung eines steilen Wüstengebirges auf einem schmalen Paßpfad verloren wir in dem anschließenden Sandmeer die Orientierung (die Karte zeigte kaum die Hauptwege), mußten noch einige Male in knietiefem Sand das Vierradgetriebe im Kriechgang arbeiten lassen, ehe wir bei untergehender Sonne Ha'rib erreichten. Längere Zeit irrten wir in der dunklen Oase herum, da wir im Funduk nicht nächtigen konnten, nachdem die Frauen sich in Abwesenheit des Schlüsselbesitzers nicht getrauten, uns hereinzulassen. So durften die Frauen nicht heraus und wir nicht hinein. Endlich besorgte uns ein aufgespürter Gendarm Quartier, in dem wir zu fünft hintereinander an der Wand entlang (jeder hatte die Beine des Nächsten im Gesicht) todmüde und erschöpft in tiefen Schlaf fielen.

Auf dem Rückweg mußten wir der Gastfreundschaft wegen eine endlose Mittagszeit im Hause unseres Wagenbesitzers in der Nähe des Wadi Dura verbringen. Wie gewohnt, wurden wir von vielen ungeladenen Beduinen angestarrt. Große Geschwätzigkeit der Männer, die viele Dinge von uns wissen wollten, die wir nicht verstanden. Sie kannten keine Almani (Deutsche) oder Nasrani (Christen), sondern einfach Ferangi (Ausländer) und Giaur (Ungläubige) aus einer ihnen fremden Welt. Die das Essen zubereitende Beduinenfrau war das einzige weibliche Wesen. Sie beobachtete die männliche Gesellschaft aus der Ferne. So lebt die arabische Frau – ein Mittelding zwischen Esel und Mann und gut zum Arbeiten und Kinderkriegen – auf der Schattenseite des Lebens. Eine barbarische Sitte. Aber patriarchalisch. Der persönliche Stolz dieser Wüstenbewohner fiel uns immer wieder auf (eine boshafte Weisheit besagt jedoch: der Araber verkauft sich nicht, er vermietet sich höchstens – zuweilen an mehrere).

Teppichreminiszenzen in Arabien

Teppichpfründe sind im Jemen kleingeschrieben. Dieses Land rechnet – trotz vieler anderer Kunstfertigkeiten (Waffen, Bekleidungstextilien, Schmuck, Metallgeräte, insbesondere Silberarbeiten mit Korallen, Bernstein und Achaten) weder von der Herstellung noch vom Markt her zur orientalischen Teppichgeographie. Im arabischen Raum zählen dazu nur der Irak und Syrien (mit ihrem kurdischen Bevölkerungsanteil), der Libanon (vornehmlich Beirut als internationaler Teppichhandelsplatz) und Ägypten (mit seiner antiken Teppichtradition und modernen Knüpfplätzen im Raume Kairo), abgesehen von den maghrebinischen Staaten Marokko, Tunesien und Algerien.

Vereinzelt werden in den Suks von San'a und Ta'izz jedoch Teppiche angeboten, die von Pilgern aus den klassischen Teppichknüpfländern zur Finanzierung ihrer Pilgerreise nach Mekka versilbert wurden (vgl. auch früher die sog. »Mekka-Schiraz«-Teppiche). Vorwiegend neue südpersische und turkmenische Ware, darunter auch Gebetsbrücken. Meistens in mittlerer bis minderer Qualität. Einige interessante Benefiz-Knüpfstücke – etwa 80 bis 100 Jahre alt, mit arabischen Lettern, heraldischer und figuraler Musterung, wohl Produkte irakischer Kurden – trafen wir im ehemaligen Palast des Imam Ahmad in Ta'izz an. Es bestand aber Fotografierverbot. Schöne, begehrenswerte, alte Gebetsbrücken schmückten die Mihrab-Vorplätze einiger großer Moscheen, insbesondere in San'a, Ta'izz und Dschibbla. Vorwiegend Devotionalienstücke aus Anatolien.

Weitere Teppichentdeckungen machten wir anläßlich der Einladungen in die Zelte und Lehmburgen einiger Stammesscheichs oder anderer vornehmer Jemeniten. Hauptsächlich südpersische Provenienzen, darunter auch hervorragende Knüpfungen der Ghaschghai und Afschari, aber auch Chamseh und Gabbeh. Leider oft in sehr desolatem Zustand, bedingt durch unsachgemäße Behandlung, wie mangelhafte Säuberung von Sand, Speiseresten, Urin etc. und unterlassene Instandhaltung. Das harte, anspruchslose Leben in diesen heißen Wüsten- und Gebirgsregionen hat seine eigenen Normen, von denen das Überleben im Kampf mit der Natur absolute Priorität vor zweitrangigen Belangen der Reinlichkeit und Instandhaltung hat. Nahrung, Waffen und Pferde sind wichtiger als Kunst und

Archäologie. Entsprechendes gilt auch für Unterlassungssünden an kultur- und kunsthistorischen Gegenständen und Monumenten aus prähistorischer Zeit, die hier regelrecht vom Winde verweht werden. Uneigennützige Anerbieten ausländischer Institutionen zur Freilegung und Erhaltung unersetzbarer Kulturgüter in den heutigen großen Sandregionen ehemals fruchtbaren und besiedelten Kulturlandes scheitern zudem oft an der Engstirnigkeit und Voreingenommenheit lokaler Stammesführer. So können auch die dankenswerten Bemühungen der »Deutsch-Jemenitischen Gesellschaft« nur fragmentarischen Charakter haben – sei es die Spende einer neuen Pumpanlage, einer Bibliothek o. ä. Die eigentlichen Wurzeln dieser kulturellen Mißstände liegen sicher in den begrenzten Möglichkeiten zu einer durchgreifenden Information, Aufklärung und Umerziehung Hunderttausender schreibunkundiger, seßhafter und fahrender Beduinen. Dies ist aber kein spezielles Problem des Jemen, sondern findet seine Parallelen in vielen anderen Entwicklungsländern.

Im Bergland des Chaulan trafen wir in kleinen Oasenorten mehrmals Beduinenfrauen an horizontalen Webstühlen an, die aus einem Woll-/Ziegenhaargemisch zum Eigengebrauch bestimmte lange und schmale Kelim-Kenarehs fertigten. Solide Flachgewebe mit bunter Längsstreifenmusterung. Gefärbt wurde ausschließlich mit chemischen Farben, abgesehen von Naturfarbe dunkelbrauner Kamelwolle. Knüpfgewebe beobachteten wir dagegen vielfach in Form von Schmuckbändern, Zaumzeug und Schabracken bei den ziehenden Beduinen. Aus einem, allerdings nicht repräsentativen Gespräch mit einem Karawanenführer entnahmen wir, daß diese Stücke von den Saudis getauscht, offenbar also nordarabischer Herkunft waren.

Diese Feststellungen in den südarabischen Landen beweisen einmal mehr die Bedeutung des Umwelteinflusses auf die Teppiche. In den heißen Sandzonen erweist sich ein Knüpfteppich weder als erforderlich noch als praktisch. Er ist entbehrlich (so wird in Teppichknüpfländern während der heißen Jahreszeit oft die »kühlere« Rückseite des umgedrehten Teppichs belaufen). Nur die anspruchsloseren und weniger arbeits- und materialaufwendigen Kelim- und Filzteppiche haben hier einen optimalen Nutzen. Sie werden aber auch nur von seßhaften oder teilnomadisierenden Beduinen gefertigt. Zudem wäre für die Karawanen und nomadischen Beduinen das Halten und Mitführen von größeren Schaf- und Ziegenherden hinderlich und unwirtschaftlich.

Sandsturm in der Wüste

Auf der weiteren Strecke mimte unser Wagenbesitzer Magenschmerzen. Er legte sich unter den Wagen und war um nichts zu bewegen, weiterzufahren. Offenbar hatten wir ihn bei dem eiligen Aufbruch um seine Siesta gebracht. Als mein Drängen erfolglos blieb, machte ich meinem Ärger lauthals Luft, denn wir hatten keine Lust, den Rückweg in ungewisser Dunkelheit fortzusetzen, zumal uns schon erste Sandstaubschleier überflogen. Endlich, als ich auf den Geldbeutel klopfte, ging es weiter. Volldampf um die Wette mit einem aufkommenden Sandsturm. Bei schwefelgelbem Himmel erreichten wir unter riesigen, rötlichen Sandschwaden bei infernalischem, sirenenartigen Pfeifen endlich unser schmuddeliges Funduk in der Oase Ma'rib, in dem wir, über viele hohe Lehmstufen im obersten Geschoß (wie auf einem Hochstand), einsames Quartier bezogen (nachdem wir noch eine ärgerliche Auseinandersetzung mit unserem Wagenbesitzer wegen einer nachträglichen Mehrforderung zu überstehen hatten). Der leere Raum bot nur den Lehmboden mit den verstreuten Resten eines Holzkohlenfeuers. Hastig dichteten wir zerborstene Fenster mit verfügbaren Textilien ab. Überall drückte der orkanartige Sturm seine Sandwolken herein. Wir saßen wie in einer von seinem Brüllen und Toben berannten Festung. Ein schaurig-schöner Blick in eine Gespensterlandschaft: über die zackigen Ruinen von Ma'rib in die verdämmernde, von Winden aufgepeitschte umliegende Wüste. Bei den von Edeltraud beschworenen Erinnerungen an zwei von uns 1971 und 1973 in den afghanischen Wüsten- und Steppengebieten im Freien überstandene Sandstürme fühlten wir uns hier im Schutz der tristen Lehmwände sicher und geborgen.

Ebenso heftig wie gekommen, verlor sich der Sturm nach drei Stunden. Er hinterließ einen todähnlichen Frieden über der Sandöde, der wenig später durch das unerwartete Erscheinen eines hageren Australiers unterbrochen wurde. Ein Einzelgänger, in australischen Wüsten trainiert. Total erschöpft, war er kaum ansprechbar und fiel sofort – nachdem wir ihn mit Medikamenten gegen seine Magenkoliken versorgt hatten – in einen schweren Schlaf. Auch wir löschten die Kerze und ließen uns auf dem kahlen Lehmboden mit einer Decke nieder.

Meine Gedanken beschäftigten sich schon mit den kommenden Tagen. Gedanken über das Ungewisse, nicht Vorausberechenbare, in dem neue »Gefechtslagen« und »höhere Gewalt« alle sorgfältigen Planungen über den Haufen werfen. Zermürbende Gedanken über die Verantwortung meiner Frau gegenüber und über das »Warum« dieser Wagnisse, die wir aber des Erlebten wegen um alle Schätze dieser Erde nicht tauschen mögen. Die Lichter am Wüstenhorizont verblassen. Die Erinnerung aber leuchtet. Ein tiefer Schlaf löschte dieses demoralisierende Hadern – wie schon in gleichartigen Situationen unserer afghanischen Unternehmungen.

Wadi Dschauf – das verbotene Land

Der nächste Morgen brachte uns eine freudige Überraschung. Wir konnten den stark angeschlagenen Australier von seinen Rückfluggedanken abbringen und beschlossen, den schweren Rückweg nach San'a gemeinsam in dem von dem Australier in San'a gecharterten »Toyota-Landcruiser« anzutreten. Wie der Australier so in seiner langen Gestalt unter einem breitrandigen Strohhut vor uns stand, hinter sich einen Jemeniten mit seinem geschulterten Gepäck, erinnerte er uns an eine der verwegenen Figuren aus der Karl-May-Literatur. Zunächst galt unser Interesse aber noch der weiteren Umgebung Ma'ribs und dem nordwestlich gelegenen Wadi Dschauf. Zwischen hohen Lehmaufwürfen ruderten wir regelrecht durch den tiefen Sand mit heulendem Motor nach Hassun hinüber, einer jetzt von den evakuierten Ma'rib-Bewohnern bevölkerten Oase.

Überall standen bewaffnete Männer in Gruppen zusammen. Es roch nach bleihaltiger Luft.

Erst als wir unserem verängstigten Fahrer eine »Frontzulage« versprachen, konnten wir nach einem unendlichen Auftanken aus Blechkanistern weiterrollen. Auf einer zerfurchten, später versandeten Piste stampfte die Maschine, teilweise im Geländegang mit Vierradantrieb, durch die hier verlaufende Wüste Chabt Richtung Wadi Raghwan. Von dort wollten wir – nach Verhandlungen mit dem örtlichen Oberscheich – die verfallenen Königsstädte Barakisch und Ma'in (Reich der Minäer, etwa 1000 v. Chr.) aufspüren. Nachdem wir auf halber Strecke sichere Kunde von der bestehenden Stammesfehde erhielten, drängte unser Fahrer heftig zur Umkehr. Selbst vom Stamme der um Ma'rib angesiedelten Abida, fürchtete er die dort lebenden Beni Gidaan und Beni Aschraf. Hier, im Nordosten Jemens beginnt der Wadi Dschauf, ein reiches, fruchtbares Gebiet noch royalistischer Stämme, die sich – gestützt auf ihre Krieger – bisher jedem Zugang (auch anderer Stammesangehöriger) verschlossen haben. Eifersüchtig werden auch die hier noch verborgenen archäologischen Fundstätten bewacht. Enttäuscht, aber besonnen mußten wir den Rückwärtsgang Richtung Ma'rib einlegen.

Ma'rib – Juwel in der Wüste

Die frühere Oasenstadt Ma'rib in der Wüste Saihad, »wo die Krähen Könige sind«, war die zweite Hauptstadt der Sabäer und einst Residenz der Königin von Saba (etwa 950 v. Chr.). Das im Revolutionskrieg 1966 durch die ägyptischen Okkupanten zerstörte Ma'rib ist heute nur noch eine dünn besiedelte Ruinenstätte. Nachts im Mondlicht wie eine verlorene Geisterstadt. Erhaben die Ruinen des berühmten Staudamms (550 v. Chr.) am Ufer vom benachbarten Wadi Dana mit seinen mächtigen Schleusentoren und einem genialen Bewässerungssystem. Technische Wunderwerke des Altertums, die einst blühendes Kulturland unterhielten, ehe die gigantische Anlage etwa 1000 Jahre später durch eine Dammbruchkatastrophe zerstört wurde (34. Sure des Koran). Dreißig Tage lang konnte, der Legende zufolge, ein Reiter damals in diesem heute nackten Wüstengebiet ständig im Schatten reiten. Unweit die Reste der kostbaren Tempelanlagen des großen Mondgott-Tempels Baran, davor fünf monolithische Pfeiler. 5 km südöstlich acht zur Eingangshalle des heiligen Mahram-Bilkis-Tempels (das antike Awam = Zufluchtstätte) gehörende Pfeiler. Daneben das Peristyl des ovalen Tempels des sabäischen Reichsgotts al-Makah mit im Sande erstickenden Mauern, Stelen und

Architraven, die mit sabäischen Skulpturen und Inschriften dekoriert sind. Viele dieser wertvollen Relikte hatten die Wüstenbewohner respektlos abgeschlagen und in ihren Häusern verbaut.

Von weitem beobachteten uns Bewaffnete. Stumme Wächter der Wüste und der von den Winden verwehten sagenhaften Schätze der alten Sabäer, deren Bergung – auch durch Archäologen – sie sich bisher stets mit Waffengewalt widersetzten. Wir dachten an den fluchtartigen Rückzug des bekannten amerikanischen Archäologen Wendell Phillips, der hier 1950 mit seinen Begleitern nur noch das nackte Leben retten konnte.

Vor uns liegt jetzt die äußerst schwierige und unsichere Strecke von Ma'rib durch das Gebirgsland des Chaulan nach San'a zurück. Wir bewältigten die 190 km über unsichtbare Pisten, vorbei an schroffen Felswänden und steilen Schlünden, durch schwerstes Wüstengelände in zwei vollen Tagen. Mitten durch die Stammesgebiete der royalistischen Chaulani und der Beni Nahm, die noch bis vor kurzem – auf die Gewehre ihrer Stammeskrieger gestützt – jeden Zugang verwehrten.

In der Morgendämmerung verlassen wir Ma'rib nach Westen über das ausgetrocknete Flußbett des Wadi Dana, der hier den Gebirgszug des Dschebel Balak durchbricht und überqueren dann in brütender Hitze die unübersehbare Lavafläche des Abu Hoggar (»Vater der Steine«). Anschließend quält sich das schwerbelastete Fahrzeug über einige Höhenzüge. Bald erreichen wir Sirwah (erste Hauptstadt des Sabäer-Reiches 1000 v. Chr.), heute in Kaharibah (die Ruinen) umbenannt. Hier beeindrucken die riesenhaften Tempelruinen des Mondgottes al-Makah.

Als wir an den Epigraphen alter Marabuts rätseln, werden wir plötzlich von einer Schar schwerbewaffneter Chaulani-Krieger umringt, die wild gestikulierend auf uns eindrängen. Offenbar vermuten sie in den Ferangi Schatzgräber. Uns wurde bewußt, daß es gerade in dieser Gegend in letzter Zeit mehrfach Überfälle gab, die allerdings ohne Gegenwehr meist unblutig verliefen (daher stellte die Regierung in San'a für diese Landstrecke auch keine Permits aus und bezeichnete dieses Gebiet einfach als »nicht befahrbar«).

Die sich zuspitzende Situation zu klären glückt Edeltraud endlich, indem sie sich – nach fehlgeschlagenen Versuchen, Zigaretten und Kaugummi anzubieten – dem Anführer gegenüber strahlend zum Kauf seiner Dschambija direkt »vom Bauch weg« erbietet.

Als dieser verdutzt zögert, betastet sie das herrliche, mit leuchtend roten Achaten in Silber eingelassene Stück. Schon sprengt die Neugierde ob dieses seltenen Spektakels den starren Ring um uns. Als wir den Krummdolch zu einem vernünftigen Preis erhandelt glauben, zieht der Anführer das Messer zurück. Auf unser Drängen – es handelte sich um einen nach Damaszener Art gehärteten Stahl mit einem besonders wertvollen Horngriff – nennt er für dieses Erbstück einen horrenden Schutzpreis von umgerechnet DM 2000,–. So scheiden wir in Allah mit der kostbaren Scheide, aber ohne Dolch (den wir später wohlfeiler in ähnlicher Ausführung im Suk von San'a erwarben).

Über den Wadi Habbab passieren wir auf der gebirgigen Weiterfahrt das Gebiet des Bachil-Stammes und werden mehrfach mit vorgehaltenen Gewehren gestoppt und durchsucht, können uns aber jeweils mit Taschenlampen, Feuerzeugen oder Bakschisch auslösen.

An den Fleischtöpfen Arabiens

Die zerrissene Piste führt nun durch zwei große Wadis und unwegsame Lavafelder eines vulkanischen Geländes. Dann durchkreuzt ein unerwartetes Erlebnis unseren Plan, als wir nachmittags auf ausdrückliches Anraten von Tunis die am Horizont auftauchende Bergfestung eines mächtigen Beduinenscheichs der Beni Said im weiten Bogen umfahren wollen, um uns einer absehbaren, langwierigen Einladung zu entziehen.

Zwangsläufig geraten wir aber bei der Schinderei im tiefen Wüstensand in die nicht auszuweichende Pistenspur auf die Wehrburg zu. Unsere Befürchtung eines bevorstehenden endlosen arabischen Nachtgeschwätzes im anstrengenden Schneidersitz scheint sich zu erfüllen, als wir, von zwei bewaffneten Reitern eskortiert, in die Festung einlaufen. Wie ein Groß-Mufti visiert uns der mit Gefolge auftauchende Scheich unter seinem weißen Thaub. Lange dauert die Vorstellung seiner stolzen Notabeln im Mafradsch. Über Verständigungsschwierigkeiten setzt er sich großzügig mit einer Handbewegung hinweg. Später werden wir im Diwan zu Tisch, d. h. zu Boden, gebeten.

Es beginnt mit einer arabischen Delikatesse, dem Meschui (Fettschwanzhammelbraten). Jeder fährt mit der rechten Hand in den riesigen Fleischberg und formt einhändig Klöße aus dem Reisberg, wobei die Soße zwischen den fetttriefenden Fingern hervorquillt. Zwischen wohligem Schmatzen – unterbrochen von lauten Rülpstönen der Runde – ist in den nächsten Stunden geröstete Hühnerkeule mit »heißem« (höllisch scharfem) Pfeffergemüse zu bewältigen. Dazu gibt es gegorene Stutenmilch. Alles nach dem Motto: nur so viel essen, wie mit Gewalt 'reingeht! Unser Überleben beweist immerhin, was unter Zuhilfenahme von probaten Verdauungsenzymen der menschliche Verdauungstrakt auszuhalten geneigt ist. (»Der wahre Beduine kann von einer einzigen Dattel leben«.)

Alles verbindend die endlosen arabischen Gespräche in epischer Breite, ohne eigentlichen Inhalt. Um hier nicht als Stammkunden zu verbleiben, mimt Edeltraud am nächsten Morgen beim üppigen Frühmahl – mit schmackhaftem, hauchdünnem Fladenbrot, das in verschiedene Soßen eingetunkt wird, Honigkuchen und schäumend frischer Kamelmilch – heftige Magenkoliken. Mitleid ist dem Araber fremd (es kommt nur von Allah). Der Scheich stimmt jedoch bedauernd unserem Abzug zu. So entfernen wir uns auf beduinische Weise, d. h. ohne Abschied, nur mit einem »As-salamu 'alaikum wa rahmatullah!« Der Friede sei mit Euch und die Barmherzigkeit Allahs!, nicht jedoch ohne unseren honorigen Gastgeber mit einem Waidmesser beglückt zu haben.

Eine gar seltsame Herberge

Etwa auf der Hälfte der abenteuerlichen Strecke – auf der wir in schwerem Sand die hart mitgenommene Maschine noch einige Male flottmachen müssen – erreichen wir mit einbrechender Dunkelheit das malerisch in einen bizarren Steilfelsen eingehauene Funduk Nehem. Hier schienen die Straßenräuber ihr Gewerbe als Gastwirt auszuüben. Das dreckigste Loch unserer langjährigen Orientpraxis. Eine Räuberhöhle wäre ein Sanatorium dagegen. Die armselige Besitzschaft der Wirtsleute liegt auf dem Lehmboden verstreut zwischen schreienden Kindern. Hunde und Katzen springen durch die Fensterlöcher. In der Ecke meckert eine Ziege. Viele Fliegen und ein drückender Mief vollenden das Idyll in diesem einzigen gemeinsamen Stall- und Schlafraum. Wir verdrücken uns zunächst ins Freie, wo wir erst einmal den Schrecken mit einem im Mörser zerstoßenen, dann am Feuer zubereiteten Arabic coffee hinunterspülen.

Inzwischen ziehen laternenbewehrte dunkle Gestalten in der Finsternis bergaufwärts an uns vorbei. Als wir ihnen neugierig folgen, stehen wir plötzlich vor einem mit Fackeln erhellten Lehmhaus am Hang unter mindestens 100 Jemeniten. Nach dem royalistischen Gruß »Salam al-Badr« (der letzte 1969 vertriebene Imam des Jemen) zwingt uns arabische Gastlichkeit zum Bleiben, und so feiern wir etwa zwei Stunden lang unter vielen Männern am Boden hockend irgendein Fest (mit dem Gedanken an unser finsteres Asyl hätten wir heute selbst mit dem Teufel gefeiert). Es geht hoch her, als Musikanten ein Zupfinstrument malträtieren, begleitet vom Flötenklang und dem rhythmischen Dröhnen einer Trommel (im Vergleich zu unserer modernen »Rockmusik« immer noch ein Wohlklang).

Tee und Wasserpfeife machen die laute Runde. Als einzige Frau auf einem erhöhten Sitz am Kopfende des Raumes ist nur die ältere Hausherrin anwesend, an deren Seite Edeltraud Platz nehmen darf. Die anderen Frauen sitzen unter sich zahlreich im Nebenraum, nomadisch geschmückt und dekorativ gekleidet. Sie unterhalten sich – gleich den Männern – mit eigenem Singsang in schrillen Diskanttönen.

Als Höhepunkt führen die Männer jetzt gruppenweise mit kleinen zuckenden oder wiegenden Schritten einen Schwertertanz mit gezückten Krummdolchen vor. Dabei werden die Klingen abwechselnd gekreuzt und dann wieder kreisend zurückgezogen, wobei man sich gegenseitig haarscharf am Gesicht vorbeifuchtelt. Hier, wie überhaupt in Arabien, ist der Tanz ein Privileg der Männer. Als man endlich auf unkontrollierbare Schießübungen im Freien verfällt, verdrücken wir uns, um wieder in unser finsteres Loch zu kriechen. Bei dumpfer Hitze und allen arabischen Wohlgerüchen lassen sich Edeltraud – die unter starken Erkältungserscheinungen leidet – und Tunis irgendwo zwischen der Familie auf einem zottigen Fell nieder, dessen penetranter traniger Gestank offenbar selbst ungebetene Plagegeister abschreckt. Unser Australier und ich ziehen es vor, uns lieber in kalter, frischer Luft auf einer speckigen Matratze vor der Tür auszustrecken. Ich schnaube schon wie ein Walroß mit den ersten Anzeichen des unvermeidbaren

»jemenitischen Rotz« (landestypische Schleimhauterkrankung der oberen Luftwege). Nachts keift und zankt unsere unansehnliche Wirtsfrau mit einem für uns nicht sichtbaren Jemand, bis wir mit donnernden Rufen den Nachtfrieden einleiten.

Frühmorgens erwache ich von kleinen Quälgeistern zerbissen und steif gefroren, so daß ich allein nicht auf die Füße komme. In den ersten wärmenden Sonnenstrahlen suchen wir unter heftigem, aber nutzlosen Protest unseres Fahrers noch in einem zweistündigen Fußmarsch durch eine paradiesische Gegend eine verlassene »Geisterstadt« auf, die aus unerklärlichem Grund entvölkert wurde. Reiche Fotoausbeute.

Über Teufelsstiegen nach San'a zurück

Auf der folgenden Strecke durchklettern wir in sengender Hitze mit dem ächzenden Landcruiser eine phantastische Gebirgslandschaft. Auf schlechten Saumpfaden geht es stundenlang durch tiefe Cañons über zerfallene Genickbrecherpässe herrlicher bunter Tafelberge. Dann wieder durch serpentinenreiche Hohlwege aufwärts an schwindelnden Steilwänden entlang. Inzwischen hat sich unsere Mannschaft um weitere sechs bewaffnete Jemenis erhöht, deren finstere Mienen jeden Widerspruch unsererseits in dieser gottverlassenen Bergöde erübrigen. Sie hängen am oder sitzen auf dem schwer schuftenden Fahrzeug. Plötzlich verliert sich die Piste in einem Meer großer Felsbrocken. Wir müssen zum x-ten Male ausbooten und mit zwanzig Händen den aufheulenden und knatternden Geländewagen fünf Stunden lang über Felstrümmer von Felsstufe zu Felsstufe und Steinplatte zu Steinplatte hochschinden. Diese Knochenarbeit kostet viel Kraft und Schweiß. Weiter im Schrittempo über Geröllhalden, Felstrümmer und tiefe Schlaglöcher auf einer reifenmordenden Piste, deren Wahrnehmung einen Glaubensakt erfordert – eine der übelsten, die mir je unter die Räder gekommen sind. Mit leichten Gehirnerschütterungen, zahlreichen Abschürfungen und Blutergüssen erreichen wir nach einem letzten Stück guter Straße bei schon langen Schatten am Ende des zweiten Tages, nach insgesamt 190 mörderischen Kilometern, die uns körperlich die letzten Reserven abforderten, endlich die Hauptstadt San'a.

Während der folgenden Auffrischungstage in San'a erlebten wir bei einem Wolkenbruch, der die Lehmstraßen in Schlamm verwandelte und viele Häuser unter Wasser setzte, die kürzeste Taxifahrt unseres Lebens: wir konnten eine etwa zehn Meter breite »Straße«, die einem reißenden Wildwasser glich, nur mit Hilfe eines »vorbeischwimmenden« Taxis überqueren. Von Bezahlung wollte der hilfsbereite Fahrer nichts wissen.

Verirrung im Felsenlabyrinth

Nach diesen Rasttagen im pulsierenden San'a sollten uns noch unerwartete Erlebnisse auf der letzten Etappe nach Sa'dah bevorstehen. Die Unternehmung wurde erst möglich, nachdem der diesen nördlichen Distrikt beherrschende Oberscheich die noch bei unserem Einzug in San'a bestehende Sperre kurzfristig aufgehoben hatte. Erste Station auf einer miserablen Erdstraße in Amran, einem noch sehr mittelalterlich anmutenden Ort, mit vielen kleinen Gassen zwischen den mehrstöckigen Lehmhäusern beinahe süditalienischer Bauart, in denen schwarzverschleierte Frauen mit blitzenden Metallkrügen auf dem Kopf wie aufgescheuchte Raben umherflatterten. Dazwischen auffällig mit eisernen Fußfesseln bewehrte Übeltäter, die mit kurzen Schritten und Kettengerassel durch den lebhaften Suk schlurften. Weitere Unterbrechung auf dem großen Markt in Raidah. Viele dolchbewehrte, auch sonst armierte Männer, buntgeschmückte Beduinenfrauen zwischen Eseln, Pferden und Kamelen. Beherrschend über dem sich an einen Hang anlehnenden Ort die Ruine einer Zitadelle. Unter der Glutsonne des Mittags dann in Huth zünftiges Schmatzen auf Bodenkissen bei Bohnen- und Eierspeise mit obligatem Fladenbrot.

Auf der Weiterfahrt mit unserem Landcruiser trafen wir am Rande der im Bau befindlichen Asphaltstrecke chinesische Bautrupps, die – ähnlich wie wir es im Hunzatal Nordpakistans erlebten – wie Ameisen fanatisch arbeiteten und auch sonst, gleich den Russengettos in Kabul, in völliger Selbstisolation lebten. Sie zu fotografieren, ließ Steinwürfe erwarten. Nach 260 km passierten wir zunächst Sa'dah westlich, um ein riesiges Cañon-Gebiet mit bizarren rot- und schwarzfarbigen Sandsteinfelsen und zerfurchten Schluchten »infanteristisch« zu durchpirschen. Im Eifer des Aufsuchens hochinteressanter Felszeichnungen (vorwiegend Jagdszenen und Schriftzeichen aus himjaritischer Zeit etwa 400 v. Chr.), die starke Verwandtschaft mit den prähistorischen Gravuren aus der inneren Sahara (Tassili) zeigen, verirrten wir uns in dem Felsenlabyrinth so gründlich, daß wir vier (in San'a hatte sich uns noch ein sportlicher Ire aus Montreal zugesellt) jede Orientierung verloren. Nach fünfstündigem harten Geländegang bergauf und bergab befürchteten wir schon ein unfreiwilliges Bergasyl, als wir im roten Ball der untergehenden Sonne auf einer fernen Felsspitze eine dunkle Gestalt erblickten. Bald umarmten wir unseren getreuen Fahrer Abdallah, der – selbst beunruhigt (er wäre bestimmt vor Dunkelheit in das sicherere Sa'dah geflüchtet) – von dem verabredeten Treffpunkt aufgebrochen war, um uns zu suchen. Er führte uns in der Finsternis, sich häufig mit Hilfe der altarabischen Astronavigation an den Sternen orientierend, sicher zum Fahrzeug zurück.

Die Nacht an der saudischen Grenze

Unser Tagesziel nicht erreicht, mußten wir nun im Niemandsland unweit der saudiarabischen Grenze in einem breiten Hohlweg zwischen hohen Felsen unsere beiden Zelte neben einem Wildbach aufschlagen. Brücken hält man hier – wie auch sonst im Jemen – offenbar für überflüssig, solange das Wasser nicht über Mann und Pferd zusammenschlägt. Natürlich fehlte ein Büchsenöffner, und dann ging vorzeitig auch noch der Heizspiritus aus. Nachts unheimliche Ruhe unter einem brillanten Sternenhimmel.

Nach Mitternacht schrecke ich plötzlich von Motorengeräuschen auf und erspähe durch die Zeltgaze in etwa zehn Metern Entfernung zwei mit kriegerischen Beduinen behangene Geländewagen. Ich schalte sofort auf Überfall. Alarmstufe I! Edeltraud und ich beraten uns flüsternd, wobei sie vergebens in dem nahtlosen Zelt den Geldbeutel wegzuzaubern versucht, während ich den Zeltverschluß löse, um einen Fluchtweg aus diesem Sack zu schaffen. Inzwischen haben einige Bedus die Kochgeräte umgetreten, während ein anderer ungebeten unser filtriertes Trinkwasser ausschüttet. Einige verwegene Gestalten mit »Kat-Beulen«. Durch den Lärm ebenfalls in Alarmstimmung, gerät unser Tunis aus dem zweiten Zelt in ein lautstarkes, heftiges Palaver mit den ihre Waffen erhobenen Bedus. Endlich scheint die Überfallgefahr gebannt, als auf unser energisches Auftreten sich ein hochgewachsener Schwarzbärtiger aus der Dunkelheit löst und auf Verhandlungen am Boden einläßt. Die lange Ungewißheit endet aber erst, als die Scheinwerfer nach bangen 30 Minuten – während derer die Wagen mehrfach stoppen, so daß wir mit ihrer Rückkehr rechnen müssen – hinter dem Gebirgskamm untertauchen. Wahrscheinlich befand sich der Scheich dieses Grenzstammes mit seinen Mannen auf einem nächtlichen »Rekognoszierungsritt«. Ohne seine Anwesenheit wäre die Begegnung in dieser menschenleeren, wilden Gegend sicherlich ungut für uns verlaufen.

Sa'dah – die Altehrwürdige

Unser Endziel am nächsten Tag: Um Leilah (»Mutter der Nacht«), ein zyklopischer Steilfelsen mit wuchtigen Ruinen einer himjaritischen Zitadelle, Palästen und Zisternen. Unser bergerfahrener Ire Martin, ein harter Bursche, schaffte den Aufstieg (mit Kaminkletterei) im Alleingang unter einem herannahenden Gewitter. Diese Zitadelle bietet den vielleicht schönsten Blick auf die jemenitische Bergwelt und diente einst dem Schutz der hier an der saudischen Grenze verlaufenden antiken Weihrauchstraße und der örtlichen Goldminen. Rundherum gewaltige Natur.

Später bei leichten Sandwinden Einzug im altertümlichen Sa'dah, abgeschlossener und noch fremdenfeindlicher (wir mußten oft Steinwürfen der Frauen und Kinder ausweichen) Handelsplatz aus dem Anfang des 9. Jh. Heute nördliche

Distrikthauptstadt. Rundgang auf den uralten, breiten Wehrmauern, die den ganzen Ort umringen. Von ihren Trutztürmen bot sich uns das starke Panorama ihrer kunstvollen Hochburgen, stolzen Moscheen und dekorativen Minaretts, ihrer Brunnen und Gassen. Gerade diese besondere, vielstöckige Lehmbauweise der burgähnlichen Häuserkuben im nördlichen Jemen wurde Vorbild für den sog. »Sudan-Stil« der afrikanischen Sahel-Länder, später auch des Kaiserreichs Mali. Hier, wie überall im Jemen, streunten massenhaft Hunde umher – die Aussätzigen und Unberührbaren. Abends in dem zehntklassigen Funduk noch ein heiteres Szenario, als unser braver Martin plötzlich wie elektrisiert auf den Flur sprang, wo gerade der Männername »Aziz« fiel, den er im Halbschlaf irrig mit dem Verkaufsruf »Haschisch« des von ihm erwarteten Hasch-Händlers verwechselt hatte. Große Erheiterung bei uns, die sich noch steigerte, als wir anschließend unter der Anleitung des von Orientzügen hascherfahrenen Iren einige »Friedenspfeifen« dieser Sorte rauchten. Schnell »high«, erzählte der Ire spannende Erlebnisse aus der kanadischen Wildnis. Zum gegenseitigen Ergötzen plauderten wir alle zu gleicher Zeit über die schönsten Stunden unserer orientalischen Wanderjahre und tranken die letzten Whiskytropfen, während unsere Weihrauchkerze, die wir vorsorglich zur Neutralisierung des Haschgeruchs nach außen in die Tür gesteckt hatten, langsam niederbrannte.

Der kommende Tag bot uns noch viele einzigartige Fotoobjekte im Umland von Sa'dah. Seine wie Zwinghöfe einzeln stehenden hehren Familienburgen sind eine Ansammlung seltener architektonischer Einfälle. In einem nahen Ort leben abgeschlossen noch Juden, die früher überall im Jemen – nicht geliebt, aber gebraucht – die besten Kunsthandwerker stellten, seit den Revolutionsjahren (1962–1969) aber in alle Winde verstreut sind.

Auf dem Heimmarsch stießen wir unter den wehrhaften Mauern des an einen Berghang gelehnten kleinen Nestes Dschaub auf eine zeltende armselige Beduinenfamilie. In der im Orient weitverbreiteten Annahme, daß ein Europäer auch Mediziner sein müsse, brachte man uns ein todkrankes, aussätziges Kind. Obwohl wir unterwegs viel mit Medikamenten halfen, mußten wir hier passen. Auf unser beschwörendes Anerbieten, das Kind sofort zu einem Arzt in die nächste Stadt mitzunehmen, ging die Familie nicht ein. Sie verhielt sich fatalistisch. So geht das Schwache in einer unbarmherzigen Natur unter. Nur ein Fall, zeigt er doch, wie kurz der Arm unserer praktischen Entwicklungshilfe ist.

Die Welt des Islam

Durchgerüttelt und abgekämpft, aber beglückt, rollten wir mit dem letzten Sonnenstrahl wieder durch das Tor Bab al-Jemen in das uns schon vertraute San'a ein. Gerade in dem Augenblick, als die Muezzins von fünfzig Minaretts – teils »life«, teils per Tonband – zur Preisung ihres Gottes und den Gläubigen zur Mahnung den Adhan (Ankündigung zur Salat) mit der viermaligen Lobpreisung anstimmten: »Allahu akbar – Allah ist der Größte!«. In hundertfachem Widerhall warf die umliegende Bergkette, die San'a nach Norden abschirmt, das abschließende einmalige »la ilaha illa llah!« (es gibt keinen Gott außer Allah) zurück und bekundete die Allgegenwärtigkeit einer Religion, die seit 1300 Jahren die Welt des Islam und seine Menschen prägt. Gestern, heute und morgen.

Dominierender Mittelpunkt der muslimischen Andacht ist die nach Mekka gerichtete Gebetsnische der Moschee, von wo aus der Imam das Gebet der Gläubigen leitet. Ein Meer von Tinte ist über die Herkunft und Bedeutung dieses Mihrab vergossen worden. Nicht weniger kontrovers sind Tradition und Funktion der dem räumlichen Moschee-Mihrab vergleichbaren flächigen Nischenzeichnung auf dem Gebetsteppich, die meistens auch als Mihrab bezeichnet wird.

Ursprünglich wurde der Begriff Mihrab im weltlichen Sinn für den Sitz des Herrschers (Thronnische, Ehrenplatz), später für den Palast gebraucht. Von hier fand der konkave Mihrab unter den Omaijaden Eingang in die Moschee (Medina 709), die anfänglich auch Versammlungsraum für Staatsgeschäfte war. Nach überwiegender Meinung ist die Mihrabnische der christlichen/jüdischen Architektur (Apsis, Altarnische) entlehnt, mit Vorbildern aus der mediterranen Baukunst, entstammt also wohl nicht altorientalischer Tradition. Vorherrschend ist die Hypothese, daß der Mihrab primär die Kibla, d. h. die geographische Gebetsrichtung – nach a. A. eher symbolisch als geistige Ausrichtung – nach Mekka (ursprünglich nach Osten, dann Jerusalem) ausdrücken soll, die anfangs nicht durch eine Nische, sondern durch andere Markierungen (z. B. Lanze oder Steinplatte) gekennzeichnet wurde. Nach anderer Auffassung soll der Mihrab die körperliche Gegenwart Mohammeds als erster Imam in seinem Haus in Medina versinnbildlichen. Gestützt auf ikonographische Dokumente, wird der Mihrab aber auch als ein (diesseits geschlossenes) Portal zum göttlichen Jenseits bzw. als Himmels(Paradies)-Pforte interpretiert. Diese unterschiedlichen Deutungen schließen eine gleichzeitige Nebenfunktion des Mihrab als Kibla-Anzeiger ebensowenig aus wie die Annahme, daß der Mihrab nach seinem frühen Bedeutungswandel zum religiösen Symbol komplexe Funktionen hatte oder seine Funktion änderte. Der Mihrab ist nicht obligatorisches Merkmal einer Moschee. Ebenso wie in einer ländlichen Moschee zuweilen die Gebetsnische fehlt, zeichnen sich größere Moscheen manchmal auch durch zwei oder mehrere Mihrabs aus.

Entspricht nun das gleichnamige Nischenmotiv des Gebetsteppichs dem Mihrab der Moschee? Soweit diese einheitliche Benennung nur eine Gleichartigkeit der Formen ausdrückt, käme dem Nischenprofil auf dem Gebetsteppich eine eigenständige materielle Bedeutung zu: Amulett, Allegorie der Moschee, Symbol eines besonderen Portals oder aber Grabnische (als vorislamisches/schamanistisches Sinnbild menschlicher Wiedergeburt). Vielleicht auch nur Abgrenzung des Gebetsfeldes oder einfach Zierornament, wobei man diese Sinngebung wiederum auf die Nischenfläche beschränken kann, deren eigentlich relevante Spitze (Scheitelpunkt) während der Andacht die Richtung zur Ka'ba nach Mekka weist.

Die Annahme unterschiedlicher Inhalte – bei gleicher Form – erscheint jedoch angesichts der von jeher überragenden Bedeutung der populären Gebetsnische der Moschee wenig überzeugend, zumal ebenso andere wesentliche Elemente der Moschee-Architektur in die Teppichornamentik übernommen wurden (vgl. S. 167). Gleichfalls erkennt man in der islamischen Kleinkunst – z. B. bei arabischen Schmuckamuletts in der Form von Anhängern – den, hier auch so bezeichneten, Mihrab wieder. Mit magischer Schutzfunktion, oft in Verbindung mit einem Chamsa-Symbol (vgl. S. 168). Mit der daher auch sakralen Gleichsetzung wird der derivative Teppich-Mihrab gleichermaßen in die aufgezeigte Kontroverse um den Jahrhunderte älteren Moschee-Mihrab einbezogen. Diese hier nicht zu vertiefende Meinung wird durchaus nicht von allen Sachverständigen geteilt, ist aber auch nicht schlechter als andere. Die tatsächliche Verwendung des Teppich-Mihrab zur Ausrichtung der Kibla dürfte dabei außer Streit sein.

Obwohl Hauptmotiv des Gebetsteppichs, ist der Mihrab – wie der Gebetsteppich selbst – nicht zwingend vorgeschrieben. Bemerkenswert jedoch, daß bereits die ersten bekannten Abbildungen von Gebetsteppichen aus dem 14. und 15. Jahrhundert eine prägnante Mihrabzeichnung aufweisen. Lassen die vielfältigen Mihrabformen meistens Rückschlüsse auf bestimmte Teppichprovenienzen zu, so ist ihre teils sehr dekorative Ausgestaltung oft nur rein ästhetisch-künstlerisch beeinflußt. Im Einzelfall kann strittig sein, ob eine konkrete Nischen-, Giebel- oder Bogenform als Mihrab gilt und damit schon förmlich den Teppich für das Gebet prädestiniert (»geborene« Gebetsteppiche). Dies möchte ich aber verneinen bei bestimmten Vielnischenteppichen (unechte Reihengebetsteppiche) oder anatolischen Teppichen mit einer diametral angeordneten analogen Doppelnische (z. B. Kis-Gördes, Siebenbürgen- oder Odschaklik [sog. Asyl]-Teppiche) wie auch bei den Engsis der Turkmenen. Allem fruchtbaren Theoriestreit zum Trotz kommt es praktisch aber nicht auf die Motivation des Knüpfers, sondern auf die persönliche Widmung und Verwendung durch den Gläubigen an, dem der »erkorene« Gebetsteppich allein das Vorgefühl überirdischer Wonnen schenkt (weil er es nicht besser weiß!). Beispiele des Mihrab-Motivs bzw. des Chamsa-Symbols vgl. Teppichabbildung Nr. 10, 12, 13, 22, 23, 28 bzw. 5 und 12.

Im berechtigten Vertrauen auf unsere Angewohnheit eines hartnäckigen Preisfeilschens – dem orientalischen Lieblingssport – stöberten wir in den letzten beiden Tagen im Suk al-Mal noch begehrenswerte Dinge auf. So einen prächtigen, alten arabischen Halsschmuck aus getriebenem, zisieliertem Silber mit den typisch leuchtendroten Korallen aus dem Roten Meer und Bernsteinen. Ein anderes Mal gesellten sich noch ein kostbarer Hochzeitshalsbehang und einige altgediente, reich dekorierte silberne Armschmuckbänder hinzu. Ich bezeichnete diese schönen, liebenswerten Dinge – deren Anblick das Herz weitet – scherzhaft Edeltraud gegenüber als »Lohn der Angst« für ihre heitere und mutige Haltung in den vielen überstandenen heiklen Situationen. Für mich fanden sich noch einige Dschambijas in den vielfältigen Formen einzelner jemenitischer Regionen, die uns an hochwertige bocharische Arbeiten erinnerten. Eine besonders seltene, aber teure, hing uns schließlich zu hoch, andere waren unwiderstehlicher und wir in unserem Preisbewußtsein weniger standhaft.

Gerechnet wurde hier – wie auch sonst im Orient – meistens mit dem Abakus, dem aus vielen, auf Drähten aufgezogenen Kugeln bestehenden Rechenbrett der Antike, das den Orientalen zuverlässiger erscheint als der Computer. Die Rechengeschwindigkeit ist frappierend, und die Resultate geben ihnen recht, ob Basarhändler oder Exporteur.

Im Spannungsfeld der Großmächte bleibt Jemen ein Unruheherd. Nirgendwo hat das Mittelalter länger gedauert. Seine Rückständigkeit beruht auf der Unwegsamkeit des Landes und der Fremdenfeindlichkeit früherer Feudalherrscher, aber auch der Stämme mit ihren ewigen Fehden. So ließ unser Abschied von den biblischen Gewürzstraßen Arabiens eine noch intakte islamische Welt hinter uns, die vor einem Jahrzehnt mit dem blutigen Übergang zur Republik ein Fenster zur Neuzeit aufgestoßen hat.

Nachlese

Um Mißverständnissen vorzubeugen: unsere in den Jahren 1967 – 1976 unternommenen Expeditionsreisen beanspruchen nicht das Prädikat professioneller Forschungsvorhaben. Wir möchten sie als Erkundungsreisen durch die Knüpfgebiete asiatischer Nomadenstämme mit teppichwissenschaftlichen Exkursen verstanden wissen. Unternehmungen zum besseren Verständnis und zum Studium des Nomadentums und seiner so geschätzten Teppiche. Natur, Land und Leute und ihre Knüpferzeugnisse waren dabei gleichermaßen köstlicher Gegenstand unserer Entdeckung, Betrachtung, Beschreibung und Beurteilung wie die uns Abendländern schwer zugängliche islamische Welt des Orients. Das Entdecken erfordert aber ungewöhnliche Wege, ein Überschreiten von Grenzen. Nicht nur das Sehen, sondern Hinsehen, d. h. Beobachten und Notieren, verstärkt und bewahrt die Eindrücke.

Sicherlich waren es auch eine Portion Abenteuerlust und das Vergnügen an außergewöhnlichen Erlebnissen, die uns als Einzelgänger in jene wilden Gegenden auf so mühseligen Wegen verschlugen. Zwei Motive, die in unserer heutigen utilitaristischen Zeit verdächtig machen und unschwer mit Leichtfertigkeit und Müßiggang gleichgesetzt werden.

Gleichwohl konnten wir unsere Erfahrungen und Erkenntnisse über die Nomaden und ihre Kunstfertigkeiten vertiefen und dabei manch vorzügliche Handarbeit (mitunter auch kunsthistorischen oder völkerkundlichen Interesses), vornehmlich Teppiche, Textilien, Schmuck und Metallgeräte, erwerben. So haben die Ergebnisse dieser orientalischen Lern- und Wanderjahre die Anstrengungen und Risiken eines bisherigen Gesamtaufenthaltes von über 15 Monaten in den Nomadengründen gelohnt. Edeltraud bekennt in den Schlußzeilen des letzten Reisetagebuchs ihre Begeisterung für die weite Welt der Nomaden, aber auch ihre Wehmut: »Diese überwältigenden Eindrücke von großen, stillen Landschaften im Herzen von Asien, einsamen Bergen, Steppen und Wüsten und ihren Menschen sind unser bleibender geistiger Besitz. Auch das Erlebnis eines nächtlichen Notcamps unter Belutschen (1970 bei einem Wagenschaden in der Steppe Westbelutschistans) oder das plötzliche Auftauchen einer palmenumsäumten Oase in der persischen Großen Sandwüste (1972 bei ausgelaufenem Trinkwasser) oder die erlösende Begegnung mit einer Karawane in der scheinbar unendlichen Tiefe der südafghanischen Margu (1973 bei einer Orientierungspanne). Improvisieren und Reagieren waren dann immer wichtiger als Meditieren und Debattieren. Auch die Angst gehörte dazu: so schon bei den häufigen Attacken der halbwilden, riesigen Nomadenhunde; oder als der Stammesälteste eines Kutschi-Trecks das Gewehr auf uns anlegte (1971 in Nordwestafghanistan); oder als die schmale Hangpiste unter unserem Jeep abzurutschen begann (1971 bei Baltit/Karakorum); oder als wir die Nacht im Labyrinth eines Flußdeltas in der ungewissen Nachbarschaft räuberischer Stämme verbrachten (1973 in Badachschan); oder einfach bei einer unsicheren Wüstenreise, ganz auf sich allein gestellt, mit ihren vielen Fragezeichen. Man sollte auch diesen Orient mitgemacht haben, um sich in Deutschland wohlzufühlen! Geblieben ist aber auch die liebevolle Erinnerung an die vielen heiteren Bilder dieser hindernisreichen und beschwerlichen Reisen.«

»Trotzdem freue ich mich nach den unsteten Wanderjahren zwischen der großteils noch intakten islamischen Welt der Nomaden und der unheilen Welt unseres durchrüttelten Abendlandes wieder auf ›zivile‹ Urlaube. So mit vielem guten Wasser (nach der fünften Wüstendurchquerung hatte ich schon 1973 allem Luxus dieser Welt abgeschworen, wenn ich immer nur genügend zu trinken hätte), richtigen Betten und sauberem Essen. Überhaupt auf ein sorgloses Urlaubsleben ohne ständigen Zeitdruck und ohne die Strapazen eines Biwaklebens inmitten einer unberechenbaren Natur, bei dem man nicht weiß, ob, wie und bei welchem Stamm man sich auf ein Nachtlager werfen kann. Dies bedeutet doch eine Dauerkondition rund um die Uhr, bei der jede Erkrankung oder sonstige Panne ein Umdisponieren verlangen.«

»Die schnelle moderne Entwicklung hat viele der von uns bereisten orientalischen Länder aus dem Tritt gebracht. Dies gilt auch für die Einsamkeit gewaltiger Naturlandschaften und das einfache Leben ihrer Bewohner – ohne Neid und Mißgunst, voll Insch'allahs, Ursprünglichkeit, echter Gastfreundschaft, uneigennütziger Hilfsbereitschaft und Menschlichkeit. Bezeichnend ist die Antwort eines alten Afghanen auf meinen Hinweis, daß er nur ein, sein Nachbar aber zehn Kamele hätte: ›Allah hat mir eines und dem anderen zehn geschenkt‹. Oder: ›Verlorene oder kaputte Sachen sind eben gestorben. Sie sind tot‹. Warum sich über diesen natürlichen Ablauf aufregen oder ärgern? Warum (lebens)unwichtige Dinge so wichtig nehmen? Diese Geisteshaltung hat uns sehr beeindruckt, besinnlicher gemacht und uns bewußter, weniger selbstverständlich zu leben gelehrt. Ich habe mich daher oft nach der heilen Reiserückkehr tagelang in unserem Heim ›verbarrikadiert‹, um den Übergang in unser unruhiges, rücksichtsloses Leben zu finden, in dem die Westmenschen hasten und ihre Seele im Alltag verkümmert. Bald ist aber auch diese vitale Welt voller menschlicher Menschen, natürlicher Natur und Romantik, doch auch voller Härte und Unbarmherzigkeit, nur noch zwischen zwei Buchdeckeln eingeschlossen!« – Soweit Edeltraud.

Die politisch-militärischen und religiösen Ereignisse seit 1978/79 haben in dem von uns bereisten asiatischen Raum zu einem fundamentalen Erdrutsch geführt. Sind Länder wie Iran und Afghanistan und ihre Menschen – denen wir uns aus vielen persönlichen Begegnungen und Erlebnissen zutiefst verbunden fühlen – nun Legende geworden? Für Iran zeigen sich noch keine Zeichen der Vernunft, die die revolutionäre Sprache der Gewalt und des Fanatismus übertönen, und es zeichnet sich noch keine politische Befriedung unter Absage an einen unduldsamen, radikalen Islam ab. Nach der Hinrichtung der Revolution werden die Diadochenkämpfe im Konflikt zwischen Halbmond, Hammer und Sichel und der Ölkanne in diesem »Gottesstaat« erst beginnen.

Quo vadis Afghanistan? Haben die sowjetischen Besatzungssoldaten eine Rückfahrkarte? In den ersten 78 Jahren dieses Jahrhunderts ist Afghanistan von den Großmächten im Wege einer »balance of power« stillschweigend eine Art Neutralitätsstatus zugestanden worden. Als dann die Sowjets am 27. 12. 1979 zuschlugen, war die brutale russische Okkupation für den Kenner der Szene keine überraschende Reaktion auf die westliche Politik der Verzichte und der Schwäche, zumal sich die UN in dieser Affäre einmal mehr – nach zuletzt der Kambodscha-Invasion, der Polentragödie und der Nahostkrise – als ohnmächtiger Debattierklub erwiesen hatte. Sie war eine konsequente Fortsetzung russischer Expansionspolitik, die Mitte des letzten Jahrhunderts mit dem Vorstoß über die turkestanischen Chanate nach Süden eingeleitet wurde, nachdem das »Warme Wasser« des Arabischen Meeres schon seit dem 17. Jh. ihr erklärtes Fernziel war. Kein geringerer als der große Forscher und Abenteurer Hermann Vámbéry hat vor über 100 Jahren sein ceterum censeo von den russischen Eroberungsgelüsten – damals noch der zaristischen Romanoffs – Richtung Afghanistan mit hervorragenden historischen Analysen belegt (»Skizzen aus Mittelasien« 1868 und die politisch-militärische Studie »Centralasien und die englisch-russische Grenzfrage« 1880). Ebenso wie damals die Briten, haben heute amerikanische Politiker diese geomilitärischen Binsenweisheiten total verkannt. Hinzu kommt, daß Afghanistan selbst mit bewundernswerter Einfalt seit Jahrzehnten den Sowjets die Ausbildung seiner Offiziere auf russischen Kriegsakademien, die Armierung seiner Streitkräfte und die Entwicklung von (strategischen!) Straßen und Flugplätzen anvertraut hatte.

Die negativen Beispiele Ungarn, DDR und CSSR, wo heute noch sowjetische Truppen stationiert sind, oder auch Angola, Äthiopien, Kambodscha und Polen lassen kaum erwarten, daß die Sowjets die Bastion Afghanistan als Sprungbrett in die Ölregionen des Nahen Ostens und als Garant für arabisches, iranisches, pakistanisches und indisches Wohlverhalten wieder aufgeben. Hinzu kommt, daß nach der »Dominoeffekt-Theorie« der Präventivschlag gegen Afghanistan einer islamischen Renaissance (Reislamisierung) à la Iran mit unabsehbaren politischen Konsequenzen in den muslimischen Sowjetrepubliken (über 40 Millionen, meist Sunniten, das entspricht etwa 15 Prozent der russischen Gesamtbevölkerung) zuvorkommen mußte. Diesem machtpolitischen Primat zuliebe nahmen die Sowjets selbst die (papierene) Fronde der zerrissenen islamischen Welt in Kauf, zumal das islamische Feldgeschrei schon einer nüchternen konformistischen Einstellung zu weichen beginnt. Die Kraft des Faktischen und die Macht der Stärke werden den islamischen Staaten letztlich begreiflicher sein als das westliche Gezeter über gebrochenes Völkerrecht und verletzte Menschenwürde. Wer sollte den Uruß also zu einem Rückzug aus der taktisch unklugen, strategisch aber wichtigen afghanischen Position bewegen? Die politische Impotenz der EG und der UN sowie die militärisch schwachen, in sich uneinigen, tapferen afghanischen Mudschaheddins wohl kaum. Eine – nach dem verhängnisvollen Versagen des letzten Bewohners des Weißen Hauses – wiedererstarkte USA, bislang bar von politisch-diplomatischem Instinkt und im Vollrausch exhibitionistischer Selbstoffenheit? Auch wenn die USA zwar nicht (auf Gegenseitigkeit) eine »östliche Einflußhemisphäre« der Sowjets tolerieren mag, so wird sie weltpolitisch – wie einst umgekehrt in Vietnam – wohl kein übermäßiges Eigeninteresse haben, den großen Rivalen aus der festgerannten Afghanistan-Situation zu erlösen.

Diese Realitäten schließen allerdings nicht aus, daß der Uruß, nach einer radikalen Russifizierung Afghanistans und Vernichtung aller vaterländischen »Konterrevolutionäre«, eines Tages seine »brüderliche Hilfe« selbst beendet. Unter Aufrechterhaltung von Stützpunkten braucht er seine Militärbasis dabei nur 500 km nach Norden zu verlegen, was – bei einer über 2000 km langen afghanisch-russischen Grenzlinie – seine jederzeitige militärische Präsenz im afghanischen Raum ermöglicht. – Eine weitgehend linkslastige westliche Presse ist – bezeichnenderweise im Gegensatz zu der ständig und heftig verdammten US-Intervention im Vietnam-Krieg – inzwischen über die afghanische Tragödie einer totalen Völkerunterwerfung unter Moskau sowieso schon zur Tagesordnung übergegangen. Nur noch so informatorisch – statistisch. Der vergessene Krieg in Afghanistan!

Kreuzwege der Eroberer und Drehscheiben der Weltgeschichte, werden Afghanistan und Iran auf absehbare Zeit politische Wetterzonen bleiben. Vieles Alte ist durch den Sturm der Gewalt hinweggefegt oder zerzaust worden. Welche Umweltauswirkungen sich daraus insbesondere für das Nomadentum und für die Traditionen des Orientteppichs ergeben, ist abzuwarten. Manche unserer orientalischen Streifzüge – noch vor der großen Wende in Afghanistan und im Iran – sind vorläufig (?) nicht mehr nachvollziehbar. So bleibt uns doch das große Erinnern an das weite, wilde Leben der Nomaden, dessen orientalische Kulisse und Atmosphäre wir mit diesem Bericht veranschaulichen wollten. Erinnerungen, die in Träume übergehen, in Liebeserklärungen an eine andere Welt in einer anderen Zeit, an Teppiche und Nomaden.

Es bleibt auch die herrliche Poesie eines Hafis, jenes großen persischen Dichters des 14. Jahrhunderts, dem Goethe (»Westöstlicher Diwan«) sich so nahe fühlte:

> »... Wie fänd ich Frieden doch in deinem Haus,
> da ruft die Karawanenglocke schon zum Weiterzug!
> Färb den Gebetsteppich mit Wein, wie es der Weise sagt,
> dann wirst du, Pilger, auch vom Sinn des Weges dein Teil erfahren ...«

Glossar

der wichtigsten, im Text nicht erläuterten arabischen, persischen, türkischen und turkestanischen Ausdrücke (letztere als zusammenfassender Begriff hier berührter mittelasiatischer Sprachen). Zum Verständnis der im Buch verwendeten Schreibweisen einige Bemerkungen:

Die deutsche Umschrift orientalischer Wörter, insbesondere ihre phonetisch richtige Schreibweise (Aussprache), ist aus verschiedenen Gründen schwierig. So auch wegen der in der lateinischen Schrift nicht wiederzugebenden und in der deutschen Sprache nicht bekannten Lautzeichen der asiatischen Sprachen (und ihrer zahlreichen Idiome und Dialekte) oder wegen der oft primär englischen Umschrift, die dann zu einem arabo-persisch-englisch-deutschen Sprachkonglomerat führt. Die Transkription wird in Literatur und Praxis sehr unterschiedlich gehandhabt (zwei Beispiele: Das persische Wort für »vier« wird sowohl tschahar, tschehar, tschar als auch chahar oder char und die persische Stadt »Ghom« wird ebenso Ghum, Kum, Qom oder Qum geschrieben).

Ich habe daher weitgehend eine unmittelbare Verdeutschung (ohne sprachlichen Zwischenträger) angestrebt. Ohne Anspruch auf eine – vom Zweck des Buches her nicht gebotene und von mir als Nicht-Turkologe und Nicht-Arabist auch nicht zu vertretende – sprachwissenschaftliche Exaktheit, kam es mir dabei vornehmlich auf eine vereinfachte, geläufige und dem Leser verständliche Schreibweise an, die möglichst auch dem Lautwert des Fremdwortes entspricht. Beispiele: *Dsch*am anstatt Djam, Hazara*dsch*at statt Hazarajat, *Tsch*audor statt Chaudor sowie *J*omud statt Yamut (j wie in »Junge«). Ferner *Ch*an statt Khan und Suma*ch* statt Sumakh (ch als rauher, harter Laut etwa wie in »Nacht«) sowie *Sch*iraz statt Shiraz und Ki*z*ilkum statt Kisilkum (das aus dem Arabo-Persischen bekannte z weich und stimmhaft wie in »Reise«). Auch *K*ala statt Qala und A*h*mad statt Achmad (h nach Vokalen als schwach anklingender Rachenlaut).

Bekannte eingedeutschte Schreibweisen (wie U*s*beken, *Khy*ber-Paß, Ba*s*ar, *B*elutschen u. a.) habe ich beibehalten.

Schließlich für den stirnrunzelnden Kritiker: Nur Allah ist perfekt!

Kurt Zipper verdanke ich wertvolle Anregungen und Aufschlüsse in diesem kontroversen Bereich (vgl. auch Literatur: »Lexikon des Orientteppichs«).

Abeguscht – volkstümliche persische Suppe
Abrasch – Farbsprung in Teppichen
Aferin – Segen
Aftob – (auch Aftabah) langhalsige Wasserkanne
Ailak (Yaylaq) – Sommercamp der Nomaden
Airan – saure Milch (auch gegoren) mit Wasser
Aiwan – Veranda zum Innenhof
Aksakal – (»Weißbart«) Ältester, Titel für Vorgesetzte
Alaman – Raubzug der Turkmenen
Arakschin – hohe, dekorierte Kopfbedeckung der Turkmeninnen
Arba – zweirädriger Pferdewagen
Arbus – Melone
Ark (Arq) – Zitadelle
Aul – turkmenische Siedlung

Baba – alter Mann
Bad – Wind
Bagh – Garten
bala – oben, oberhalb
baleh – ja
Balescht – Kissen
Barchan – Sanddüne in der Wüste
Basar (Bazar) – Geschäftszentrum/Markt in orientalischen Städten (vgl. Suk)
Batscha – Sohn, Diener, Gehilfe
Bey (Beg, Bei) – (türk.) Herr, Vornehmer, Fürst
Biaban – Sand
Borak (Buraq) – mythologisches Reittier Mohammeds (geflügelt mit Menschenkopf)
Borschtsch – russisches Nationalgericht (Kohlsuppe mit Fleisch)
Bostan – Obstgarten, Duftgarten
Boteh (Botah) – differenziertes, florales Zierornament (insbesonders Indien und Persien), auch als »Palmwedel«, »Odolflasche«, »Wasserfloh« populär
Budschi – Reisesack
Bulbul – Nachtigall
Buz (Boz, Bus) – Ziege
Buzkaschi (Bozkashi) – (»Ziege ziehen«) traditonelles mongolisches Reiterspiel

Chaima (Khayma) – spitzförmiges Nomadenzelt
Chalat – turkmenisches Obergewand (wattiert) für Männer
Chalifa – Nachfolger des Propheten, auch Meister
Chan (Khan) – Fürst, Stammesführer, auch Raststätte (türk.: Han)

Chanum – Frau
charab – schlecht
Chiaban – Straße, Allee
Chirga – (tatarisch-russisch) Jurte
chord – klein
Chordschin (Khurdjin) – Doppeltasche für Esel, Pferd
Choresch – aromatische Kräutersoße
chub – gut

Dari – afghanische Umgangssprache (Idiom des persischen Farsi)
Darja (Darya) – Fluß
Dascht – Wüste, Steppe, Ebene
Diwan – (arab.) Repräsentationsraum, (türk.: Hohe Behörde, pers.: Gedichtsammlung)
Dochtar – Tochter
Dozar – Teppichformat in der Größe einer Brücke
Dschahan (Djahan) – Welt
Dschambija – arabischer Krummdolch
Dschanamaz – (pers.) kleiner Gebetsteppich
Dschat (Jat) – Zigeuner (vorwiegend aus Indien)
Dschollar – Kamelschmuckband
Dschomba – Renndromedar (der Belutschen)
Dschomeh (Djuma, Djameh) – Freitag
Dschudscheh kebab – Reis mit Fleischsoße
Dschui – wasserführende Rinne
Dugh – gesalzener Joghurt mit Wasser
Dukan – Basarladen

Engsi (Ennsi) – besonderer (im Handel als »Hatschlu« benannter) Vorhangteppich für Jurten/Zelte, häufig mit zentraler Kreuzzeichnung und Giebelmusterung

farda – morgen
Farsach – (auch Farsang od. Parasange) orient. Streckenmaß, entspricht (lokal unterschiedlich) etwa 5–6 km
Fata morgana – Luftspiegelung
Ferangi – (»Franke«) Fremder
Funduk – arabische Herberge

Ghaddi – afgh. und pakist. zweirädriger (Pferde-) Zugwagen
Ghali – (pers.) Teppich (türk.: Hali, turkm.-usb.: Chali)
Golistan – Rosengarten
Gonbad – Turm
Gotsch – Gips

Gül/Göl – (türk.: Rose/Gewässer) viel(meist acht)-eckiges geometrisches Ornament, vornehmlich auf turkmenischen Teppichen

Hadith – (arab.: Erzählung, Bericht) als Überlieferung der Sunna, neben dem Koran wichtigste islam. Verhaltensregeln und Rechtsquelle
Hadsch (Hadschdsch, Hadj) – islamische Pilgerfahrt nach Mekka
Hadschi (Hadji) – islamischer Titel eines Mekkapilgers
Hakim – Ortsvorsteher, Arzt, Richter
Hamam – türkisches Männerbad
Han – türkische Karawanserei aus seldschukischer Zeit (pers.: Chan)
Hausfleiß – Teppichfertigung in der Wohnstätte des Knüpfers zum Eigengebrauch (vgl. Heimarbeit und Manufakturarbeit)
Hazrat – schiitisches Heiligtum
Hedschra (Hidschra) – Emigration Mohammeds von Mekka nach Medina (20. 9. 622; etwa Beginn der islamischen Zeitrechnung)
Heimarbeit – Teppichfertigung in der Wohnstätte des Knüpfers im Lohnauftrag (vgl. Hausfleiß und Manufakturarbeit)
Hunzakuts (Hunzawals) – Bewohner des Hunza-Tals

Imam – islamischer geistlicher Führer, Vorbeter (arab. auch Fürstentitel)
Imamzadeh – (»Sohn eines Imam«) Grabmahl einer bedeutenden Persönlichkeit
Insch'allah! – So Allah will! (nach Koransure 18/23)
Iskander – orientalischer Name für Alexander (d. Gr.)
Islam – (arab.: Unterwerfung, Hingabe an Allah) Religion
Itinerar – Tagesaufzeichnungen auf Forschungsreisen

Jak (Yaq) – tibetanischer Grunzochse
Jolami (Yolami) – (auch Kibitka-Band) gewebte, geknüpfte oder bestickte lange Jurtenbänder
Jurte (Yurte) – (kirgis.) Filzzelt
Jürük (Yürük) – anatolische Bergnomaden

Kadi – (arab.; persisch und türkisch »Kazi« gesprochen) Richter
Kafir – Ungläubiger (arab.: Giaur)
Kala (Qala) – afghanische Bauernfeste; auch weite Männerhose
kalan – groß
Kalamdan – bemalte, gelackte Federbüchse
Kalljan – Pfeife
Kalpak – hohe zylinderförmige Karakulfellmütze der Turkmenen
Kamiyun (Kamiun) – pers. für Lkw (franz.: Camion)
Kamtschin – Peitsche
Kanate – (auch: Kareze) Bewässerungssystem im Orient
Karabasti – böser Dämon
Karabeh – Ruine
Karawanbaschi – Karawanenführer
Karawanserei – früher Raststätte für Karawanen
Kasbah – (arab.) Zitadelle, Fort oder Schloß, auch arabisches Stadtviertel in maghrebinischen Ländern
Kaschi – Fayencekachel
Kasr (Qasr) – (arab.) Schloß, Palast
Kelim (Gelim, Kilim) – Flachgewebe
Kenareh – längliches Teppichformat (Läufer, Galerie)
Kewir (Kavir) – Salz
Kibitka – (turkm.) Jurte
Kibla (Qibla) – Gebetsrichtung nach Mekka (früher Jerusalem)
Kis – klein, oft in der Bedeutung Brautgabe von fein gefertigten Textilarbeiten
Kischlak – Dorf, auch nomadisches Winterlager
Koh (Kuh) – Berg, Gebirge
Kohol (Khol) – orientalische Augenschminke
Kok-tschai – grüner Tee
Kol – See
Kolli – Teppichballen
Koran (Quran) – (arab.: Rezitation, lauter Vortrag) geweihter Text des Islam
Kosch – besondere repräsentative Anordnung offizieller Gebäude in Mittelasien
Kotal – Paß
Kotschanak (Kotschak) – stilisiertes Widdergehörn, auch als Teppichornament, besonders bei Turkmenen
Kula – afghanisches Karakulfellkäppchen
Kumis – russisches Getränk aus Stutenmilch
Kumli – Wüstenbewohner
Kurut – kugelförmiger Hartkäse
Kuskus (Couscous) – nordafrikanisches Gericht aus Weizen oder Hirse mit Schaffleisch und Gemüse

Kutschi (Kuchi) – allgemeine Bezeichnung für afghanische Nomaden
Kutuk – aus Palmstroh geflochtene Rundhütte, auch Rasthaus

Lakai – Tadschiken Ost-Bocharas
Liwan (Iwan) – geöffnete überwölbte Halle, Portal
Longi – afghanischer Turban
Lorry – (engl.) Bezeichnung für Lkw in Afghanistan

Mafradsch – Empfangsraum
Mafrasch (Mafresch) – gewebte, rechteckige Kinderwiegen; auch schmalere Taschen (geknüpft oder gewebt)
Malang – afghanischer Almosenempfänger, Bettler
Malik – Dorf-/Stammesältester
Mangal – Holzkohle-Feuerbecken
Manufakturarbeit – Teppichfertigung in einem Knüpfereibetrieb im Lohnauftrag, auch als Großfabrikation (vgl. Hausfleiß und Heimarbeit)
Marabut (Marbut) – Heiligengrab
Masdsched-e-dschomeh – Freitagsmoschee, große Moschee
Mast – Joghurt (vom Schaf)
Mazar – Grab
Medrese (Medresse) – (arab.: Madrasa) islamische geistliche Hochschule
Mehmanchaneh – Hotel, Unterkunft
Meidan – Platz
Memsahib (Memsab) – Herrin, Frau
Mihrab – Gebetsnische der Moschee, auch stilisierte Giebelform als Merkmal eines Gebetsteppichs
Mihrab-o-mimbar – Gebetsnische und Gebetskanzel (heraldisches Element des ehemaligen afghanischen Staatswappens)
Mimbar (Minbar) – Gebetskanzel der Moschee
Minareh (Minar) – Turm einer Moschee
Minarett – Gebetsturm der Moschee
Mirza – Schreiber (auch Prinz)
Mollah (Mullah) – islamischer Geistlicher
Muezzin – islamischer Gebetsrufer vom Minarett
Mufti – islamischer Rechtsgelehrter
Muslim (Moslem) – (oder Muselman, Mohammedaner) Anhänger des Islam

Nafar – Diener, Gefährte, Begleiter

Nagsch (Naqsch, Nak) – Muster, Ornament, Bild, Karton als Teppichmustervorlage
Naizabazi – Reiterspiel mit Lanzenstechen
Namad – Filz
Namazlik (allgemein auch Namazeh) – Gebetsteppich in Anatolien, Turkestan und im Kaukasus
Nan – Fladenbrot
Napramatsch – usbekischer Zeltsack
Nargileh – Wasserpfeife
nau (now, naw) – neu
ne – nein

Parandscha – früherer Frauenschleier aus Roßhaar in Turkestan
Paschtu – Hauptsprache der afghanischen Paschtunen (altpersischer Dialekt)
pass farda – übermorgen
Perdachtschi – persischer Teppichschermeister
Piala – Teeschale
Pilaw (Pallao) – Reisgericht mit Fleisch
Pol (Pul) – Brücke
Poschti (Putschti) – kleinformatiges Teppichstück, auch Kissen
Pustin – afghanische Schaffellweste oder -mantel

Raki – türkischer Anisbranntwein
Ramadan – (arab.; persisch und türkisch: »Ramazan« gesprochen) islamischer Fastenmonat
Rapport – sich regelmäßig wiederholendes Teppichmuster
Robat – Raststätte in der Wüste/Steppe, auch Kamelreisetag (etwa 25–40 km)
Rud – Fluß

Sakal – Bart
Salat – islamische Andacht, Gebet
Salim – Muster-/Farbansager beim Teppichknüpfen
Samawat – (nach russ.: Samowar) nordafghanische Bezeichnung für Tschaichaneh
Sar – Kopf
Sardab – unterirdischer, kühler Wohnraum, besonders in Oasen
Saum – Fasten
Seïd (Sayed, Seijid) – Nachkomme Mohammeds (vgl. auch Scharif)
Serai (Serail, Saray) – Palast, Fürstenschloß
Sotun – Säule
Suk (Soukh) – Geschäftszentrum/Markt in arab. Ländern (vgl. Basar)

Sumach (Soumagh, Sumakh) – Flachgewebe mit rückseitig lose hängenden Schußfäden
Sunna – (arab.: Herkommen, Brauch, Sitte) authentische Interpretation des Koran durch den Propheten, seine Aussprüche und Handlungen
Sunniten – orthodoxe Mohammedaner, die auch die Sunna anerkennen
Schahada – islamisches Glaubensbekenntnis
Schahr (Schar) – Stadt
Schamane – heidnischer Zauberpriester bei Naturvölkern
Scharbat (Scherbet) – Fruchtsaft, Limonade, Sorbet
Scharif (Scherif) – (arab.: edel, erhaben) in arabischen Ländern Titel von Nachkommen des Propheten (vgl. auch Seïd)
Scheich (Sheykh) – arabischer Stammesführer
Scheitan (Sheytan) – Teufel
Schiiten – (arab. Schia = Partei) muslimische Anhänger des 4. Kalifen Ali
Schirazeh (Schirasi) – Seitenkanten des Teppichs
Schirin – Tee mit gesalzenem Schaffett
Schirpin polo – Reis mit Huhn, Orangen, Mandeln, Pistazien und Rosinen
Schisch kebab – Schafspießbraten
Schotor (Schutur) – Kamel
Schotorwan – Schrittmacher einer Kamelkarawane

T*aifeh* – größere nomadische Stammesgliederung
Tak (Taq) – bogenförmige Nische, Bogen, Kuppelbasar
Takke (Toqi) – besticktes Käppchen (meist aus Seide, Velours)
Talbak – hohe, kegelförmige Karakulfellmütze der Turkmenen
Tamban – afghanische weite Frauenhose
Tang (Teng) – Schlucht
Tape – persischer Holzstempel für Kalamkar-Arbeiten
Tapitologie – Orientteppichkunde oder -wissenschaft (von lat.: tapetum, griech.: tapes, franz.: tapis)
Tepe – Hügel
Tesbih – islamische Gebetskugelkette
Thaub – arabischer weißer Schulterumhang
Tjupetejka – russische Viereckkappe der Männer in Turkestan (regional differenziert)
Toll – Straßengebühr (Maut)
Top – Schuß

Torba – textile rechteckige Zelttasche
Transhumanz – halbnomadisches Berghirtentum mit Wechselweiden (Alm im Sommer, Ebene im Winter)
tribal – stammesbezogen
Tschador – halblanger Frauenumhang (vorwiegend auf dem Lande; vgl. Tschadri)
Tschadri – bodenlanger Frauenschleier (besonders in den Städten islamischer Länder)
tschahar (tschar) – Zahl »4«
Tschahar tak – sassanidischer Feuertempel
Tschai – schwarzer Tee
Tschaichaneh – kleines Rast-(Tee)haus, Nachfolger der früheren Karawanserei
Tschapan – afghanischer (Reiter-)Mantel, meist aus buntgestreifter Seide
Tscharpai – afghanisches Holzbett; auch kleinformatiger Teppich (ca. 120 x 70 cm)
Tschelo kebab – Reis mit gebratenen Hammelfleischstückchen
Tscherlik – geknüpfte turkmenische Satteltasche, Schabracke
Tscheschmeh – Quelle
Tschilim – Wasserpfeife
Tschoidschusch (Chaidjusch) – Teekanne
Tschopendoz – afghanischer Kampfreiter des Buzkaschi-Spiels
Tschowal (Djuval) – größere rechteckige Zelttasche (geknüpft oder gewebt)
Tschustuk – Bruststück des Fettschwanzschafes
Tungan – Wasserkanne
Türbe – türkische turmförmige Grabstätte
Turkomanen – (pers.) Turkmenen

Uruß – Russe

Wadi – ausgetrocknetes Flußbett, Wasserlauf
Wagireh – Teppichmusterstück
Wakil – Advokat, Bevollmächtigter
Wali – afghanischer Provinzgouverneur
Wasir (Wezir) – Minister, Statthalter
Welajat (Welayat) – afghanische Provinz (unter einem Gouverneur)
Woleswali – afghanischer Subgouverneur

Zakat – Almosen, islamische Abgabe
Zardoschti – persischer Anhänger der zoroastrischen Religion
Zargar – Schmuckhandwerker, -händler
Zijarat (Ziyarat) – Grab eines frommen Muslim

Literatur

»Atlas Narodov Mira« (Atlas der Völker der Welt), Moskau 1964

Azadi, Siawosch, »Turkmenische Teppiche«, Hamburg 1970

Bogolyubov, Andrej A., »Carpets of Central Asia«, St. Petersburg 1908/09

Böhning, Walter, »Elemente und Gestaltungsprinzipien der Teppichornamente Mittelasiens«, Diss. Heidelberg 1982

Burnes, Alexander, »Cabool«, London 1834

Clark, Hartley, »Bokhara, Turkoman and Afghan Rugs«, London 1922

Edwards, A. Cecil, »The Persian Carpet«, London 1975

Ehlers/Scholz/Schweizer, »Strukturwandlungen im nomadisch-bäuerlichen Lebensraum des Orients«, Geographische Zeitschrift (Beihefte), Wiesbaden 1970

Ehmann, Dieter, »Baḫtiāren – Persische Bergnomaden im Wandel der Zeit«, Beihefte zum Tübinger Atlas des Vorderen Orients, Reihe B Nr. 15, Wiesbaden 1975

Eiland, Murray L., »Oriental Rugs«, Boston 1976

Elphingstone, Mountstuart, »An account of the Kingdom of Caubul«, London 1815

»Enzyklopaedie des Islam«, Leiden/Leipzig 1913/1938

Erdmann, Kurt, »Siebenhundert Jahre Orient-Teppich«, Herford 1966

ders., »Europa und der Orientteppich«, Berlin/Mainz 1962

ders., »Der orientalische Knüpfteppich«, Tübingen 1960

Ferrier, Joseph Pierre, »Caravan Journeys and Wanderings in Persia, Afghanistan, Turkistan and Beloochistan«, London 1857

Franz, Erhard, »Zur gegenwärtigen Verbreitung und Gruppierung der Turkmenen in Afghanistan«, Berlin Baessler-Archiv, Neue Folge, Band XX (1972)

Glatzer, Bernt, »Nomaden von Gharjistān – Aspekte der wirtschaftlichen, sozialen und politischen Organisation nomadischer Durrani – Paschtunen in Nordwestafghanistan«, Südasien – Institut Universität Heidelberg

Gluck, Jay and Sumi H., »A Survey of Persian Handicraft«, Teheran 1977

Grote-Hasenbalg, Werner, »Meisterwerke orientalischer Knüpfkunst«, Berlin 1921

Hallier, Ulrich W., »Die Wüste Lut«, Sonderdruck aus »bild der wissenschaft« 1978

Hančar, Franz, »Bauweise und Teppichkunst der Eurasischen Reiternomaden um Christi Geburt«, Mitteilungen der Österreichischen Arbeitsgemeinschaft für Ur- und Frühgeschichte, Band XX, 1./6. Heft, Wien 1969

Hedin, Sven, »Zu Land nach Indien durch Persien, Seïstan und Belutschistan«, Leipzig 1910

Hegebart, Heinz, »Seltene Webtaschen aus dem Orient«, München 1982

Hentig, Werner Otto von, »Ins verschlossene Land«, Potsdam 1928

Hoffmeister, Peter M., »Turkmenische Teppiche in Franken«, Edinburgh 1980

Housego, Jenny, »Tribal Rugs«, London 1978; deutsche Ausgabe »Nomadenteppiche«, Herford 1984

Hubel, Reinhard, »Ullstein Teppichbuch«, Berlin 1965

Iten-Maritz, J., »Enzyklopädie des Orientteppichs«, Herford 1977

Jacoby, Heinrich, »Reisen um echte Teppiche«, Wiesbaden 1952

Janata, Alfred, »Schmuck in Afghanistan«, Graz 1981

Jarring, Gunnar, »On the distribution of Turk Tribes in Afghanistan«, Lunds Universitets Arsskrift N.F. Avd. 1 Bad. 35 Nr. 4, 1939

Jentsch, Christoph, »Das Nomadentum in Afghanistan – eine geographische Untersuchung zu Lebens- und Wirtschaftsformen im asiatischen Trockengebiet«, Afghanische Studien Bd. 9, Meisenheim 1973

Kalter, Johannes, »Aus Steppe und Oase – Bilder turkestanischer Kulturen«, Stuttgart 1983

Kessel, Joseph, »Legende Afghanistan«, Köln 1959

Knobloch, Edgar, »Turkestan«, München 1973

König, Wolfgang, »Die Achal Teke – Zur Wirtschaft und Gesellschaft einer Turkmenen-Gruppe im XIX. Jahrhundert«, Berlin 1962

Kraus, Willy, u. a., »Afghanistan – Natur, Geschichte und Kultur, Staat, Gesellschaft und Wirtschaft«, Tübingen 1972

Krause, Walter, »Wenn es zwölf schlägt in Kabul«, München 1957

Krist, Gustav, »Allein durchs verbotene Land – Fahrten in Zentralasien«, Wien 1937

Landreau, u. a., »Yörük – The nomad weaving Tradition of the Middle East«, Pittsburgh/Pennsylvania 1978

Le Coq, Albert von, »Von Land und Leuten in Ostturkistan«, Leipzig 1928

Loges, Werner, »Turkmenische Teppiche«, München 1978

Machatschek, Fritz, »Landeskunde von Russisch Turkestan«, Stuttgart 1921

Masson, Charles, »Narrative of various journeys – Balochistan, Afghanistan and Panjab«, London 1842

McMullan, Joseph V., »Islamic Carpets«, New York 1965

Milhofer, Stefan A., »Die Teppiche Zentralasiens«, Hannover 1968

Moser, Heinrich, »Durch Zentralasien«, Leipzig 1888

Moschkova, V. G., »Die Teppiche der Völker Mittelasiens im späten XIX. und XX. Jahrhundert«, Taschkent 1970 (dt. Übersetzung B. Rullkötter 1977)

Neubauer, Wolf, »Allah ist groß ... – zur Kulturgeschichte des Islam«, Hannover 1972

Niedermayer, Oskar von, »Unter der Glutsonne Irans«, Dachau 1925

»Nomadismus als Entwicklungsproblem«, (12 Beiträge), Bochumer Schriften zur Entwicklungsforschung und Entwicklungspolitik Bd. 5, Bielefeld 1969

O'Bannon, George W., »The Turkoman Carpet«, London 1974

Olzscha/Cleinow, »Turkestan – Die politisch-historischen und wirtschaftlichen Probleme Mittelasiens«, Leipzig 1942

Opie, James, »Tribal Rugs of Southern Persia«, Portland 1981

Orendi, Julius, »Das Gesamtwissen über antike und neue Teppiche des Orients«, Wien 1930

Orywal, Erwin, »Die Balūč in Afghanisch-Sīstān – Wirtschaft und sozio-politische Organisation in Nīmruz, SW-Afghanistan«, Kölner Ethnologische Studien, Bd. 4, 1982

ders., »Die ethnischen Gruppen Afghanistans«, Tübinger Atlas des Vorderen Orients (TAVO A VIII 16), Wiesbaden 1983

Pahlen, Constantin Graf von der, »Im Auftrag des Zaren in Turkestan 1908–1909«, Stuttgart 1969

Palm, Rolf, »Die Sarazenen«, Düsseldorf 1976

Parsons, R. D., »The Carpets of Afghanistan«, Oriental Rugs Vol. 3, Woodbridge/Suffolk 1983

Pinner, Robert und Franses, Michael, »Turkoman Studies I«, London 1980

Pope, Arthur U., »A Survey of Persian Art – from prehistoric times to the present«, London 1938/39

Pottinger, Henery, »Travels in Beloochistan and Sinde«, London 1816

Prokot, Inge und Joachim, »Schmuck aus Zentralasien«, München 1981

Reed, Christopher D., »Turkoman Rugs«, Cambridge 1966

Riegl, Alois, »Altorientalische Teppiche«, Leipzig 1891

Roskoschny, Hermann, »Afghanistan und seine Nachbarländer«, Leipzig 1885

Rudolph, Hermann, »Der Turkmenenschmuck« (Sammlung Kurt Gull), Stuttgart/Zürich 1984

Schakir-zade, Tahir, »Grundzüge der Nomadenwirtschaft«, Bruchsal 1931

Schletzer, Dieter und Reinhold, »Alter Silberschmuck der Turkmenen – ein Beitrag zur Erfassung der Symbolik in der Kultur der Nomaden Innerasiens«, Berlin 1983

Scholz, Fred / Janzen, Jörg, (Hrsg.), »Nomadismus – ein Entwicklungsproblem?« (20 Beiträge), Abhandlungen des Geographischen Instituts (Anthropogeographie) Nr. 33 FU, Berlin 1982

Schürmann, Ulrich, »Zentralasiatische Teppiche«, Frankfurt a. M. 1969

Schwarz, Franz von, »Turkestan – die Wiege der indogermanischen Völker«, Freiburg 1900

Schweizer, Günther / Fischer, Wolfram / Jebens, Albrecht, »Wirtschafts- und sozialgeographische Untersuchungen zum ländlichen Hausgewerbe in Nord-Afghanistan«, aus: Neue Forschungen in Afghanistan (Hrsg. Carl Rathjens), Leverkusen 1981

Spuhler, F. / König, H. / Volkmann, M., »Alte Orientteppiche – Meisterstücke aus deutschen Privatsammlungen«, München 1978

Stöber, Georg, »Die Afschār – Nomadismus im Raum Kermān (Zentralīran)«, Marburger Geographische Schriften Nr. 76, 1978

Tatcher, Amos B., »Turkoman Rugs«, New York 1940

Tichy, Herbert, »Afghanistan – das Tor nach Indien«, Leipzig 1940

Trinkler, Emil, »Quer durch Afghanistan nach Indien«, Berlin-Schöneberg 1927

Troeller, Charles, »Persien ohne Maske«, Berlin 1958

Tzareva, Elena, »Teppiche aus Mittelasien und Kasachstan«, Leningrad 1984

Uhlemann, Heinz, »Geographie des Orientteppichs«, Leipzig 1930

Vámbéry, Hermann, »Reise in Mittelasien«, Leipzig 1864

ders., »Skizzen aus Mittelasien«, Leipzig 1868

ders., »Centralasien und die englisch-russische Grenzfrage«, Leipzig 1873

»Völker- und Sprachenkarte des Vorderen Orients«, Petermanns Geographische Mitteilungen, 1./2. Heft, Tafel 2, Gotha 1944

Wald, Hermann J., »Landnutzung und Siedlung der Paschtunen im Becken von Khost«, Opladen 1969

Wegner, Dietrich, »Nomaden- und Bauernteppiche in Afghanistan«, Baessler-Archiv, Neue Folge, Bd. XII, Berlin 1964

ders., »Der Knüpfteppich bei den Belutschen und ihren Nachbarn«, Sonderdruck aus »Tribus«, Linden-Museum Stuttgart, 1980

Westphal-Hellbusch, Sigrid / Bruns, Ilse, »Metallgefäße aus Buchara«, Museum für Völkerkunde, Berlin 1974

Westphal-Hellbusch, Sigrid / Soltkahn, Gisela, »Mützen aus Zentralasien und Persien«, Museum für Völkerkunde, Berlin 1976

Wirth, Eugen, »Der Orientteppich und Europa«, Erlanger geographische Arbeiten Heft 37, 1976

Ziemke, Kurt, »Als deutscher Gesandter in Afghanistan«, Stuttgart 1939

Zipper, Kurt, »Lexikon des Orientteppichs«, München 1981

ders., »Die Welt des Orientteppichs«, Graz 1982

Nachtrag

Azadi, Siawosch/Andrews, Peter A., »Mafrash – gewebte Transporttaschen als textile Bilder des Orients, Arbeiten der Schasawan und anderer Stämme Persiens«, Berlin/München 1985

Becker, C. H., Islamstudien – Vom Werden und Wesen der islamischen Welt«, Leipzig 1924

Ford, P. R. J., »Der Orientteppich und seine Muster«, London 1981 (dt. Ausgabe Herford 1982)

Grabar, Oleg, »The Formation of Islamic Art«, New Haven und London 1973

Melikian-Chirvani, A. S., »Islamic Metalwork from the Iranian World«, Victoria and Albert Museum, London 1982

Paret, Rudi, »Symbolik des Islams«, Stuttgart 1958

Ruß, Helmut, »Der Knüpfteppich – Fachbuch für den Teppich-Kaufmann«, Herford 1983

Stierlin, Henri, »Architektur des Islam«, Zürich 1979

Vámbéry, Hermann, »Das Türkenvolk – in seinen ethnologischen und ethnographischen Beziehungen«, Leipzig 1885

Volkmann, Martin, (Hrsg.), »Alte Orientteppiche – Ausgewählte Stücke aus deutschen Privatsammlungen«, München 1985

Hinweis auf Teppichabbildungen

Die abgebildeten 28 Knüpfwerke nomadischer bzw. nomadentypischer »Bauart« (Mitte 19. bis erstes Viertel 20. Jh.) haben, vom Gegenstand des Buches her, für die bereisten Gebiete nur exemplarische Bedeutung. Anders als in einem speziellen Teppichbuch, sollen sie vornehmlich stammesendogene und – exogene Einflüsse auf Tradition, Erscheinungsbild und Machart, aber auch die Fülle und den Wechsel der Formen und Farben nomadischer Teppiche – vom Klassiker über Atypische bis zum Bastard – verdeutlichen. In thematischer Beschränkung wurde daher auch auf weitergehende textiltechnische Daten (wie Strukturanalysen) zu den einzelnen Exponaten verzichtet.

Reihenfolge der Abbildungen:

1. Afschar	Seite III	15. Sog. Dehadsch-Afschar	Seite XI
2. Karapinar	Seite IV	16. Schekarlu-Lure	Seite XII
3. Waziri	Seite V	17. Scheibani-Chamseh	Seite XII
4. Ersari	Seite VI	18. Kordi/Ghutschan	Seite XII
5. Schortepah-Beschir	Seite VI	19. Bidjar	Seite XIII
6. Kizil ajak	Seite VI	20. Kalardascht	Seite XIII
7. Ersari	Seite VII	21. Siirt-Kürd	Seite XIV
8. Beschir	Seite VII	22. Kurde	Seite XIV
9. Kizil ajak	Seite VIII	23. Sog. Konya-Jürük	Seite XV
10. Dschengal ardschuk	Seite VIII	24. Sog. Kurden-Kasak	Seite XV
11. Beschir	Seite IX	25. Belutsch	Seite XV
12. Dschengal ardschuk	Seite IX	26. Belutsch	Seite XVI
13. Ersari-Chordschin	Seite IX	27. Jakub chani (Timuri)	Seite XVI
14. Nordwestpersien	Seite X	28. Belutsch (Taimani)	Seite XVI

Fotohinweis

Sämtliche 149 Abbildungen, auch der Teppiche, stammen vom Verfasser.

Register

I. Personen- und Sachverzeichnis
II. Die Nomaden
III. Die Teppiche
} kursiv gesetzte Zahlen merken Schwerpunkte an

I. Personen- und Sachverzeichnis (ausgenommen Teil II. u. III.)

Abbas d. Gr., Schah 45, 46, 116
Abbasiden 99, 122
Abdur Rahman 77, 85, 162
Abu Bakr 122, 190
Achämeniden 49, 120, 190
Achtamar 26
Afghanistan, Afghanen 14, 18, 22, 31 ff., 54, 60 ff., 83 f., 101, 111, 131 ff., 161 ff., 174, 188, 216 ff.; s. a. einzelne Stichwörter, zwei Sonderkarten und Teil II. u. III.
Agha Mohammed 42
Ägypten 193, 202
Ahvaz 120
Aichanum 134
Aktscha 63, 107 f.
Alavian, Gunbad 99
Alexander d. Gr. 13, 24, 30, 31, 32, 38, 49, 61, 77, 80, 110, 134, 178
Ali ibn Abi Talib (4. Kalif) 112, 122, 164, 167
Ali Masdsched 78
Amran 210
Amritsar 82 f.
Amu darja 61, 134, 165 f., 175 f., 187
Anatolien s. Türkei
Andchoi 67, 176, 188
Ankara 25
Anschurafest 112
Antiochos I. 91
Arabien, Araber 14, 21, 25, 119, 122, 125, 178, 189, 190, 202; s. a. einzelne Stichwörter
Aral-See 165, 175
Ararat 26
Archäologisches 26, 49, 98 f., 116, 120, 124, 134, 137, 138, 144, 148, 151, 190, 203, 205, 206, 210, 211; s. a. einzelne Stichwörter
Arche Noah 26
Ariana, Arianer 22, 60
Armenien, Armenier 26, 94, 95
Aschchabad 30
Aserbeidschan 28, 97, 121
Assassinen 110
Atatürk 25, 50, 85, 92, 96
Äthiopien 192, 193, 194

Attila 174
Ayub Chan 84
Azim, Schah Abdul 99

Baalbek 124, 190
Bab al-Mandab 197
Babolsar 29
Babur 164
Badachschan 134 ff.
Bad-e-chorasan 108
Bad-e-samum 39, 108
Badgire 103, 110
Badr, al- 208
Bagdad 122 f.
Bagrami 83
Baktrien 24, 60, 61, 134
Baktrische Steppe 63, 169 f.
Bala Murghab 63, 71
Balar hissar 164
Balch 61
Baltit 79, 80
Bam 42
Bamiyan 34, 151
Band-e-amir-Seen 35, 151
Band-e-turkestan 70
Barakisch 205
Barbarossa 91
Barchane 106, 137, 141, 176
Basmatschi 174
Baukunst, Architektur (orient.) 49, 80, 104, 124, 137, 148, 178, 179, 190 f., 192, 198, 210, 212; s. a. einzelne Stichwörter
Beirut 124
Beit al-Fakih 198
Bekleidung, orient. 61, 72, 84, 98, 118, 119, 120, 179, 190
Belutschistan 14, 18, 22 f., 37 ff., 114, 129
Betel 110
Bilkis, Königin von Saba 193, 194, 205
Bisotun 98
Bochara 173, 174, 175, 176 ff., 179
Bodschnurd 30, 116
Bogâzkale 124

229

Brauchtum, Tradition (orient.) 28, 33, 35 f., 62,
  66, 84, 96, 102, 103 f., 106, 109, 113, 145, 153,
  163, 167 f., 190, 194, 196, 199 f., 201, 202, 207,
  210; s. a. einzelne Stichwörter
Buddhismus 34, 151
Burckhardt, Johann Ludwig 199
Burnes, Alexander 177
Burrows, General 84
Bursa 90
Burton, Richard Francis 199
Buzkaschi 83 f., 166, 173

Chadidscha 167
Chamsa 167 f., 213
Chanikoff (Chanykow), Nikolaj v. 177
Chaschrud 139, 140
Chaulani 194, 203, 206
China 34, 52, 61, 73, 79, 81, 82, 109, 161, 173,
  174, 183, 210
Chiwa 173, 175, 177
Choramabad 120
Chorasan 18, 105 ff., 112
Choresm 175
Chulm 61, 65
Churd Kabul 164
Chuzistan 119, 120
Conolly, Arthur 177
Cyrus (Kyros) 38, 49, 61

Damaskus 122, 123 f., 177, 189
Daniel, Prophet 120
Darius I. 49, 98
Dascht-e-nawar 70
Dastagir, Chan Sardar Golam 137, 144 f.
Datierung 101
Daud, Mohammed 61, 152
Daulatabad 63, 67, 165
Deihuk 113
Delaram 139
Demavend 29
Dhamar 195
Dhofar 192
Diyarbakir 25, 95
Dogubayazit 27, 50
Dörner, E. (Kommagene) 91
Doughty, Charles M. 199
Dscham 137, 148
Dschambija 192, 206, 213
Dschauf 204
Dschedda 190, 191
Dschibbla 196, 202
Dschingis Chan 13, 34, 47, 61, 70, 148, 151, 174,
  177, 178

Dschowain 146
Durand, Mortimer 78
Durand-Linie 78
Durrani, Schah Ahmad 32

Eddin, Schah Nesr 100
Elburs 29, 73, 99
England, Briten 32, 77, 78, 84, 85, 123, 164, 174,
  177, 217
Enver Pascha 177
Erdbeben 30, 37, 86, 105, 111, 115, 117, 179
Esfahan 24, 45, 46, 49, 102 f.
Eski Kahta 91, 93
Esther 99
Euphrat 94, 123
Ezendere 97

Faizabad 134 f.
Fars 47 ff., 111, 116 ff.
Farsach 65
Fata morgana 38, 108, 140, 201
Fatima 167, 190
Fatima al-Mazumeh 100
Ferdows 114
Ferozkoh 148
Ferrier, Joseph Pierre 177
Firdausi 30
Firuzabad 117
Fortschrittsentwicklung (Orient) 18, 28, 32, 76,
  82, 84, 92, 131, 149, 171, 173, 175, 177, 190 f.;
  s. a. Teil II.

Gedrosien 38
Ghaznawiden 137
Ghazwin 28, 99
Ghom 100
Ghorat 70, 147, 149
Ghoriden 148
Gilgit 78
Goethe, Wolfgang v. 47, 218
Gök Tepe 30, 174
Goltz-Pascha, Colmar v. d. 50
Gonabad 114 f.
Gonbad-e-kawus 30
Göreme 25
Gorgan 30, 99
Grabmoscheen, bekannte 30, 32, 44, 47, 49, 90,
  99, 100, 164, 178, 179, 190;
  s. a. Wallfahrtsstätten
Güselzu 96

Habibullah 108
Haddah 195

Hadramaut 192, 194
Hadsch, Hadschi 112, 167, 190, 191
Hadschara 198
Hafis 47, 51, 218
Hakkari 95, 96
Hamadan 24, 98 f.
Hamun-Endseen 138, 146
Ha'rib 199, 201
Harirud 148
Harun al-Raschid 30, 99, 122
Hasch 33, 37, 110, 212
Haschemiten 22, 189
Hassan 112, 167
Hassun 205
Hazaradschat 70, 147
Hedin, Sven v. 13, 18, 105, 109, 110
Henna 109, 196
Hentig, Werner v. 108, 113, 164
Herat 31, 63, 76 f.
Hethiter 25, 124
Hilmand 137, 138, 144, 145
Himalaja 13, 78
Himjariten 192, 210, 211
Hindukusch 13, 21, 34, 60, 70
Hocha 197
Hodepe 198
Hodscha, Nasr ed din 14
Hotel Schah Abbas (Esfahan) 45 f., 102
Hüan Tsang 13, 34
Hungersteppe 176
Hunnen 119, 173 f.
Hunza 13, 59, 79 ff., 195
Hussein 112, 167

Ibb 196
Indien 22, 34, 35, 61, 81, 174, 192, 199
Irak 122 f.
Iran s. Persien
Islam 31, 46, 60, 69, 112, 122, 124, 125, 163, 167 f., 177, 190, 191, 195, 196, 198, 212 f., 213 f.; s. a. einzelne Stichwörter
Islam Kala 31
Ismaeliten 80, 110, 195, 196, 198
Istada-See 164
Istalif 61
Istanbul 24, 90

Jachtschal 103 f.
Jacob, Hans 164
Jak 80, 81, 154, 161
Jamrud, Fort 78
Jarim 195
Jazd 44, 103, 109, 116

Jemen, Jemeniten 189, 191 ff., 194, 201, 202, 211, 213; s. a. einzelne Stichwörter
Jerusalem 177, 196, 213
Johannes der Täufer 124
Jordanien 132, 189 f.
Juden 21, 212

Kabul 24, 32 ff., 36, 83 f., 131 ff., 151 f., 161 ff., 173
Kabulfluß 32 f.
Kadscharen 42, 99, 100, 103
Kafiren 77
Kahta 91, 93 f.
Kais, Imru'al- 200
Kaisar 63, 69
Kala-e-bost 137
Kala-e-nau 63, 70, 75
Kala Mahmud 144
Kalligraphie 101
Kalykadnos-Fluß 91
Kanate (Kareze) 66, 104, 108, 111
Kandahar 32, 37, 77
Kappadokien 24, 25
Karakorum 13, 79 ff.
Karakul 166, 176
Karakum 42, 63, 67, 76, 79 f., 165, 176
Karakum-Kanal 175
Karawanenwege, historische 38, 79, 105, 116, 122, 190; s. a. Seidenstraße u. Weihrauchstraße
Kasachische Steppe 173
Kaspisches Meer 29 f., 99, 165, 173, 176
Kasr asrak 189
Kasr-e-schirin 122
Kat 110, 193, 196, 211
Katharina d. Gr. 174
Kaufmann, General 174
Kayseri 25
Kerak 190
Kerbela 112, 123
Kerman 22, 42, 44, 106, 110
Kermanschah 98
Kessel, Joseph 36
Ketman 102
Kibla 213
Kipling 77
Kirschehir 25
Kizilkum 14, 175 f.
Koh-e-baba 150
Koh-e-scher-darwasa 84, 151
Kohol 106, 196
Kokand 174, 177

231

Koktscha-Fluß 134
Kommagene 91 ff.
Konya 90
Kraftfahrzeugtechnisches, Havarien 16, 21 f., 24, 25, 26 ff., 29, 32, 35, 37, 42, 43 ff., 45, 49, 61, 67, 75 f., 81 f., 89 f., 91, 93 f., 107, 113 f., 115, 118, 134, 138 f., 140, 147, 149, 150, 165, 179
Kreuzfahrer 110, 124, 190
Kunar-Fluß 151
Kunduz 61, 65, 131
Kunsthandwerk (Orient) 21, 46 f., 72, 102 f., 156, 171, 177 f., 186 f., 192, 202, 213; s. a. Teil II.
Kurdistan 25 ff., 95 ff., 120 ff.
Kütahya 90

Lal 149
Landi-Kotal 78
Laschkar-e-basar 137
Laschkargah 137
Lawrence von Arabien, T. E. 189, 190
Le Coq, Albert v. 102
Libanon 124
lurische Broncen 120
Luristan 119, 120

Mahabad 97
Mahan 44
Mahmud d. Gr. 137
Maimana 63, 68 f.
Ma'in 205
Malang 61
Malatya 25, 91
Maku 27
Mamelucken 94, 122
Marco Polo 13, 109
Mardin 94 f.
Ma'rib 194, 204, 205 f.
Marokko 21
Marutschagh 63
Maschhad 30 f., 105, 109, 115
Masson, Charles 177
May, Karl 13, 205
Mazanderan 29
Mazar-e-scharif 61, 131, 164
Meder 98
Medina 122, 190, 192, 196, 213
Medizinisches 16, 32, 35 f., 67, 76, 80, 86, 149, 198, 209
Mekka 177, 190, 191, 194, 196, 202, 213
Menacha 198

Mentalität, orient. 35 f., 62, 101 f., 111 f., 113, 140, 162, 201 f., 207, 212, 216;
s. a. einzelne Stichwörter
Merw 71, 174, 176
Minäer 205
Mir Muhammad Jamal (Hunza) 79 ff.
Mihrab 213 f.
Mittagskanone (Kabul) 84, 151
Moghan-Steppe 121
Mohammed, der Prophet 32, 60, 69, 99, 163, 164, 167, 168, 177, 190, 191, 194, 196, 213
Mokkah, al- 197
Moltke, Helmuth Graf v. 50
Mongolen 110, 119, 122, 173
Moskau 59, 161, 179
Murghab 71
Museen (Orient) 123, 178, 193, 196;
s. a. Teil III.
Musik, orient. 34, 71, 164, 208

Nabatäer 190
Nadir Schah (afgh.) 152
Nadir Schah (pers.) 30, 47
Nagir 80, 82
Nain 45
Naizabazi 166
Naksch-e-rustam 49, 116
Nanga Parbat 78
Nasrullah, Emir 177
Nasser, Ahmad al- 194, 196, 202
Naybit 43 f.
Nemrud dag 91
Nevschehir 25
Niebuhr, Carsten 199
Niedermayer, Oskar v. 108, 113, 164
Nimroz 138, 139
Niriz-See 118
Nomaden s. Teil II. u. Völkerkarten
Nuristan 77, 151

Omaijaden 99, 112, 122, 124, 189
Omar 122, 190, 196
Osman 122
Osmanen 24, 25, 90, 94
Ostturkestan 32, 34, 81, 133

Paghman-Berge 161
Pahlavan, Mahmud 175
Pahlawi desch 29, 99
Pakistan 22, 37 ff., 77 ff., 82, 129, 161;
s. a. Belutschistan
Pamir 79, 81, 82, 147, 161, 176

Pandscher-Berge 164
Panjao 150
Paropamisos 60, 70
Pasargade 49, 116
Pässe
　Hadschigak 34
　Jakaolang 150
　Khyber 13, 21, 77 f., 164
　Lataband 164
　Mintaka 79
　Salang 151, 164
　Schatu 150
　Schibar 36, 151
　Unai 34
Paulus, Apostel 91, 124
Pendeh-Oase 71
Persepolis 24, 49, 116, 190
Persien, Perser 18, 27 ff., 52, 97 ff., 188, 216 ff.;
　s. a. einzelne Stichwörter, zwei Sonderkarten
　und Teil II. u. III.
Peter d. Gr. 174
Petra 189 f.
Philby, John 199
Phillips, Wendell 206
Polo-Spiel 80

Quetta 22, 37

Raidah 210
Rakaposchi 79
Ramadan 163, 166, 167
Raschid, ed din Sinan 110
Rawar 44
Recht, islam. 87, 157, 177, 195, 198, 199 f.
Reisevorbereitungen 15 f., 21 ff., 59, 89 f., 131,
　161 f., 189
Reza, Ali 30, 100, 109
Reza, Hussein 109
Reza Pahlawi 85
Reza Schah 85, 99, 188
Rezaijeh-See 97, 111
Richthofen, Ferdinand v. 16, 34
Robat 65, 66, 105, 139
Robat-poscht-badam 107
Rudbar 118, 137, 145
Rumi, Dschelal ed din 90
Rußland, Russen 22, 39, 52, 62, 71, 72, 85, 161,
　165, 173 ff., 177, 179 f., 186, 188, 210, 217 f.;
　s. a. einzelne Stichwörter und Teil II. u. III.
Rutba 123

Saadi 46, 47
Sabäer 205, 206

Sa'dah 194, 211 f.
Safawiden 28, 99
Samaniden 176, 177
Samarkand 173, 174, 175, 176, 178 f.
San'a 192 f., 197, 202, 209, 212 f.
Sanandadsch 97
Sar-e-pol 67, 170
Sar-e-pol-e-zohab 121
Sar-o-tar 144
Sarazenen s. Araber
Sassaniden 29, 98, 117, 138
Saudi-Arabien 133, 190 f., 193
Schafiiten 194
Schahr-e-gholgola 144, 151
Schahr-e-sohak 151
Schahr Rey 29, 99
Schanfara 199 f.
Scharak 147, 148
Scheberghan 63 f., 67, 170
Schiraz 24, 47 ff., 109, 116 f.
Schortepah 166 f.
Schrift, Schreibweisen (arab.) 92, 100 f., 219
Schusch 120
Seïden 69, 100
Seidenstraße 34 f., 61, 81, 109, 173, 178
Seistan 115, 138, 146
Seldschuken 25, 90, 91, 96, 99, 110, 122, 153
Semiramis 38
Sikh 78, 82 f.
Sirwah 206

Skobelew, General 30
Skythen 134
Speisen, orient. 28, 63, 66, 67, 80, 95, 98 f., 102,
　110, 119, 145, 175, 179, 197, 207
Spinboldak 37
Sprachliches 80, 81, 100, 101, 113;
　s. a. Völkerkarten
Stoddart, Charles 177
Syahgird 169, 170
Syr darja 165, 174 f., 176
Syrien 95, 123 f.

Tabas 89, 105, 109 ff.
Tabriz 28, 103
Ta'izz 196, 202
Tak-e-bostan 98
Tamerlan (Timur) 47, 137, 174, 178 f.
Tänze, orient. 164, 208
Taschkent 59, 173, 174, 175, 179
Taurusgebirge 90
Teheran 28, 99, 116, 131
Teppiche s. Teil III.

233

Thesiger, Wilfred 199
Thomas, Bertram 199
Tigris 25, 122 f.
Tihama 197
Timuriden 76, 178 f.
Torbat-e-Haidari 115
Torbat-e-scheich dscham 115
Torkham 78
Transkaspische Bahn 175
Transoxanien 173, 176
Transsibirische Bahn 35, 174
Troeller, Charles 102
Tschachansur 139, 141, 146
Tschachtscharan 149
Tschaghaserei 77
Tschahar burdschak 137, 139, 144 f.
Tschardschui 175, 176
Tuareg 21, 138
Tulak 147
Turan 73, 165, 173
Türkei, Türken 18, 24 ff., 50, 89 ff., 95 ff., 101, 112, 124, 174, 189; s. a. einzelne Stichwörter, Sonderkarte und Teil II. u. III.
Turkestan 24, 29 f., 62, 85, 165, 169, 173, 174, 175, 177, 178, 179, 180; s. a. einzelne Stichwörter
Turkmenistan 30, 63, 69, 76, 176, 186; s. a. Teil II. u. III.

UdSSR s. Rußland
Ulug Bek 178, 179
Um Leilah 194, 211
Urartäer 26
Urfa 94
Urgentsch 175
Usbekistan, Usbeken 161, 173 ff., 186; s. a. Teil II. u. III.

Vámbéry, Hermann 13, 174, 177, 217
Van 25, 26, 95
Verkehrsverhältnisse, orient. 13, 18, 22 f., 24, 28, 32, 44 f., 59, 79 f., 82, 83, 84, 86, 91, 93 f., 95, 105, 132 f., 135, 147, 149, 150, 175, 197, 209, 211

Wachan 79, 161
Wadi Dahr 195
Wadi Rum 190
Wahhabiten 189, 191
Wallfahrtsstätten 30, 61, 67, 99, 100, 105, 164, 190, 191; s. a. Grabmoscheen
»Waschbrett« 24
Wassmuss, Wilhelm 118
Weihrauchstraße 192, 211
»Wind der 120 Tage« (afgh.) 106, 137, 138, 176
Wüsten (Öden)
   Amiran 144
   Belutschistan 137 ff.
   Johandum 144
   Karakum 67 f., 72, 79 f., 175 f., 176
   Kerman 42, 106
   Kewir 105 f., 108 f.
   Kizilkum 175 f.
   Laily 67
   Lut 22 f., 37, 39 ff., 104 ff.
   Margu 37, 104, 137 ff.
   Mir alam 61, 65 f.
   Naomid 113
   Rub'al-Chali 199
   Sahara 129, 137
   Saihad 205
   Syrische 123 f.
   Ust-Urt 176

Xenophon 39
Xerxes 49, 99

Zabid 198
Zagrosgebirge 119, 120, 121
Zahedan 22, 39, 114, 115
Zahir Schah 84, 152, 184
Zaiditen 194
Zand-Dynastie 47, 111
Zarandsch 139, 141 f.
Zaranik 198
Zarathustra 61, 103
Zeitrechnung, islam. 92, 101
Zijarat 32, 61 f.

II. Die Nomaden (vgl. a. Teil III.)
unter Einbeziehung auch quasi-nomadischer Erscheinungsformen

Allgemeines 13 f., 16 f., 18, 24, 33, 36, 52 ff., 62, 68, 70, 107, 118, 124, 126, 128, 129 f., 138 f., 158, 164, 180, 199 ff., 207, 212, 215 f., 218
Ackerbau 53 f., 55 f., 87, 126, 186
Anpassung (Adaption) 52, 56, 87, *126* f., 128, 129, 181, 187
Ansiedlung s. Seßhaftwerden
Autarkie 56 f.

Begriff u. Abgrenzung 52 f., 56 f., 68, 70; s. a. Transhumanz
Bodenbesitz 53, 55, 127

Dede Korkut 97, *153*
Dienstleistungen 56, 87, 127, 186

Entwicklungsprobleme 14, 18, *126* ff., 129, 181, 185 f., 187 f.

Feldforschungen *14* f., 19, 215
Fleischversorgung 55, 57
Fortschrittsentwicklung 18, 48, 54, *56* ff., *85* ff., 121, 127 f., 129, 165, 177, 181 f., 183 f., 186 f.

Geld u. Kreditwirtschaft *56* f., 127
Geschichtliches 22, 30, 53, 60, 72, 85, 119, 153, 165, 167, 173 f., 178, 186, 187, 188

Kamele 38, 55 f., 65 f., 75, 99, 123, *138*, 167, 170, 181
Karawanenverkehr 34, 56 f., 64, 65 f., 70, 105, 107, 109, 136 f., 170, 176, 192
Kommunikation 56, 70, 186
komplementäre (gemischte) Wirtschaft 54, 55 ff., 87, *126* f., *128* f., 186
Konföderationen 54, 87, 118 f., 165, 187, 188

Lebensweise 52 ff., 118, 126, 128, 129, 185, 199 ff.

Machtpotential *54*, 118, 194
Marktausgleich 56 f.

Nomadenhaushalt 55
Nomadenkunst/-kunsthandwerk 154, *156*, 159, 177, 182 f., 184, 186 f.

Nomadenläger 35 f., *54*, 62, 65, 66, 70, 147, 166, 201
Nomadenpolitik *85* f., 87, *128* ff., 186, 188
Nomadentum (Nomadismus) 52 ff., 56 f., *85* ff., 118, 121, *126* ff., 130, 186, 188
nomadische Exzesse 56, 57
Notmaßnahmen 64, 126, 185 f.

reaktionäre Erscheinungsform 87, 128
Renomadisierung 127, 188

Schutzgeleite 33, 56
Seßhaftwerden 53, 87, 126 f., *128* f., 167, 176, 181, 185 ff.
Sozialstandard 127, 128 f., 183
staatliche Eingriffe/Restriktionen 52, 77, *85* ff., 121, 127, *128* f., 165, 185 f.
Stammesorganisation/-hierarchie 53 f., 87, 118, 119, 191, 194
Strukturwandlungen *56* f., *86* f., *127* ff., 159, 183, 185 f., 188
Substituierbarkeit 57, 68, 128 f.

Tauschhandel 56, 70, 127
Transhumanz 53, 127, 145, 188
Transportaufgaben *56* f., 64, 87, 176, 185
Tribalrechte 54, 85, 87, 135

Umwelteinflüsse 14, 55, 56, 84, *85* ff., 121, *126* ff., 129, 130, 137 f., 158, 165, 181, 183, *185* f., *187* f., 218

Verbreitung, Siedlungsgebiete s. Völkerkarten
Verschuldung 56, 87, 127
Viehwirtschaft 52 ff., 55 ff., 68, 87, 126, 129, 185

Wanderbewegung (Migration) 52 f., *54* f., 126, 154, 185
Weidewechselwirtschaft 52 ff., *56* f., 68, 188
wirtschaftliche Symbiose 57, 63
Wirtschaftsform 53, 55 ff., 127, 128, 185

Zeltbasars 56, 70, 149
Zeltkulturen 53, 55, 70, 147, 154, 168

235

nach Ländern

Afghanistan 15, 18, 22, *52* ff., 54, 63 f., *68*, 85, 186 f., 189, 216, 218; s. a. Völkerkarte

Belutschistan 18, 85 f., 129

China 22, 52

Jemen 189, 199, 201, 205

Pakistan 14, 22, 52, 85 f., 129
Persien 14, 18, *52* ff., 54, 85, 112, 117 ff., 188, 216, 218; s. a. Völkerkarte

Rußland (UdSSR) 22, 52, 71, 72, 85, 87, 165, *173* f., 176, 186, 188, *217* f.

Saudi-Arabien 191, 192, 201

Türkei 18, 85, 94, 95 f., 153; s. a. Völkerkarte

nach Stämmen, Völkern und Kollektiven
(s. a. Völkerkarten)

Afschari 118
Araber 68, 112, 118, 119

Bachtiari 119 f.
Beduinen 190, 198 ff., 201 ff., 207
Belutschen 22, 38, 42, 43, 52, 68, 70, 85, 86, 110, 112, 129, *144* ff.
Brahui 15, 70

Chamseh 118

Dschats 76

Ghaschghai 56, *117* f.
Gudschurs 76

Hazara 33, 34, 35 f., 63, 66, 68, *70*, 85, 86, 147, 149

Jürük 94

Karakalpaken 174
Kasachen 171, *174*, 177
Kirgisen 22, 68, 147, 174
Kurden 25 f., 30, 85, 91 ff., 94, 95 ff., 120, 121 f.
Kutschi 56, *68*, 69, 86, 135, 136 f., 171

Luren 85, 119, *120*

Oghusen 153, 165

Paschtunen (Pathanen) 22, 52, 54, 56, 63, *68*, 70, 77 f., 85, 119, 145, 164

Afridi 68, 77
Durrani 32, 68
Ghilzai 68, 164

Schahsawan 56, 85, *120*, 188

Tadschiken 22, 63, 68, 86, 135, 145, 147, 171, *174*, 177
Tschar aimak 63, 68, *70*, 86, 112, 146, 147
Turkmenen 30, *63*, 68, *71* ff., 85, *165* f., 168, 174, 176
Beschiri 166, 170
Dali 166
Ersari 67, *165* f., 169, 187
Jomud 29, 63, 71
Karkin 166
Kizil ajak 166
Saloren 71
Saryk 71
Tekke 30, 71, 174, 176
Tschub basch 166
Waziri 68

Usbeken 22, 63, 66, 86, 166, 171, *174* ff., 177

III. Die Teppiche (vgl. a. Teil II.)

Allgemeines 13 f., 17, 19, 47 f., 73, 74 f., 124
Abbildungsverbot, islam. 167
Abrasch 154 f.
Ästhetik/Schönheit 47, 75, 158, 169, 183, 214

Bastardteppich 74, 155
Beurteilung/Bewertung 47 f., 74, 75, 156
Borakmotiv 167

Datierung 48, 101
Dorfteppiche 94, 155 f., 158 f., 183, 186, 188
Dschufti-Knoten 115

Engsi 168, 214

Filzteppiche 33, 159, 161, 203
Flachgewebe 21, 32 f., 35, 70, 73, 123, 147, 153, 159, 170, 203
Formen- u. Musteranalyse 73 f., 75, 167 f., 184, 213 f.

Gebetsteppiche 30 f., 71, 99, 112, 134, 146, 151, 152, *167* ff., 184, 202, 213 f.
Geschichtliches 71, 72 f., 116, 153, 156 f., 167, 168, 182 f., 187, 213 f.
»Ghafgaz« 133

Handsymbol 167 f., 213
höfische Teppiche 117, 156, 158

Inschriften 30 f., 101, 117, 134, 152, 167, 169, 184, 202

Kinderarbeitsverbot 99, 183, 186
Kunstwerk *156*, 159, 184

Löwenteppiche 118

Manipulationen 157, 182
Manufakturteppiche 67, 154, 155, 156, 157, 158, 182, 183, 186, 188
Mihrabmotiv 213 f.

Nachahmerländer 73, 184
Nomadenteppiche
(einschl. Teppiche in Nomadentradition)
 Allgemeines 14, 17, 49, 55, 72 f., 74, 154 f., 156, *158* f.
 Wesen u. Bedeutung 153 ff., 158 f.

kreativ-künstlerische Gestaltung 155, 156, 158, 184
künstlerische Aussage 75, 156, 158, 159
Eigengebrauch/Handelsobjekt 17, 64, 72, *154*, 158, 169, 182, 183, 184, 203
Stil/Zeichnung/Muster 48, 71, 73 f., 145 f., 155, 156, 158, 167, 182, *183* f., 187 f.
Symbole 71, 155, 158, *167* f., *183* f.
Farben 64, 70 f., 74, 146, *154* f., *156* ff., 167, 182, 185, 188, 203
Material 28, 64, 66, 99, 112, 145 f., *154* f., 157, 167, 181 f., 185, 187, 203
Technik 14, 115, 145 f., *153* ff., 182, 185 ff.
Wirtschaftsabläufe 64, 181, *182* f., 186 f.
Umwelteinflüsse 14, 48, 64, 71, 87, 155 ff., 158, 159, 167, 169, 177, *181* ff., *185* ff., 202 f., 218
Musterinfektionen 74, 145, 155, 156, 167, 182, *183* ff., 187 f.
Perspektiven 159, 181 ff., *187* f.
Feldforschungen *14* f., 19, 161, 215

Pazyrik 73, 74
Peschm-e-maschhad (Wolle) 112
Popularisierung 72 ff., 159, *182*
Prophetengrün 167, 169

»Samarkand« 133
strukturtechnische Analyse 47, 75

Tabachi (Wolle) *28*, 182, 187
Teppicherwerb *17*, 26, 30 f., 47 f., 116, 117, 132, 133, 162 f., *171* ff.
Teppichknüpfer 64, 116, 167, 177, 182, *183* f., 186 f.
Teppichmuseen/-sammlungen 24, 25, 44, 74, 90, 178, 202
Teppichreparatur/-restauration 48, 116
Teppichsammler 48 f., 72 f., 74 f., 121, 159, 169, 182, 188
Teppichwäsche 29, *100*, 157
Tscheschmeh-Ali-Quelle 29, 99 f.

Verzollung 50, 117, 173

Wagireh 131

Zuordnung/Abgrenzung 48, *74* f., 94, 145, 155, 165, 177, 182, 184, 214

nach Ländern/Regionen

Afghanistan 15, 33, 60, *63* f., 161, 166, *186* ff., 218
   Adraskand 145
   Aktscha 63, 170
   Andchoi 188
   Daulatabad 67, 188
   Farah 145
   Herat 32, 76 f., 145, 188
   Hilmand 145
   Kabul 32, 171 ff.
   Kaisar 69
   Sar-e-pol 170
   Scheberghan 64, 170, 188
   Schindand 145
   Schortepah 166
   Seistan 145
   Tschachansur 145
Ägypten 202

China 73, 184

Indien 73, 184
Irak 202

Jemen 202 f.

Libanon 124, 202

Marokko 21, 118, 168, 202

Pakistan 14, 73, 184
Persien 14, 74, 187 f., 218
   Bidjar 97
   Birdschend 114
   Chorasan 105, 112 ff.
   Doroksch 114
   Esfahan 46
   Feraghan 99
   Ferdows 111, 114
   Ghom 100
   Ghutschan 30
   Goltogh 99
   Hamadan 98 f.
   Heris 73, 112
   Kalardascht 73
   Kaschan 116
   Kerman 44, 162
   Kermanschah 98
   Koliyai 99
   Mahabad 97
   Mahan 44
   Maschhad 30, 112, 115
   Mud 114
   Nain 45
   Niriz 118
   Rawar 44
   Sarough 73
   Schiraz 47, 112, 116 f., 118, 202
   Senneh 97 f.
   Tabas 110 f.
   Tabriz 28
   Teheran 28, 99
   Zabol 115
   Zandschan 28

Rußland (UdSSR) 177, 186
   Aschhabad 30
   Bochara 30, 71, 133, 176, 177
   Chiwa 175

Saudi-Arabien 203
Syrien 123, 202

Türkei 24, 25, 73, 74, 94, 167, 202, 214
   Bursa 90
   Konya 26, 90

nach Stämmen, Völkern und Typen
(s. a. Völkerkarten)

Afschari 54, 111, 116, *118*, 133, 155, 202
Araber 54, 110, 112, 114, *118*, 145

Bachtiari 54, *120*
Bahluri 145
Barmazid 71
Beduinen 203
Belutschen 54, 70, 110 f., 112, 113 ff., 115, *145* f., 155, 159, 165, 167, 183, 187
   Dochtar-e-ghazi 146
   Dschan begi 146
   Mahdad chani 146
   Muschawani 146
   Soleimani 146

Chamseh 54, 116, *118*, 155, 202

Gabbeh 111, *118*, 202
Ghaschghai 54, 116, *118*, *119*, 120, 155, 202
Ghilzai-Paschtunen 32, 54, 147

Hazara 33, 35, 170

Jürük 94

Karakalpaken 175
Kirgisen 33, 147, 161
Kurden 28, 30, 54, 94, 123, 145, 202

Luren 54, *120*

Schahsawan 28, 54, 121

Seldschuken 24, 90

Tadschiken 145
Tschar aimak 54, *70*, 187
   Dschamschidi 145
   Jakub chani 146
   Kaudani 146
   Taimani 145
   Timuri 145, 146
Turkmenen 48, 54, 72 ff., 161, 167, 183, *187* f.
   Beschiri 63, 155, 167, 170, 184, 187
   Dali 63, 67
   Dschengal ardschuk 63, 170, 184, 187
   Ersari 63 f., 67, 69, 155, 165, 184, 187
   Jomud 63, 71, 175, 184
   Karaboin 63, 170
   Karkin 63
   Kizil ajak 63 f., 170, 184, 187
   Labidschar 63, 170
   Mauri 71, 184, 187
   Salor 63, 71, 184
   Saltuk 63, 170
   Saryk 63, 69, 71, 184
   Soleimani 63, 67
   Taghan 63, 67, 134, 152, 170
   Tekke 63, 71, 170, 176, 184
   Tschartschanguh 63, 170
   Tschaudor 175
   Tschub basch 63, 170, 175
   Waziri 184, 187

Usbeken 175, 183, 187

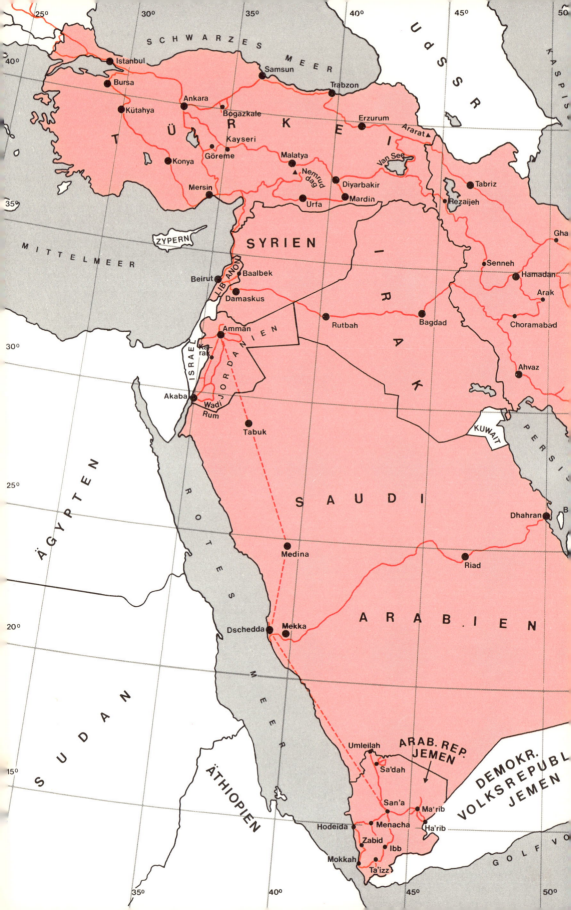